解码网络舆情

INTERNET PUBLIC OPINION THEORY AND PRACTICE

王国华　曾润喜　方付建　编著

华中科技大学出版社
中国·武汉

内 容 提 要

网络舆情是随着互联网的发展普及而产生发展的。网络舆情形成和活跃于互联网虚拟世界，又与现实世界息息相关，对现实世界产生切切实实的、多方面的、巨大的影响。本书从政治学、公共管理学、传播学、社会心理学等角度，梳理了网络舆情研究的概貌，分析了中国网络舆情了载体的作用模式、网民的认知模式、阐述了网络舆情对公共政策、公共治理和民主政治的作用和影响，揭示了网络舆情的运行和演化规律，探讨如何对网络舆情进行有效的治理和引导，提出了加强和完善互联网虚拟社会管理的若干政策建议。

图书在版编目(CIP)数据

解码网络舆情/王国华　曾润喜　方付建　编著.—武汉：华中科技大学出版社，2011.9
(2024.1重印)
ISBN 978-7-5609-7315-9

Ⅰ.解…　Ⅱ.①王…　②曾…　③方…　Ⅲ.计算机-网络-宣传学-研究-中国　Ⅳ.G219.2

中国版本图书馆CIP数据核字(2011)第167097号

解码网络舆情　　　　　　　　　　　　　　　　王国华　曾润喜　方付建　编著

策划编辑：钱　坤
责任编辑：刘　亭
封面设计：范翠璇
责任校对：代晓莺
责任监印：周治超

出版发行：华中科技大学出版社(中国·武汉)　　电话：(027)81321913
　　　　　武汉市东湖新技术开发区华工科技园　　邮编：430223
录　　排：华中科技大学惠友文印中心
印　　刷：武汉邮科印务有限公司
开　　本：710mm×1000mm　1/16
印　　张：19.5
字　　数：405千字
版　　次：2024年1月第1版第5次印刷
定　　价：48.00元

本书若有印装质量问题，请向出版社营销中心调换
全国免费服务热线：400-6679-118　竭诚为您服务
版权所有　侵权必究

膨胀性网络的发展态势及其社会影响

代　序

根据中国互联网络信息中心(CNNIC)发布的最新数据,截至 2011 年 6 月底,中国网民数量已超过 4.8 亿人。网络不仅改变了人们获取信息的方式,也拓宽了人们的表达渠道。当前,互联网呈现出膨胀性、爆炸性的发展,网络技术日新月异,网民表现异常活跃,网络信息汹涌澎湃,网络群体性事件不断出现。不断膨胀的网络和喷涌而出的网络舆情对党和政府的执政能力和和谐社会建设带来巨大挑战。

1. 膨胀性网络的发展态势

网络技术在 Web2.0 时代迅猛膨胀。博客(Blog)、RSS、百科全书(Wiki)、网摘、社会网络(SNS)、P2P、即时信息(IM)等技术和应用越来越广泛,网络模式仍在不断更新换代。Web3.0 技术的应用将使网络技术空前发展,预期通过网络技术使网站内的信息可以直接和其他网站相关信息进行交互,能通过第三方信息平台同时对多家网站的信息进行整合使用;用户在互联网上拥有自己的数据,并能在不同网站上使用。

自媒体等网络应用快速扩展。博客、播客、SNS 和微博等典型用户生成内容(UGC)的应用类型,点爆了网民的兴趣点和积极性,受到了网民的追捧。SNS 和微博等基于用户关系的网络应用,充分利用了社交网络或小世界网络的特征,使网络空间发挥了更多的社交功能,加速了网络社会与现实社会的相互渗透,强化了网民对其的依赖性。

网络信息膨胀和网民规模扩大。膨胀性网络首先表现为信息源激增、信息发布量快速增长、信息内容种类多样化,信息海量化、网络诉求井喷等。其次是网民数量的激增。至 2011 年 6 月底,我国网民总数已超过 4.8 亿,保持每年新增网民 8000 万的态势。再次是低年龄、低学历、低收入的草根网民的规模扩大,网民规模的扩大又进一步引发网络信息的膨胀。

网络影响膨胀和网络渗透深化。膨胀性网络改变人类生活习惯、思维方式和行为方式。在网络阅读时代,人们检索式、链接式、跳跃式的网络阅读影响着个人知识体系的构成和完整性,使人类思维方式具有断裂化、跳跃化特征;人们的学习、工作和娱乐大多通过互联网来实现,网络正在"绑架"人类,利用互联网的行为方式越来越成为常态。膨胀性网络改变集体行动模式。膨胀性网络背景下的集体行动跨越网络空间与现实空间,在表现形式、行动特征、动员模式、参与主体、现实影响等方面产生了新特征,对网络社会和现实社会带来较大的风险。膨胀性网络改变网民政治参与模式。网络社会的发展影响着公民政治参与热情与程度,膨胀化的新特征同时又影响着公民政治参与的有序性,呈现出公民参与群体扩大、参与过程多路径化、参与方法多渠道化、参与目的多诉求化等变化。

2. 膨胀性网络的主要特征

网民结构扁平化和行为前台化、组织化、激进化、泛道德化。中国互联网络信息中心2011年1月发布的《第27次中国互联网络发展状况统计报告》显示,随着膨胀性网络发展,从网民学历结构看,高中、大专和本科及以上学历网民在全体网民中占比均有下降态势;从网民职业、身份构成看,学生、企业一般职员、个体户/自由职业者三大群体在网民中占比进一步增大,低学历、底层职业为主的草根民众占比在不断增大,网民结构扁平化明显;网民行为的前台化、组织化、激进化,不仅表现在网民行动中,同时也表现为网络言论的尖锐化和泛道德化。

网络泛在化和传播即时性、传播途径多样性。网络泛在是指一个"无时不在、无处不在、无人不在"的网络环境;网络传播的即时性在移动互联网与互联网的交互、协同中得到突出表现,手机和微博直接绑定,越来越多的舆情热点事件是手机网民在媒体报道之前发布消息;借助不同载体的应用功能,传播途径的多样性,产生了多种类型的信息形式,使信息传播更加灵活、生动,如"随手拍"和"远景再现"。

网络舆情泛化和网络信息的碎片化、庞杂化。网络舆情的泛化是指舆情议题、舆情指向、舆情表达等在内容、范畴、深度上的扩散,网络信息的碎片化是指信息来源越来越广泛、信息发布断裂化、网民接受信息的片面化,由此也导致网络信息的庞杂化,使网络舆情或网络信息的影响力、破坏力不断强化。

3. 膨胀性网络的社会影响

膨胀性网络对虚拟社会的深刻影响。对网络空间的影响,包括公共空间的自由性、无限开放性、多网格性;对网络环境的影响,随着信息发布量的快速增长、信息源的激增,信息杂乱无章、信息可信度低、搜索引擎精准度下降,使网络环境的安全性降低、纯净度差。

膨胀性网络对现实社会有巨大影响。对社会意识形态的影响,膨胀性网络使得各类思潮翻涌,对社会主义主流意识形态和核心价值观带来了较大冲击和挑战;对社会结构变革的影响,膨胀性网络促使社会结构扁平化,并催生公民意识觉醒、公民社会膨胀;对国家安全和非传统安全的影响。

膨胀性网络对社会管理的影响。膨胀性网络发展为保障公民的知情权、参与权、表达权和监督权提供了重要载体,影响着公共政策的进程;膨胀性网络对虚拟社会和网络社会治理以及网络舆情应对提出了较为严峻的挑战;膨胀性网络更加自由、开放和多元,这给网络舆情监管造成了一定的难度。

在我国,党和政府历来高度重视网络舆情。胡锦涛总书记在2007年中共中央政治局第三十八次集体学习时讲话指出:"能否积极利用和有效管理互联网,关系到国家文化信息安全和国家长治久安,关系到中国特色社会主义事业的全局。"党的十七届四中全会通过的《中共中央关于加强和改进新形势下党的建设若干重大问题的决定》明确指出,要"注重分析网络舆情,""健全网络信息收集和处理机制。"2011年2月19日,胡总书记在省部级主要领导干部社会管理及其创新专题研讨班开班式讲话中指出,要"进一步加强和完善信息网络管理,提高对虚拟社会的管理水平,健全网上舆论引导机制"。

近年来,群体性事件频发,这些事件背后都存在海量的网络舆情。网络舆情不仅影响着网络社会秩序及网民正常活动,也对现实社会价值、秩序和管理造成冲击,甚至可能影响社会稳定和国家安全。

本书综合运用公共管理学、传播学、心理学、信息学等学科理论,认识网络空间中载体的作用模式、主体的认知模式和行动模式、信息传播模式,研究网络舆情的内涵和特征,研究网民对事件的反应和反馈,确定网络舆情在互联网上的演化路径和传播轨迹,明确舆情演化的重要节点,把握网络舆情的演变规律。探讨网络舆情的形成机理和表现形式,发现网络舆情演化的关键节点,为分析研判、预警防控等环节提供理论支持。

加强网络舆情研究,认识和把握网络舆情特征及其演化规律,完善网络虚拟社会管理,有利于维护网络社会秩序和网络环境,避免极端的政治观念和政治行为的发生;有助于促进和谐社会建设;有利于提高网络社会的政府能力;有助于巩固我国舆论安全和意识形态安全,为我国的改革开放和现代化建设提供良好的舆论环境和意识形态支持。

王国华
2011年6月于喻家山麓

目 录

第一章　网络舆情研究概述 …………………………………………… 1
第一节　网络舆情的概念、研究意义及其路径 ………………………… 1
第二节　我国网络舆情研究的文献计量分析 …………………………… 8
第三节　网络舆情与舆论的转换及其影响 …………………………… 18

第二章　网络舆情与网络传播 ………………………………………… 23
第一节　网络舆情的反沉默螺旋传播现象 …………………………… 23
第二节　网络舆情的片面化与交互扩散 ……………………………… 35
第三节　网络论坛的运行机制与干预路径 …………………………… 43
第四节　网络舆情热点事件的热源因子 ……………………………… 52

第三章　网络舆情与网络行为 ………………………………………… 61
第一节　网络舆情热点事件的网民行为方式 ………………………… 61
第二节　网络舆情热点事件的网民行为动机 ………………………… 69
第三节　网络舆情热点事件的网民行为效应 ………………………… 78

第四章　网络舆情与突发事件 ………………………………………… 87
第一节　网络群体性事件的舆情演化要素 …………………………… 87
第二节　社会焦点事件网络舆情的演变要素 ………………………… 95
第三节　社会焦点事件网络舆情的演变规律 ………………………… 102
第四节　突发事件网络舆情的诉求指向 ……………………………… 111
第五节　网络在群体性事件中的作用 ………………………………… 116

第五章　网络舆情与良政善治 ………………………………………… 123
第一节　网络舆论的发展态势与社会影响 …………………………… 123
第二节　中国情境下的网络社会的治理均衡 ………………………… 130
第三节　超越第四媒体认知互联网 …………………………………… 139
第四节　地方政府网络舆情的应对能力 ……………………………… 143
第五节　网络问政的平台与工作机制 ………………………………… 152

第六章　网络舆情与公共政策 ………………………………………… 162
第一节　网络舆情与公共政策的关系 ………………………………… 162
第二节　网民政策态度形成机制研究 ………………………………… 164
第三节　网民政策误读的现象、原因与矫正 ………………………… 176

第四节　网民的政府形象认知定势现象…………………………………………184
第七章　网络舆情与网络民主……………………………………………………………194
　　第一节　网络民主的概念界定及辨析…………………………………………194
　　第二节　互联网对民主的影响研究述评………………………………………206
　　第三节　网络民主在中国的功能及限度………………………………………214
　　第四节　网络民主与我国公民网络政治参与…………………………………227
第八章　网络舆情与社会心理……………………………………………………………236
　　第一节　网络环境下的社会心理问题…………………………………………236
　　第二节　社会流行语背后的社会心态…………………………………………241
　　第三节　网络"哥"、"姐"现象的舆情透视……………………………………251
　　第四节　网络民粹主义的缘起、影响与应对…………………………………259
第九章　网络舆情与谣言传播……………………………………………………………264
　　第一节　网络谣言的扩散动力及消解…………………………………………264
　　第二节　网络谣言的传导过程与防控机制……………………………………271
　　第三节　网络谣言传播与政府应对研究——以"抢盐事件"为例……………277
第十章　网络舆情与高校管理……………………………………………………………284
　　第一节　高校网络舆情管控的理论与实务……………………………………284
　　第二节　大学生在高校论坛上的网络舆情……………………………………290
　　第三节　关于近年高等教育热点事件的网络舆情……………………………296
后记…………………………………………………………………………………………303

第一章
网络舆情研究概述

第一节 网络舆情的概念、研究意义及其路径

网络舆情作为社会舆情的主要载体之一,反映了人们的思想和情绪。但网络作为虚拟社会和开放平台,活跃着各种人群和各类思潮,网络舆情较其他舆情形态更为复杂,为管控工作带来了新的课题。我国正处于社会转型期和矛盾凸显期,必须高度重视网络舆情,建立网络舆情管控工作机制,最终形成健康的网络舆情,推动社会文明的发展。

一、网络舆情的概念与特点

网络舆情是由于各种事件的刺激而产生的通过互联网传播的人们对于该事件的所有认知、态度、情感和行为倾向的集合。

舆情和舆论存在一定区别。国内普遍认为舆论是多数人的共同意见,即需要持有某种认知、态度、情感和行为倾向的人数达到一定的量。而舆情是人们的认知、态度、情感和行为倾向的原初表露,不需要得到多数人认同,是多种不同意见的集合。当舆情产生聚集时就可以向舆论转化,因而舆情是一个比舆论包含内容更为宽泛的概念。对舆情的管控就是要使舆情不转化为舆论或转化为良性舆论。

与其他舆情形态相比,网络舆情具有许多独有的特点。

1. 内容庞杂性

一是话题多元性。网络舆情话题涉及境内外经济、政治、社会、文化等各方面,有些还是上述方面的综合反映。二是内容载体丰富。新闻跟帖、论坛帖子、即时通信、博客、维基以及逐渐兴起的3G传媒等都是网络舆情信息的载体。三是表现形式多样。网络舆情不仅表现为图文信息,还可以是影像视听资料或其他网络传播方式。

2. 现实互动性

一是舆情反映现实。网络舆情所表达的观点和立场倾向,其根源和指向仍然是

现实生活中存在的现象和问题。[1]二是舆情反作用于现实。网络舆情可以加速现实事件的爆发或恶化,也可以通过对网络舆情的研判有效预防和处理现实事件。三是与现实同步互动。一方面网民可以随时将现实事件上传到网络,成为网络舆情,另一方面,传统媒体与网络媒体也在互动。

3. 情绪感染性

一是主观性较强。出现诱发事件时,网民的第一言论反应首先是出于直觉的言论,即不深入思考事件的原因,只从自己的价值观出发表达观点。二是容易引起从众心理。网络共同体的存在以及网络传播的迅捷性,使得某种情绪极易快速传染。

4. 总体可控性

一是网络具有内在稳定机制。网络中的"意见领袖"、"网络共同体"、"网络意见环境"以及潜伏着的"网络评论员"等都具有对网络舆情起到控制和引导作用的可能。二是技术可控性。网络技术的发展为网络舆情的监控和分析提供了可能,通过这些技术,可以有效减少不良网络舆情,达到管控目的。

二、深化网络舆情理论与实践研究的意义

舆情会在自然或外界干预的条件下产生集聚,进而形成舆论,主导或控制整个社会的话语权。尤其是互联网具有开放性的特点,使得这种集聚更为迅速,能够产生的影响也更快更大,对网络舆情及时有效的管控尤为重要。

1. 及时了解民众思想动态的需要

了解民众思想动态,是实现、维护人民群众根本利益的需要。2008年6月20日,胡锦涛在人民网强国论坛与网友在线交流时指出:"通过互联网来了解民情、汇聚民智,也是一个重要的渠道。"一方面,民众是网络舆情的主体,舆情中所包含的认知、态度、情感和行为倾向等都产生于民众;另一方面,网络的开放性和低门槛特征为民众发表观点提供了平台,产生网络舆情的民众是一种统计性群体而不是协商性群体,由于统计性群体比协商群体表现出了更多的观点多样性[2],因而能更真实地反映民众的思想动态。

2. 加强网络文化建设的需要

网络是社会主义文化建设的新阵地。西方国家通过互联网有意识地传播其价值观及意识形态、国内对西方思维方式无意识的认同以及各种有害或虚假信息肆意传播等因素[3],给中国网络文化安全带来了挑战。胡锦涛在2007年中共中央政治局第三十八次集体学习时讲话指出:"能否积极利用和有效管理互联网……关系到社会主义文化事业和文化产业的健康发展,关系到国家文化信息安全和国家长治久安。"因此,要及时清除网络舆情中出现的不良信息,使社会主义先进文化成为主流,必须提高对网络文化的宏观控制力,防患于未然。

3. 公共决策科学化和民主化的需要

信息是决策的基础。网络舆情中蕴含了大量信息,这些信息来自社会各个阶层。网民的热情参与,一方面为决策的民主化创造了良好条件,使更多的人有机会影响公共决策;另一方面,网络舆情能够及时快速地反映人们的诉求,拓宽了决策信息源,改善了决策者决策信息的有限理性。不过,网络舆情中常常含有虚假信息、不良信息以及情绪化信息等,需要一定的机制和手段对其进行过滤,减少对决策的信息干扰。

4. 促进社会主义政治文明的需要

一方面,社会主义民主政治建设需要有合格的公民。培养公民意识,需要对公民的知情、参与、表达、监督进行正确的引导,既不打压公民的积极性,又要使其在正确轨道上运行。另一方面,社会主义民主政治建设需要主流意识形态的指导。网络舆情是公民参与政治的重要表现,需要一定的机制和手段有针对性地开展思想教育和舆论引导,使网络舆情不被不良意识形态所侵害。

5. 保持国家政权长治久安的需要

中国已进入社会群体性事件"高发期",社会群体性事件近年频频发生。在信息化和网络化时代,社会群体性事件的酝酿、发生发展和消弭,都有重要的舆情信息表现。因此,建立网络舆情管控机制,通过舆情手段预防、干预、应对和处置社会群体性事件,有效化解社会矛盾,对和谐社会构建具有重要的现实意义。

三、加强网络舆情理论与实践研究的路径

1. 提高对网络舆情重要性的认识

正确认识网络舆情是管控机制发挥作用的前提。当前对网络舆情的重视还不够,部分领导干部对网络舆情还存在种种偏颇心理。一是偏见,认为网络舆情不是民意,不愿重视网络舆情。二是害怕,认为网络舆情是"洪水猛兽",不敢直面网络舆情。三是大意,认为网络舆情既无价值,也不会产生很大的影响,不需重视网络舆情。

以上三种心理都低估了网络舆情的价值和影响,必须加以纠正。一要正确认识网络舆情是"民意库",是民情、民声、民意的重要来源。二要正确认识网络舆情是"晴雨表",网络舆情是现实问题在网络上的集中反映。三要正确认识网络舆情是"减压阀",民众需要表达和发泄的途径。四要正确认识网络舆情也可能是"导火索",如果管控不得当,网络舆情可能会朝着不良舆论的趋势发展。

我国古代即重视舆情,创造了"采诗观风"、"吏民上书"、"朝议"、"官员巡察"等收集舆情的手段。[4]新形势下,网络舆情管控也成为收集舆情的手段之一,党和国家领导人胡锦涛、温家宝等身体力行,为广大领导干部树立了榜样,各级领导干部也应当重视网络舆情,成为懂网和用网的带头人。

2. 完善预警及应急处理方案和网络立法

网络舆情预警的目的在于及早发现网络舆情中所蕴含的危机苗头,并准确判断其可能概率和爆发时间。建立网络舆情预警方案必须从技术和管理两方面入手。一是做好网络舆情预警的规划和建模。二是基于先进技术对网络舆情进行分析和预警。三是建立预警结果准确性度量和评估体系,检验预警结果的可靠性和准确性。还可以借鉴《国家突发公共事件总体应急预案》,将网络舆情危机按照危机程度划分为四个等级进行预警。[5]

应急处理方案包括"一案三制"。[6]一是构建网络舆情应急预案体系,包括总体应急预案、分项应急预案、活动应急预案等。二是构建网络舆情应急管理体制和机制,建立领导机构和专家咨询队伍。三是构建网络舆情应急管理法制框架体系,努力使网络舆情突发事件的应急处置逐步制度化和法制化。

目前我国法律体系中针对网络舆情立法的条款鲜见,已有的主要是针对网络载体本身予以立法。由于法律不健全,既难以从法律层面对人们的网络行为加以引导,也使实践操作缺乏法律依据。建议出台网络舆情安全保护法,以减少负面舆情,净化网络空间。

3. 注重利用网络舆情自身规律

理解网络论坛的运行机制。网络论坛是网络社会中具有代表性的存在方式之一,也是网络舆情的主要根据地。网络论坛具有平等和非——映射的人群体征,以及普遍性、真实性、冲突性、纠错性等政治特征。在论坛中,意见领袖、公众人物、传统媒体等均扮演了重要角色。这一内在运行机制可以在一定程度上有效遏制不良行为。[7]

关注网络共同体的影响。网络共同体是网民在网络上基于主观或客观上的共同特征所结成的一种"团体"或"组织"。[8]这种网络共同体也有"实体化"的趋势,由网络空间走向现实社会,其作用不可低估。一方面要密切关注网络共同体的动向,防止其产生不良影响;另一方面要高度重视"实体化"趋势,防止其在现实中串联。

发挥网络评论员的引导作用。网络评论可划分为显性评论和隐性评论。显性评论是指具有官方背景的署名文章,而隐性评论则是混夹在舆情之中的具有官方背景但未公开署名或署名不具官方背景的评论。隐性评论既可消除公众的抵抗心理,又能较好地引导舆情,是一种有效的管控方法。隐性评论应淡化官方色彩,语言应尽量接近网民风格等。

4. 完善网络舆情监测工作网络体系和制度

建立从上至下的顺畅工作机制。任何大型组织中,都有一些旨在获取组织内外部信息的职能单位。[9]我国已经初步形成了从中央到基层的多级舆情监测网络。如党委系统的舆情信息机构和政府系统的互联网新闻办等,此外还有其他一些维稳部门也建立了类似体系,这些体系成为做好舆情信息工作的重要支撑力量。但同时也存在部分舆情信息直报点工作积极性不高、舆情信息质量不高、上传下达渠道不通畅、有些地方还没有专人或专门机构负责等问题需要改进。

建立部门间的协同工作机制。我国对媒体的管理采用"双轨统一分级管理制",即党委部门和政府部门同时参与,出现了对网络实行多头管理的现象。但鉴于基本国情,由某一系统单独承担管控工作并不现实,因而需要建立协同工作机制。首先要进行协作分工,各系统的职责最好互补;其次要确定一个协调机构,负责协调工作。

建立网络舆情信息资源共享机制。信息资源共享是指"在一定的政策体制、激励措施和安全保障的基础上,在政府内部、政府与政府外部之间,共同使用政府信息资源的一种机制"[10]。通过该机制,一是可以集合各级各部门分工采集的信息,有效地改善决策者的决策质量;二是能避免信息过量,使最需要处理的网络舆情得到最有效的关注。

5. 改善现实中的国家社会关系

国家社会关系与网络不良舆情有密切的关系。在某些国家社会关系中,强烈的不满可以被化解,反体制性的意识形态也能够被边缘化,而在另一些国家社会关系中,有时微小的不满也会被强化,起初是改良性的东西也会被推向极端。[11]网络中的不良舆情一定程度上取决于国家社会关系。研究表明,群体性突发事件产生的直接原因80％以上来自基层,80％以上是应该能够在基层解决的,[12]改善国家社会关系有助于使矛盾在基层得到解决,从而降低网络舆情突发事件发生的概率。

建立公众回应机制,进一步促进信息公开透明化。网络舆情的快速形成并扩散,很大程度上与网民所掌握的信息不对称有关。如果有关部门能够在第一时间及时发布并不断更新信息,让网民及时了解事情真相和有关部门的态度和措施,将起到防止舆情向舆论转化或防止流言、谣言及妄言等形成舆论的作用。

注重对传统媒体的管控。网络舆情的话语权成为冲击传统话语媒介"中心-边缘"二元对立结构的先锋,使这种结构造就的话语垄断与独裁被彻底打破。[13]传统媒体与网络载体两种媒介形式将引发越来越紧密的合作,将事件置于舆论中心位置。如Kevin研究指出,是主流媒体对博客议程施加了主要的影响而不是日益流行的博客议程对主流媒体施加了重要的影响。[14]

6. 加强网络舆情的理论和应用研究

加强网络舆情的理论研究。好的理论指导实践可以事半功倍。当前国内对网络舆情的研究逐渐增多,刘毅的专著《网络舆情研究概论》对网络舆情的概念、传播途径以及引导方式等做了开创性研究,还有一些对网络舆情的概念、特征、演化机理和预警机制与方法等进行探讨的期刊文章,其他研究较多地集中在网络舆论层面上展开讨论,有待深入系统的研究,尤其是要加强基于国情的实证研究。

加强应用和管理技术的研发。网络技术日新月异,网络舆情管控工作也要以更新的技术和更快的反应速度来应对变化。如发展智能搜索技术、语音识别技术、数据挖掘技术、信息关防和过滤等网络技术,加大对网络舆情监测软件开发和更新的支持力度。

加强网络舆情监控工作的经验总结。网络舆情管控工作是项全新的工作,要注重对经验和教训的总结和交流,平时应注意不断探寻网络舆情的演化规律和介入方式,比较不同类型事件所引发的网络舆情及其干预效果,在管控工作实践中学习提高。

7. 实施网络舆情技术监控措施

网络舆情信息量巨大,对网络舆情监控分析依靠人工方法已难以应对。为此,很有必要依靠信息通信技术,建立网络舆情监控分析系统,及时应对网络舆情,由被动防堵化为主动梳理、引导。[15]要构建包括舆情计划、采集、加工、发布等主要模块的互联网舆情研判平台。[16]目前主要采用的监控和分析技术是内容分析法和 Web 数据挖掘法。

内容分析法是形成于第二次世界大战时期的一种新兴的社会科学研究方法,具有客观、系统和定量的特征。[17]它在网络舆情信息分析中的作用主要体现在描述舆情信息、推论传播主体的意图以及倾向、推论网络舆情的变化趋势等三个方面。

Web 数据挖掘是指从大量文本集合中发现隐含的模式。主要的技术包括特征提取、文本分类、文本聚类、关联分析、文本总结、趋势预测等。[18]其在网络舆情信息分析中的应用体现在描述网络舆情、分析信息关联性、推论信息的真实性和传播主体的意图及态度倾向、分析网络舆情的产生原因、预测网络舆情变化趋势等五个方面。

参考文献

[1] 张勇锋. 对《旅游新报》事件的网络舆情解析[J]. 今传媒,2008(09):44-46.

[2] 凯斯·桑斯坦. 信息乌托邦[M]. 北京:法律出版社,2008:58.

[3] 张丽红. 从网络舆情传播的角度谈文化安全[J]. 社科纵横,2007(02):129-131.

[4] 刘毅. 网络舆情研究概论[M]. 天津:天津人民出版社,2007:53.

[5] 陶建杰. 完善网络舆情联动应急机制[J]. 党政论坛,2007(09):28-30.

[6] 佘廉,雷丽萍. 我国巨灾事件应急管理的若干理论问题思考[J]. 武汉理工大学学报(社会科学版),2008(04):471-475.

[7] 曾润喜. 网络论坛的运行机制[J]. 电子政务,2009(2):77-83.

[8] 李斌. 网络共同体:网络时代新型的政治参与主体[J]. 中共福建省委党校学报,2006(4):6-9.

[9] 赫伯特·西蒙. 管理行为[M]. 詹正茂,译. 北京:机械工业出版社,2004:190.

[10] 李卫东. 政府信息资源共享的原理和方法[J]. 中国行政管理,2008(01):65-67.

[11] 赵鼎新. 社会与政治运动讲义[M]. 北京:社会科学文献出版社,2006:6.

[12] 中国行政管理学会. 中国转型期群体性突发事件对策研究[M]. 北京:学苑出版社,

2003:28.

[13] 毛旻铮,李海涛. 政治文明视野中的网络话语权[J]. 南京社会科学,2007(5):98-102.

[14] Kevin Wallsten. Agenda setting and blogosphere:An analysis of the relationship between mainstream media and political blogs[J]. Review of Policy Research,2007,24(6):567-667.

[15] 王娟. 网络舆情监控分析系统构建[J]. 长春理工大学学报(高教版),2007(04):201-203.

[16] 许鑫,章成志. 互联网舆情分析及应用研究[J]. 情报科学,2008(08):1194-1200.

[17] 刘毅. 网络舆情与政府治理范式的转变[J]. 前沿,2006(10):140-143.

[18] 黄晓斌,赵超. 文本挖掘在网络舆情信息分析中的应用[J]. 情报科学,2009(01):94-99.

第二节 我国网络舆情研究的文献计量分析

一、引言

网络舆情是由于各种事件的刺激而产生的通过互联网传播的人们对于该事件的所有认知、态度、情感和行为倾向的集合。[1]网络舆情作为社会科学与自然科学交叉的新兴研究领域，涵盖了新闻学、传播学、社会学、政治学、管理学、信息技术等多个学科，引发了实践部门以及国内众多领域的专家学者的关注。

已有研究从不同层次、不同视角对网络舆情进行了分析，发表了一些论著。虽然已有部分专家学者对网络舆情现状、发展趋势进行了探讨、统计分析和研究综述，[2][3][4]但由于网络舆情研究近几年发展较快，统计数据不断更新，且已有研究大都是从定性的角度出发，尚缺乏对网络舆情最新研究动态的文献计量学分析。利用文献计量学方法对某学科论文进行定量分析，可以从特定角度了解学科研究发展水平与动向。[5]因此，本节将利用文献计量学方法对网络舆情领域的最新文献数据进行定量分析，以CNKI中国学术文献网络出版总库收录论文为依据，科学客观地了解国内网络舆情的研究水平与发展方向。

二、数据来源

本节对1996—2010年公开发表并收入在CNKI中国学术文献网络出版总库的网络舆情研究论文进行了分析。为了解在这15年里中国网络舆情研究的现状特点，本节根据文献计量学方法对年载文量、著者、内容、文献来源、文献被引频次等方面进行统计分析。

由于研究网络舆情所涵盖学术期刊较广，并出于对时间和代表性因素的考虑，本节以CNKI中国学术文献网络出版总库上所收入的网络舆情文章为样本。作为国内最全面的重要评价性数据库，中国学术文献网络出版总库所涵盖的文献类型众多，包括学术期刊、博士学位论文、优秀硕士学位论文、重要会议论文、年鉴、报纸、专利、标准和科技成果等。因此，以CNKI中国学术文献网络出版总库收录的论文作为样本进行分析，可以充分体现我国网络舆情的研究水平和关注度，是进行文献计量学研究的重要数据库。由于第一篇论文出现在1996年，因此本书作者将1996年作为文献检索起点，实施检索时间为2010年4月20日。舆论和舆情之间，尽管存在一定的差别，但并无本质的区别，检索时将二者视为相同概念。因此实施的检索词为：网络舆情、互联网舆情、网络舆论、互联网舆论,针对全文字段进行检索,检索结果共计9091篇,剔除掉部分一稿多发的论文,本节统计的实际文献篇数为9012篇。

三、年载文量分析

表1-1显示,对网络舆情的研究一直呈现逐渐上升的趋势。1996年和1997年只有1篇,1998年空缺,1999年2篇,反映出在网络舆情诞生之初,研究还不稳定。在随后的几年里,对网络舆情的研究持续发展并呈现逐年增多的趋势,2000—2004年网络舆情研究一直平稳发展;从2005年开始,一直到2009年,此间文献数量迅猛增长,体现出网络舆情已经受到众多专家学者的关注,由此也产生了越来越多的研究成果。考虑到CNKI数据库的更新有时滞性,实际的研究数量可能会高于目前统计数字。

表1-1 年载文量分布及百分比

发表年度	1996	1997	1998	1999	2000	2001	2002	2003
文献篇数	1	1	0	2	40	129	152	149
百分比	0.01%	0.01%	0.00%	0.02%	0.44%	1.43%	1.69%	1.65%
发表年度	2004	2005	2006	2007	2008	2009	2010	合计
文献篇数	229	383	666	1043	1836	3462	919	9012
百分比	2.54%	4.25%	7.39%	11.57%	20.37%	38.42%	10.20%	100%

注:2010年数据尚不齐全。

总体来说,我国对网络舆情的研究已经兴起,但还处在初级阶段。由于互联网的兴起以及网络的普及,关于网络舆论的研究应运而生。2004年,党的十六届四中全会报告《中共中央关于加强党的执政能力建设的决定》提出要"建立社会舆情汇集和分析机制,畅通社情民意反映渠道",这是执政党在正式文件中首次提出"舆情"的概念,意味着执政党已把建立和完善社会舆情汇集和分析机制作为提高执政能力建设的重要组成部分,网络舆情随之也受到越来越多的关注。2009年党的十七届四中全会明确提出要"注重分析网络舆情",这必然推动对网络舆情的研究达到一个新的高峰。

四、著者分析

通过对著者发文信息进行筛选并分析,经过微调后得到统计结果如表1-2所示,此处仅列出发文量在6篇以上的著者。根据普赖斯理论,计算核心著者的公式为:

$m ≅ 0.749 \times \sqrt{n_{max}}$（式中 n_{max} 为发文最多的著者论文数，m 为核心著者最低发文量）。[6] 表1-2显示，发文最多的著者论文数为14篇，$m ≅ 0.749 \times 3.742 ≅ 2.802$，因此本节将发表文章数量在3篇及以上的作者界定为重要著者，统计得到的重要著者有几十名。由此看来，在网络舆情这个新兴研究领域，正在形成一批比较有影响力而且研究有持续力的重要著者。

表1-2 著者发文量排序

排序	姓名	单位	发文量
1	喻国明	中国人民大学	14
2	刘毅	天津社会科学院舆情研究所	12
3	闵大洪	中国社会科学院新闻与传播研究所	11
4	杜骏飞	南京大学	10
5	刘云	北京交通大学	10
6	司光亚	中国人民解放军国防大学	10
7	张瑜	清华大学	10
8	陈力丹	中国人民大学	9
9	丁柏铨	南京大学	8
10	彭兰	中国人民大学	8
11	董天策	暨南大学	8
12	钟瑛	华中科技大学	8
13	曾润喜	华中科技大学	8
14	张丽红	天津社会科学院舆情研究所	8
15	罗批	中国人民解放军国防大学	8
16	胡晓峰	中国人民解放军国防大学	8
17	姜胜洪	天津社会科学院舆情研究所	8
18	李彪	中国人民大学	7
19	范以锦	暨南大学	7
20	王来华	天津社会科学院舆情研究所	6
21	叶皓	中共南京市委	6
22	毕宏音	天津社会科学院舆情研究所	6
23	李志强	中国人民解放军国防大学	6
24	罗新阳	绍兴行政学院	6
25	李舒	《瞭望》新闻周刊	6

从发文著者的单位来看,著者主要有两大来源。一类是理工科领域,如司光亚、罗批、胡晓峰和李志强,均来自中国人民解放军国防大学,主要运用工程技术方法对网络舆论传播模型、群体行为模型设计、虚拟关系网络等进行研究。从作者署名也发现这四位学者常合作发表论文,说明在中国人民解放军国防大学已基本形成网络舆情的研究团队。

另一类是人文社科领域,根据其单位性质可细分为三类。一是来自研究所的著者,比如来自中国社会科学院新闻与传播研究所的闵大洪;来自天津社会科学院舆情研究所的刘毅、张丽红、姜胜洪、王来华、毕宏音等,该所已成为国内研究网络舆情的重要力量。二是来自党政部门的著者,如叶皓,时任中共南京市市委常委、宣传部长;罗新阳,时任绍兴市市委党校(绍兴行政学院)科研处副处长;也有来自媒体的著者,如李舒,系《瞭望》新闻周刊的记者。他们的研究多是从实践角度对网络舆情进行研究。三是来自高等院校的著者,目前大量关于网络舆情的研究都集中于此。如喻国明、陈力丹、彭兰、李彪来自中国人民大学,杜骏飞、丁柏铨来自南京大学,钟瑛、曾润喜来自华中科技大学,董天策、范以锦来自暨南大学,刘云来自北京交通大学,张瑜来自清华大学等。

从以上著者单位来看,中国人民大学、南京大学、华中科技大学、暨南大学、中国人民解放军国防大学、天津社会科学院舆情研究所等都是研究网络舆情的重要力量,但发文著者单位还是集中于高等院校。高等院校对于网络舆情研究的重视程度较高,研究能力也较强,因此高校已成为研究网络舆情的核心力量。除此以外,还有大量有影响力的重要著者和单位,他们为网络舆情研究的蓬勃发展也作出了重要贡献。

五、内容分析

1. 关键词分析

按载文量排序,此处仅列出关键词出现频率排前30位的,统计结果见表1-3。网络、思想政治教育、网络舆论、大学生、对策、互联网、高校等关键词以明显优势排在前列,文献篇数都在200篇以上。从这些词语也可看出,对网络舆情的研究在其载体、高校大学生、公众舆论、政府应对方面最受关注。

表1-3 关键词分析

排序	中文关键词	文献篇数	排序	中文关键词	文献篇数
1	网络	489	16	舆论监督	83
2	思想政治教育	272	17	人肉搜索	81
3	网络舆论	267	18	舆论	79
4	大学生	237	19	挑战	70

续表

排序	中文关键词	文献篇数	排序	中文关键词	文献篇数
5	对策	215	20	政治参与	69
6	互联网	214	21	公共领域	69
7	高校	204	22	网络时代	68
8	网络舆情	144	23	创新	67
9	思想政治工作	135	24	引导	66
10	网络文化	125	25	网络环境	56
11	网络媒体	109	26	博客	56
12	舆论引导	108	27	媒体	54
13	和谐社会	105	28	新媒体	54
14	网络传播	105	29	政府	54
15	影响	88	30	突发事件	53

2. 学科类别分析

学科类别的分析结果如表 1-4 所示,此处仅列出前 20 位。文献大量集中在新闻与传媒,其次是高等教育,中国政治与国际政治、行政学及国家行政管理、中国共产党方面也刊载了大量文章,这说明目前从传播学、新闻学、社会学、政治学角度来研究网络舆情的文献较多。

表 1-4 学科类别分析

排序	学科类别	篇数	排序	学科类别	篇数
1	新闻与传媒	3157	11	诉讼法与司法制度	179
2	高等教育	1066	12	企业经济	156
3	中国政治与国际政治	789	13	文化	155
4	行政学及国家行政管理	660	14	法理、法史	143
5	中国共产党	595	15	互联网技术	111
6	信息经济与邮政经济	387	16	宏观经济管理与可持续发展	110
7	思想政治教育	315	17	行政法及地方法制	106
8	社会学及统计学	265	18	教育理论与教育管理	102
9	公安	232	19	政党及群众组织	92
10	计算机软件及计算机应用	227	20	工业经济	86

3. 研究层次分析

表 1-5 显示,网络舆情文献研究主要集中在基础研究、政策研究、行业指导、职业指导和工程技术方面。基础研究(社科)方面的年载量最多,达到 3552 篇,政策研究、

行业指导分别达到2173和1895篇,也占有相当大的比重。

表 1-5 研究层次分析

排序	研究层次		篇数
1	基础研究(社科)		3552
2	政策研究	社科	2152
		自科	21
3	行业指导	社科	1860
		自科	35
4	职业指导(社科)		799
5	工程技术(自科)		273

六、文献来源分析

1. 文献出版来源

表1-6显示:《青年记者》刊载网络舆情文章数量居统计结果之首,有176篇;《新闻爱好者》次之,有110篇;《东南传播》第三,有100篇。从排名前20位的文献来源来看,主要集中于新闻、传播方面的刊物。不过,从刊物档次来看,中文核心刊物偏少,国内另一期刊评价指标CSSCI引源期刊则更少,只有《新闻记者》、《国际新闻界》、《现代传播》、《当代传播》等刊物。

表 1-6 文献出版来源分析

排序	文献出版来源	篇数	排序	文献出版来源	篇数
1	青年记者	176	11	新闻战线	50
2	新闻爱好者	110	12	法制与社会	49
3	东南传播	100	13	国际新闻界	46
4	今传媒	62	14	学校党建与思想教育	41
5	新闻记者	58	15	现代传播	40
6	新闻知识	58	16	新闻与写作	39
7	信息网络安全	57	17	当代传播	38
8	新闻实践	54	18	领导科学	37
9	新闻界	53	19	中国记者	37
10	新闻前哨	53	20	信息化建设	36

2. 研究资助来源

共有29个类别的基金资助了网络舆情研究。表1-7显示,国家社会科学基金、国家自然科学基金和国家高技术研究发展计划("863"计划)对网络舆情研究的资助力度最大,文献篇数分别为119、60、33篇。其他国家级基金和省部级基金项目也对网络舆情研究给予了较大支持,近几年网络舆情的兴起受益于这些基金项目的资助。

表1-7 研究资助来源分析

排序	研究资助来源	篇数
1	国家社会科学基金	119
2	国家自然科学基金	60
3	国家高技术研究发展计划("863"计划)	33
4	湖南省社会科学基金	10
5	跨世纪优秀人才培养计划	9
6	国家重点基础研究发展计划("973"计划)	8
7	河南省软科学研究计划	7
8	上海科技发展基金	5
9	国家软科学研究计划	4
10	中国博士后科学基金	4
11	国家科技支撑计划	3
12	重庆市自然科学基金	3
13	湖南省教育厅科研基金	3
14	湖南省自然科学基金	3
15	江苏省教育厅人文社会科学研究基金	3
16	全国教育科学规划	2
17	山东省软科学研究计划	2
18	国家留学基金	2
19	高等学校博士学科点专项科研基金	2
20	安徽省教育厅科研基金	2
21	北京市教委科技发展基金	2
22	铁道部科技研究开发计划项目	2
23	北京市自然科学基金	2
24	上海市教委曙光计划	2
25	上海市重点学科建设基金	2
26	华南农业大学校长基金	2
27	北京市优秀人才基金	1
28	河南省科技公关计划	1
29	教育部基金	1

七、被引频次分析

学术期刊的被引频次是评价被引文献的学术价值和应用价值的有效手段。表1-8显示,被引频次最多的是《中国公共政策议程设置的模式》,有89次。该文之所以有如此高的被引频次,一方面由于文章本身剖析深刻,该文依据传媒、公众和政策三种议程提出六种政策议程的模式并指出其在中国的实现形式和发展趋势;另一方面在于议题涉及众多学科的交叉研究,也必然吸引众多领域的学者。分析被引频次25次以上的文章,可以看出思想政治教育、网络舆论基础、研究综述、模式模型方面的文献的被引频次颇高,这与网络舆情现有文献的研究方向比较一致。

表1-8 被引频次分析

排序	篇名	被引频次
1	中国公共政策议程设置的模式	89
2	"网络社会"对大学生思想政治素质的负面影响及教育对策	70
3	网络舆论概念特征	68
4	我国高校网络思想教育的十年历程与发展	55
5	网络舆论与网络舆论引导	49
6	论网络舆论主体的"群体极化"倾向	42
7	网络社会学建构	31
8	"大学生思想政治教育"调研报告	29
9	"沉默的螺旋"假说在互联网环境下的实证研究	29
10	基于小世界网络的舆论传播模型研究	28
11	略论网络舆情的概念、特点、表达与传播	28
12	新闻发布与新闻执政的紧迫性	28
13	论互联网与思想政治教育环境的建设	27
14	论网络条件下宣传思想工作的创新	27
15	话题检测与跟踪的评测与研究综述	26
16	中国网络舆论现状及舆论引导	26
17	网络生存与控制	26
18	互联网内容及舆情深度分析模式	25
19	传统媒体与网络媒体的议程互动	25
20	高校网络思想政治教育研究综述	25
21	从非理性网络舆论看网民群体心理	25
22	网络舆论的功能及调控策略	25
23	网络舆情:现代思想政治教育的新领域	25
24	中国网络信息安全教育研究	25

八、研究结论

1. 研究关注度不断增强

纵观 1996—2009 年的统计数据,网络舆情相关研究论文在数量上已经有了质的飞跃。随着互联网的普及和民主进程的推动,网络舆情将受到越来越多专家学者和政府、个人等社会不同层面实践者的关注,会产生出更多有价值的研究成果。

2. 持续、稳定的研究者和研究机构正在形成

从统计结果可以看出,网络舆情领域正在形成一批稳定、持续、有影响力的研究者和研究机构。在该研究领域代表人物方面,有如闵大洪、刘毅、陈力丹、喻国明、杜骏飞、彭兰等领军人物,也有不少后起之秀,如曾润喜、李彪等博士研究生;在研究机构方面,既有天津社会科学院舆情研究所等专业研究机构,各高校的舆情研究中心也相继成立,此外,各级党政部门十分关注,这必将推动网络舆情研究向纵深发展。

3. 网络舆情研究有待深入

目前大多数对网络舆情的研究停留于表面,集中于网络舆情的基本概念、在思想政治教育方面的应用等,对政府管理方面所提出的应对与引导也较为空洞,规律性、机理性以及实证研究有所欠缺,理论对实践的指导作用有待提升。

4. 高质量的研究尚有欠缺

大多数文献都来自于报纸和普通期刊,在核心期刊上刊载的文献的数量还不多,这主要由于网络舆情研究还刚刚兴起,很多方面还不成熟,但这也为广大学者提供了良好的契机,新兴的研究领域更容易产生出创新性成果。

5. 研究仍需要基金项目的大力支持

随着国家社会科学基金、自然科学基金以及大量省部级基金项目对网络舆情的关注与资助,近几年这方面的课题和研究成果也越来越多,但是网络舆情研究的创新与发展还需要各大基金项目更大力度的支持。

参考文献

[1] 曾润喜. 网络舆情管控工作机制研究[J]. 图书情报工作,2009(18):79-82.

[2] 姜胜洪. 我国网络舆情的现状及其引导[J]. 广西社会科学,2009(1):1-4.

[3] 许鑫,章成志,李雯静. 国内网络舆情研究的回顾与展望[J]. 情报理论与实践,2009(3):115-120.

[4] 曾润喜. 我国网络舆情研究与发展现状分析[J]. 图书馆学研究,2009(8):2-6.

[5] 马少美,汪徽志,孔琛. 中国电子政务研究文献计量分析[J]. 情报科学,2009(8):1214-1218.

[6] 罗式胜. 文献计量学概论[M]. 广州:中山大学出版社,1994:309-310.

第三节　网络舆情与舆论的转换及其影响

一、引言

"舆情",狭义上是指民众受中介性社会事项刺激而产生的社会政治态度。[1]在国内,由于网民数量巨大且与日俱增,其思想和行为愈加变得举足轻重。如今,当互联网迅速发展并成为人们政治意愿的表达方式并且是比较开放的意愿表达方式时,舆情正面的或负面的影响力变得非常之大。这一变化的实质原因之一,就是网络上产生和传播的舆情借助互联网,实现了向舆论的更快、更多、更容易和更复杂的转变,进而扩大了它的影响力。网络舆情向舆论的转变以及与舆论之间的相互转换,已经成为了决策者和相关社会成员不得不了解、应对和参与其中的重要社会事实。

二、舆情与舆论之间的异同

认识网络舆情与舆论之间的相互转换,先要搞清楚舆情与舆论之间的异同。舆论,一般有广义和狭义的区分。舆论在广义上是指"公众意见",听起来与民意或舆情相差不多。例如,有些学者从广义上定义舆论概念时,多使用公众的意见、态度和看法等说法。而狭义上定义的舆论则是在强调它作为"公众意见"的同时,又强调它是公众的"公开意见","公众"和"公开"的含义被结合起来,从而对其基本内容做了范围更小的限定。要进一步说明的是,虽然广义上定义的舆论概念主要是指"公众意见",但是,它仍然对"公开意见"的说法十分看重。在各类舆论研究者们看来,舆论是离不开媒介并依靠媒介公开传播的东西。

舆情与舆论不同,其含义又与舆论密切交叉。二者的相同之处在于都涉及公众的各类意见,而它们之间又存在着不同之处。

第一,根据舆情的基本定义,只要是民众所想的,不管公开或不公开,都是舆情。在这一点上,舆情与强调"公开意见"的狭义舆论有很大不同;而与广义的舆论相比,舆情与舆论之间的差异并不很明显。虽然它们都强调公众意见,可是,舆情研究的视角看重舆情作为受中介性社会事项刺激而产生的社会政治态度这一基本特征,舆论研究的视角则看重它作为被传播起来的公众意见这一点。因此,舆情研究有时要依赖媒介,而更多的时候是通过民意测验或舆情调查,直接了解各阶层民众的社会政治态度;舆论(不论是广义的还是狭义的)大都把媒介上传播的公开言论或意见作为研究素材,进行流行观点和思想传播等方面的相关研究。

第二，舆情是指来自民众的社会政治态度，是民众的"心声"。而舆论既包含各类公众的"声音"，也包含国家或政府的"声音"。显然，国家或政府的"声音"和民众的"声音"之间不能画等号。由于这一原因，把舆情和舆论两者等同起来或相互包含起来，就更不恰当了。[2]

第三，舆情研究强调了它对群体心理活动的剖析。它对一群人或一个利益群体等具体民众"心声"的研究，常常涉及他们作为民众的社会心理结构和变化过程。相比较而言，尽管舆论研究也强调公众意见的社会心理特征，但是，它更多地是关注这些意见的传播过程的构造和后果，这也是舆论研究愈加靠近有关传播学研究的要因之一。就网络舆情而言，它与舆论之间的差异在于，网络舆情既是社会事项刺激产生的民众社会政治态度被带到了网络上，也是受网络上传播的中介性社会事项信息刺激而随时产生的民众（主要为"网民"）的社会政治态度。但是，这两种情况下的舆情此时还"散落"或"深藏"于网民们心里，有可能是公众意见，但还不是公开意见。当然，在网络信息传播的情况下，这两种舆情常常更快速地表达出来，并且迅速转化为公众和"公开"的意见，于是就实现了舆情向舆论的转化。

三、网络舆情与舆论之间的转换

舆情向舆论的转化，应当是一种常态。当民众的具体社会政治态度被公开表达出来并形成了群体的共同看法时，舆论研究强调的"公众"和"公开"意见的定义条件就得到了实现，舆情就会转化为舆论。一般而言，只有民众的社会政治态度被表达出来时，它才会让他人知晓并产生社会影响，这也是舆情转化为舆论的意义所在。网络舆情向舆论的转化，又具有值得归纳的自身特点。

第一，转化的时间缩短。舆情向舆论的转化需要一定的时间，因为民众的社会政治态度要表达出来，要经过一定的时间。网络信息的海量、传播速度极快和表达个人意愿的手段丰富便利多样，使得网民们受到网上传播的、与自己的利益相关的事项刺激时，都会自觉或不自觉地作出反应。与网络之外的社会事项刺激形式和反应过程不同的是，这时候的刺激和反应过程密切相连，网民们常常迅速地把个人的态度，通过各种网络手段"即时"地诉求出来，针对某一事件、政策、活动、问题和形象等"刺激物"表达自己的看法，而当这些来自单个网民的看法、意见等形成了众多人的比较一致的态度后，就形成了舆论，也就实现了舆情向舆论的转化。显然，当人们还在利用报纸、期刊等传统的媒体时，即使人们在心中形成了某种社会政治态度，可是，要转化为被更多人知道的态度或者变成一种公众和公开意见，决不会像互联网这样迅捷。这种在网络信息传播条件下刺激和反应之间便利和迅速的"互动"方式，使舆情向舆论转化的"时间距离"大大缩短了。

第二，因"合理匿名"等网络信息传播的保护性条件转化数量更多。互联网不仅使信息传播快速和便捷,而且,还提供了合理匿名、虚假网名以及信息发布终端的无控制等条件,从而使得想要表达自己社会政治态度的网民,因具有不被发现的"个人安全感"和自由度而更愿意表达自己的社会政治态度。由此,网络舆情向舆论的转化就几乎变得畅通无阻,有时甚至肆无忌惮。这样一来,只要网民产生了自己的社会政治态度,就极易在网上表达出来,并在形成共同和公开意见后转化成社会舆论。与网络以外的舆情向舆论转化的情况相比,网络舆情向舆论的转化数量要更多一些,当网民的数量达到数以千万计时,在一些特殊事项发生后,甚至会发生巨量的转化。

第三,转化因网络浏览和个人参与的便利而变得更加容易。网络的浏览功能是网络本身很突出的一个功能,与之同时存在的功能则是网民通过投票、发帖、直接书写个人看法等参与网络内容,于是,就形成了"浏览"和"直接参与"等条件相契合的情况,为人们看到中介性社会事项并随时"附和"自己的看法提供了极大的便利。一旦出现了包括事件、政策、问题、活动、形象等网络热点后,就很容易出现"一呼百应"的信息传播情景,而这个情景其实就是一种舆情向舆论转化的情景,而"一呼百应"就是舆情变成公众和公开意见的时刻。实际上,这种情景是舆情的产生与网络浏览和直接参与等网络信息传播条件实现"聚合"的一种产物。在网络信息传播平台上,呈现这种情景的机会远远多于其他场合,这是网络信息传播的便利条件使然。

第四,网络舆情向舆论转化后,又会受舆论的刺激而得到强化,进而再转化为新的舆论,并在这个过程中实现舆情与舆论两者之间高频率的相互转换。舆论不论是作为公众意见还是作为官方意见,都常常影响着人们的社会政治态度,即舆情。西方学者在舆论研究中常常提及的"沉默螺旋理论"就是对存在这种影响的较好解释。舆情毕竟是一种带有政治导向的群体社会心理,政治宣传或舆论灌输会在作为受体的普通人心理产生各种影响并刻上印记。因此,刺激人们社会政治态度的不仅是各种中介性社会事项,还有各种鱼龙混杂的舆论。于是,在网络上,当最初的舆情转化为舆论后,这些舆论可能会迅速地反过来刺激舆情,表现为对一些网民社会政治态度的强化。然后,经过舆情向舆论的再转化,又生成新的更强大的舆论。尽管这个过程在其他社会场合也会发生,但是,与其他社会场合不同的是,上述"更快"、"更多"和"更便利"的网络舆情向舆论转化的特点和作用,会促使网络舆情与舆论之间的相互转换频繁地发生。在这个时候,网络舆情向舆论的转化就变得更加复杂。

认识网络舆情与舆论之间的转换,其重要意义在于发现和应对这个过程的影响或后果。这种影响,既来自舆情或民众社会政治态度在内容上的合理性,也来自它转化为舆论后所形成的对决策者的更大约束性。这里论及的约束性,是决策者必须选择和处理的一种来自舆情或民众社会政治态度的行为规定,这种规定有的时候是法律的、制度的和道德的,但归根结底是民意的。当一种合理健康的舆情变为舆论时,任何关注、理解、支持和顺应民意的决策者行为,都会受到理解和赞扬;反之,任何躲避、推诿、扯皮、虚假和违背合理民意的决策者行为,都会被暴露出来并受到批评。很明显,当舆情不被表达出来时,它对决策者的影响不大;而当舆情转化成舆论时,它对决策者的影响将会成倍地增加,变成决策者背负的压力。更具时代挑战意义的是,现代网络信息传播正在起着推动这种转变的积极作用。

四、舆情危机的出现与应对

舆情作为一种"基本"的或"核心"的内容,再加上它与舆论之间的转换,就形成了对决策者和其他人的影响力。这种影响力之大,有时会形成所谓的"舆情危机"。在现实生活中,当某一中介性社会事项刺激网民以及其他民众并产生舆情后,借助推动舆情转化为舆论的网络信息传播条件,舆情正面的或负面的影响力就会蜂拥而至,这时候往往会出现"舆情危机"。"舆情危机"是指这样产生且"潮起潮涌"并可能把中介性社会事项刺激方(如决策者)"淹没"其中的舆情信息传播现象。换言之,"舆情危机"是受某一个具体社会事项刺激而产生的涉及民众利益较深较广的舆情,在相对较短时间内生成大量舆论,这些包含舆情的舆论信息潮的"潮头"直接指向社会事项刺激方(通常是决策者或相关机构),并在某个社区或更大范围的民众中掀起更大强度的舆情,与社会事项刺激方或事项本身形成激烈的认识或观点对抗、行为对抗等。如果社会事项刺激方此时仍不能正确应对,"舆情危机"就可能很快变成一场群体性突发事件。其结果蕴含着造成政府管理危机甚至更大社会风险的要素。

在"舆情危机"出现后,应密切关注在网络信息传播各类条件影响下的舆情向舆论的转化和相互转换。举例来说,厦门市政府于 2007 年 5 月正式宣布缓建海沧 PX(二甲苯)化工项目,并委托权威机构在更大范围内进行区域规划环评。有关媒体报道,厦门 PX 项目的争论由来已久。曾有全国政协委员联名上书,厦门市政府不为所动,此后,厦门的上百万市民转发同一条短信,内容大意是反对 PX 项目,爱护厦门。该短信号召反对 PX 项目的厦门人以佩戴黄丝带为标志,开展集体行动,有关媒体谓之"响亮地喊出民意"。而短信大规模传播前,就已经有不少人在互联网上以 BBS 等方式发布过同类信息,并得到过很多网民的回应。这一事例中存在着一个"舆情"的产生和发展的过程。PX 项目的拟订实施是刺激事项,接下来是一些政协委员等社会人士以常规渠道作出了第一步"舆情"反应,这时舆情已经开始向舆论转化;再接下来,PX 项目的继续导致在更大范围内市民的舆情产生,进一步促成了一种以响应者广泛佩带某种标志作为观点"展示"的舆情与舆论之间的相互转换,并出现了演化为群体性突发事件的可能性。这时,政府部门面对巨大压力,表示项目"缓建"(一种特殊形式的"让步")。于是,刺激事项本身发生变化,直接导致了以反对项目实施为主要内容的舆情暂时"偃旗息鼓"。这场不大不小的"舆情危机"也宣告基本结束。[3]

事实证明,舆情向舆论的转化和它们之间的相互转换非常值得重视。在现代通信手段特别是互联网变得愈加发达之时,作为社会事项刺激方的决策者在作出任何决策时，已经很难避免受到舆情向舆论迅速转化的巨大压力。在过去，这种压力也存在。但是，在今天，单是通信手段的发展就已经使得这种压力陡然提升。而国家政治生活民主化进程中的决策透明度的增加和民众民主参与意识增强，又使来自舆情的压力有增无减。这就使所谓"舆情危机"的出现逐渐成为一种趋向。这无疑是社会的一种进步。就像厦门的市民们一样，大家一起对家乡的环保和城市发展发表见解，是政府决策时聆听百姓呼声不可或缺的选择。这种选择可能会在表面上影响决策的进度，但是它对于把握决策的正确性则非常必要。

对"舆情危机"的处理，不单是对大量和集中出现的、与社会事项刺激方尖锐对立的、良莠齐现的舆情以及舆论所构成的信息的种种处理，更是针对舆情和舆论包含的中心内容的处理。从这个角度来观察，对"舆情危机"的处理又同对群体性突发事件的处理不谋而合。需要强调的是，处理好"舆情危机"中有关舆情和舆论等信息传播的社会后果，针对性很强，并具有自身的相对独立性。在应对"舆情危机"中舆情以及舆论传播带来的问题这个层面上，预防和应对"舆情危机"，还在于敏锐发现和整理有关舆情和舆论包含的重要信息，并加以正确甄别筛选，开展动态跟踪，进行科学分析研判。从舆情向舆论发生转化的角度看，对于同一个事件和民众的社会政治态度，往往会有不同的媒体报道和网民讨论，表现出不同的立场和观点，这又需要决策者和相关部门尽可能全面客观地认识和把握舆情和舆论的状况和走向。

参考文献

[1] 王来华. 舆情研究概论——理论、方法和现实热点[M]. 天津：天津社会科学院出版社，2003.

[2] 刘毅. 网络舆情概论[M]. 天津：天津人民出版社，2007.

[3] 王来华. 政府如何应对"舆情危机"[J]. 决策，2007（7）.

第二章
网络舆情与网络传播

第一节　网络舆情的反沉默螺旋传播现象

一、网络舆情反沉默螺旋概念界定

沉默螺旋理论来自伊丽莎白·诺依曼多年来发展并验证的民意理论[1],其核心是个人因害怕被群体和社会孤立,在表达意见前会预先估计民意的气候,当意识到自己的意见与大多数人相同时,便会在公众场合公开自己的观点,反之则会隐藏观点,这一趋势呈现螺旋的过程。

在网络传播环境下,社会孤立的动机已经基本消失,从众心理明显减弱,网络空间的少数派意见明显增强。因而"沉默的螺旋"出现了失效的情形,呈现出"反沉默螺旋"特征。[2]网络社会中,自我确信度高的特定"少数派"通过网络发表的与媒介舆论相悖的意见,往往会引起受众的反向思维,从而使"沉默的螺旋"迅速"倒戈",形成"反沉默螺旋模式"。[3]此外沉默螺旋理论对现实的解释能力也遭到削弱。"范跑跑事件"在形成舆论的整个传播过程中用传统的"沉默螺旋"理论已经不能解释——"倒范"的声浪没有使大众一边倒,而是形成各方观点的汇合。[4]因此,通过对现有文献的梳理,我们可以发现,反沉默螺旋的提出不仅是沉默螺旋理论指导实践过程中部分失效的结果,而且有浓厚的时代背景和强烈的现实需求。

反沉默螺旋是指在网络传播时代,受众的参与性大大提高,不再只是被动地接受信息,受众可以自由发表或支持"少数"意见,此种"少数"意见被更多的网民接受,可能发展为与"多数"意见势均力敌甚至超越和改变"多数"意见的情况。[2]国内现有的反沉默螺旋研究文献多以个案切入为主,2007年的"华南虎照事件"、2008年发生的"家乐福事件"和"范跑跑事件"都被当做典型来研究。关于反沉默螺旋产生的原因,学者们的意见既有共性也有差异性,网络特性和中坚分子的存在获得较多认同。中坚分子可以对"多数派"产生有利的影响,甚至可以改变群体已有的合意并推动新的合意的形成。[4]

为便于研究,我们借鉴王琦对反沉默螺旋的界定,认为网络舆情反沉默螺旋是指在互联网虚拟社区诸如 Blog、BBS、SNS 上,少数人不会因为自己的看法与主流"意见气候"相左而隐藏自己带有倾向性和影响力的观点,随着时间的推移和事件讨论的深入,这些少数观点被更多的网民接受,进而与"多数"意见势均力敌甚至超越和改变"多数"意见的现象。

二、网络舆情反沉默螺旋在网络传播中的表现

(一) 一种模式

反沉默螺旋是一种与沉默螺旋背反的模式,在这种模式中,公众是具有能动性的主体,能自我思考和自我分析,不会盲目地从众和趋同,很少被迫保持沉默来最大程度保护自己免受来自多数意见的攻击或意见气候的无形压迫,常常打破沉默。受众可以自由发表或支持"劣势"或"少数"意见,此种"劣势"和"少数"意见被更多的网民接受,可能发展成为与"优势"或"多数"意见势均力敌甚至超越或改变"优势"意见的情况,即少数人意见向多数人意见演变的机制,这种情况便表现为"反沉默螺旋"模式[3][5]。

(二) 两种路径

网络媒体为大众提供了一个自由开放的平台,使得网络舆论的传播出现多元化和丰富化。传统媒体的话语霸权被打破,出现了在立场、利益、爱好上各异的多元化的"小众",对于同一事件,所谓"仁者见仁,智者见智",出现针锋相对的观点、截然相反的观点、极端的观点、系统化的观点等的汇集。因而,在网络舆论"反沉默螺旋"现象中,通过对诸多案例的分析,会出现不同的传播路径,如图 2-1 所示。

图 2-1　网络舆情反沉默螺旋传播路径图

1. 理性反沉默螺旋现象——基于对不同问题的关注

网络中有不少理性的网民在面对主流舆论压力的同时,基于自身对事件的质疑态度、对社会的强烈责任感和正义感,勇于逆流而上,在事情真相的揭露、对社会中违反社会公德等不良行为的监督以及违反道德规范的谴责中产生积极作用,可以使

网络舆论朝着正向流变,引领社会行为向真、善、美的维度不断发展,理性的反沉默螺旋现象呈现在对不同问题的关注中。

对政府公信力的关注。典型事例如"华南虎照事件"[6],对于虎照的真伪之争出现了"挺虎派"和"打虎派"两派。"打虎派"在没有任何舆论优势以及面对来自强势媒体的压力时,他们的反沉默使之最终成为与"挺虎派"相抗衡的巨大力量,对"打虎"舆论产生了"反沉默螺旋"的作用。

对民族精神的关注。再如家乐福事件中,占有"压倒优势"的抵制家乐福派成为最强音,自我意识强硬的理性爱国派与舆论媒介悖反,但是却出乎意料地引起受众的反向思维,导致"沉默螺旋"的迅速倒戈。

对道德问题的关注。典型的如硫酸泼熊事件。通过对从开始报道该事件的2月25日前的400个帖子的观察,发现86%左右的帖子对该大学生的行为表示强烈的谴责和愤慨。14%左右的帖子属于冷静分析派,认为事件背后的罪魁祸首是我国的教育体制问题。可见,谴责和谩骂占有优势。但是通过对几个月后同一论坛的最新帖子的观察来看,28%的帖子对该同学表示同情,72%的帖子仍然持谴责的态度。尽管在论坛中谴责态度占据上风,但是与之对立的"同情"态度却不甘沉默,没有陷入一方声音越来越大,另一方声音越来越小的"沉默螺旋"的漩涡,而是呈现越来越强大的趋势。

2. 非理性的"反沉默螺旋"现象——基于引致因素的不同

网络的公开性、匿名性、交互性、信息发布的低门槛,使得网络舆论出现盲目性、非理性的特点。网络重视个人意见的发布、赋予网民的平等自由的话语权程度是以往任何媒介都无法比拟的,同时它又催生了信息的泛滥与爆炸,网络受众发言的无所顾忌,在网络中呈现出一种新态势,"反沉默螺旋"中起先处于舆论劣势的"少数派"比现实中更强势、更非理性,甚至不惜使用诋毁、谩骂的手段打压异见,这种非理性的声音积聚容易对社会造成负面影响。

非理性人肉搜索行为引致。被网民称为"中国最年轻市长"的湖北省宜城市市长——29岁的周森峰因为网民狂热的人肉搜索而卷入网络舆论事件。网民一贯的思维认为某人官场一帆风顺必定是与其有坚强的后盾分不开的。于是从人肉搜索周森峰的家世开始,"打伞门"、"抄袭门"、"香烟门"等事件依次展开,大有不找到其漏洞不罢休的架势。[7]在周森峰披露没有任何特殊家庭背景后,网民还是不依不饶,通过人肉搜索积极搜寻证据,甚至大肆渲染"道德沦丧论"等来反驳占优势的"支持周森峰派",使得不少民众被其所误导,沉默螺旋效应渐次失效,出现"反沉默螺旋"现象。网民的这种异常的情绪化方式产生的非理性舆论"反沉默"了理性的声音,"反沉默"了人们对事件的客观冷静分析,不仅对受害者本身来说造成了巨大的伤害,也会导致"多数人暴政"现象。

非理性中坚分子引致。2005年在网络中展开了一场关于富人该不该歧视穷人的"上流社会"的大辩论,在叫"北纬 67 度 3 分"和"易烨卿"的这两个主角间展开。"易烨卿"所持的观点是"人分三六九等、高低贵贱",该观点招致了大多数网民的谩骂,甚至有网友下达了"网络追杀令"。面对网友们排山倒海式的狂轰滥炸,"易烨卿"没有沉默,而是耐心地向网友解释自己的高收入、高档次和高品位,鄙视民工的初衷仍然没有改变。在这场唇枪舌剑中,处于明显弱势的"易烨卿"始终如一地坚持自己的观点,并没有出现一方越来越得势的情况,"反沉默螺旋"现象开始启动。

非理性意见领袖所引致。如 2003 年的美伊战争,主流媒体态度基本与中国政府的态度一致,大致可概括为"反对战争"、"和平解决"、"政治解决"。通过对各论坛早期观点的观察,其主流意见与政府意见是一致的。随后,中国学者开始了反战与主战的网上之争,某些学者在网上发表声明声援美国政府的战争行为,该观点引起了网上的激烈讨论。其后有学者对辩论进行了实证研究,与政府立场一致的观点大大减少,远远少于其他多种多样的声音。[8]

通过对以上两种传播途径进行分析,可以总结出网络舆情传播中的"反沉默螺旋"现象产生的共同点:第一,网民是能动主体,他们富有主见、追求自我实现,不会跟风从众,能独立思考,敢于质疑,媒介不再独霸舆论话语权;第二,"反沉默螺旋"现象的出现大多经历着这一过程:多数派占优势——两派(或多派)的对峙——沉默螺旋渐次失效——少数派反旋而上甚至超过多数派——反沉默螺旋现象出现;第三,网络舆情传播渠道多样,网民迅速获取信息,并且享有对事件的知情权;第四,媒介的意见不符合公众的价值观、意见和见解,没有代表大众的意愿而与民意相悖。

三、网络舆情反沉默螺旋的主体类型

本研究主要基于"认知核心"和"认知边缘"来对网络舆情反沉默螺旋主体类型进行分析。"认知核心"为拥有与所有或大多数群体成员相同的信息的人;而"认知边缘"则是指其他群体成员的知识只是自己持有。[9]基于此我们认为,"认知边缘"要转化为"认知核心"至少应具备两个条件,即信息有价值和信息被共享。而当虚假信息被共享时,"认知核心"也可能转为"认知边缘"。(如图 2-2 所示)

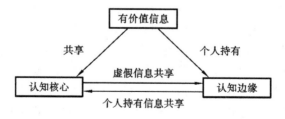

图 2-2 "认知核心"和"认知边缘"示意图

（一）信息优势者

信息获取的即时性和高质量性是信息优势的主要体现。信息优势者凭借时间和空间的优势，能够掌握大量没有经过加工和过滤的资料，群体的渴求使这些信息富有价值，信息在最短的时间内被群体成员分享，从而使这些有价值的信息产生影响力。信息的影响力取决于给出信息信号的人的数量和质量。正常情况下，信息优势者获取信息后立即通过各种媒介传递给其他成员，成员接收信息后经过讨论、分化、聚合，通常形成具有一定倾向性和影响性的观点和意见即网络舆情，并随着时间和关注度的变化而高涨、衰弱直至消失，也就不会存在反沉默螺旋的现象。但是，在事件发生后信息优势者发布信息前有一段时间空窗，在这段时间内各种掩盖事件真相或部分事实的信息借助网络把关人的缺失、网民的信息渴求以及网络哄客和推手的参与很容易居主导地位，成为"认知核心"，推动与事件真相背离的网络舆情的形成。信息优势者虽然拥有真实信息，却因错过时机导致信息未被分享而成为"认知边缘"，但并不会就此沉默，因为他了解事件的真相。随着时间推移，当传统媒体或者网络新闻发言人参与进来揭露事情真相的时候，背离真相的网络舆情会加速消失，并在真实信息的指引下形成新的网络舆情，这一过程可以形象地概括为网络舆情反沉默螺旋的形成过程。信息优势者从"认知边缘"过渡为"认知核心"，成为反沉默螺旋的主体，整个过程如图 2-3 所示。

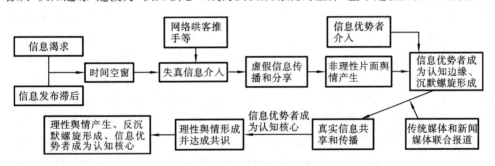

图 2-3　信息优势者与网络舆情反沉默螺旋示意图

（二）信念坚定者

信念坚定者大致可以分为两类人，即对自己拥有高度自信的人和对事件具有深度成见的人，他们共同的特点便是信念坚定，不轻易改变自己对事件的观点和看法，还会通过各种方式维持既有的认知，以达到心理上的平衡。互联网的发展在方便信息扩散的同时也为人们提供了大量维持既有观点的机会。网络技术的发达足以使人们根据自己的偏好从网络海量信息中抽出与自己价值观、过去经验及既有认知相一致的信息，定制成"我的日报"，筑起"信息茧房"。"如果公司建立了信息茧房，就不可能兴隆，因为其自己的决定不会得到内部的充分挑战。一些公司就由于这个原因而失败。如果政治组织的成员——或国家领导人——生活在茧房里,他们就不可能考虑周全,因为他们自己的先入之见将逐渐根深蒂固。"[9]当事件发生后,网民出于对信息的渴求往往表现出非理性思维,对信息被过滤与真实与否予以忽略,从而形成与事件本身不符的网络舆情。这些偏离事实的网络舆情便是网民的被删减过的视频和部分信息失实的帖子激发的结果。这种情况下如果信念坚定者支持主流舆情声讨的对象(其实正常来说此时被声讨的对象应成为主流舆情支持的对象,但是集体的非理性使主流舆情偏离了事实),外部世界与内心认知产生了不一致,这会促使他们采取行动维护自己的观点,如通过各种渠道挖掘最接近事件真相的信息,找出主流舆情支持对象的过错,等等。尤其当他们发现存在失真时,会在各种公开场合(论坛、虚拟社区等)予以发布,以引起更多的关注,维持既定的立场并和其他成员分享自己的观点,当更多的力量参与进来时,新的网络舆情便会逐渐形成。因此信念坚定者是反沉默螺旋不可缺少的主体。

(三)利益驱动者

人们是否透露自己所拥有的信息取决于透露的个人收益与个人成本。"他人的陈述使你认为自己的观点是错的或者是无益的,那么透露的私人收益就会更加减少。在这种情况下,你有理由认为透露根本不会改善群体的决定。如果反对明显的一致意见的人名誉受到损害,事情会更糟。在这种情况下,私人的计算很直白:沉默是金。"[9]相反,如果个人坚信透露信息有利于改善群体的收益进而增加自己的收益,则会通过各种渠道表达见解,从而使个人持有的信息获得群体成员以及更多人的关注。网络推手是网络舆情反沉默螺旋形成过程中比较特殊的利益驱动者,他们以发帖、跟帖为职业,发帖和跟帖的速度远高于一般网民,而且帖子的内容完全听从于雇主的安排。当雇主所安排的内容恰好促进沉默螺旋的消解,推动反沉默螺旋的形成时,网络推手便在无意识的情况下发挥着作用。由此我们也可以看出,利益驱动者在反沉默螺旋形成过程中扮演的角色是错综复杂的,而且最摇摆不定。当透露信息的利益不足以满足个人的利益或者随着时间的推移这种利益所带来的效用降低时,人们往往容易放弃先前的立场,或保持沉默成为旁观者,或吸纳主流的观点成为大多数中的一员。

四、网络舆情反沉默螺旋的原因探究

(一)基于网络的原因——与传统媒介传播相比较

1. 网络的匿名性——群体压力失效

网络舆论形式与其他舆论形式的最大区别在于匿名性。首先,在网络的虚拟空间中能够减少现实生活中社会因素和个人情感的影响,摆脱个人目光约束的心理压力,减少了"社会情境暗示",使网民可以如玛格丽特·魏特果所说"抛开现实环境中个人遭遇的身体以及其他物质空间上的限制",每个网民有机会重新构造自我,个人的表现比在现实中更加大胆,从而人的心理状态会更加接近他的"本我"。其次,网民可以在理解的空间内自由发挥、自由体验,并及时知道别人是怎么想的,还有多少人和我是同样的想法,多种观点、多种想法、多种视角、多种情感可以较为充分地流露和表现,言论空间的包容性和免责性使得在网络上构建民主讨论的公共领域成为可能。再次,网络传播中的虚拟身份和匿名形式实际上给予了网民更多平等自由的权利。网民之间没有了种族、性别、国籍与年龄的限制,没有强与弱、上与下的区别,这更激发了人们主观表达的愿望。这种开放自由平等的氛围可以更好地表达民意、汇集民意,使网络成为一个更加真实地不加掩饰地表达自己见解的平台,每一人都不甘做别人观点的"回声",人们不再随波逐流,人的"天然趋向"[10]即用自己的观点形成对周围总体舆论环境的理解,现实生活中的种种恐惧被"无所谓"心态所代替。

2. 网络的交互性——受众主体地位的确立

网络舆论传播不同于传统媒体。传统媒体在方向上是一种自上而下的传递,受众与媒体处于不平等的地位,而网络媒体在方向上是一种自下而上交互式的传播,受众有着更大的主动性。在传播理论中,"使用满足理论"认为,受众犹如顾客,媒介的内容应该反映受众的需求,而不应该强加给受众,在受众与媒介之间,受众是第一位的。陈力丹也强调:"网络中每个人都是传播者,每个人又都是受众。"这种受众的主体地位赋予了主体真实、自由和流畅三大特征,网民能够以平等的心态和批判的态度来使用宪法赋予的言论自由权利,使得普通公众包括弱势群体、边缘群体也拥有了某种话语权,"沉默者不再沉默甚至会显得情绪激昂"[11]。比如在一些事情的发展中,整合严密的"少数派"为了追求自我的真理性、正确性,扩大自己观点、判断的影响力和认同度,用证据和事实力求说服更多的人,从而使占舆论优势的"权威派"迅速倒戈。网络交互性所带来的舆论多元化,直接影响是权威舆论的不易形成,多种舆论的存在和意见气候的不明朗化,舆论走向不再是传统媒体环境下主导的一元化样态,而是呈现出多元化的样态。

3. 网络传播方式的变化

1)传统"议程设置"作用的削弱——公众知情权的重获

在传统媒体中,信息的有限性和新闻信息表现的种种强势手段,很大程度上成为一种舆情导向。"议程设置"在网络传播条件下出现更新,主要体现在传媒议程设置和公众议程设置的互动关系上。网络媒体是一种"弱控制"的传媒,部分传播权力由少数人的手中分散到了广大网民手中。[12]多元化的传播者、开放的传播渠道、复合式的传播形态等弱化传统公众设置议程的效果,充分尊重了网民自由选择信息的权利,发挥了网民的主动性。如果大众媒体不对人们讲某一个话题或事件,这种有意识的报道回避反而会引起人们更大的知晓欲望和传播兴趣。

网络舆情总是以最快的速度及时更新,网络媒体对新闻价值的评价变得不重要。网民接受信息的自主性和发布信息的自主性在相当程度上削弱了网络媒体作为大众传播媒介对舆论的控制,因掌握有限信息对某些事情缺乏知情权而导致沉默的网民不会再沉默。

2) 网络舆论"把关人"角色的转变——公众知情权的保障

传播学奠基人之一的卢因认为,在信息网络中有大量的把关人存在,只有符合传播群体规范或把关人价值标准的信息内容才能进入传播渠道。网络媒体是一个精华与糟粕共生的舞台,传统的"把关人"理论已经不能在这一媒介环境中游刃有余。网络环境下,网络的"平民化色彩"导致传统"把关人"信息垄断权利丧失。网络是"去中心"的,它不承认绝对的权威,推崇"个人主义",贬低"英雄主义",传统把关人角色正在发生转变。保罗·莱文森在其与施密特合作的著作中提出了"从守门人到婚介人"[12]的说法,即把关人充当了"红娘"的角色,指引网民去自主挑选自己感兴趣的事情,网民也可以享有充分的自由拒绝别人所提供的东西。可见,网民对事情的知情权不会无端地受到屏蔽和剥夺,相反他们拥有了更多的机会和更方便的渠道去获取信息、了解真相,为"发声"作充足的准备。

(二) 基于网络受众的原因

1. 从众心理的弱化

社会心理学把个人因团体压力的影响在知觉、态度、判断与行为中表现出与团体大多数人一致的现象称为从众心理,个体采取从众,是为了减少群体中认知失调。相比现实环境而言,网络上的虚拟个人与现实中的人的人格主体分离,人们发表自己的观点所承受的环境压力比现实环境中少了许多,正如尼葛洛庞蒂所言:"在网络上,每个人都可以是一个没有执照的电视台。"而在人们的言论自由度得到提高的同时,个人自我意识在增强,网络空间使"人体"因网络技术得到极大"延伸",交往空间逐渐增大,孤独感对人产生的威慑力也逐渐减弱。首先,网民可以通过在网络空间中寻找"盟友"来消除孤独感;其次,在网络空间中消除孤独感的方式丰富多样;再次,当一个人的言论在某一个论坛里不被肯定,他往往不会采取消极的从众措施来寻求一种自我保护,而是主动转向另一个论坛寻找自己言论的支持者。在网络空间里,大家互不认识,没有固定场所作用力,任何言论无需在网络中寻求一种平衡,意见的发表几乎不需要付出任何代价,因而"群体制裁"对网络群体成员不构成任何威胁。

2. 中坚分子的力量

"中坚分子"(the hard core)是纽曼提出来的,"他们是在沉默螺旋过程中留下来的,排除孤立威胁的少数意见者"。他们代表着这样一群愿意为自己的公开言论付出代价的人,特立独行的性格使他们试图与主流的意见对着干,并随时准备与任何阻挡他们前进的人发生直接冲突。社会心理学家盖·舒尔曼曾提出:"如果支持多数人意见的人数太多,多数派的声音就会变得无力起来,因为缺乏对立的意见存在。"中坚分子无惧孤立,他们有坚强的意志、强烈的态度、一贯的主张,他们能对强势的"多数派"产生一定的影响,形成一股力量从而改变合力的方向,扭转局面。

五、网络舆情反沉默螺旋现象解读:"中华女事件"

2010年3月23日,贵州电视台法制频道记者在配合执法的过程中被一名违法中华牌轿车女司机殴打。当天晚上《强悍"中华女"郭丽当街暴打贵州电视台女记者》的帖子出现于各大网站,女司机和该事件分别被网友和媒体标签化为"中华女"和"中华女事件"。值得关注的是,在"中华女事件"的发展过程中,网络舆情的指向发生了明显的裂变和转化,由初期的"认知核心"声讨中华女转变为后期的声讨女记者,完整地展现了网络舆情反沉默螺旋的形成过程。

(一)"认知核心"声讨"中华女"阶段(沉默螺旋形成)

"中华女"事件发生后,贵州法制网充分发挥地理空间的优势,以事件知情人的身份,结合网络媒体新闻报道的便捷性,将因被过滤而部分失真的新闻和视频发布在网络上,《强悍"中华女"当街暴打女记者》的新闻成为网民和其他网络媒体获取信息的主要渠道。以该新闻为依据的转帖《强悍"中华女"郭丽当街暴打贵州电视台女记者》也在事发当天晚上出现,并被转载于各大网站和论坛,引起网民的广泛讨论、跟帖和转帖。原始新闻和帖子也不断升级,事件标签由最初的"中华女"、"暴打"和"强悍"发展到"无牌豪车"、"曝光"、"耳光"、"暴打"等,在网络转帖和网络媒体报道的相互作用下,网民根据接触到的信息做相关的评论,逐渐形成共同倾向,即"中华女"太无耻,应该用法律严惩,甚至有网友主张人肉搜索。以网友"只看风景"3月24日在新华社区发的《什么背景?女子开无牌豪车被电视台曝光狂扇记者耳光》帖子为例,大多数跟帖都从各个角度表达对"中华女"的不满,如网友"fine132"指出:"这分明是在抽法律的耳光,真厉害,继续疯狂。"网友"俺是屯里人"认为:"这样的人太嚣张,以为有钱就很了不起,鄙视!"网友"箭之殇"更是质问"上面有硬人?"部分失真的信息被大多数人接受后,传统媒体也开始以报道视频和转载网络新闻的形式跟进,以争夺稀缺的注意力资源,却对信息的失真没有过多关注。事件发生初期,网民、传统媒体和网络媒体的集体非理性促成了网络舆情的初次形成,这一阶段以"中华女"被治安拘留而推向高潮。少数支持"中华女"的声音并没有被群体所分享,而是成为"认知边缘",他们或保持沉默,或者改变立场。(如图2-4所示)

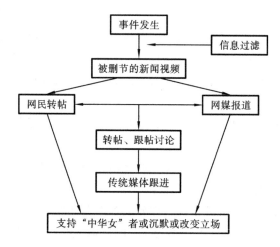

图 2-4 "中华女事件"沉默螺旋形成示意图

(二)"认知核心"支持"中华女"阶段(沉默螺旋的消解、反沉默螺旋的形成)

"中华女事件"经过几天发酵,网民也渐趋理性,传统媒体、事件知情人和网络媒体对事件的还原使得更多的信息被挖掘出来。浙江卫视率先将完整视频播出,网民将浙江卫视播放的视频和最初的视频相比较,发现女记者并不娇柔,而且经过对视频的仔细研究发现女记者问话方式相当业余。天涯社区网友"jamezhou888"作为事件知情人对事发道路情况提出质疑,帖子《"中华女事件"新爆料!贵阳交警也搞钓鱼执法》引起广泛关注,访问次数达到 205767,跟帖达 1609,大多数人转而支持"中华女"。如网友"851198704"的"打得好打得妙打得呱呱叫,中华姐我爱你!"网友"天然的冬虫夏草"更是"旗帜鲜明地支持中华女!""午夜的甜心"号召"强烈建议贵阳人去围观开庭,建议声援中华女"。网络媒体的跟进,使得大量支持"中华女"的网络新闻呈现在网民面前。如人民网的《"中华女"郭丽为何暴打女记者》、法律界的《贵州中华女事件:记者才是可耻的》、网易的《打记者的"中华女"为何赢了民意》、燕赵都市网的《"中华女"为何得到网民同情》,等等。网民、传统媒体和网络媒体的立体化报道扭转了事件初期多数人声讨"中华女"的情形,初期的少数派也大逆转为"认知核心",他们的信息得到更多人的分享和认同。(如图 2-5 所示)

六、结语

在网络空间中,不同阶层、不同地域、不同年龄的人们可以毫无顾忌地畅所欲言,尤其是弱势群体不再惧怕孤立,他们能平等、自由、大胆地在网络空间发表自己的意

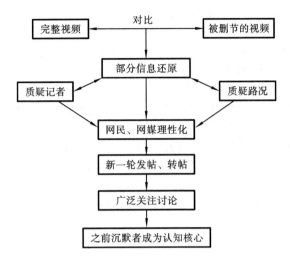

图 2-5 "中华女事件"反沉默螺旋形成示意图

见,获得了"媒体接触权",即"大众即社会的每一个成员皆应有接触、利用媒介发表意见的自由"。如农民阶层可以通过"公正的旁观者"代言在网络上现身,当政府的不作为或者乱作为给弱势群体的利益造成损害时,总能看到"公正的旁观者"的身影浮现在网络空间,[13] 来自社会底层的声音得到了呈现,网络民意得到了充分表达,维护了社会生态平衡。

然而,在网络舆情的传播中,"反沉默螺旋"现象的出现也并不代表着占舆论优势一方的理屈,也不一定意味着认同,而有多种可能:或者是一种无奈、一种冷漠,更或是无声的抗议。虽然网络民意中含有大量合理的成分,但是也不能否认各种非理性、情绪化和失真情况的存在。很多情况下,对于某些公共事务的看法常常被极个别持有偏激观点和偏执立场的人所误导,而持有理性的观点的网民却对此不发表任何看法或是因其舆论势头的削弱而退缩,使得网络被各种非理性言论所充斥,从而不能更好地代表民意甚至扭曲民意。

在当前的网络舆情传播中,对"反沉默螺旋"现象的引导控制需要视情况而定,即要营造畅所欲言、生动活泼的局面,促使理性"反沉默螺旋"现象的出现,又要警惕其被非理性分子所控制或主导,防止对社会产生负面影响。

参 考 文 献

[1] 丹尼斯·麦奎尔,斯文·温德尔. 大众传播模式论[M]. 祝建华,译. 上海:上海译文出版社,2008.

[2] 王琦. 网络传播中"反沉默螺旋"现象浅析——以"家乐福事件"为例[J]. 新闻爱好者,2009(6):67.

[3] 姚珺.互联网中的反沉默螺旋现象[J].武汉理工大学学报(社会科学版),2004(6):286-288.

[4] 尹瑞平."范跑跑事件"传播中的"反沉默螺旋"解析[J].东南传播,2008(10):43-45.

[5] 殷俊,从舆论喧嚣到理性回归——对网络人肉搜索的多维研究[M].成都:四川大学出版社,2009.

[6] 人民网."华南虎"位列"社会热点事件红与黑"中黑之首[DB/OL].[2007-12-28]. http://society.people.com.cn/GB/6711896.htm.

[7] 曹玉兵.如果周森峰因舆论压力辞去市长职务[N].齐鲁晚报,2009-6-26.

[8] 朱大可,张闳.2001:文化批评白皮书(前言)[DB/OL]. http://www.hyzonet.com.

[9] 凯斯·桑斯坦.信息乌托邦[M].北京:法律出版社,2008.

[10] 夏志梅,彭光芒.网络空间中"沉默的螺旋"理论的局限性[J].北京理工大学学报,2006,(6):17-20.

[11] 郭光华.论网络交往中"沉默螺旋"假说的局限[J].湖南师范大学社会科学学报,2002,(11):103-106.

[12] 吴风.网络传播学[M].北京:中国广播电视出版社,2005.

[13] 刘力锐.论我国网络民意的特征与政府回应[J].求实,2009(6).

第二节　网络舆情的片面化与交互扩散

从近年来发生的一些事件如哈尔滨警察打人事件、武大解聘张在元事件、巴东邓玉娇事件、云南躲猫猫事件、瓮安事件、石首事件、"艾滋女"事件等来看,网络已经在事件发生与演变过程中发挥了重要作用。在事件演化中,网络上会形成强大的"井喷型"网络舆情。而就新近的态势看,不仅同一事件会衍生海量舆情,一些事件因为本身的关联性或舆情的关联性也会造成事件或舆情的系列化效应。

一、网络舆情片面化问题分析

(一)网络舆情片面化的表现形式

虽然网络舆情在很多情况下促进了事件的处理和解决,但纵观各种事件在网络上形成的舆情状况,可以发现不少事件呈现的网络舆情具有极大片面性,即网络通常只特别关注某个事件某一方面,或只从某一视角来观察事件。如在哈尔滨警察打人事件中,不少网民充分相信新闻报道,并将"仇警"心理引入对事件判断中,导致网络上"一边倒"的谴责警察的言论。而后来不断报道和深入剖析的事实表明,事件中警察在克制和防卫,因而网民对警察激烈谴责也就不具有合理性和正当性。而在"艾滋女"事件中,广大网民对新闻报道中指出"艾滋女"闫德利发布个人艳照及公布279名男伴电话号码等行为表示极大谴责,对"艾滋女"闫德利道德沦丧、腐化、堕落、报复心理等进行了激烈批评,然而后来事实证明艾滋女事件是闫德利男友实施的报复行为。可以看到,在这些突发事件中,网络舆情表现出极大非理性、非完备性、非公正性、非中立性等特征,这些特征一方面歪曲了某些事件的真实状态,另一方面也形成了更多网民甚至公众对事件的歪曲化、片面化或极端化判断。具体而言,网络舆情"片面化呈现"表现在以下几方面。

第一,舆情不足、零散。网民基于不完备的信息作出判断,导致言论简单、片面、零散,网络上缺乏对整个事件来龙去脉、各方因素、发生过程等的全面认知和公正判断的舆情。

第二,舆情放大、过滥。网络上关于某个事件的舆情信息非常多,呈现出舆情"喷涌"局面,但网络上呈现的只是该事件局部的舆情信息,并且局部放大的舆情信息进一步主导或左右了更多网民甚至公众对该事件的解读和判断。

第三,舆情片面、偏执。网民只是选择性地吸纳或传播某方面的信息并据此形成自我态度和行为模式,在这种情况下,网络舆情容易呈现"一边倒"格局,并且通常会使政府或相关权威主体在网络舆情中处于非常不利或受质疑、被批评的地位。

第四，舆情失真、变异。网络上关于某个事件的信息偏离了事件原始状态，网络上充斥着关于该事件的各种版本的流言、妄言、断言以及其他形态的虚假信息，并且这些流言或虚假信息被更多网民认同或传播，在传播中舆情信息进一步变异。

第五，舆情偏离、衍生。某些突发事件在具有相应经历及丰富知识的特殊人员推动下，由该事件感性演化或理性推论所形成的一些舆情得到网民"热捧"，即在网络精英的引导下，网络会形成该事件舆情的偏离化、衍生化或扩大化。

（二）网络舆情片面化的原因

1. 网络舆情形成中的选择性发布与编造假信息

（1）网民可能断裂化或选择性地发布信息。网络因广大网民的参与而有非常丰富的信息资源。随着网络的发展及网民参与意识、权利意识、表达意识张扬，网民会主动发布关于一些突发事件的消息。[1]这使得原先仅为媒介所拥有的议程设置功能进入了网民视野和行为中。在网络环境下，网民不仅可以摆脱对媒介的依赖从而主动、自由地从媒介中获取信息，而且可适时由接受者身份转换为传播者身份。在某一事件发生后，网民为了通过信息占先优势、发挥信息权利或为了获得关注，会主动积极发布关于某个事件的信息。但是，无论网民是当事人还是目击者，其获取的关于某个事件的信息可能缺乏完整性和公正性，无法摆脱基于自我身份形成的认知和判断。作为事件当事人的网民通常会从"于己有利"的角度来采纳信息，而作为目击者的网民只是从所能看到的事件角度来汇集信息。因此，无论是当事人还是目击者，都不可避免地会形成关于某个事件的片面化或单一化信息。在这种情况下，网络上呈现的是事件某几个断面或几个链条的信息，而其他断面或链条的信息则被遗漏或过滤。

（2）网民可能编造事件信息或发布虚假信息。在网络上没有特别严格的准入要求和个人真实身份的核实资料，以及"把关人"的缺失，如此一来，信息的虚假、误导和歪曲就在所难免。[2]当前网络的管理缺陷和网络的符号化效果可以过滤掉网民一切现实化的身份、特征、角色等，网民具有不受约束的行为或话语自由，这种自由化的空间给予了某些网民进行极端化自我表现的机会或空间。一些反权威、反秩序、反社会的网民个体也会在网络上宣扬自我的精神和观点。为了获取某种特别化关注效果，一些网民会编造一些信息发布到网络上，也有网民对一些事件有意识地进行歪曲或改装。一些网民能够比较准确地把握整个网民群体的心态，知道网络关注什么，什么会成为热点。这样，个别网民特异化信息发布行为就可能产生网络舆情"井喷"效果。

2. 网络舆情传播中的协同过滤现象与议题信息强化

（1）网民的协同过滤行为导致类聚效应。网络为志同道合者的沟通提供了便利，但缘于网络时代个人信息的量身定制与网络空间信息海量性的悖论，导致网络中的民意往往出现自发性的"局部民意"和"狭隘民意"。[3]随着网络的发展，网络的协同过滤功能使网民可自我设定网站链接,而网民由于偏好作用,一般只链接与自己价值取向一致的网站。如网民一般只关注几个特定论坛、网站、博客等,也只跟圈内网友交流信息等,在偏向型或圈子化公共交往中,网民无法具有全面视角、多元思考。正如桑斯坦指出的,某个政治信念坚定者在网站上找到更多持相同看法的作者,并且被鼓励去阅读其他相同的见解,从而强化他既有的判断。[4]在网络上,网民通过信息同类搜集和网址链接,会强化信息同质性,在信息时代中形成了大众传媒的覆盖面一方面变得越来越大,另一方面又变得越来越小的传播悖论。

(2)网民的点击或传播行为强化单面信息。对于舆情信息的受众而言,网民通常会优先关注那些界面性信息,并根据界面性信息形成关于某个事件的印象或态度。正如桑斯坦指出的,新闻网上的头条故事就很容易成为公众要务,不仅有助于界定哪些才是核心议题,同时也创造了千万人共同关注的焦点。[4]网民的关注或点击则会强化某条信息的优先性,从而形成某种或某方面信息不断强化和"优势积累"。这时,即使有其他关于该事件的更多信息传播到网络上,也会被淹没在"信息海洋"里。繁多信息充斥下的网络只会关注事件最有新闻价值或最能吸引眼球的部分。舆论领袖引爆舆论,普通网民则以点击率、回帖数量等形式强化这一舆论。另外,一些网民在舆情传播过程中会通过恶意回帖、连续发帖、互相谩骂、人身攻击、另类回复、播放广告等越轨行为来造成网络舆情的暴涨或混乱化。

3. 网络舆情接受中的被动性接纳与主体性丧失

(1)网民的信息选择具有被动性特征。随着网络的发展,网络上的信息越来越多,这给予了网民极大的选择空间。当筛选的力量没有限制的时候,人们能够进一步决定,什么是他们想要的,什么是他们不想要的。他们设立了一个能让自己选择的传播世界。[4]对于喜欢选择的网民而言,他会通过各种方式搜集或检索关于某个事件的信息。然而,即使网民试图全面地获取某个事件的信息,但由于网络上的信息是有选择性的,因此,网民只能获取关于该事件的有限信息。这样,选择是一种范围有限的选择,是一种被动性的选择,这种选择通常不会让网民形成全面的信息认知并作出判断,而只会因为网民的点击、跟帖或关注而强化网络上关于该事件的有限信息并使有限信息无限放大。

(2)多元信息或群体压力使网民丧失主体性。由于传播选择激增,出现了无所不在的信息超载危机——太多选择、太多话题、太多观点。[4]当网络上充斥着丰富的信息时,某些网民看到诸多信息会"手足无措"。对于"手足无措"的网民而言,网络上的丰富的信息可能使其被信息所牵制、支配和奴役,主体性逐渐丧失。[5]在这种情况下,网民信息接受行为是一种被网络媒介或其他网民操纵的行为,即网民因为缺乏自我选择的意识而丧失了自我选择的机会和能力。一些"毫无主见"的网民则会受"群体压力"的影响而表现出盲从的特征。群体压力会对群体成员产生心理压迫,以使其成员对规范自动地复制执行,即个体成员在知觉、判断、认识上表现出符合公众舆论或多数人的行为方式。[6]在缺乏主体性的情况下,网民对信息的判断以及跟帖、回复等行为也趋向大众化或普遍化。

4. 网络舆情评判中的个人发挥与标签化处理

(1)网民的不在场特征促使网民自我发挥。网络具有互动功能,很多网民不甘于做一个"被动的信息接受者",而会主动对某个新闻或信息作出评价或判断,这就形成了网络新闻的广泛跟帖或评论。在互联网上,一条信息的发布随即会引来知情人发布的相关信息,也会引来网民对于这条信息的反馈与评说,这些相关信息和评说会引发网民的延伸评说。然而,网民往往只能通过网络上提供的信息"虚拟地呈现"某个事件,即网民不可能通过"亲身经历"的方式获取某个事件的信息。网民的"虚拟接触"特征使网民并没有摆脱"信息不对称"的地位,但网民为了张扬自我的言论,会基于自我的逻辑推理、个人生活经历、个人臆想或猜测、对多条关于某个事件新闻的对照分析而对某个事件发表言论。由于网民不是基于充分占有信息和严密推理基础来评判某一事件的,而是在"虚拟接触"基础上形成的"虚拟判断",因而其言论判断无法避免片面性。

(2)网民对事件的主观化判断与标签化处理。在网络上,网民的集体无意识特征会被放大。法国社会心理学家勒庞最早发现集体无意识现象。他指出,在集体心理中,个人的才智被削弱了,从而他们的个性也被削弱了,异质性被同质性所吞没,无意识的品质占了上风。[7]这里的"无意识"指群体的冲动和急躁、缺乏理性、低劣的推理能力、少有深思熟虑而混沌懵懂的状态。此时,网民对事物所作的判断完全是依据"信念",依据信念的判断,是一种主观的、潜意识的判断。[6]在网络面前,网民丧失了思考、分析和深度判断的意识、能力,通常只凭借最简单的直觉或感受来对某个信息或事件作出考量。这种主观化判断往往会淹没一些实质性的存在。另外,从总体来看,很多中国网民易被简单化思维主导,他们对一些事物或人物的判断是基于简单的价值框架,如"对"与"错";同时,他们喜欢用贴标签式的方式、符号化的方式来简化复杂事物。[8]

二、网络舆情交互扩散问题分析

1. 网络舆情交互扩散的表现

在网络影响下及网络逐步社会化过程中,突发事件在发生和演变过程中会在网络上形成各种舆情。突发事件网络舆情的载体包括新闻网的跟帖区、论坛、博客、电子公告牌、网络社区等,网络舆情发布者为广大网民,网络舆情表现为对事件真相的诉求、对事件和政府作为的评价、对事件原因的剖析、对衍生言论的追踪等形态。就发展趋势看,越来越多的突发事件会在网络上形成舆情,有些突发事件还会造成网络舆情喷涌的局面。而仔细考察网络舆情形成、衍生的态势,可发现突发事件网络舆情会出现"交互扩散"的现象。

所谓交互扩散,是指某个突发事件演化过程中,其衍生的网络舆情会在多种因素的相互影响和传递下,导致舆情数量、指向性、态度倾向、情绪烈度等不断增加。随着网络舆情"交互扩散",网络舆情会呈现爆发式增长之势。具体而言,网络舆情"交互扩散"现象表现在以下几方面。

一是基于舆情载体的交互扩散。从现在网络新闻发展状态看,除了新华网、中国新闻网等有限的网站可自主发布新闻外,大多网站都没有自我发布新闻的权力。因此,网站甚至一些著名网站都是转载报纸等传统媒体的新闻、评论、观点。突发事件相关新闻也通常由某个地方媒体发布,然后被网络媒体转载,一些新闻网站还会将某条新闻置于主页。这样,一个地方性媒体发布的新闻、评论等在网络媒体转载下会成为具有全国性受众的新闻、评论,且网民对新闻进行跟帖会加剧某一事件热度。而相反的方向是,网络上关于某个突发事件的大量评论、各种观点、言论等网络舆情也会引起传统媒体记者或编辑关注,网民关注的突发事件会在传统媒体介入下传播给非网民群体,从而形成网络舆情在多主体间传播。除了网络和报纸间相互影响外,网络所特有的快捷复制、粘贴等功能,导致大量受到关注或热捧的新闻、评论会被网民大量转载,如在论坛、博客、电子公告牌、即时通信工具等多载体间转载。网民在多载体间的转载行为会扩大某条舆情信息受众面进而扩大舆情的影响和范围。

二是基于不同事件的交互扩散。由于网民关注点不可能无限扩展,也由于网络信息海量特征,网络上存在着大量舆情,但并不是所有突发事件舆情都会得到关注和传播。实际上,在网络上形成喷涌舆情的突发事件非常有限,往往只是若干典型突发事件,通常是具有新颖性、破坏性、人为性、反社会性、与道德和公平等价值取向密切相关的事件会得到特别关注。从现实看,由于能够引起广泛影响的事件非常有限,那些受到广泛影响的事件会在网民中形成一种强化效应,越受到关注的事件也越能在网民意识、思想和记忆中留下痕迹。而由一些突发事件衍生或发展的顺口溜、关键词、流行语等则会强化网民对某个事件的记忆,并会在其他事件舆情中展现出来。从网民对一些突发事件跟帖、评论看,网民思维和判断越来越受到典型事件及其衍生的典型言论的建构。在跟帖和评论中,网民会将多种事件进行对比,并将某个事件中得到的观点、话语、思想等运用到另一事件的判断、评价中。网民自我强化及网民间相互强化行为造成了某些典型突发事件舆情的强化,从而造成了在突发事件"交互"中舆情扩散化。

三是基于话语指向的交互扩散。虽然突发事件类型多样,且突发事件发生原因也极不相同,但观察诸多突发事件网络舆情,可发现网民将话语、批评、不满、愤怒指向了政府及官员、权威主体或强势主体。从诸多突发事件网络舆情指向看,一些网民由于在现实中受到权力约束、干扰或不满各种权势主体的作为,而将网络作为发泄不满、愤怒情绪的场所。因此,当网络出现某个突发事件话语时,网民会不失时机地将话语、批评等指向政府和相关部门。如在艾滋女事件中，虽然这一事件是相对个人化的事件，但很多网民在跟帖中希望艾滋女接触的是官员，且从跟帖中可看出网民对官员群体中存在的贪污、腐化作风极端不满。现在突发事件网络舆情很多都表现了"仇官"、"仇警"、"仇富"的"三仇"现象。由于网民在诸多突发事件中将矛头指向了官员、警察、富人，突发事件网络舆情往往会呈现"一边倒"现象。而网络上广泛蔓延的指向政府等权威主体的舆情，也会影响到新网民甚至普通大众对政府等权威力量的认知和判断，一些缺乏自我主见的网民和大众会以一种盲从的心态和行为来推动舆情扩散化和聚焦化。其结果是，无论发生什么突发事件，大量网民都将矛头指向了政府、警察和富人等，且将某一事件中衍生的反叛权威情绪和心理运用到更多突发事件的认知、判断中。

四是基于事件内容的交互扩散。从一些突发事件看，其发生缘由、事件中行为及事件所反映出的问题、矛盾等往往具有普遍性、共同性。因此，一些突发事件之所以受到网民热烈关注，是因为一些网民在个人经历、遭遇、利益、权利等方面都与某个地方发生的突发事件具有极大同质性。在这样的情况下，网民关注突发事件，要么是关注与自己切身利益相关的部分，要么会通过对突发事件演变和处理的判断来思考、分析和预测个人的境遇和前景等。这种经历、境遇、诉求等的相似性扩大了某些突发事件的群众基础，而网民也因为一些突发事件与个人遭遇相似而乐意在更大范围和领域传播某个事件。另外，一些网民为改变自身境遇，甚至会将一些其他地方发生的突发事件作为典型来传扬，这导致突发事件异地复制和诱发态势，而相类似事件的异地频发态势，则会进一步加剧各种网民对某一类型事件的关注度和评论兴趣。因事件典型性、事件与个人境遇耦合性及事件处理关乎个人前途命运，导致大量网民愿意参与某一突发事件评论和舆情形成中，而网民言论或行为的取向造成了典型突发事件网络舆情多重交互式延展。

五是基于网民之间的交互扩散。从一些突发事件看，之所以会形成喷涌的网络舆情，是因为突发事件本身具有极大争议性，以及突发事件所反映出的价值取向、行为倾向、判断维度的多样性，网民无法取得一致的共识性观点。因此，可看到一些突发事件网络舆情的不断增加是网民间相互争论、批评的结果，其扩散之势是在网民观点、取向相互交织、争论、磨合基础上形成的。在一些突发事件舆情展现中，某些网民为了扩大自己观点，判断的影响力、认同度，会不惜扩大自我研判的传播范围，以及跟周边相关人员讨论、争论，并力求说服更多的人，在这样的情况下，网民为了追求自我的真理性、正确性而有意识地传播某个突发事件舆情。一些网民为了凸显自我研判的准确性、共识性，则会广泛关注某一突发事件的多元舆情，并有意识集合、分析、筛选等，在此基础上形成一个具有整合性甚至具有理论深度的综合性舆情。之后，网民会将自我整理和深度分析的成果进一步发布到网络甚至传统媒体上，然后引起更大范围和更多的争论、关注等，这些精英网民自我融合、交互和拓展行为会推动舆情喷涌化和扩散化。

2. 网络舆情交互扩散的影响

一是导致突发事件舆情"喷涌化"。突发事件的新闻及其衍生的舆情在多媒体和多主体间扩散,导致舆情在短时间内呈现几何量级增长,大量舆情在多个网络站点、多种受众间传播并呈现波纹式扩散。舆情喷涌化会给相关主体及政府部门带来巨大压力,一些主体在网络舆情"包围下"甚至不知所措。而舆情喷涌化也会带来各种异化形态的舆情传播,这些包括流言、谣言等形式的异化舆情不利于受众对相关突发事件形成正确的认知并进而作出公正判断。

二是导致突发事件舆情"普遍化"。由于交互扩散的影响,突发事件相关消息会衍生出大量与事件弱相关甚至不相关的舆情,引发舆情的连锁式或爆炸式效应,成为全社会广泛参与的事件和现象。这时,突发事件单个舆情可能在交互扩散规律作用下发展成牵动全社会的舆情,并且舆情指向多元化、多样化会带来全社会的敏感、焦虑甚至脆弱状态。而如果突发事件引发的舆情演化成了一个导火索性质的因素,那么突发事件会带来更多不可测的衍生性影响。

三是导致突发事件舆情"聚焦化"。在舆情普遍化过程中,某些带有强烈刺激性、独特性、新颖性的舆情会得到一些网民"热捧"并成为网民传播的主题,因而会形成"累积"和"强化"效应。从趋势看,获得"强化"的舆情往往是指向政府等权威主体和强势群体的舆情。因此,舆情聚焦化会带来不可预知的政府等权威主体的合法性弱化。

四是导致突发事件"不确定化"。由于交互扩散形成的全民关注态势,当事人会积极利用网民全面关注的有利机会,试图取得更有利于自己的处置措施。一些主体会积极利用突发事件带来的喷涌舆情衍生出更多事件,或在其他地区复制同样事件,或试图转换既有的对突发事件的判断、定性等,带来突发事件本身的更多不确定性。

五是导致突发事件处置"困难化"。由于舆情交互扩散,突发事件的关注度会不断增长,突发事件的处理成了牵动全国网民和公众神经的事件,网民和公众都会对事件任何处置措施进行评价甚至批评,突发事件处置主体就面临着极大困境,要么害怕引起更大舆情风波而不知该如何处置事件,要么为了"息事宁人"而采取一些非常不恰当甚至不合理、不合法的处置方略。

参 考 文 献

[1] 杨晓玲,胡树祥.网络媒体受众新趋势[J].政工研究动态,2008(24):28-30.

[2] 项国雄,曹明香.网络媒介的议程设置——以"艳照门"事件为例[J].当代传播,2008(5):72-73.

[3] 郑保章,等.网络民意的失控及其舆论传播影响分析[J].大连理工大学学报(社科版),

2008(1):61-65.

[4] 凯斯·桑斯坦.网络共和国——网络社会中的民主问题[M].黄维明,译.上海:上海人民出版社,2003:17,23,2,39.

[5] 张立彬.信息异化的根源及其控制研究[J].情报科学,2009(3):338-343.

[6] 葛琳.网络舆论与网络群体性事件[J].新闻爱好者,2008(9):20-21.

[7] 古斯塔夫·勒庞.乌合之众——大众心理研究[M].冯克利,译.北京:中央编译出版社,2004:15.

[8] 彭兰.现阶段中国网民典型特征研究[J].上海师范大学学报(哲社版),2008(6):48-56.

第三节　网络论坛的运行机制与干预路径

信息技术和网络传播技术的产生与发展改变了人们的传统生活,传统的国家与社会二元维度中的"社会"不仅包含现实社会,也包含了日益发展成熟的网络社会。网络社会是一个虚拟体,不具备现实存在空间,但又是以现实物质为载体的反映现实且反作用于现实的一种社会状态。比尔·盖茨预测:"在未来几年中,虚拟社区建设将是网络应用中增长最快的领域之一,网络将极大地增加您能参加社区的数量。在以往你可能有时间加入一个邻里社区,或费心地去加入一两个社会组织。而在互联网生活方式中,能限制你的仅仅是你的兴趣。"网络论坛作为网络社会中具有代表性的存在,已成为了中国网民重要的意见传播渠道。[1]

网络论坛善于提供一种更具协商精神的在线公共领域,由单向传播转向双向互动,公众的地位有所上升。尽管这种地位的上升受到其他政治环境的各类因素的制约,但网络论坛这种媒介相对于其他传统的大众媒体具有独特的优势。在"家乐福事件"从发生到发展乃至消退的过程中,网络论坛一直扮演了重要的角色。从网络论坛的外在表现来看,波及范围广、影响大,人们感觉到网络中的发展事态严重波及现实生活,甚至有人将家乐福事件中发生的示威等活动直接归咎为网络论坛的鼓动,进而要求政府在类似危机事件中对网络论坛实行严格管制。

一、网络论坛的基本特征

(一)人群特征

1. 网络论坛主体具有平等特征

网络论坛主体即为拥有论坛发帖权利的 ID,是网络论坛的"合法公民"。"人人生而平等"的观念是近代思想发展的结果,在网络社会中却得到了最佳的实现。如同社会契约论者所持有的观点一样,在注册 ID 之前每个人都必须同意一个论坛注册协议,每个人都有权选择接受或拒绝该协议,而一旦选择接受该协议则该协议就成为了一种"公意",每个人都是该协议的接受者和遵守者,每个网络 ID 通过注册即可获得网络论坛给予的相关权利并承担对等的义务。

2. 网络主体与现实主体不存在一一映射关系

一一映射关系指一一对应关系,在现实中每个公民与其姓名即具有这种关系,政府也可对每位公民赋予一个唯一的号码,如身份证号。但非映射现象在网络论坛中广泛存在,在网络论坛中,无法实现对 ID 注册数量的具体管制(这里排除少数实行严格实名制的网络论坛,这种类型在网络中只是极少数)。一个人可以只注册一个ID,但只要注册人愿意就可以注册多个ID,在这些ID中有一个主ID,其他ID则俗称为"马甲"。这些主ID和马甲往往鱼龙混杂,无法区分,也难以得知其背后的真正主人是谁。

(二) 政治特征

1. 普遍性

根据中国互联网络信息中心(CNNIC)发布的《第26次中国互联网络发展状况统计报告》,截至2010年6月,我国网民数已达到4.2亿人,跃居世界第一。互联网逐步向各层次的居民扩散,低收入人群开始越来越多地接受互联网;农村上网人群增长较快。这一趋势有效地缩小了"数字鸿沟",使得网络社会越来越被人所接受。该报告还显示,65.7%的网民表示在网上发过帖子或上传过内容,其中半年内有35.5%的网民在网上发过帖或跟过帖。无论是发帖跟帖者还是潜水者,都或多或少要接受来自网络论坛的外部影响。在一些高知群体中,此比例达到90%以上。如华中地区某高校的BBS平均在线人数为2000余人,总注册人数达到5万余人,还有更多的潜水者无法估算。

2. 真实性

在网络论坛中,发帖权是开放的,每个ID都拥有言论自由权,言论限制较少,相对自由。从公众的角度看,网络论坛打破了传统的时空不统一的障碍,人们可以随时随地表达自己的言论。另一方面,由于网络主体和现实主体的非一一映射关系,网络话语通常随意性较大,一般为自发性的、没有经过精心组织的语言,流露出发帖者对该事实的真实看法。此外,网络空间的自由氛围本身给了人们说话的勇气,促进了言论自由向纵深发展。网络参与的平民化使得在现实中被"精英阶层"所把持的话语权回归到了民间,网络论坛所表现出的巨大包容性允许发帖者发表自己的看法,哪怕这些看法与传统观点格格不入或惊世骇俗,因而这种"真实性"所产生的"草根"文化在网络论坛中表现得淋漓尽致。从人民网强国社区抽调出的帖子分析可以看出,许多帖子里错字连篇,语言未经精心组织,这些帖子质量不高毋宁说是发帖者的素质问题,不如说是由于发帖者的随心所欲。

3. 冲突性

现实中人与人之间、组织与组织之间,由于存在着利益关系,不可避免地出现冲突。在网络论坛中,虚拟身份之间不可能产生真实的利益关系,因而更多地表现为观点之间的冲突。在现实中,由于缺乏表述观点的渠道或基于利益的考虑,人们通常选择沉默,这种沉默选择在网络论坛中大大减少,任何人只要能联入互联网,都可以发表自己的看法,不必像传统表述渠道一样受到限制。同时,某类观点会在短时间内迅速聚集一批支持者,因为对于受众来讲,与自身平等身份者所传递的信息或观点更容易被接纳。这样各类观点之争就变成了支持各观点的人群之争。这种网络舆论甚至在很多时候已经成为引领社会舆论走向的一种革命性、主导性力量。如在家乐福事件中,主要存在两大阵营,一方认为不可抵制家乐福,一方认为应该坚决抵制家乐福,且各派均给出了较多的理由。同时,在坚决抵制家乐福的群体中又有对立的观点,他们在抵制的出发点、抵制的时间、抵制的方式等问题上存在较大的争议。

4. 纠错性[2]

某一话题刚开始时,有关帖子内容主要是关于事件本身的各种信息和相关评论、看法、态度表达。此后,论坛上相关帖子中那些反思人们包括网民和媒体对该事件的反应和做法的帖子则开始明显增多,这体现了网络论坛本身具有某种意义上的自我净化机制或"准生命体功能"。换言之,无论是来自于外部的压力干预还是论坛内部的反思精神,在一个相对比较成熟、理性的论坛空间中,随着事件实际情况逐渐水落石出和尘埃落定,人们对事件的看法和评论也会趋于客观、公允、理性。通过对两大派别的观点分析,"不可抵制家乐福"这派吸引了不少追随者,同时他们的说理对"坚决抵制"派起到了牵制作用,后者如若坚持自己的观点,就不得不拿出足够的理由进行回击,否则便无法立足。而类似现象在"坚决抵制"派内部也同样存在,这样各派之间互相牵制,一些过激的观点就会逐渐被较为平和的观点所代替。事实上,"坚决抵制"派中最主流的观点为理性抵制(不去家乐福购物)以及和平示威(防止打砸抢),其他观点在一段时间之后就自然消失了。

二、网络论坛的表现与演变

(一) 人群特征的异化

尽管网络论坛人群具有前文所述的特征,但似乎印证了一句俚语,"有人的地方就有江湖"。在网络论坛中也不可避免地出现人群特征的异化。

1. 网络论坛意见领袖

意见领袖也称为论坛精英,是指在网络论坛中经常为他人提供信息,同时对他人施加影响的"活跃分子"。他们在网络论坛舆论的形成过程中起着重要的中介或过滤的作用,由他们将信息扩散给受众,形成信息传递的两级传播。论坛精英不同于传统意义上的政治精英,他们所依赖的资源不是身份、地位、名誉,而是通过对事件的深入思考和理性分析,显示出其强烈的公共意识,主要表现在启蒙作用和引导作用上。[3]论坛版主、嘉宾、常驻水手以及对某问题论述较为深入精辟者都可以称为网络论坛意见领袖。

2. 现实主体的身份特征

在网络论坛中,网络 ID 是网络论坛的主体,网络 ID 隐匿了其使用者的真实身份。对于普通人而言,真实身份没有暴露的可能也没有必要,对于现实中的公众人物,泛指公众非常感兴趣或熟悉的人物,包括政治、经济、文化领域里的名人,如专家学者、娱乐明星等公众人物,他们之中的有些人会通过博客或专用ID将自己的观点表达出来。此外,传统的传播媒体也会借用自己的网络平台发出声音,如官方的新华社通过新华网、官方的人民日报社通过人民网等传递该组织的观点,这些观点通过论坛的相互转载出现在广大网友面前。在网络论坛中,虽然这些帖子在众多帖子中不是很起眼,但依然具有较大的影响力,通过其高跟帖量和高转载量可窥见一斑。

3. 无法消除的数字鸿沟

传统的政治传播局面并没有因为近年来政府信息化的加强发生实质性的转变。仅就数字鸿沟的问题来看,电脑操作是需要掌握一定技术的。虽然说在互联网上"人人可以消除地位身份上的不平等",而且有关统计亦表明这一鸿沟在逐渐缩小,但是对于不能上网的人来说是不可能实现获得信息权利的平等的。此外诸如"级别鸿沟"、"代际鸿沟"依然存在等,从而会加剧现实生活中的不平等,并影响信息发布的覆盖面。显然,传统媒体掌握了话语权,是不太可能发布关于家乐福事件的详细始末的,对于一些中老年人来说,他们对示威的学生表现出一种不理解态度,而当有大学生告诉其详情时,不少老太太当即表示"赚了我们的钱还支持藏独"。

(二) 形成网络共同体

网络共同体是指"网络"与网民"共同体"合成的产物,是网民在网络上基于主观或客观上的共同特征所结成的一种"团体"或"组织"。[4] 这些主观或客观上的共同特征表现在网络论坛中,主要来源于两方面,一方面是在现实中具有相似的人群特征,另一方面是在网络中持有相似的观点。网络论坛中帖子万千,观点各异,少数几个网民的言论影响力有限,但这种网络共同体所具有的便利沟通方式为网络政治共同体存在与发展提供了基础。网络论坛可以看做是为公民利益服务的最理想的扩音器,为短时间聚集和扩大舆论提供了可能,为公众表达权的实现提供了一个相对便利的平台。在一些论坛,网友们或许素未谋面,但共同的特征使他们走到了一起。这种基于特定人群以及排在特定观点后面的支持人群组成的网络共同体,就如同现实中的"民间组织"或"利益集团",在网络中的作用不可低估。

(三) 网络论坛的演变趋势

网络论坛的演变趋势可分为现实诱发——论坛传播——与现实互动——发展消落四个阶段。

1. 现实诱发阶段

现实诱发网络论坛的讨论,一是由于事件本身具有较大的影响力,或是由于传统传媒与网络论坛之间的互动机制。对于一些重大事件,传统媒体在事件产生中是最早的介入者,如果传统媒体不发布报道,则事件就缺乏起源。如武汉洪山家乐福门前降半旗事件就是首先通过传统媒体报道后转发到网站,再从网站转发到论坛等之后,迅速在网络中传播开来。但当事件在论坛传播后,网络论坛就变得主动起来,很快介入到事件中去,不少人开始谴责洪山家乐福,还有一些人开始分析降半旗的诱因等。对于一些紧急事件,则网络论坛的传播速度要快于传统媒体的传播速度,这时论坛成为了"直播"现场,如合肥、徐州、武汉等地家乐福前的示威活动的信息最先是通过网络论坛进行传播的,此后传统媒体才有相关报道,这种论坛上的较大反应会引起传统媒体的注意和介入。

2. 论坛传播阶段

网络论坛的传播主要是通过论坛成员的不断发帖和跟帖实现的。主要以三种方式出现。第一,论坛成员发布的、反映社会现象或事件的原创性帖子。论坛成员作为事件的直接或间接参与者、见证人、知情者,起草、发布旨在披露情况、引起论坛成员注意并引发共鸣甚至相应的网上或者现实行为的帖子。第二,论坛成员转发的相关事件的帖子。对于很多论坛来说,关于某一事件或社会现象的最初的帖子,其实来自于论坛成员或访客的帖子转贴,所转贴的帖子可以来自于网上的新闻报道,也可以是来自其他的论坛。第三,特殊的转帖。论坛成员或访客发布自己手机所收到的有关事件或现象的信息。由于有关内容并非手机短信接收者原创,他们只是起着中间传递的作用,因此,这类帖子发布,在性质上也属于转发。[2]这些帖子如果为排行榜帖或某段时间的话题帖则很容易存活,成为该时期内的热门帖子得到关注,网上讨论的扩散呈现出由点及面的发散状态,网络论坛的内容是对现实的反映。

3. 与现实互动阶段

网络论坛本身并不是一个封闭系统,而是和整个互联网乃至社会系统互通互联的。通过这个阶段,最终将达成一种网络舆情。网络论坛与现实互动主要体现在两个方面:一方面,现实会对网络论坛起到一定的影响;另一方面,网络论坛对现实走向也会产生影响。网络论坛中体现的观点和看法又对现实产生影响,网络论坛起到了很好的普及宣传作用,为事件的深入发展提供了条件。当帖子受到关注后,社会道德规范、法律法规、社会强力机构如政府部门等就会介入到舆论的运行过程中,成为网络论坛舆论走向的重要制约或引导因素,这时重要的是对社会的治理。

4. 网络论坛议程的发展与消落

网上舆情与现实互动的过程中,会以不同的方式发展和消落,具体表现为网上舆情持续高涨、迅速减弱、波动、冲突、淡化,最终消落等形式。[5]在家乐福事件中,网民的声音越来越大,持续高涨。一是由于事件关系到国家民族利益,点燃了民众的爱国热情,引起了网民强烈和持续的关注;二是由于在该时期,社会焦点主要是围绕奥运火炬传递产生的,并未产生新的刺激。不过,随着政府的引导,家乐福等相关组织和人士出来澄清事实,一些国家表示支持北京举办奥运,网络论坛的兴趣逐渐得到转移,舆情得到淡化并消落。

三、对网络论坛的干预路径

(一)网络论坛是一个自由世界吗?

有人说,互联网给人类带来了一个没有特权、完全平等的自由空间,[6]成为一种公共领域。从网络论坛的人群特征来看,这种平等所带给人们的不只是机会平等,还包括权利和义务的平等。此外,每个网络主体都具有一种网络"公民资格",体现了主体的平等,这种平等为自由提供了基础。网络论坛本身就是一个观点自由市场,允许不同意识的并存、碰撞和融合,同时网络的匿名性和隐蔽性特点使得网络主体实际上有免责权。在不违反法律的条件下可以自由地发表自己的观点看法,进行自由的交流。但这种自由显然不是绝对的,除了法律的限制外,前文所述的人群特征的异化显然也对自由进行了限制,此外,网络这一虚拟世界与现实之间具有的千丝万缕的联系也无法使得网络论坛达到绝对的自由。常山在博客中写道,要想人不知,除非己莫为,在现实的生活中是这样,在虚拟的网络世界里也是这样。在网络空间里只要你有发言,就会留下记录,哪怕删除了一样也会留下痕迹,裸奔上网,会留下你的地址,注册或者换着马甲发言,IP、ID虽然隐藏了,但是在网站后台,你的IP却与裸奔一样是完整无缺的,即使你的IP换来换去,但是在网络运营商那里,同样能够查出你的计算机端口。[7]网络论坛的普遍性、真实性、冲突性和纠错性以及异化表现带来了相对自由的氛围,而且产生了网络论坛中的内在运行机理,这种机理能够产生一种自我控制,但这种自我控制同时也需要一些外界压力,如"网络运营商"等。

(二)网络论坛的运行与治理

1. 网络论坛的内在运行机制可以有效遏制不良行为

(1)意见领袖的作用。在传播学理论中,有一个著名的"两级传播论",即概念往往先从无线电广播和报刊流向舆论界的领导人,然后再从这些意见领袖流向大众。意见领袖的传播作用被提到很高的地位,在互联网时代尤其如此。意见领袖对网络论坛的舆论起到方向引导作用,一定程度上,这些意见领袖起着决定性作用。在网络论坛中,一些常驻水手的ID让受众十分眼熟,有些甚至自发成立了某某ID的粉丝团,对该ID发的帖子予以无条件或原则上支持,规模之大、人数之多令人惊叹。而且该团队虽然不比现实中的"民间组织",但也有自己的"团长",存在非正式组织的特征,如将ID的昵称更名成某统一形式。如果意见领袖对事件表达出某种观点,则在论坛中可以一呼百应。此外,意见领袖中有不少是站长或版主,这些人直接掌握着对帖子的删除、置顶等操作权,意见领袖可以根据自己的偏好或者事件发展态势进行某种操作,达到网络论坛话题的引导目的。以华中地区某高校 BBS 为例,在家乐福事件中,版主将呼吁网友保持理性的帖子置顶并高亮显示,并通过删帖、封 ID 等行为实行了话题引导。在操作权上,版主的自由裁量权是很大的。

(2) 公众人物的作用。公众人物是社会的典范,对他们的言行,公众自然会与普通人区分开来。由于公众人物和传统传媒在现实中具有较大的影响力,一旦被纳入网络论坛,其一言一行、一举一动都会对网络论坛舆论的走向产生影响。但不管公众人物发表的观点如何,都可能会遭到论坛各类群体的强烈反击。如同意见领袖一样,公众人物在现实中拥有不少的追随者,这些追随者在网络论坛上也往往对该公众人物的言行表现出支持态度。在家乐福事件中,最为耀眼的公众人物当属白岩松、韩寒、张朝阳。白岩松和韩寒认为抵制家乐福是错误的,话语一出,立刻引发网友旗帜鲜明的支持和反对,通过对华中地区某高校 BBS 的相关帖子分析可以得出,支持韩寒观点的人大多是韩寒的粉丝(追随者),而反对韩寒的人几乎没有人是韩寒的粉丝。而张朝阳对抵制家乐福的赞成态度给抵制派予以了精神上的支持,其后几天都不断有人在论坛上引用张朝阳的话语以支撑自己的观点。

(3) 网络政治共同体的作用。由于网络政治共同体并不是由管理者强制产生的,因而任何管理上的强制措施都很有可能会起到反效果。亚里士多德认为,"人天生是政治的动物"。在网络论坛中,每个 ID 都在找寻自己在论坛中的坐标,它总是表现为认同某类观点或基于某种相似属性而认同某种共同体。在一个较为成熟的论坛里面,ID 必然会寻求一种群归属,形成某种类群。共同体可以将单个的分散的个体整合起来,以共同体的形式外诉和外抗,从而达到影响的目的。

(4) 与传统媒体的互动。网络话语权的出现是对传统话语权的重大挑战,对既有的"话语霸权"形成了巨大的冲击。网络话语权解构了社会传统媒体对"新闻"和"重大事件"解释的权威地位,权力正在向受众倾斜。网络话语权成为冲击传统话语媒介造就的"中心—边缘"二元对立结构的先锋,使这种结构造就的话语垄断与独裁被彻底打破。[8]在以往,人们的表达权是垄断了传统话语权的书报杂志,网络论坛等的出现,使得人们轻易就能表述观点与诉求。传统话语媒介也必须通过网络形式来影响网络。在家乐福事件发展后期,官方的新华社和《人民日报》先后通过新华网及其新华论坛、人民网及其强国社区进行观点传播。传统媒体与网络论坛两种媒介形式将引发越来越紧密的合作,将事件置于舆论中心位置。但若缺乏传统媒体的作用,单凭网络论坛的作用,事件被处于整个社会的关注中心的概率将会降低。作为可以参照的观点,Kevin 研究指出,是主流媒体对博客议程施加了主要的影响而不是日益流行的博客议程对主流媒体施加了重要的影响。[9]

2. 政府应积极寻求网络治理

(1) 网络论坛的工具性。有人将现实中的一些恶性事件归结为网络论坛的罪恶,无疑忽略了网络的工具中立性。如有学者提出网络论坛由于具有特殊的"匿名性",网民在网络上任何非理性的行为都不需要承担任何责任,风险趋近于零,因而极易触发群体事件。其实网络只是现代生活中必不可少的一种联系工具,虽然对事件可能起到了推波助澜的作用,网络论坛也只是一个观点交流的场所而已,其本身并无好坏之分。就算没有网络论坛,不法分子依然可以采用其他通信设施、选择其他交流场所进行违法活动。而《"国际铁公鸡排行"引发跨国公司巨大恐慌,求救商务部》[10]一文通过对捐赠汶川地震一事引发的"国际铁公鸡事件"在网络论坛的始末分析,最后得出的结论是"被裹挟的民意汹涌而来,再次呼啸而去"。只要政府善于疏导,网络论坛并非是有些学者想象中的可怕的恶魔。现实中的恶性事件与网络论坛之间无必然联系,但现实中群体性事件与网络论坛的关系实质上是一种互相促进的机制。目前学界就政府对网络应该主要进行宏观调控还是宏微观双管齐下尚存在争议。不过,因为网络论坛的巨大影响性,本着对民众负责的宗旨,政府必然要介入管理。

(2) 当前政府对网络管制的效果。长期以来,我国政府对网络论坛的态度主要是进行强制性行政干预,主要措施是整顿互联网信息发布者,铁腕管制网吧经营,利用评论员引导网络舆论,安装技术软件对互联网内容进行管制等。[11]在家乐福事件中,政府有效地运用了"利用评论员引导网络舆论"手段,对网络论坛的舆论走向实行了引导,在新华网、人民网等官方网络媒体发表《做好自己的事就是最大的爱国》等文章后,各大论坛均给予了较大回应,意见领袖和网络政治共同体开始分析这些文章背后的深意,并对论坛成员实施引导。相反,政府的另一些做法,如勒令所有搜索引擎和网络论坛过滤"家乐福"等关键词等,却在民众中产生了不良影响,阻碍了政府—民众的有效互动。

(3) 政府应实现从网络管制到网络治理的转变。一是法制层面:进一步加强互联网立法,建立互联网舆论法制的基本框架。只有对其进行了良好的立法规制,才能充分保障网民权利和国家公共安全。二是机制层面:从以对言论的管制为主的机制转向以引导舆论走向为主的机制,要恰当引导舆论走向,变"堵"为"疏",加强对信息监管部门的协调工作,减少重复工作。三是观念层面:要注重发挥网络论坛的自我纠错机制,理解网络论坛的内在运行机理,减少对现实产生的冲击和破坏。四是技术层面:提高对网络舆情信息进行汇集、分析的技术,尤其是要注重利用信息技术对网络舆情突发事件进行分析与预警。五是理论层面:积极开展网络安全研究,分群体、分阶段对网民的心理和行为进行研究,探索网络论坛舆论的形成机制及其扩散规律,共同解决网络舆情发展所面临的问题。

参考文献

[1] 余红,叶雨婷.网络论坛不同类型 ID 的议题框架[J].华中科技大学学报(社会科学版),2008(02).

［2］金兼斌.网络舆论的演变机制［J］.传媒,2008(04).

［3］陈剩勇,杜洁.互联网公共论坛:政治参与和协商民主的兴起［J］.浙江大学学报(人文社会科学版),2005(05).

［4］李斌.网络共同体:网络时代新型的政治参与主体［J］.中共福建省委党校学报,2006(04).

［5］中共中央宣传部舆情信息局.舆情信息汇集分析机制研究［M］.北京:学习出版社,2006.

［6］刘邦凡.电子发展与政治发展之间的关系探讨［J］.电子政务,2007(05).

［7］肖莉,山石.网络论坛的度在哪里?［J］.新闻天地,2008(03).

［8］毛旻铮,李海涛.政治文明视野中的网络话语权［J］.南京社会科学,2007(05).

［9］Kevin Wallsten. Agenda setting and blogosphere:An analysis of the relationship between mainstream media and political blogs［J］.Review of policy research,2007,24(6):567-667.

［10］三农中国网."国际铁公鸡排行"引发跨国公司巨大恐慌,求救商务部［EB/OL］.(2008-06-01)［2008-10-20］.http://www.snzg.net/article/show.php? itemid-10606/page-1.html.

［11］邹东升,车邱彦.网络管制政策与网络治理［J］.求索,2007(07).

第四节　网络舆情热点事件的热源因子

网络时代的信息传播快速化、公开化以及个人化,使得公众话语权不断提升,一些事件往往瞬间成为舆情热点。民众对事件、现象或问题的讨论使舆情呈现出井喷态势,而舆情的迅速增长对地方政府应对舆情热点事件的能力提出了严峻的挑战。2009年至2010年上半年,人民网"舆情频道"梳理了40件舆情热点事件,形成了4期"舆情热点事件舆情热度榜",并发布了4期"地方应对网络舆情能力排行榜"。本节基于人民网的排行数据对40件舆情热点事件进行实证分析,尝试研究舆情热点事件的热源规律,探索具有哪些热源因子的事件将有可能成为舆情热点。

一、舆情热点事件:概念界定与类型划分

(一)舆情热点事件的概念界定

舆情热点事件内含舆情、热点、事件三个主要词语。舆情在其狭义上是指民众受中介性社会事项刺激而产生的社会政治态度。[1]舆情会在自然或外界干预的条件下产生集聚,进而形成舆论,主导或控制整个社会的话语权。[2]热点可认为是受广大群众关注或欢迎的新闻或信息。姜胜洪认为网络舆情热点是网民思想情绪和群众利益诉求在网上的集中反映,是网民热切关注的聚焦点,民众议论的集中点。[3]对于事件的定义,陈月生指出,事件,用来称历史上或现实中发生的大大小小不平常事情,另有人认为事件蕴涵有"破坏"或"危害"等反社会或非法性意义。[4]而对于舆情热点事件,从现有研究看,学者基本是在"约定俗成"的意义上使用这一概念,并没有进行内涵界定或说明。认为舆情热点事件是指在现实中发生的,民众热切关注并对该事件产生大量的观点、态度或情绪的重大事件。

(二)舆情热点事件的类型划分

对人民网2009年以来推出的4期"舆情热点事件舆情热度榜"所梳理的40件舆情热点事件按照事件议题类型进行了分类(见表2-1)。需要说明的是:①议题类型是指该类事件指向同一类议题,并不意味着该类事件舆情中就不包含其他的议题;②除了本节所探讨的40个事件外,还有以网络话语为议题的事件如"贾君鹏你妈喊你回家吃饭"、"奥巴马女郎蹿红网络"等,时事政治议题事件如"国庆阅兵"、"2009年全国两会"等,以及一些国际时事议题事件等。

表 2-1　2009 年以来舆情热点事件的类型划分

事 件 类 型	具 体 事 件
公共安全议题	山西问题疫苗事件、广东广州番禺垃圾焚烧厂事件、四川成都 6·5 公交车燃烧事件、山西地震谣言事件、湖南湘乡校园踩踏事件、新疆乌鲁木齐"针刺"事件、陕西凤翔血铅事件、河南杞县"钴 60"事件、内蒙古赤峰饮用水污染事件
司法公正议题	湖北巴东邓玉娇案、浙江杭州飙车案、浙江湖州"临时性强奸"事件
执法规范议题	云南晋宁"躲猫猫"事件、上海交通执法部门"钓鱼执法"事件、贵州安顺警察枪击致死案、河南鲁山看守所"喝开水"事件
官员风纪议题	广西烟草局局长香烟日记事件、内蒙古阿荣旗女检察长豪车事件、河南郑州副局长"替谁说话"事件、新疆兵团"最牛团长太太"事件、河南睢县"茶杯门"事件
公权滥用议题	山东新泰选拔 23 岁副局长事件、河北石家庄王亚丽骗官案、重庆高考状元造假事件、河南灵宝王帅案
公民维权议题	四川成都拆迁户自焚事件、吉林通化通钢暴力事件、河南新密农民工"开胸验肺"事件、湖北石首骚乱事件、江苏南京徐宝宝事件、云南昆明螺蛳湾事件、江苏东海父子自焚事件、云南陆良事件及慎用"不明真相"标签
公共管理议题	重庆打黑风暴、重庆打黑律师门、广东广州政府网上公布预算、四川巴中全裸乡政府、山西煤矿改革"国退民进"、上海户籍新政、陕西神木全民免费医疗

二、舆情热点事件的热源因子

舆情热点事件的热源是指事件中引发关注、"点燃"舆情并使其热度上升和持续恒温,促使事件成为舆情热点事件的力量所在,是一种抽象因素。可以舆情热点事件的主体、根源、内容、结果与应对等为维度,将影响舆情热度的因子分为地位差别、多元冲突、不可预测、危害巨大和应对失当等,具体归纳如下。(见表 2-2)

表 2-2　舆情热点事件的热源因子

主体间的地位差异(A)			根源上利益与理念冲突(B)	内容上不可预测性(C)	结果上危害性(D)	应对上失当性(E)
诉求方：弱势性(A_1)	被诉方：强权性(A_2)	牵涉方：广泛性(A_3)				

(一) 事件主体：三方的视角

1. 诉求方：弱势性

诉求方的弱势性不仅表现在角色、地位、能力、条件等各方面的差距，甚至具体事件中临时角色转换造成的暂时性弱势都有可能导致事件当事人之间产生表征上的不平衡性。这使得事件诉求方在表达、申诉和发泄的渠道上受阻，影响力受限，责任后果上具有更大的压力，因此事件诉求方和关注者对自身话语权具有更深的担忧，对事件后利益分配的公平性产生更多质疑，对事件后的责任认定具有更大忧虑。诉求方弱势性还能引发事件关注者对弱势诉求方的同情和关怀。由此，诉求方具有弱势性的事件易成为舆情热点。

从实际情况看，弱势的诉求方包括城镇普通居民、企业职工、农民、其他特殊群体如无主管部门的无业人员、个体和私营业主等。在具体事件中，如在行政拆迁行为过程中自主选择性较小的拆迁户，医疗事件中难免遇到信息不对称问题的患者，校园事故中限制行为能力的学生等。

2. 被诉方：强权性

喻国明将网络舆情热点事件涉及的主体主要界定为公权力大、公益性强、公众关注度高的"三公部门"和其中的公职人员。[5]本节用强权性概括事件主体中被诉方的特征。被诉方由于其角色、地位，在公权力、行动力、影响力等方面较强。从现实看，一是官员尤其是基层官员的民主意识和执政水平欠缺，施政行为失当，往往引起民众不满；二是强权的被诉方具有更多腐败动机和更便利的"施恶"条件，且其负面言行能够造成恶劣的和难以制衡的后果；三是民众出于担忧、难以把握和不完全信任，意欲主动行使有限监督权，强权方往往就成为公众"盯梢"的对象。而网络话语、情绪等是公民对强权方最有效的监督方式。

此外，这种民众和公权方不对等的地位、立场还可能造成其他几种情形：一是民众对强权方产生极端情绪，由不信任发展到消极判断、恶意揣测和盲目攻击等；二是一些具有强权性的被诉群体所组成的行业也因此更具敏感性，被民众贴上标签或"盖棺定论"，从而使被诉方的行业本身也成为舆情靶子。

3. 牵涉方:广泛性

事件牵涉方,一是指事件参加人,包括作为"原告"的诉求方、作为"被告"的被诉方,和其他参加人如第三方(即对事件客体或结果具有利害关系的权利人)、代理人等;二是指与具体事件本身无直接关系,但是共同面临事件所反映的问题的公众。前者的广泛性,相当于事件规模巨大性,是指诉求方、被诉方或第三方等事件参加人中存在一个或多个人数众多的群体。因此,事件发展和结果牵涉多人的直接利益,将产生较为广泛的影响。而后者的广泛性,相当于事件问题普遍性,是指由于事件所反映的问题是普遍、共性的问题,事件参加人具有一大批利益协同、经历或境遇相似的公众作为支持人群。他们一方面能够与事件参加人产生情绪感染、共鸣,深度关注和强力支持事件参加人一方;另一方面与事件参加人存在利益的间接关联,由于与自我直接关联的事件找不到诉求的渠道,便借他人的事件表达诉求和集中爆发自我积蓄已久的情绪。牵涉方的广泛性也可能带来一些集群行为和群体极化现象,使事态上升或扩大。

(二) 事件根源上:利益、价值与伦理冲突

一是利益需求冲突,是指事件往往是由民众感到切身合法利益受到影响或侵犯而引起的,其目标是为了实现某种利益诉求。根据王来华、陈月生的舆情理论,在特定的社会条件下,国家的一些制度、法规、政策及公共行政出现滞后和不适应,民众与国家管理者之间在利益方面显现出"非一致"和"非和谐"。[6] 随着社会利益关系更加多样化、复杂化,各种深层次矛盾不断凸显。利益矛盾逐渐成了舆情热点产生的直接和重要原因。二是价值取向冲突,是指部分民众对政府和官员形成的一种负面、消极的印象积淀和认知定势,其中更多的是政治和意识形态因素。这一根源或使得民众与国家管理者之间形成一定的隔阂和误解,引发舆情热点事件,或在事件已经发生后,成为事件舆情热度上升的重要原因。当事件对民众既有观念、秩序、规范认知带来冲击,价值裁判便成为事件舆情的诉求指向的重要类型。三是伦理信念冲突,是指事件由于冲击了民众的伦理信念和道德底线而形成事件。许多事件参加者、舆论的表达者并不以维护或争取某种利益为目标,而是出于维护社会公共道德和社会秩序的正义感,坚持自己的伦理道德信念。

(三) 事件内容上:不可预测性

事件内容上的不可预测性源自事件突发性和情节复杂性。突发性是指事件超出通常时空和公众心理限度并难以控制,因而具有不可预测性。情节复杂性,一是情节曲折奇特,冲击了受众的视听神经,为其带来新鲜感和猎奇感、故事性和娱乐性;二是情节扑朔迷离,事件情节的阶段性展开使得真相难以一次性揭发,信息不对称和传播不完全使得事件信息零散破碎,加之政府、媒体及其他信息持有者包括事件参加人由于各种原因,在事件真相发布上的不作为或有意乱作为,加剧了情节虚空性和迷惑

性。情节扑朔迷离使民众对社会认知、对事件评判产生不确定性,又由于情节受到掩饰,激发了民众更大的求知真相的欲望。另外,事件内容上的不可预测性产生的网民求证行为也是对事件舆情热度的加热过程。许多事件的零散信息可构成网民自我求证的线索,使民众感到自己在真相挖掘过程中能够并且必要有所作为,带着某种"责任感"和动力,参与到寻求真相的道义行动中。

(四)事件结果上:危害性

事件结果上的危害性根据危害程度可大体划分为轻微危害性、一般危害性和严重危害性。轻微危害性事件仅造成社会秩序混乱;一般危害性事件除造成社会秩序混乱以外,发生实际结果上的社会公私财物损坏或人身伤害;严重危害性事件具有明显的暴力性,严重危害社会秩序,造成较大范围内的重大损失。危害性越严重,事件舆情热度越高。一般认为具有后两种程度危害性的事件能够称其包含有危害性热源因子。根据发生与否可将危害性划分为已发危害和潜在威胁。已发危害实际酿成恶果,引起民众对受害者深切的同情和关怀;一些事件虽然暂时缓解,但可成为未来真正发生的潜在威胁。由于安全问题可能牵涉和威胁到每一个人,人们对外部可能影响安全的负面性因素具有更高关注度,这实际上是公众对自我安全和自我生存环境公共安全的深度关注。公众寄希望于危害性事件得到权力部门的妥善处置,并由此获得长效的预防机制,能够使悲剧不再发生在自己的同胞身上,也减小暴力性事件发生在自己身边的可能性。

(五)事件应对上:不合理性

人民网舆情频道发布的"地方应对网络舆情能力排行榜"是从政府响应、信息透明度、政府公信力、恢复秩序、动态反应、官员问责等六个指标对事件的应对方面进行评估的。一些事件在政府应对上出现明显问题或存在严重失当,如政府或主流媒体隐瞒真实信息甚至发布虚假、偏颇的判定,政府未能及时有效地制止暴力行为或事态蔓延,没有及时恢复社会秩序和公众安全感,处理方式不够温和或科学,或者对舆情关注的不作为或未对不良官员作出应有的处理。作为立场中立的裁判者尚不能合理、公正处置,这将使公众产生愤慨和抵触情绪。虽然一些事件中的政府应对已经处于事件的收尾环节,但事件应对上的不合理性也可以是使事件走进舆情视角的重要原因;事件应对上的不合理性也可能是舆情受到激化、舆情热度急剧升温的因素之一。

三、舆情热点事件热源规律的实证分析

舆情热点事件的热源因子是使事件成为舆情热点的重要原因,探索舆情热点事件的热源因子,其目的在于把握事件成为舆情热点的原因。本节以事件类型、热源因

子和人民网"舆情热点事件舆情热度榜"中的舆情热度评分为变量。其中,人民网"舆情热点事件舆情热度榜"中的舆情热度评分是依据网民关注度、传统媒体报道、网站推荐、意见领袖关注度、境外媒体、网下行动六项数据进行加权处理后统计所得。

以人民网"舆情热度评分"为标准进行降序排列,以事件根源、内容、结果、应对上的第一级热源因子和事件主体上的诉求方、被诉方、牵涉方等二级热源因子为指标建立总表(见表2-3)。对案例涉及的热源因子进行抽象的定性界定,用★表示事件包含某一热源因子。在定性分析过程中,事件根源上的冲突性因子部分参照了人民网"地方应对网络舆情能力排行榜"中的政府公信力评估数据;事件应对上的失当性因子参照了排行榜中的应对能力警报等级的评定级别。另外,对于具体事件中影响微弱的热源因子则不进行计算。分析得出以下规律。

(一) 舆情热点事件与热源因子关系的总体分析

(1) 舆情热点事件不一定包涵所有热源因子。即不是每一个舆情热点事件都会包含本节所述的所有热源。舆情热点事件的热源因子也不能作为舆情热点事件的共性特征描述。

(2) 热源因子数量和事件舆情热度并无直接相关性。不能仅以事件所包含的热源因子的数量对事件舆情热度进行判定。不过,包含热源因子较多的事件,即使每一热源因子的强度较低,但在各热源因子的共同作用下,事件成为舆情热点事件的概率较高。

(3) 事件成为舆情热点与其所含热源因子的强度有关。即使一个事件只具有本节所述的一个热源因子,但该热源具有极化情形,事件也会成为舆情热点。

(二) 不同类型事件的热源因子分布规律分析

按类型将事件及其热源因子进行排列,可得出不同类型舆情热点事件在热源上的一般规律(见表2-3),分析如下。

第一,公共安全议题的事件:①诉求方为公众,被诉方不一定具有明确指向及强权身份,最为凸显的热源因子即牵涉方的广泛性;②事件大多发生突然,原因不明,具有内容上的不可预测性;③民众在忧虑和恐慌之中有极度求知欲和较强揣测心理,易对政府部门产生深度质疑;如果事件又具有政府应对上的失当性,民众与国家管理者的价值取向冲突也将不可避免地成为事件热源因子;④该类型事件会造成程度较严重的已发危害或潜在威胁,结果上的危害性也是该类型事件的热源因子。

第二,司法公正和执法规范议题的事件:①由于涉及案件当事人与司法、执法机关公职人员的法律关系,事件主体上诉求方的弱势性与被诉方的强权性成对出现;又由于基本上是个案,不具有牵涉方的广泛性;②公民对司法、执法公正的信任不断受到冤案错案冲击,事件具有根源上价值与伦理的冲突性;③涉及案件审判、法律实施

表 2-3　不同类型舆情热点事件与其热源因子的关系

类型	事件	热度	A1	A2	A3	B	C	D	E
公共安全议题	山西:问题疫苗事件	96.92			★	★	★	★	★
	广东广州:番禺垃圾焚烧厂事件	86.66			★	★		★	★
	四川成都:6·5公交车燃烧事件	80.78			★		★	★	
	山西:地震谣言事件	80.54			★	★	★	★	★
	湖南湘乡:校园踩踏事件	80.24			★	★		★	
	新疆乌鲁木齐:"针刺"事件	76.25			★	★	★		
	陕西凤翔:血铅事件	75.95			★				
	河南杞县:"钴60"事件	72.36			★	★			
	内蒙古赤峰:饮用水污染事件	59.27				★			
司法公正议题	湖北巴东:邓玉娇案	91.32	☆	☆		☆	☆	☆	☆
	浙江杭州:飙车案	82.71	☆	☆		☆	☆	☆	☆
	浙江湖州:"临时性强奸"事件	68.20	☆			☆	☆	☆	☆
执法规范议题	云南晋宁:"躲猫猫"事件	90.71	★	★		★	★	★	★
	上海:交通执法部门"钓鱼执法"事件	77.10				★	★	★	★
	贵州安顺:警察枪击致死案	74.05				★	★	★	
	河南鲁山:看守所"喝开水"事件	70.75	★	★					
官员风纪议题	广西:烟草局局长香烟日记事件	88.67		☆	☆	☆	☆	☆	☆
	内蒙古阿荣旗:女检察长豪车事件	76.89		☆		☆			☆
	河南郑州:副局长"替谁说话"事件	70.46		☆		☆			☆
	新疆兵团:"最牛团长太太"事件	68.46	☆	☆					
	河南睢县:"茶杯门"事件	62.38	☆	☆			☆		☆
公权滥用议题	山东新泰:选拔23岁副局长事件	75.53		★		★	★		★
	河北石家庄:王亚丽骗官案	74.28		★		★	★		★
	重庆:高考状元造假事件	73.77		★	★	★	★	★	★
	河南灵宝:王帅案	73.48	★	★	★		★	★	★

续表

类型	事件	热度	A1	A2	A3	B	C	D	E
公民维权议题	四川成都:拆迁户自焚事件	90.60	☆	☆		☆	☆	☆	☆
	吉林通化:通钢暴力事件	85.05	☆		☆	☆	☆		☆
	河南新密:农民工"开胸验肺"事件	81.50	☆	☆	☆			☆	☆
	湖北石首:骚乱事件	79.41	☆	☆		☆	☆		☆
	江苏南京:徐宝宝事件	77.62				☆	☆		☆
	云南昆明:螺蛳湾事件	68.04	☆	☆	☆		☆		
	江苏东海:父子自焚事件	64.72	☆	☆		☆		☆	☆
	云南:陆良事件及慎用"不明真相"标签	62.01	☆		☆		☆		
公共管理议题	重庆:打黑风暴	92.62		★	★		★		
	重庆:打黑律师门	90.49		★	★	★	★		★
	广东广州:政府网上公布预算	76.14			★		★		
	四川巴中:全裸乡政府	69.57			★		★		
	山西:煤矿改革"国退民进"	68.65			★		★		
	上海:户籍新政	68.60			★		★		
	陕西神木:全民免费医疗	58.16			★		★		

的事件必然要具有不可预测性才能走入公众视野;④案件审判、法律实施均因其法治性而涉及当事人的人身、财产利益,有失公正则对当事人人身、财产安全构成危害;⑤对政府处理公正性的质疑也是重要的热源因子。

第三,官员风纪和公权滥用议题:①事件主体中的诉求方不一定或不需要包含弱势性因子,牵涉方不一定或不需要包含广泛性因子,被诉方强权性是该类事件性质所决定;②涉及官员和公权的事件具有价值取向等方面的冲突性根源;③官员风纪议题的事件在内容上一般争议不大,无非是官员违法违纪;而公权滥用议题事件可能牵涉其他公职人员甚至非公职人员,在滥用公权程度和情形上也有待挖掘真相,因此一般具有内容上的不可预测性因子;④官员风纪和公权滥用事件不一定会造成较严重后果,除非上升到重大犯罪事件;⑤涉及官员和公权的事件一旦发生,政府及主流媒体由于其立场相同容易具有袒护倾向,在事件应对上往往失当。

第四,公民维权议题的事件:①绝大部分都是具有弱势性的诉求方,向具有强权性的被诉方提出维权诉求;②公民维权议题事件中包括事态扩大演变而成的群体性事件,因此常具有广泛牵涉方;③诉求方常采用非法集会、游行、上访、罢课、罢市、罢工,围攻冲击党政机关,阻断交通,械斗甚至打、砸、抢、烧等方式,是由于弱势方找寻不到合法有效的诉求渠道,其中包含了事件根源上的冲突性和事件应对上的失当性;

④弱势的诉求方通常都具有某种隐情或艰难曲折的维权之路,其内容上的不可预测性能够引发关注;⑤公民维权议题的事件直接涉及公民人身、财产安全。

第五,公共管理议题的事件,①不存在弱势的诉求方与强权的被诉方之间的对立关系,是国家管理者所进行的对全体社会公众产生影响的公共管理事件,具有牵涉方的广泛性;②公共管理改革通常会受到可行性等方面的质疑,但是改革的初衷和趋势总是积极有益、受公众认可的,基本不存在事件根源上的冲突性和应对上的失当性;③改革的过程和结果较难准确评估,改革的成效往往令人拭目以待,可以说公共管理改革事件具有内容上的不可预测性;④公共管理改革的目标是改进管理、创造福利,不具有事件结果上的危害性热源因子。

四、结语

事件成为舆情热点事件是有规律和能预测的。抓住舆情热点事件的热源,把握舆情热点事件的热源规律,可增强对舆情热点的预见性和适应性,有利于政府及时辨识、把握信息,从而采取措施、解决问题,将舆情热点事件的应对工作由被动应付转为主动引导。这样不仅可防止事态不必要上升和扩大甚至演变为群体性事件或恶性事件,而且可使舆情热点在政府把握民情、了解民意、安定民心方面成为发挥积极作用的因素。虽然本节所探讨的舆情热点事件热源是基于理论上的分析,对实际部门具有事件定性上的理论指导意义,但仍欠缺数据上的支持和细化。因此,如果舆情热点事件热源的理论研究能够与既有舆情热点发现技术研究相互补充,则可为理论视野的拓展与工作机制的优化作出有益的贡献。

参 考 文 献

[1] 王来华.论网络舆情与舆论的转换及其影响[J].天津社会科学,2008(4):66-69.
[2] 曾润喜.网络舆情管控工作机制研究[J].图书情报工作,2009(9):79-82.
[3] 姜胜洪.网络舆情热点的形成与发展、现状及舆论引导[J].理论月刊,2008(4):34-36.
[4] 陈月生.群体性突发事件构成要素、特征和类型的舆情视角[J].理论月刊,2006(2):82-85.
[5] 喻国明.网络舆情热点事件的特征及统计分析[J].人民论坛,2010(4):24-26.
[6] 王来华,陈月生.论群体性突发事件的基本含义、特征和类型[J].理论与现代化,2006(5):80-84.

第三章
网络舆情与网络行为

第一节　网络舆情热点事件的网民行为方式

从目前已发生的多起网络舆情热点事件中可看到,许多网络事件从浮出水面到销声匿迹,网民在整个过程中的行为方式表现多样,并不断地呈现新的形式。根据网民的情绪烈度和现实行动倾向,研究将网民行为方式分为三大类,即理性温和型、情绪波动型和极端过激型。

一、理性温和型行为方式

网民能够根据实际信息,运用逻辑思维对事件进行识别、评价、推理、判断,或受个人上网行为习惯影响,表现出情绪较稳定、态度较平和的行为方式为理性温和型行为方式。典型的有网络潜水、网络转载和理性温和型发言。

(一) 网络潜水

网络潜水指网民采取只浏览、不露面、不发言的网上行为,从而不引起他人的注意。在网络舆情热点事件中,网络潜水具体表现为网民对事件的网络报道、论坛帖子、博客文章等只看不回,或在网络论坛中只看别人的讨论内容而不跟帖;对于网络争吵、网络冲突等现象采取隔岸观火、静观其变的围观态度。该类网民可看做网络看客,他们仅关注网络事件的发展变化,拒绝就事件进行网络交流和讨论,不参与网络纷争等活动。目前,潜水网民的规模很大,在各大论坛中占有相当大的比例。

以 2010 年 5 月富士康员工接连跳楼为目标事件,从搜狐新闻网站、天涯社区以及南大小百合三个不同类型的典型网站中,分别抽取一则相关新闻或帖文为调查对象。[1]该三则消息自发布起至 2010 年 5 月 18 日 22:00 在三个网站的网民访问/评论情况分别为 62717/198、16634/101、604/5,其中潜水人数分别为 62519、16533、599,现将富士康"九连跳"事件中网民在三个典型网站中的潜水情况用图 3-1 进行说明。

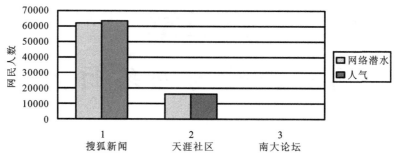

图 3-1　三个网络论坛中的网民潜水情况

（二）网络转载

网络舆情热点事件中的网络转载是指网民将与事件有关或以事件为素材的新闻报道、论坛热帖、热门视频、雷人创作等非自身原创的信息进行网络异地空间的转移，以间接地表达个人的观点和情感。网络转载一般有几种情况：原作品的某些表达手法或观点意见引起了转载者的兴趣或共鸣；原作品的观点阐述和逻辑思维令转载者认为足以替代自身表达；原作品提供的信息契合了转载者的即时需求；原作品的内容、目的等令转载者认为有向更多人或特定群体转载分享的价值。大规模的网络转载会提高事件的热度，并扩大事件的影响范围和后果。

（三）理性温和型发言

理性温和型发言包括理性发言和温和型发言。前者指网民通过对事实的逻辑思考，运用文字、表情、符号等一系列网络语言进行说理性质的意见表达行为。后者指网民在意见表达时带有轻微的情绪化和个人情感偏向。由于网民情绪的复杂性，加之网络空间的特性，网民很难做到理性发言。总体而言，理性温和型发言的情绪表现较平和，用词较文明、不带脏话，不带煽动性、攻击性语言。

网民的理性温和型发言，主要表现为理性温和型发帖、回帖，以及与他人进行的理性温和交流。后者属于圈群内较封闭的行为，难以观察和取材，因而研究主要关注网民在公共空间的理性温和型发帖和回帖行为。

首先，发帖是网民在网络公共空间发表新帖或文章，提出个人的看法、观点、态度等，并在大多情况下希望得到其他网民的关注和回帖的意见表达行为。在具有发帖权力的网民中，大多数人比较理性、态度较温和，能够通过逻辑思考进行意见表达，但仍不可避免地带有轻微的个人情绪和情感偏向。

其次，回帖即网民作为信息受众，对于网络新闻、论坛发帖、博客日志、视频播客等信息进行的回复、评论，从而表达自身态度、意见的行为。网络回帖一般短小精悍，由文字、表情、符号、图形等组成。在网络舆情热点事件中，理性回帖具有引导网民注重事实依据、趋于理性思考的作用,在一定程度上促使网络热点事件趋于平缓。但根据对网络舆情热点事件中网民回帖的长期观察,在争议性较大的网络事件中,一些网民的理性回帖经常会受到其他多数网民的非议、攻击和群轰,从而被湮没在网民的非理性浪潮中。

二、情绪波动型行为方式

在网络舆情热点事件中,网民由于个人固有的情感偏向、第一感觉、经验积累或受网络中他人的立场、情绪感染,表现出强烈的情绪化行为,但没有出现可能转化为现实行动的趋势。研究将该类网民行为统称为情绪波动型行为方式,具体包括情绪波动型发帖、回帖、网络签名以及网络创作。

(一)情绪波动型发帖

情绪波动型发帖指网民发表含有强烈情绪的帖子或文章,并期望受到他人关注和回帖的意见表达行为。

根据网民情绪的波动情况,可以将情绪波动型发帖分为煽动性发帖和攻击性发帖。煽动性发帖即网民作为网络信息传播源,通过表达带强烈情绪化词语的意见或发布具有恐慌性的信息,有意激起信息受众的情绪感染和波动的发帖行为。煽动性发帖大致有两种方式,即对事实的情绪渲染性描述和对事实的歪曲乃至无中生有的捏造。前者建立在事实的基础上,发帖者希望引起受众情绪间的感染和共鸣;后者建立在谣言的基础上,通过主观臆造的事实描述影响网民情绪变动、道德判断、价值指向等。攻击性发帖指网民由于主观情绪化或客观刺激,发表大量针对某一对象的侮辱性、歧视性等暴力语言,具有强烈攻击性质的发帖行为。

(二)情绪波动型回帖

情绪波动型回帖,即网民在浏览有关帖文后进行的带有强烈的情绪煽动或攻击性的回复行为,易在同质网民中产生内部感染,引起群体非理性,从而推动事件的扩大升级。

为研究需要,分别从天涯社区[2]、南大小百合[3]两个不同类型的网络论坛中选取发帖主题相同的网民回帖 386 条、76 条(共 462 条),根据网民情绪波动情况对回帖内容进行分析、鉴别和统计,得到相关数据结果,如表 3-1 所示。

从表 3-1 中可以看到,总体而言,网民的情绪波动型回帖数量最多,占回帖总量的一半以上(50.87%)。具体来看,情绪波动型回帖在天涯杂谈中的比例远远高于在南大小百合中的比例。这说明:一方面,情绪易波动的网民在整个网民群体中占大多数;另一方面,网民情绪表现受网络论坛性质及环境因素的影响比较大。在非实名制

表3-1　天涯杂谈与南大小百合关于某一主题的网民回帖情绪比较

论坛/类型	理性 温和型	情绪 波动型	极端 过激型	灌水类
天涯杂谈	146	213	2	25
小百合	44	22	0	10
小计	190	235	2	35
百分比	41.12%	50.87%	0.43%	7.58%

论坛中由于匿名身份,网民情绪波动更大;而在实名制论坛中由于身份明确,网民则倾向于理性温和。

有代表性的网民情绪波动型回帖如天涯网友"15000160":"总是利用老子的善良剥夺老子的财富!老子×××,这个社会还能不能容下良心之类的东西。如果不能就让它彻底塌掉吧???我诅咒你,恶毒地诅咒你,××××!!!"

(三)网络签名

网络签名包括两种方式,一指网民在论坛 BBS、聊天工具(QQ、飞信、MSN 等)后面为展示个人爱好倾向的个性签名;二指网民在网络中为响应某一号召性活动而表示支持的举动,本节主要研究该种网络签名。在网络舆情热点事件中,由于签名发起者的情绪和观点契合了许多网民对于网络事件的看法和态度倾向,网民在发起人的引导下以签名方式寻求观点的认同和情感的归属,因而网络签名是网民在网络空间中的情绪表达方式。如在汶川大地震中,网络出现了"万人大签名·拒绝传播非法谣言"、"沉重悼念5·12地震中的遇难者"等众多网民参与的网络签名活动。

(四)情绪激起型网络创作

情绪激起型网络创作是指网民在受到网络事件刺激后,通过在网络空间进行文字、绘画、图片、音乐、视频等创作来体现主体对事件的观点立场、情感态度等。网民创作的灵感和驱动力来自于事件的刺激和启发,其创作内容和目的紧密围绕网络事件展开。情绪激起型网络创作是具有智慧和表现能力的网民对于网络事件的观点、态度、意见的一种生动、多元、时尚的表达方式。主要有以下几种。

1. 网络词语创作

网络词语具有特殊的生成环境(例如 QQ、博客等),表现出一定的规则和规律,是网络时代中独特的语言类型。[4]

(1) ABB 式重叠词:如范跑跑、郭跳跳、楼倒倒等。该类词具有三大特征:"A"简明地指代了事件主体;"B"精炼地点出了 A 的最主要特征和网民关注的核心焦点;

"BB"的重叠使用不仅传达了网民以讽刺为主的情绪,而且充分表现了网民乐于使用戏谑、调侃式网络语言的特征。

(2) 谐音替换词:如河蟹、草泥马、绿霸、欺实马、楼猪等。该类词语具有以同音汉字替代原字借以表达讽刺、攻击等情绪的共同特征。由于词语替换方向存在差异,该类词具有两种情绪表达模式。在"河蟹"、"草泥马"等词中,为了规避互联网审查,网民借用同音字作为庇护进行情绪的"包装"和"寄托"。而在"绿霸"、"欺实马"等词中,网民有意将不含任何感情色彩的平实词语替换成具有攻击色彩的词语,从而通过语言暴力表达情绪。

(3) 网络成语:如正龙拍虎、黔驴三撑、谁死鹿手等。网络成语是网民群体创作的成果,不仅沿袭传统成语的结构特点和用词风格,提炼出言简意赅的概括字词,还根据网络事件特色,在融入与事件紧密相连的解释的同时,赋予网络成语深厚的现实讽刺意义。

(4) 网络流行语:很×很××;做人不能太 CNN;×××,你妈妈喊你回家吃饭等。网络流行语的形成充分体现了网民对于时下最炫、最关注的热点事件的态度倾向。

2. 网络作品创作

网络作品创作属于比较高水平的网民情绪表达行为,要求网民不仅具备一定文学素养、专业能力并掌握丰富的网络技术,还要具有较高的事件解读力、作品与素材的融汇表现力。因而,该部分网民拥有较高的才智、学历、创新力和表现力,其作品的诞生和传播对于网络舆情热点事件具有深刻的影响。

(1) 网络文学创作:如诗歌、散文、小说、时评、论文、报告、日记、传记、手册等。网络文学创作广布于博客、空间日志、新闻留言板、论坛发帖/回帖框等,以多种文字形式出现。一些触及日常禁区、文笔犀利、一针见血的网络文学作品往往成为引发或推动网络舆情热点事件演变的关键性因素。其作者通常为网民意见领袖,在很大程度上主导着网络话题的设置和网民意见倾向。此外,近年来受网民青睐的仿古式题材的网络文学创作,从借古讽今的层面上加深了现实批判性,其新奇形式引起网民的大量关注并争相模仿。

(2) 网络图画创作:如图片、漫画、图示等。网络图片以生动直观的网络平面图为形式,包括原创和恶搞。原创图片来自于网民对舆情热点事件独特、深度的理解基础,从而表达个人的情绪态度并影响受众的情绪和对事件的理解。恶搞图片是网民通过对原图片进行删减、增加、替换、组合等,赋予图片全新的内容,以提供认知网络舆情热点事件的新视角。网络漫画是创作者根据网络事件的关键人物形象、主要矛盾冲突、雷人观点话语等进行的抽象性、艺术性转换,并以夸张、醒目的手段传递丰富饱满的情感。网络图示是网民根据事件信息,结合个人的理解对信息进行简洁清晰的绘图描述,从而隐含绘图者的个人情绪和观点。

(3) 网络视频创作。网络视频是融动画、音乐、图片、文字等多种形式为一体的多元化、高技术性网络创作,包括 MV、Flash、系列静态图片的动态串联、生活视频等。它能全面调动受众的看、听、想等多方面感观系统,生动形象地展现了创作者的情感和态度,具有普遍强烈的情绪煽动性,甚至攻击性,使受众在感观中更易激起个人情绪。如网络 MV《做人别太 CNN》、Flash 版《范跑跑之歌》等,都表现了网民强烈的讽刺情绪。

三、极端过激型行为方式

在网络舆情热点事件中,网民行为表现出极端的情绪化和过激特征,出现可能发展演化为现实行动的行为趋势,或已出现现实行为,对现实社会造成了不同程度的影响,研究将该类网民行为统称为极端过激型行为方式。

以网民行为是否转化为现实行动为标准,将极端过激型行为方式分为网络极端过激型和现实极端过激型两大类。在一些事件中,前者是后者的铺垫和前奏,后者是前者的延展和强化。

(一)网络极端过激型行为

1. 极端过激型言论

网民的极端过激型言论主要表现在发帖和回帖中。参照本节前两部分中所研究的网民发帖和回帖情绪状况,网民极端过激型发言相对较少,然而一旦出现则会备受关注,将引起或推动网络事件的发展演变。有代表性的极端过激型言论如网友"xfq2002xqxq":"再让老子捐钱,老子一定揭竿!"

2. 网络示威

网络示威是指网民在网络空间进行的网络虚拟式静坐、游行、集会、散步、自杀等方式的群体性行为,向某些对象表示抗议、发泄不满和施加压力,从而达到某些目的。在"铜须门"事件中,网民在几小时内组建了 500 多人的公会"守望慰问团",在网络中以静坐、围堵、游行、谩骂、自杀等方式聚集,集体声讨公会会长铜须,造成网络秩序的严重混乱。

3. 网络动员

网络动员也称网络号召,是指个别或少数网民为了达到一定目的,通过网络渠道发起其他广大网民共同参与某项网络或现实活动的行为。网络动员往往具有煽动网民情绪、鼓动网民行动的特征。网络动员的渠道非常广泛,在网络已有的各种渠道基础上,随着 Twitter、微博、3G 手机等网络新技术在国内的推广使用,网络动员的力量和影响将越来越大。

(1)人肉搜索。人肉搜索是指某些事件引起了网络公愤,由个别或少数激进网民发动,经网友合力对事件当事人进行彻查,并将其所有真实信息全部挖掘出来("扒皮")公布到网络上进行曝光与谴责的网络过激行为。[5] 人肉搜索不同于网络搜索引擎(如百度、谷歌、奇虎等),它建立在网民人工操作和人海战术的基础之上。在人肉搜索中,网民大致都经过"道德/价值判断——情绪激动——态度强化——发布网络通缉(追杀)令——互动行动"的过程,并最终形成群体极化,完成搜索任务。处在情绪激动状态下的网民群体易对他人隐私权和个人尊严造成侵犯。

(2) 网络抵制。网络抵制是指网民对某一引起网民群体情绪的指定对象进行抗议和全盘否定的过激行为。抵制对象包括对网民和社会造成危害、引起网民共同愤怒的人、组织、事物或现象等。当网络抵制对象与现实生活关系较为密切时,网民的网络抵制情绪可能出现向现实延伸的趋势,甚至引发现实社会的群体性事件。

4. 黑客攻击

黑客攻击是指具有熟练网络技术的网民在未经允许的情况下对政府、企业网站或他人的计算机系统的强制、非法进入并进行攻击,造成网络瘫痪、网速停滞、网络黑屏等非正常状态的破坏性行为。

5. 自发成立网络组织

网民的另一种网络极端过激型行为是自发成立具有明确或潜在宗旨的网络组织。其成员包括发起人和加入者,发起人多为有思想、善于营销情绪和观点的个人魅力型网民意见领袖,而加入者则多为对网络事件有共同主张和强烈指向的普通网民。与官方组建的网络组织相比,网民自发成立的网络组织具有自主独立性、民间草根性,并且易采取实际行动从而造成威胁攻击性等组织特征。

(二) 现实极端过激型行为

现实极端过激型行为是网民情绪的现实转化。根据情绪和行为烈度,将现实极端过激型行为分为现实调查、现实示威和现实暴力三种行为方式。

现实调查是指网民由于存在困惑和质疑,采取对现实社会中的事件当事人、目击者、周边群众等相关主体和事发地环境进行实地考察,从而探求网络事件原本真相的行为。现实示威是指网民在被事件激起的强烈情绪驱动下,在现实社会中进行声援、聚集、游行、散步、静坐等非暴力的施压、抗议性行为,从而达到改变事件发展态势的目的。现实暴力是指网民在现实社会中对网络事件当事人进行辱骂、追打、围殴等语言和肢体的攻击行为,对事件当事人造成心理、精神以及身体上的伤害。现实暴力是网络群体非理性过激行为,是网络暴民向现实的转化。

四、小结

通过对网民行为方式的观察和分析可以看到,在网络舆情热点事件的网民受众群体中,存在着一种典型的下扁上尖的双金字塔形结构,其抽象模型图描述如图 3-2

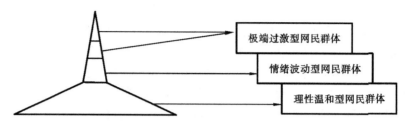

图 3-2 网络舆情热点事件中的网民群体层次分布双金字塔图

所示。

分布于金字塔底端的是数量庞大的理性温和型网民群体,包括网络看客和理性温和型发言者。网络看客习惯于置身"事"外,在态度上具有冷漠性,在行为上具有封闭隐蔽性;理性温和型发言者在态度上具有平和性,在思维方式上倾向于理智,在行为上比较符合常规。他们对网络舆情热点事件的发展演变的作用与影响不明显。

分布于上金字塔底端的是情绪波动型网民群体,他们在态度上好质疑,具有议论时政的现实指向偏好,易冲动和情绪化,且相互渗透形成常态;在思维方式上倾向于片面化;在行为上具有冲动性、挑衅性。分布于上金字塔中上层的是极端过激型网民群体,在态度上他们有自己明确坚定的立场,在思维方式上容易一刀切,"非黑即白",易被极端的思维方式主导;在行为上具有激进、极端的特点,并常常伴随着暴力方式,具有很强的现实解构性和颠覆性。其中,数量相对最少的现实极端过激型网民的态度、思维、行为最为极端化,其现实行动常常会造成很大的社会轰动性和爆炸力。这两类网民群体在数量上虽然相对甚少,但他们却是推动网络舆情热点事件的主力军,在事件的形成、发展、转化过程中起着重要作用,属于令网络与现实社会翻腾震荡的少数活跃性群体。

参 考 文 献

[1] http://news.sohu.com/20100516/n272149417.shtml.
  http://www.tianya.cn/publicforum/content/free/1/1892734.shtml.
  http://bbs.nju.edu.cn/bbstcon?board=Forum&file=M.1274062883.A.

[2] http://www.tianya.cn/publicforum/content/free/1/1859189.shtml.

[3] http://bbs.nju.edu.cn/.

[4] 黄燕芳.网络虚拟社区青少年网民群体犯罪言语行为特点分析[J].铁道警官高等专科学校学报,2009(06):29-32.

[5] 任娟娟."网络正义"还是"网络骚乱"——从几起网络道德追杀事件看网民的集群行为[J].社会科学论坛,2008(03):45-49.

第二节 网络舆情热点事件的网民行为动机

在网络舆情热点事件中,网民多样性行为背后都具有复杂的行为动机。心理学认为,动机是激励、维持人的行动,使行动朝向某一目标,从而满足个体需要的内部主观因素。简言之,"动机是产生行为的内在动力"[1]。在这里,网民的行为动机主要包括利益动机、权利动机、宣泄动机以及道义动机。

一、利益动机

(一) 经济人假设理论下的利益驱动

在网络舆情热点事件中,网民的行为表现可以看做是一个个网络经济人受利益驱动的结果。根据经济人假设理论,人具有理性和机会主义倾向,其行为决策从自身的经济利益出发,为追求和获得利益最大化而不择手段。

在网络时代中,社会人具有了时代赋予的双重角色,他们既是现实生活中的一般经济人,同时又是网络社会中的行为主体。在现实与网络两种社会的转化中,一般人虽然在角色、身份、行为特征等方面具有很大差异,但在心理和行为倾向等方面具有一致性。同时,由于网络的匿名性和隐蔽性,网络经济人的社会责任难以追踪和监控,在网络"匿名制服"[2]的纵容下,网络经济人更普遍地趋向于有限理性甚至非理性,表现出更加明显的趋利特征。此外,便捷性、全球性、及时性、低成本性等网络传播特性使网络日益成为经济人逐利的新渠道和新平台。

为追求经济利益最大化,不少企业、公司、个人等看中了网络可以扩大知名度、获得巨额经济利益的功效,从而有意地制造出多起以网络营销为目的的热点事件。网络营销成本低、范围广、速度快、收效大,一旦成功能为企业或公司创造一个良好的成长机会和发展空间。相关的事件如"封杀王老吉"事件、"iPhone girl"事件、红衣MM事件、拜金女事件等。在这些事件中,以吸引眼球为手段的网络曝客们的行为动机,"既不是为了信息咨询,也不是为了娱乐需求,更不是为了自我实现的高层次心理需求,而是为了经济利益"[3]。

(二) 利益相关者理论下的利益驱动

根据经济学中的利益相关者理论,利益相关者是指与企业相关的股东、债权人、雇员、消费者、供应商、政府部门、本地居民、本地社区、媒体等对企业有影响的主体,企业追求的利益是利益相关者的整体利益。网络舆情热点事件的利益主体在构成结构、影响机制等方面与利益相关者理论的关系阐述具有高度相似性。以利益为漩涡，网络舆情热点事件席卷了事件当事人、普通网民、意见领袖、网络代言人、网络推手、政府部门、媒体、网站管理者、非政府组织、现实公众、国际舆论等对网络舆情热点事件造成影响的诸多主体因素。网络事件的发展变化是多方主体利益较量的结果。

在网络舆情热点事件中，参与事件的网民包括直接利益相关者和非直接利益相关者。直接利益相关者是指与网络舆情热点事件有着直接、切身利益关联的各方涉事主体。直接利益相关者动机非常直观，多来自于网民在现实社会中由于利益受威胁、侵害而激起的对自身利益的诉求和追偿。如在各种民生类（涉医、涉拆、涉腐、涉黑、涉假等）事件中，直接利益相关者的网络行为是在维护生命、健康、安全、私有财产、合法收入等切身利益驱动下的结果。

非直接利益相关者是指在网络舆情热点事件的整个演化过程中与事件本身并无直接的利益关系，但一直密切关注或积极主动推动事件进展、从而期望获得收益的网民群体。该部分网民是推动网络事件演变的主体力量，包括网络曝客、网络看客、网络哄客、网络打手和现实行动者等不同行为特征的网民亚群体。网络曝客（网络举报者、网络记者和网络监督者）通过低成本、高收效的网络渠道揭露社会不良现象，以打击不正当利益和违法利益的获得者，维护权益人的利益，从而维护自身的间接利益和潜在利益。网络看客通过时间、精力、兴趣等方面的选择，有目的地了解网络事件的动态，获得信息与知识，以开阔视野、充实储备。网络哄客、网络打手以及现实行动者通过声援或打击事件当事人来表达对现实的不满，影响或改变事件的发展态势和结果，从而改善自身的活动环境和活动地位，有利于自身的长远利益。

二、权利动机

（一）网络维权已成为社会共识

中国网民的权利意识和维权要求正在不断增长，权利意识成为当前中国社会的民意表达趋势。权利动机逐渐成为网民积极参与网络舆情热点事件的"合法性"盾牌。

首先，随着市民社会的不断兴起，公民个体有了较强的权利意识。在现实生活中，由于部分公民的权利得不到保证，正常的社会诉求渠道往往不畅，因而网络日益成为该部分民众维护权利的主要通道。在这种潮流下，逐渐形成了一种特色鲜明的网络市民社会，以对抗传统的"大政府、小社会"、政府权力急剧膨胀、公民权利极端弱化的不平衡状态，从而维护网络市民群体在现实社会以及网络社会中的权利。

其次，日益突出的网络意见领袖对网民的维权行为产生了示范和引导效应。网络意见领袖是一些积极主动发表自己的观点态度，并能引起其他网民强烈认可和支持、在网民群体中产生重要影响的少数网民。网民意见领袖具有草根性,从关注和维护社会成员(尤其是底层群体)的权利入手,将政府等公权力部门、利益集团等作为指向对象,迎合了在网民中占多数的底层人员的权利需求和诉求指向,其权利要求和指向成为网民意见的标杆,并使其他网民在意见认同的基础上进行维权言行的模仿和跟从。因而,"网络往往具有将个体维权变成集体维权的能力"[4]。

再者,学生群体是我国维权网民中一支日益成长的力量。根据中国互联网络发展状况第26次统计报告,截至2010年7月,学生网民占网民总体的30.7%,是网民中人数最多的一个群体。在知识结构上,学生网民思维活跃,不仅通过正常渠道接受了比较全面的社会主义权利知识,而且越来越多的学生网民通过翻墙软件或西方势力的渗透接受了一些西方的权利观念,具有强烈的现实批判性;在性格特征上,学生网民个性鲜明、言语犀利,但思考问题欠成熟,情绪波动较大,易迅速地表达意见和采取行动,是一群具有强烈维权意识的网民群体。

(二)不同需求层次下的网民权利动机

根据马斯洛需求层次理论,人的需要从低级到高级可以分为五个不同层次。该理论也适用于网络社会的权利需求分析。网民对权利的需要从低级到高级可以分为基本权利的需要、知情权的需要以及话语权的需要。但不同的是,马斯洛需求层次理论认为,低层次需要的实现与满足是高层次需要出现的基础。而网民的权利需求层次则呈现出不规律的轮形状态,即高层次权利需求的出现不以满足低层次权利需求为条件,不同层次权利的需求会同时出现。马斯洛需求层次与网民权利需求层次对照图、马斯洛层次需求出现的阶梯图与网民权利需求出现的轮形图分别如图3-3、图3-4所示。

1. 维护生存、健康、个人尊严、名誉等基本权利

基本权包括生命权、健康权、财产权、获得报酬权等关乎人生存的系列权利。尊严和名誉是公民享有受他人尊重、个人名誉不受侵犯的权利。现实社会的利益和权利失衡削弱了社会整合,"断裂社会的再生产机制不断推动着从权利失衡到社会断裂的恶性循环,使弱势群体越来越处于社会的底层和边缘"[5]。公民权利的实际享有逐渐出现了马太效应,社会底层弱势群体的生存空间和生存状况堪忧。在这种社会状态下,社会大众一旦找到合适的时机,就会通过不同方式表达对生存基本权利的共同维护。

在一些直接关系普通公民生存、尊严等问题的舆情热点事件中,尤其是当事件涉及有关强势群体欺压、危害弱势群体生存权、随意践踏其尊严等信息时,网民对于基本权利的诉求会随着事件演化出现层层递进,大多由最初的对某些弱势群体成员的同情逐渐扩展为对包括自身在内的社会大众基本权利的维护和捍卫。诸如近年来不断发生的名车撞死人事件、拆迁自焚事件、城管与商贩冲突事件、农民工维权事件、食

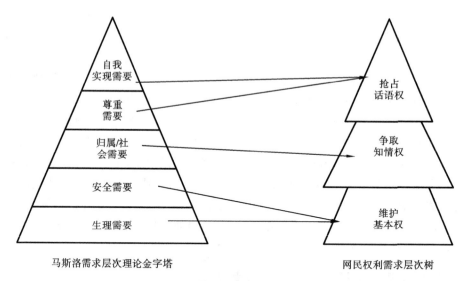

图 3-3　马斯洛需求层次与网民权利需求层次对照图

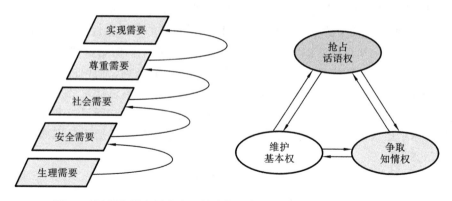

图 3-4　马斯洛层次需求出现的阶梯图与网民权利需求出现的轮形图

品安全事件、官员侮辱百姓事件等,在事件出现的第一时间都强烈地引起了网民直观的情绪和指向,对弱势一方表示同情和支持,对强势群体指责与谩骂;而在讨论的中后期,在理性思维占主导后,网民则逐渐达成了指向政府部门、要求政府采取各种手段维护普通民众基本权利的共识。

2. 争取知情权

知情权指公民知悉和获取信息的自由权利,具体指对国家重要决策、政府重要事务以及社会上当前发生的与普遍公民权利和利益密切相关的重大事件,有了解和知悉的权利,包括知政权和社会知情权。"知情权是监督公共权力的有效手段,是保护公民自身利益的需要,是消除谣言,稳定社会秩序和社会发展的需要。"[6] 我国于 2007 年颁布的《政府信息公开条例》为公民知情权提供了法律保障。

然而在现实社会中,由于一些地方政府仍沿袭以往惯用的做法,相关信息涉及敏感内容,或政府人员仍持落后保守的官本位思想等,部分政府信息不公开的执政现实与公民要求知情权的需求增长形成尖锐的矛盾。当公民以网民的身份出现在网络社会中,则会特别留意政府政务信息公布不及时、不透明、不全面、不真实以及封杀新闻事件的报道等剥夺公民知情权的行为。网民具有"核查事实"的偏好性,他们喜欢比较不同新闻的说法,以核查传统媒体背后的政府所发布的信息的真实性、准确性和可信度。[7]

在网络舆情热点事件中,知情权集中体现在网民探求事件的真相上。网民要求知政权的典型网络事件,如在躲猫猫非正常死亡事件、石首事件、贵州袭警事件、富士康员工跳楼事件等事件中,网民对相关人员死亡真相、政府或警方在履职过程中获取信息和处理事件的探求;网民要求社会知情权的典型网络事件,如在"非典"事件、汶川震后伤亡人数事件、成都公交车自燃事件、煤矿爆炸透水事件、多起地震传言和校园凶杀案等事件中,网民对于社会当前发生的自然或社会灾害真相的探求。

3. 抢夺话语权

由于历史原因,我国社会的话语权一直处于党和政府的主导之下,作为社会大众信息传播中心的新闻媒介受到官方垄断,以宣传和弘扬主流社会价值观、意识形态为主要功能。网民群体作为网络新兴的重要力量,在逆反心理作用下具有质疑主流价值观、打破官方和精英话语垄断、彰显自我新奇个性的对抗特征。普通民众对媒介的利用需求不断提高与媒介垄断程度更加严重所形成的矛盾,导致了广大民众对媒介社会责任的失望,从而激化了网民主动争取自身传播权和媒介接触权的决心。在网络舆情热点事件中,网民经常通过各种网络空间,如日志、博客、微博、评论、视频等版面形成以网民为主体的民间个人媒介,以肢解官方话语地位、积极抢夺并树立草根话语权,构建由民间主导的公共话语平台。

三、宣泄动机

宣泄又称发泄,是指"人通过某种行为表现来减轻由情感受到压抑而产生的心理压力的过程"[8],即主体心理压力的释放过程。通过宣泄不满寻求心态平衡是人类的一种正常心理[9]。宣泄动机是网民在网络舆情热点事件中行为表现的一种心理动机,常表现为网民的集体狂欢。

(一) 网络是民众最偏好的宣泄广场

我国网民结构非常复杂,来自于现实社会的各个不同阶层和群体,其中很大比例的网民为社会底层的弱势群体、利益边缘化人群,在现实生活中都具有不同程度的心理压力和不满情绪。根据CNNIC第26次统计报告(2010年7月),在年龄结构上,

30岁以下青少年、儿童网民占59.1%;在职业结构上,社会底层职业者(包括学生、下岗/失业/无业人员、农村外出务工人员、产业/服务业工人、企业/公司一般职员)占54.8%;在学历结构上,高中及以下学历者占76.8%;在收入结构上,月收入2000元以下的网民占70.3%。

这些人群在现实中往往利益被忽视、权利被侵犯以及长期被边缘化,面临多重压力导致精神高度紧张,造成抱怨、不满、愤怒等心理压力情绪的长期堆积和酝酿,并且无法通过正常渠道进行表达和排解。网络因具有去中心化、多元化、碎片化等特征逐渐形成一种新的释怨渠道,成为网民的公共心理宣泄广场。网民一旦进入到网络社会中,在匿名制服[10]和群体极化的效应推动下,很容易形成一个个随时爆发的人肉火药桶,对网络社会造成程度不等的震荡。

近年来网络中不断爆发的诸多舆情热点事件大多涉及社会敏感话题,如涉官、涉富、涉腐、涉警、涉医、涉黑等,其中诸多因素与造成网民心理压力的现实因素同质甚至重合,由于再度刺激网民心理压力,从而因出现的"时机不幸"而成为网民集体穷追猛打、奋力宣泄的临时性对象。许多网民即使与本身事件毫无关系,但在心理反射作用下会产生情绪倾向,并通过网络转载、发帖、回帖、创作、参与网络活动、加入网络组织等各种不同方式宣泄心理压力。在这种主体心理背景下,网民在宣泄动机下乐此不疲地演绎一起又一起的网络舆情热点事件。

(二)三种不同作用模式下的宣泄动机

由于宣泄主体在性格特征、心理压力程度、环境影响等方面存在很大差异,因而网民的宣泄动机具有三种不同的作用模式。

1. 释放型宣泄模式

根据弗洛伊德的心理宣泄理论,人的心理压力只有通过一定方式的排解和释放以满足人的某些本能才能保持正常的精神状态,因而社会应为公众提供宣泄的场所和渠道以缓解心理压力。[11]在该模式中,网民通过抒发式或批评式网络宣泄,得到自我心理调整、其他网民疏导或指向对象的良性互动,其心理压力得以缓解,心理平衡感逐渐恢复,在一段时间后网民行为趋于理性温和。

2. 强化型宣泄模式

根据勒庞的群体心理理论,个人在聚集成群体时心理会发生明显变化,个人极易受群体心理的暗示和感染,从而个人行为会在无意识中走向群体期望的方向。在该模式中,由于宣泄指向对象具有与社会公众利益息息相关的特点,网民在正在或已经形成意见气候的群体中进行煽动式或攻击式网络宣泄,会得到群体的认同、肯定,并在受到群体鼓励心理的暗示和感染下,使情绪更趋向于狂热无理性,其行为也将得以强化。

3. 升级型宣泄模式

根据布莱德·布什曼的认知连接模型,人的记忆具有前后相互连贯性,人们记忆中有关某一事物的想法是互相衔接并形成一个记忆联结网络。在该模式中,网民通过网络暴力式或虚拟空间的破坏式宣泄,往往会激起并提升主体的愤怒感,使网民无限扩大宣泄的范围和强度。在这种状态下,网民情绪将走向极端,行为将升级演化。如在虐猫事件和辱师事件中,使用语言暴力进行宣泄的网民,其情绪并没有得到缓解,却升级为进入现实社会进行更强烈的现实暴力宣泄。

三种作用模式的模型如图 3-5 所示。

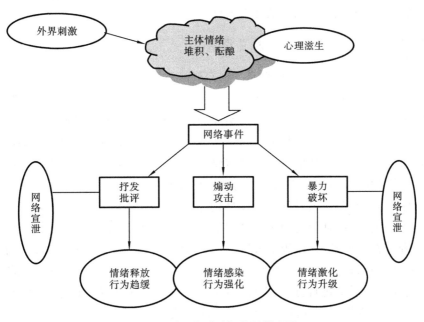

图 3-5　网民宣泄动机作用模型图

四、道义动机

(一)现实道义的缺失使网络成为伸张道义的理想地

在许多网络舆情热点事件中,网民往往与事件无直接利益关系,他们出于一种主观正面的价值取向,积极主动地表现出在网络社会甚至现实社会中对于事件的各种态度和行为。这与中国社会历来所倡导的道义理念息息相关。"道义作为文化心理结构构筑了政府道义责任的精神内涵,以道德力量作为支撑的道义责任又构筑了当代中国社会的利益协调机制。"[12] 在现实社会中,政治改革和社会转型中一些不良因素的出现,导致社会贫富差距加大、利益和权利边缘化的底层人群不断增多,其生存等一系列民生问题处境堪忧;但另一方面,官员腐败现象此起彼伏,少数利益阶层逐渐把控财富操纵权、社会话语权与资源调配权,不断挤压和剥夺底层人员的社会资源和社会权利,导致社会两极化越来越明显,各种社会矛盾不断激化。道义缺失的社会现状打破了中国由传统社会延续至今的道义社会体系,而作为社会默认主体的政府却并没有完全肩负起道义责任;另一方面,网络的隐蔽和匿名为网民提供了广阔、便利和相对安全的施展场所。因而坚守道义的网民更倾向于在没有现实因素干扰的网络社会中,根据自我意愿自由地伸张道义,重构社会的道义体系。社会理想与现实之间的反差是促成网民道义动机的社会条件。

(二)自我实现需要下的道义动机

根据马斯洛需要层次理论,自我实现需要是人的最高层次需要,个人通过发挥自身的最大潜力,实现理想、抱负而使自己成为自己所期望的人,从而体现出个人社会价值的需要。由于在现实世界中自我实现的难度很大,因而很多网民将这种需要转移到了相比之下容易得到满足的虚拟世界。[13]在网络舆情热点事件中,网民出于道义动机的行为体现了主体的自我实现需要。如在以孙志刚事件为典型代表的公民非正常死亡事件中,以哈尔滨宝马事件为典型代表的富人为富不仁事件中,以天价烟事件为典型代表的官员腐败事件中,以虐猫事件为典型代表的人性沉沦事件中,以艳照门事件为典型代表的社会伦理腐蚀事件中,与事件本身无直接利益关系的网民采取发帖、回帖、评论、转载、创作等个人行为,或参加网络人肉搜索、网络签名、网络声援、网络抗议等群体行为,甚至通过进入到现实社会采取现实行动等,通过自身的价值取向对事件中某些对象进行打击、支持等,从而维护社会的基本道德伦理、维护社会公平与正义,以实现网民个体的社会价值,完成自我升华。

(三)角色扮演下的道义动机

根据米德的角色扮演理论,个人通过扮演他人角色获得运用和解释有意义的姿态的能力,从而了解社会的各种行为习惯和规范,最终实现自我的社会化。在网络舆情热点事件中,由于道义审判主体的"不合格"、道义维护者的角色缺失等,网民进行了积极的角色扮演。在道义驱使下,网民在对事件中的各种不合乎道德、伦理、法律等失范现象及行为进行主观价值判断和道义审判后,主动进行自我角色转换,从普通的事件受众转换为对道义审判主体的批判者、道义的维护者及道义的直接审判者;角色默认是对角色转换的一种自我强化,它促使网民接受并充分行使角色赋予的"权利";角色行使则是网民在新角色下的具体活动。自我角色认知与扮演是激发网民道义动机的心理条件。网民角色扮演过程如图3-6所示。

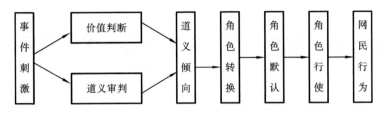

图 3-6 网民角色扮演过程模型图

五、本节小结

网民行为是现实社会矛盾在网络虚拟社会中的影射与延伸,是网民力量释放与博弈的结果。现实社会中不同阶层间的经济利益分配不合理、不同群体间日益激烈的利益之争导致利益主体间剑拔弩张,公民权利长期被忽视,草根阶层在网络环境下对权利回归的渴望与追求,加上社会正常的民意表达与诉求机制不完善阻堵社会情绪,以及政府在履行维持社会道义等义务上的角色避缩,促使网民寄希望于"无所不能"的网络,通过采取各种非正式的网络诉求方式达到目的,从而呈现出纷繁各异的网民行为。

参 考 文 献

[1] 周晓红.现代社会心理学[M].上海:上海人民出版社,1996.
[2] 王爱玲,武文颖.网络民意的"匿名制服"效应及其有效调控[J].新闻界,2008(01):16-18.
[3] 殷俊.从舆论喧嚣到理想回归——对网络人肉搜索的多维研究[M].成都:四川大学出版社,2009.
[4] 彭兰.现阶段中国网民典型特征研究[J].上海师范大学学报(哲社版),2008(06):48-56.
[5] 郑海明,丁雷.社会转型期弱势群体的利益表达机制探析[J].山东社会科学,2007(2):155-158.
[6] http://baike.baidu.com/view/170122.htm? fr=ala0_1_1.
[7] 胡泳.众声喧哗:网络时代的个人表达与公共讨论[M].桂林:广西师范大学出版社,2008.
[8] 童兵.突发公共事件的信息公开与传媒的宣泄功能[J].南京社会科学,2009(08):37-44.
[9] 王天意.网络舆论引导与和谐论坛建设[M].北京:人民出版社,2008.
[10] 罗明.网民行为的"匿名制服"心理效应初探[J].辽宁警专学报,2008(7):51-53.
[11] 童兵,突发公共事件的信息公开与传媒的宣泄功能[J].南京社会科学,2009(08):37-44.
[12] 赵定东,马文颖.道义诉求与中国社会福利理念嬗变的价值底线[J].中共浙江省委党校学报,2009(1):58-64.
[13] 闫贺杰.思想政治教育网络传播的受众研究[D].北京:北京交通大学,2007.

第三节　网络舆情热点事件的网民行为效应

一、对舆情事件的放大效应

1."焦点聚集"效应

在网络舆情热点事件的生成阶段,网民对某一事件进行网络曝光,使原本沉没的事件立即暴露在网络公众面前,并在极短时间内引起大量网民的关注,形成网络焦点事件。网民这种曝光行为造成事件焦点的形成,此为"焦点聚集"效应。"焦点聚集"效应使社会公众对原事件从宇宙俯视式的高度开散的认知转换为显微镜式的高度集中的凝视。在现实社会中,由于地域局限、心理隔阂、熟人效应等因素造成信息封闭、反应冷漠,许多社会公众并不知晓事件,或倾向于远离是非、明哲保身,某一事件很难形成社会焦点。而在互联网去抑制性效应[1]下,网民的曝光行为则往往促使许多在现实社会中熟视无睹的事件演变为有影响力的大事件。其模型图如图3-6所示。

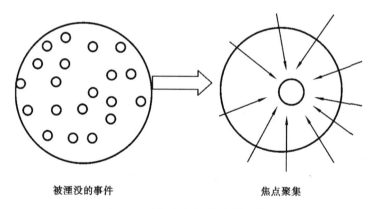

被湮没的事件　　　　　　焦点聚集

图 3-6　"焦点聚集"效应模型图

2."焦距放大"效应

在网络舆情热点事件的扩散阶段,事件传播范围扩大、受众增加、争议性主题增多,使事件在同一关注焦点下关注度上升而形成的事件放大效应,为"焦距放大"效应。它以同一关注焦点为中心,随关注度的提升而向四周辐射,形成一个逐渐扩大的同心圆。网络事件出现后,大量网民通过个人日志、博客、社区论坛、BBS 等网络空间对传统媒体、网络媒体及其他网民空间相关信息的转载、分享等,使事件信息在网络社会大范围地传播和扩散,形成规模效应。由于自身兴趣爱好、储存知识、探求真相等动机,不少网民会对事件采取追踪、深度跟进等行为,通过发帖、回帖、发布文章、参与网络组织活动等提出新奇鲜明的观点见解、进行网络讨论和交流,并提供具有轰动性和吸引眼球的最新信息和动向。网民这些行为加快了网络事件的传播速度,扩大了传播范围和关注人群。并且,具有不同社会背景、知识结构、思维模式、性格特征的网民会对事件进行不同角度的认知、不同层面的理解和剖析,提出思考和看待事件的许多路径和视角,从而扩大事件的公众认知面,挖掘事件透析的深层问题。网络事件在网民不断扩大的关注中,逐渐地沿着多条关注路径从大视野下的一个事件点扩大为复杂的社会关注面。其模型图如图 3-7 所示。

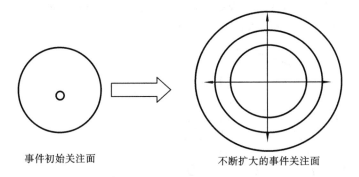

事件初始关注面　　　　　　　不断扩大的事件关注面

图 3-7　"焦距放大"效应模型图

3. "焦点偏移"效应

在网络舆情热点事件的高涨阶段,由于网民认知理解的偏差、对事件真相及细节的挖掘等原因,事件的关注焦点发生变化,从一个焦点扩散成同事件下的多焦点,从而扩大了事件的关注面,网民行为对事件的这种放大效应称为"焦点偏移"效应。首先,由于网民往往对自我经验积累过于自信和武断,在对网络事件的关注中,在经验记忆和印象暗示的作用下,网民易产生类似的联想和主观臆断,从而造成主观认知的错误和理解的偏差。其次,在网络事件浮出水面之后,具有"福尔摩斯"崇拜和中国江湖侠客梦的网民往往不满足于事件已浮现的冰山一角,他们或根据已公布的信息进行推测,或根据经验假设进行大胆的"还原",以满足获知事实真相的需要。在此过程中,如果事件公布的信息远远小于网民对信息的需求量,或网民一旦发现新的线索或迹象,网民就极易将矛头指向信息公布主体,或主动发布个人根据猜想得出的信息,这时导致负责信息发布的官方部门或不真实信息内容(谣言)成为新的焦点。其模型图如图 3-8 所示。

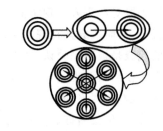

图 3-8　"焦点偏移"效应模型图

二、对涉事人员的压力效应

1. "网上拍砖"压力效应

"网上拍砖"是指网民在网络空间中对涉事人员采取带有批判、讽刺、仇视、丑化、攻击等负面情绪的打击性行为,包括发帖、回帖、评论、转载、创作、组织和参与网络活动等主动性或回应性行为。"网上拍砖"压力效应是指网民在以上情绪行为中对涉事人员造成不利的舆论环境并引起舆论压力的过程。由于网民"网上拍砖"行为仅局限于网络空间,以"拍砖"为网络常规武器,因而它对涉事人员造成的压力主要表现在对其精神层面的打击。其模型图如图3-9所示。

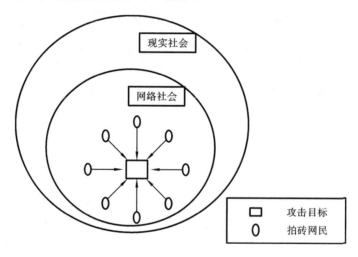

图 3-9 "网上拍砖"压力效应

2. "隔网扔砖"压力效应

"隔网扔砖"是网民"网上拍砖"行为的加剧。网民行为虽仍然局限在网络空间,但其行为效果却已波及现实社会。"隔网扔砖"压力效应是指网民在网络空间中通过网络手段对涉事人员现实情况的非善意曝光或干涉,对其现实生活产生了严重干扰和打击,从而造成其在现实生活中精神和心理压力的过程。"隔网扔砖"行为中最典型的代表是被网民公认为"网络杀手锏"的人肉搜索行为。通过人肉搜索,网民将涉事人员在网络及现实社会中的诸多信息,如作为网络人的QQ号、网名、活动论坛、参与活动、发表言论、邮箱地址、个人博客等,尤其是作为社会人的真实身份、联系方式、家庭住址、单位名称、亲朋关系、生活和工作经历等一一曝光并公布于网络,往往引起其他网民大规模的疯狂拍砖浪潮,对涉事人员的现实生活造成极大困扰,甚至冲破某些人员的心理防线致其精神崩溃。其模型图如图3-10所示。

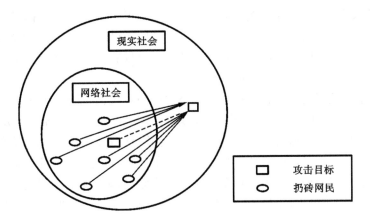

图 3-10 "隔网扔砖"压力效应

3. "越网砸砖"压力效应

"越网砸砖"是指网民在事件刺激下从网络进入现实社会,采取对涉事人员进行更直接有力的打击的现实行为,包括网民采取法律、道德等途径的理性文明行为,以及恐吓、辱骂、侮辱,甚至殴打等人身攻击的非理性暴力行为。"越网砸砖"压力效应则是指网民通过这种现实行为的攻击,使涉事人员在现实社会中名誉、声望、人身自由、安全等受到损害和威胁,从而引起强烈的心理和精神压力,其模型图如图 3-11 所示。

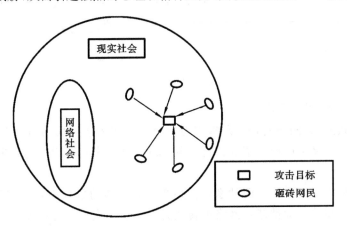

图 3-11 "越网砸砖"压力效应

三、对政府行为的约束效应

1. "网络监督"约束效应

网络的广泛运用使我国的社会结构发生了喻国民所称的从"全景监狱"向"共景

监狱"[2]的根本性转变。在"全景监狱"的社会结构中,由于地位悬殊,处于金字塔顶端的政府可以随时观察和监测到民众的一举一动,而民众不能观察、交流和获知政府的行为举动。在该社会结构中,民众处于政府的全景监管之下,而政府则处于民众的视野之外,其行为几乎不受民众的监督。

在"共景监狱"的社会结构中,社会呈公共广场式状态,政府和民众作为地位平等的主体共同存在。在这种社会结构中,民众不仅彻底改变了不对等的弱势地位,获得了对政府实时、自由的监督权;而且由于长期受政府监管而形成了对政府的反抗和报复心理,当民众拥有了对政府的监督权和监督条件后,容易在带有主观偏见的集体心理作用下,对政府的公开行为进行全面和放大式监督,对幕后行为进行积极主动的地毯式搜查和挖掘式曝光,以打击和消解政府的传统权威。其模型图如图3-12所示。

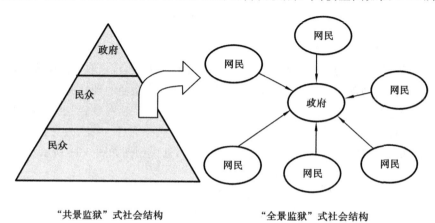

图3-12 "网络监督"约束效应模型图

2."网络问责"约束效应

网民对政府的"网络问责",是指作为社会民众代表的网民通过网络对政府及其工作人员职责和义务的履行情况进行质疑、责问,并要求其承担行为后果的一种权利行使行为。

网民的网络问责主要有两种途径。在政府为主体的事件中,网民将长期郁积的不满、怨恨、仇视等负面情绪在网络中转化为对政府失当行为的炮轰。在政府为非主体的事件中,网民以主人公的身份和姿态责问诸多事件中政府的职责,要求其承担相应责任、受到相应惩罚。在许多网络事件中,网民不断提出对政府行为的种种质疑,强烈要求政府作出合理解释和服众处理。绝大多数网民具有"不达目的誓不罢休"的坚定意志,形成对政府一波又一波的强大冲击力。网络问责已逐渐成为社会民众向政府问责的一种常态方式,成为网络时代中政府行为的一种最普遍而有效的制约力。其模型图如图3-13所示。

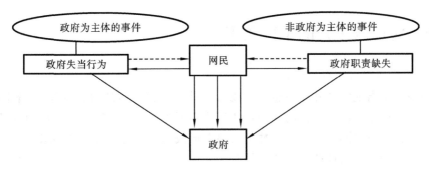

图 3-13 "网络问责"约束效应模型图

3. "网络抗政"约束效应

"网络抗政"是指网民在网络问政后由于得不到政府及时合理的回应,或政府的解释远远低于网民的满意度,以至于网民失去了对政府自我改过或主动承担责任的耐心和信心,从而采取网络行动反对和抗议政府决策、行为等,以期望通过施加网络压力迫使政府改变其决策或对其已发生的行为负责。网络抗政是网民为约束政府行为所采取的比较激烈和极端的行为,认为只有包括网民在内的社会民众力量的爆发对政府造成强大的外部压力,才能干预政府行为朝网民期望的方向发展。因而,网络抗政具有网络抗议、网络号召、网络动员的组织化和行动性特征,具有从网络向现实社会行动的倾向和潜质,并且易由初始的集体抗议演变为集体非理性的群体性事件。网络抗政所体现的网民情绪烈度、集体意见的坚定指向以及所潜藏的社会危害性,使政府的决策、行为等不得不受到网民牵制和约束。其模型图如图 3-14 所示。

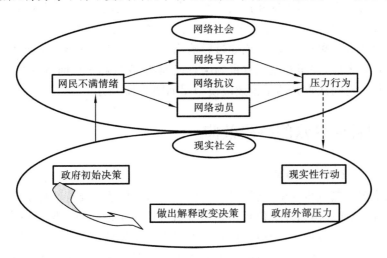

图 3-14 "网络抗政"约束效应模型图

四、对司法审判的干预效应

1. 司法审判前的舆论干预

当网络中出现触及社会敏感内容或折射社会尖锐矛盾的司法事件后,案件本身所反映出的信息与网民群体的认知定势形成强烈对比,冲击了社会民众的心理底线,因而网民会在短时间内通过意见冲击与整合形成强大的意见气候和网络舆情。不少网民乐于发表有倾向性的意见或者带有明显暗示意味的言论,极力渲染一方当事人的观点,煽动网络及社会情绪[3],俨然形成对司法事件的网络民间审判。因而,大规模的网络民意对司法部门和司法人员造成了强大的舆论压力,容易使其产生从众效应,从而影响和干预司法部门在认知和评判案件中的独立思考。

2. 司法审判中的干扰干预

网民对司法事件审判中的干扰行为,是指网民采取的公开表达不满、抗议情绪甚至实施暴力等直接干扰司法部门审判现场的过激行为。由于近年来陆续出现的网络司法审判仅为网民提供观看和监督审判过程的机会,却并不为网民提供现场干预的客观条件,因而网民对司法审判中的干扰行为主要体现在从网上进入现实,对法庭审判现场的干扰。

3. 司法审判后的抗议干预

当司法部门对某一案件的审判结果与网民的网络审判结果相去甚远,或超出了网民的大众评判底线时,网民会在受欺骗蒙蔽的愤怒情绪和质疑司法公正透明的猜测下滋生反抗意识,强烈拒绝和抗议现有审判结果,并且将网络矛头对准司法部门,引起网络及社会对司法公正及其审判结果合法性的质疑。网络强大的冲击力会影响司法部门对审判结果进行反思,或通过影响高一级司法部门的关注而促使案件审判部门进行重新考虑,甚至改变原有审判结果以顺从、安抚和平息网络民意。

网民行为对司法审判的干预效应模型图如图 3-15 所示。

五、对社会公众的感染效应

1. 观点渗透与情绪感染

在网络舆情热点事件中,网民对社会公众的信息传播主要有三种模式。

首先,网民通过网内外身份转化充当着信息搬运工的角色。网民在离开网络回归到现实人的真实身份后,会通过正常的人际交流沟通将网络中所获得的信息传播到以己为中心的熟人圈子,并以此类推形成不断向外扩张的信息圈群。在该传播模式中,不可避免地伴随着隐藏在信息传播中的观点营销和情绪传递。由于熟人圈内成员之间的心理防备很低、信任度比较高,因而网民对事件的观点和情绪容易渗透和

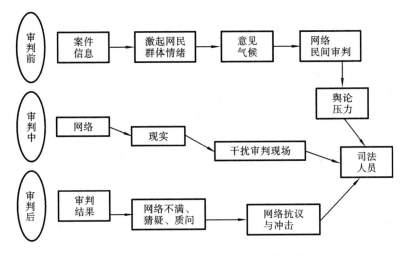

图 3-15　网民行为对司法审判的干预效应模型图

感染社会公众。

其次,网民通过直接、大规模地派送信息,充当着信息发射者的角色。最常见并具有代表性的方式是网民通过大规模的短信群发,将网络信息以精练简短和具有感染力的短信形式直接向社会公众传播信息。在该模式中,由于短信对字数和形式的限制,因而网民主要采取有号召力、煽动性的文字以传递信息及背后的观点和情绪。以上两种信息传播模式是网民的主动性传播。

第三种模式属于被动型传播。由于网民行为的轰动性、吸引眼球性,对传统媒体产生了巨大的新闻价值,因而网民行为中的信息会被传统媒体以新闻报道、广播等形式传递给传统媒体受众。当受众对信息产生了刺激后,则又会通过日常的人际渠道进行信息传递。在该模式中,传统媒体对网民行为的观点立场、受众自身对信息的判断和理解能力等都影响着网民观点、情绪对社会公众的感染效果。

2. 群体认知与情感联盟的形成

通过以上三种模式的信息传递,网民对事件的观点、情绪、立场等会对社会公众中的个体产生刺激和感染。在群体极化、沉默螺旋以及信息协同过滤等效应作用下,松散无组织的社会公众会在无形中形成基于共同心理的群体联盟,具有对事件大致趋同的认知和情感。这种联盟仅是社会公众潜在意识层面的联盟,它没有统一的纲领、行为准则、领袖人物等任何外化形式。并且,处于该联盟中的社会公众本身可能并未意识到这种联盟的存在和对自我加盟的认同。但由于共同心理、认知和情感的存在,社会公众的群体联盟是真实存在的,其复苏和组织程度、力量强度等与事件的性质、事件各方反应以及网民行为的强度等因素有关。

3. 社会公众情绪与情感的外显

受到网民行为的感染后,社会公众对事件的情绪和情感表现方式主要有零散式表达和集体式表达。零散式表达是指社会公众以许多个单独个体的形式出现,通过发表批评攻击性言论、文章,或转移到网络了解更多信息并更自由地表达观点等个人方式,对事件进行意见和情绪表达。集体式表达是指社会公众以集体的形式出现,通过散步、游行、抗议等和平方式以及打砸烧杀等暴力方式进行情绪的表达。在社会公众情绪与情感的集体式表达中,网民对社会公众的网络、手机短信号召、动员等起到了决定性的作用。尤其当事件与社会公众的切身利益息息相关,或强烈刺激了社会公众的潜在情绪,事件相关方尤其是公权力部门态度不明、不予理睬时,网民的号召、动员性行为无疑成为潜在的认知与情感联盟,转变为具有强大现实震撼力的行动群体的引导力量。

网民行为对社会公众的感染效应模型图如图3-16所示。

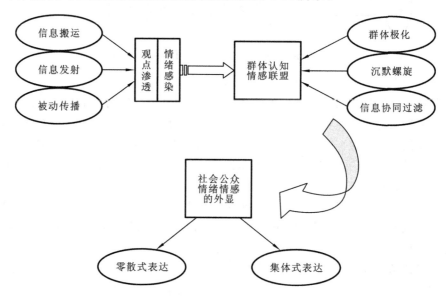

图3-16　网民行为对社会公众的感染效应模型图

参考文献

[1] 梁丽,吕瑞超.传播学视角下网络暴力初探[J].法制与社会,2009(12):238-239.

[2] 喻国明.中国社会舆情年度报告(2010)[M].北京:人民日报出版社,2010.

[3] 张兵.试论网络舆论监督与司法公正的关系.河南公安高等专科学校学报,2010(2):84-87.

第四章
网络舆情与突发事件

第一节 网络群体性事件的舆情演化要素

一、网络群体性事件概念界定

关于网络群体性事件的研究，国内学界正逐渐兴起，学者从不同的角度对网络群体性事件的概念进行了界定。杜骏飞直接从本质着手，指出网络群体性事件的本质是网民群体围绕某一主题、基于不同目的，以网络聚集的方式制造社会舆论、促发社会行动的传播过程。抗争是其精神内核。[1]也有学者关注网络群体性事件的现实影响，认为网络群体性事件指在互联网上对事关公共利益或较有争议的事情进行群体性讨论，从而把这股网络力量从虚拟推向现实的一种社会现象。[2]有学者则强调互联网的工具性，认为网络群体性事件是"网中人"利用网络进行串联和组织，公开干扰网中网外秩序，干扰网络正常运行，造成不良的社会影响，乃至可能危及社会稳定的集群事件。[3]为研究方便，笔者将采用杜骏飞对网络群体性事件的界定，即网络群体性事件指网民群体围绕某一主题、基于不同目的，以网络聚集的方式制造社会舆论、促发社会行动的传播过程。

随着互联网的快速发展和网民权利意识的觉醒，网络群体性事件渐呈增多趋势，对网络世界和现实世界造成巨大影响。国内现有的研究虽不断增多，但对于网络群体性事件演化要素细致深入的研究却凤毛麟角，无法为相关部门的干预提供有效的指导。为此，笔者试图厘清网络群体性事件发生和发展过程中的演化要素，呈现网络群体性事件演化的全貌，以促进对网络群体性事件的分析、干预和引导。

二、网络群体性事件演化要素构成

(一) 刺激性公共事件

互联网改变了信息生产方式和传播方式。传统意义上的"受众"也成为信息或新闻的生产者和传播者,人们只要愿意,可随时在网络上表达自己的意见和看法,并经过讨论、分化和聚合后形成庞大的"自由意见市场"。尼葛洛庞蒂更是形象地将网民称为"没有执照的电视台",人人都成为信息的发布者,网络海量信息的聚集更凸显网民注意力资源的稀缺。此外,互联网实现所有人面向所有人的传播,聚合同步、异步传播的特征,具有跨地域性的传播结构。在网民的主动作为下,网络上的信息能够在极短的时间内以极低的成本扩散到各个角落、领域和群体,实现信息的"广而告之"。也就是说只要受到网民关注,唤起网民共鸣的信息就能够受到网民的极大追捧,并迅速传递和感染至各类人群,引发网络群体性事件。

因此,刺激性公共事件的发生是网络群体性事件的导火索。一旦刺激性公共事件引发网民的强烈共鸣,就能迅速在海量信息中"脱颖而出",并聚集众多"粉丝",围绕这一公共事件积极展开讨论,当人们不满足现有讨论或者其他演化要素介入时,网络群体性事件也就开始酝酿和发展。当然需要指出的是,并不是所有的公共事件都能引起网民的关注并诱发网络群体性事件。

当然,作为网络群体性事件导火索的刺激性公共事件至少应具备以下特征。①事件要出乎意料,超出网民的期望。出乎意料的信息才能受到网民的青睐。正如卡普费雷指出的那样:"公众自发地重复着大众传播媒介所传送的那些被冠之以'新闻'的信息。很快,简单的重复变成了解释,从原始事实出发,得出其所牵涉的方方面面,并由此决定公众舆论。"[4]为强调信息出乎意料的重要性,卡普费雷特意对其所说的信息作了补充说明即:"不过这个信息必须在人们等待之中,同时这个信息对群体来说又必须是出乎意料的。"[4]②事件触发大多数人的价值观念。这点相当重要,在一定程度上决定了网民在这件事上的集合程度。尤其当发生的公共事件挑战大多数网民的个人价值观或者社会主流的价值观时,网民为保持"认知协调",避免心理上的失衡状态,便会采取相关行动以捍卫既有的价值观。③事件能够提炼刺激性的标签。网络时代信息呈现爆炸式增长,信息消费方式也逐渐"快餐化",事件发生后要聚合注意力资源,就必须对标题进行"标签化"。但是并不是所有的"标签化"字段都能获得关注,所以这就要求事件内容本身能够提炼出刺激性的标签。

(二) 网民共同经验

共同经验是网民产生共鸣的前提条件,也是网络群体性事件生成和演化的基本要素。作为一种"凝聚性商品",其价值随着消费人数的增多而增加。信息技术的发展为人们交流提供了多样化的"社会性软件"(主要包括 Email、聊天室、博客、维基百科、SNS 等支持成组通信的软件),能够超越时空的限制以较低的成本表达观点。工具的多样化使得网民拥有了选择的权力,他们根据自己的偏好选择合适的工具,吸收和分享与自己内在价值体系相符合的信息,参与那些感兴趣的话题,"消费者主权"发挥到极致。网民内部分离为大量的小集团,沉浸在"我的日报"和自我编织的"信息茧房"之中,从而使得大多议题游离在人们"认知的边缘",未能获得足够的关注。因此刺激性的公共事件要发生作用以致诱发网民的集合行为,形成网络群体性事件,就必须能够持续获得网民的注意力。这时就凸显出共同经验的重要性,因为"经验分享能够促进社会互动,让人们拥有和关注共同的话题、任务,不管他们之间是否有共通点。其提供了一种社会黏性,能让不同的人相信他们拥有相同的文化"[5]。

共同经验的重要性还体现在对网民既有共同成见的激发和塑造,并促成网民对议题形成极端的看法。"我们在寻求比较公正的见解时往往会坚持我们的成见,并且任何对成见的袭扰都像是对世界基本原理的攻击,那是对我们的世界基本原理的攻击"[6]。网民接触到议题时,第一反应便是在脑海里搜索议题中关键人物既有的形象或者类似议题的既有看法,而不是首先考虑议题的内容。这些既有的看法将影响网民对现有议题的态度和行为。需要指出的是,每个网民都有一套成见系统(包括既有看法),具体到某个议题上,众多网民的参与也即意味着类型多样的成见系统的作用,然而多样化的成见系统往往妨碍共同意见的形成,也就阻碍网上集体行动的开展。共同经验的作用也就体现在此,它能够整合网民的不同成见,培养网民对某项议题的共同成见,这些共同成见成为网络群体性事件中网民坚定立场,甚至采取集体行动的强大动力。

(三) 活跃的关键人物

关键人物是网络群体性事件的扩散器,但这并不意味着所有的网民在网络群体性事件的发生和演化过程中发挥着作用,他们当中既有发起人,也有积极参与者,还有围观者,甚至不知情者。事实上,网络群体性事件能量场的形成主要依赖于部分活跃的关键人物。目前学界对此也有零星的探讨,主要集中在舆论领袖以及网络把关人这方面,并没有细致的研究。为深入研究网络群体性事件演化过程中存在着的关键人物以及他们各自扮演的角色,笔者将引入马尔科姆·格拉德威尔的流行理论。该理论主要包括个别人物法则、附着力因素法则和环境威力法则,马尔科姆·格拉德威尔认为在三种法则相互作用下,流行潮能够被瞬间引爆。而网络群体性事件在短时间内受到大量网民的关注,成为网民和媒体讨论的热点话题,在一定程度上也可以解读为一种流行。在此,笔者主要借鉴的是流行理论的个别人物法则部分。马尔科姆·格拉德威尔指出联系员、内行和推销员是引爆流行潮的关键,这也是个别人物法则的核心要义。"在社会流行潮中,联系员是社会黏合剂,他们四处传播信息;内行们就是数据库,他们为大家提供信息;推销员则是说客,说服大家根据信息有所行动。"[6]

笔者认马尔科姆·格拉德威尔提到的这三类人可以很好地归纳网络群体性事件中的关键人物。在网络群体性事件发生和演化过程中,内行们通过各种渠道搜集信息,深入挖掘事件背后的各种细节,并提供给感兴趣的网民,最为重要的是为联系员和推销员顺利开展工作提供条件。当然,内行们的工作不仅如此,"内行们了解内情,也有能力迅速把信息口头传播出去。但是内行的与众不同之处并不在于他们掌握了这么多的内情,而在于他们把内情散播出去的方式"[7]。因此内行们还能够在信息传播方式上给予联系员相关指导。联系员的主要职责是将信息通过各种途径传播出去,以扩大信息的受众面,吸引更多的人加入进来。具体到网络群体性事件的信息传播,联系员可以通过 Blog、BBS、QQ、MSN 和 SNS 网站等多种途径传递信息,联系员的优势便在于他们活跃于各大聊天室和虚拟社区,结识更多的人。联系员也能够熟练运用网络世界的各种传播工具,从而顺利将信息扩散到网络世界的各个角落。推销员在网络群体性事件的形成和发展中起到至关重要的作用,其工作的质量,直接决定网络群体性事件的成败。推销员积极采用各种手段说服已经接触到信息的网民加入到发动网络群体性事件的阵营中来,将他们从游离的边缘人群迅速转变为事件的核心成员,从而为网络群体性事件的发展注入新生力量,推动网络群体性事件的持续高涨。

(四)大众传播媒介

大众传播媒介是网络群体性事件的催化剂。前互联网时代大众传播媒介垄断信息的发布,公众仅仅作为信息的接收者吸收信息,无法对信息的生产制造发生作用,公众的信息偏好也没有受到足够重视,新闻从业人员和地方政府成为影响新闻真实性和客观性的主要因素。互联网时代的到来,扩大了公众在信息发布中的话语权,能够随时随地表达自己的观点和见解,它们或者成为新闻的重要信息来源,或者成为新闻本身。网络环境下信息超载使得公众逐渐将注意力聚焦到他们认为有意义的新闻事件和信息上来。而公众的注意力资源是大众传播媒介获得认同和持续发展的根本动力。为此公众的偏好成为大众传播媒介研究的重点,渐有以公众偏好为中心的趋势,而丧失其自身的独立性。最突出的表现便是大众传播媒介为争夺更多的受众而一味求新求异,刊载和报道意料之外的信息,并且为刺激公众的视觉,新闻报道的标签化也日益泛滥,这些根据内容提炼的标签不断唤起网民的共鸣,促使网民更加非理性化,积极投入和参与网络群体性事件。

网络社会海量信息的聚集凸显注意力的稀缺性。受制于各种因素如时间、精力等,人们倾向于关注那些具有价值或者意料之外的信息,"我的日报"的兴起便是典型代表。大众传播媒介在追逐公众注意力资源的过程中,往往不自觉地成为网络群体性事件扩散的催化剂。卡普费雷用谣言的扩散形象地说明了大众传播媒介的催化剂作用,"当谣言还只是一个传说,还只是局限于某个地区或某群人的时候,由于大众传播媒介的介入,谣言即能突然爆发:大众传播媒介用文字为谣言签署出生证书"[4]。大众传播媒介在网络群体性事件扩散中的作用主要体现在以下两个方面:①扩大网络群体性事件信息的受众范围,以不同方式向各个方向扩散;②通过各种途径获取信息,并与网络群体性事件演化过程中起关键作用的联系员、内行和推销员所持有的信息相互补充,甚至有时候扮演提高信息可信度的角色,从而使网络群体性事件在形成和演化过程中获得更多的支持者和行动者。

(五) 相对隔离的网络空间

相对隔离的网络空间是网络群体性事件的"孵化器"。在网络群体性事件形成初期,需要一个相对隔离的网络平台作为事件当中的联系员、内行和推销员的基地,同时为新吸收的成员提供活动的场所,增强集体的认同感和使命感。相对隔离其实主要是指隔离不利于网络群体性事件的发展因素。网络社会的发达为网民们提供各种场所,"不同的网络空间可以构成不同形态的虚拟社区,异步互动的电子信件、电子布告栏、新闻讨论群组、网络电子布告栏以及同步互动的网络聊天系统等,都可以聚集一群人,彼此交换意见及想法"[8],笔者所讨论的相对隔离的网络平台更倾向于围绕网络群体性事件专门设立的网站、百度贴吧等,在这里面聚集着大量持相同见解的网民,他们坚信推动和发展事件的必要性并以自己的行动实践着。

具体来说相对隔离网络平台的作用体现在以下两个方面。①培养更多的核心力量。在这个平台内聚集着大量持相同看法的网民,他们不断挖掘、分享和讨论与事件立场相同的信息,既有的观点得到来自各方信息的证实(事实上这些信息经过成员的集体过滤,与观点相反的信息均被过滤),朝着原有的偏向继续移动,形成极端的观点,继而采取相关行动。群体成员身处这样的"舆论场"中,其原有观点得到加强,信念更加坚定,逐步成为网络群体性事件推动的核心力量。"当人们身处由持相同观点的人组成的群体当中的时候,他们尤其可能会走极端。当这种群体中出现指挥群体成员做什么、让群体成员承担某些社会角色的权威人士的时候,很坏的事情就可能发生。"[9]这也说明了相对隔离的网络平台的作用。②抵御外来观念的侵袭。互联网时代网民能够自由表达观点,网络群体性事件在形成过程中也会遭遇反对意见的冲击,动摇新加入的成员,以致其心理上失衡,导致"人才"流失,尤其当新成员处于其他网络社区的时候,他必须以个人的力量去面对这些强有力的冲击。而在相对隔离的网络平台,一旦出现相异的观点,群体成员便会对其进行反击,使持相异观点的人在立场上成为少数,继而保持沉默或者选择退出。

三、网络群体性事件演化要素作用机制

对网络群体性事件演化要素构成的深入剖析,将有利于研究这些要素在网络群体性事件演化中扮演的角色以及发生作用的时序等,从而指导我们从全局出发,把握好网络群体性事件。网络群体性事件演化要素作用机制如图 4-1 所示。

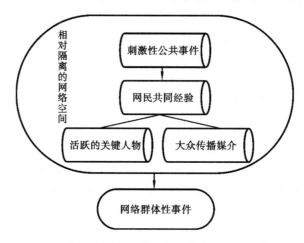

图 4-1 网络群体性事件演化要素作用机制示意图

作为导火索的刺激性公共事件发生后将大致出现两种情况,或者昙花一现,迅速淡出网民的视线,或者引起网民共同经验的共鸣,获得持续热烈的关注与讨论。因此网民共同经验在网络群体性事件的发生和演化过程中扮演重要的角色。刺激性的公共事件如果没有超出网民的意料,挑战网民既有的观念,继而引发大多数网民心理上的认知失调,也就很难成为网络群体性事件的导火索。正如笔者对网络群体性事件的界定,网络聚集是其主要特征。刺激性的公共事件在共同经验的作用下引起网民的共鸣,并不意味着网民都成为网络群体性事件发动和演化的核心成员,尤其在网络群体性事件酝酿初期,少数活跃的关键人物往往成为事件发展的扩散器。正如马尔科姆·格拉德威尔所指出的那样,最开始使用新技术的是那些敢闯敢干的"革新者",受到他们影响的后来稍多一点的那些人叫做"先期采纳者",随后跟进的大批人群称为"早期大多数"和"晚期大多数",最后受到影响的是那些"落后者"。[7]这些少数活跃的关键人物也即那些"革新者",他们当中有内行收集信息,有联系员扩散信息,也有推销员说服更多的人接受信息并参与到行动中来。他们通过各种方式不断吸纳新的成员加入进来,并采取各种手段将其发展为核心成员,大众传播媒介便是他们常用的工具。当然大众传播媒介本身也在网络群体性事件的发展过程中扮演着催化剂的角色。为争夺稀缺的注意力资源,他们争相报道意料之外的信息,不断扩大着信息的受

众范围,在此过程中也有可能成为信息的佐证,提高信息的可信度和真实性。当然,要强调的是这些要素均在相对隔离的网络空间这一"孵化器"里相互作用。

四、基于演化要素的"69圣战事件"探讨

正如上文提到的,各演化要素及其相互作用贯穿网络群体性事件的发生和发展过程,"69圣战事件"便是较为典型的例子。"69圣战事件"作为百万网友集体采取网上行动的网络群体性事件,起因是韩国演艺团体Super Junior粉丝为领取到其在世博演艺中心演出的免费门票而造成领票现场秩序混乱,并发生踩踏事故。粉丝的疯狂行为经媒体报道后激起广大网民的愤怒与不满,成为"69圣战事件"的引爆点,也即刺激性公共事件。当然需要指出的是,粉丝为领取免费门票发生踩踏事件会受到网民广泛关注和讨论乃至采取声讨行动,与其激发网民共同经验密切相关。具体到"69圣战事件"上来,网民的共同经验主要是指网民的爱国主义和民族主义精神以及对韩国政府和民众的负面情绪。粉丝为韩国艺人而在世博演艺中心造成混乱的行为不仅有损我国的国际形象,而且与部分民众的反韩情绪相抵触。"69圣战事件"的轰动性还在于众多网民参与爆吧行动,以致韩国明星官网、贴吧等不能正常访问和使用。而在这一过程中,活跃的关键人物起着重要的作用,他们建立自己的官方网站随时发布和更新"圣战"的最新进展、成果和行动;运用搜狐微博等直播整个事件过程从而号召更多的人加入。网络媒体和传统媒体的跟进报道使得"69圣战事件"为更多网民所熟知,潜在地扩大该事件的动员范围,成为"69圣战事件"发展的催化剂,缩短其规模化的时间。"69圣战事件"官方网站作为相对独立的网络平台聚集大量持相同意见的网民,在这里对"圣战"持反对态度的观点被视为异类,受到群体的谴责和攻击。综上,通过对"69圣战事件"的探讨,也可以发现网络群体性事件的演化是上述要素作用的结果。

参考文献

[1] 杜骏飞.网络群体性事件的类型辨析[J].国际新闻界,2009(7):76-81.

[2] 李金龙,黄峤.挑战与应对:网络群体性事件下的政府信息管理[J].湖南师范大学学报,2010(1):38-42.

[3] 揭萍,熊美保.网络群体性事件及其防范[J].江西社会科学,2007(9):238-243.

[4] 让-若埃尔·卡普费雷.谣言——世界最古老的传媒[M].郑若麟,译.上海:上海人民出版社,2008:54,54,68.

[5] 凯斯·R.桑斯坦.网络共和国——网络社会中的民主问题[M].黄维明,译.上海:上海人民出版社,2003:69.

[6] 沃尔特·李普曼.公众舆论[M].阎克文,江红,译.上海:上海世纪出版集团,2006:72.

[7] 马尔科姆·格拉德威尔.引爆点——如何制造流行[M].钱清,覃爱冬,译.北京:中信出版社,2009:58,55,181.

[8] 黄少华,翟本瑞.网络社会学——学科定位与议题[M].北京:中国社会科学出版社,2006:103.

[9] 凯斯·R.桑斯坦.极端的人群——群体行为的心理学[M].尹宏毅,郭彬彬,译.北京:新华出版社,2010:3.

第二节　社会焦点事件网络舆情的演变要素

一、社会焦点事件网络舆情演变的事件要素分析

我国社会进入转型期,结构的转型和阶层的分化使日益累积的社会矛盾和问题凸显出来。面对频发的突发性公共事件,政府部门的缺位和政府官员的沉默使原本就对现实感到不满的公众对政府的公信力提出质疑,力图通过网络实现民意表达和情绪宣泄的目的。道德约束、行政约束、社会秩序约束相对薄弱的网络则成了公众民意表达的主要渠道,而带有非理性情绪的民意较多以网络舆论事件的形式释放出来。对社会焦点事件发生演化的诱致性要素进行分类,网络舆情大致有以下三种演变方式:由社会现实空间突发的公共焦点事件扩散到网络空间形成的网络舆情;由网络原创、论坛转帖等引起网民广泛参与和关注,并将热点话题无限放大形成网络舆论风暴的网络舆情;由社会现实热点和网络热点交叉汇集、共振联动引起社会动荡的网络舆情。

(一) 社会突发公共事件诱致的网络舆情

社会突发性公共事件由于其发生时间较快、波及地方较广,比较容易形成社会焦点和热点问题而被广泛关注和讨论。网络不受时间和空间的限制,一旦这些社会焦点问题被网民转载到互联网上,信息传播的无阻碍性将引起更大范围的参与和评论。网民根据对事件本身的了解继续深度挖掘,发表主观意见并加以渲染,形成由社会现实空间突发的公共事件扩散到网络空间的网络舆情。

这类事件较多关涉公众的直接利益,通常由于传统媒体的二次报道、官方政府的介入而渐渐平息。其报道的真实性、介入的时机、处理的态度和解决措施等都对社会突发公共事件诱发的网络舆情的发展起着至关重要的作用。

(二) 网络突发事件放大的网络舆情

互联网蕴藏着海量的信息,一些微小的词语经过无限放大被代表化、网民情绪渲染之后,更容易在短时间内聚集非理性的情绪和能量引发大规模的网络舆情。特别是一些关于弱势群体的负面事件容易引起网民的仇富、仇官心理,这种浮躁和情绪化的心态更容易导致极端的行为和一面倒的网络舆论,网络推手的恶意炒作也增加了事件的复杂性,演变为更为剧烈的舆论风暴。

这类事件较多涉及公权力大、公益性强、公众关注度高的"三公部门"及其公务人

员,涉权、涉腐的网络事件成为网民的心理敏感区,通常由于关键人员的查处、公开平等的对话等方式还原事实真相后得以平息。

(三) 社会和网络共振联动的网络舆情

网络社会中,网民呈现出"从话语转变为行动"的行为新特征,使现实社会中的热点和网络空间的热点交叉汇集、共振联动,形成更为持续、强烈的网络舆情。现实社会中的利益冲突使弱势群体始终处于沉默状态,而网络空间畅通的民意表达渠道使他们形成更为强大的力量聚集起来。当网络上出现相同境遇和状况时,网民在现实空间中的沉默态度被这种共鸣情绪激发为强烈甚至有些暴力的网络舆论。此时的群体极化效应使泄愤的情绪得到了进一步放大,网络空间的仇恨暴力舆论、社会空间的不满愤恨情绪交织在一起,难以控制和平息,造成了社会结构的脆弱性和不稳定性。

二、社会焦点事件网络舆情演变的网民要素分析

根据中国互联网络信息中心(CNNIC)公布的《第 26 次中国互联网络发展状况统计报告》显示,截至 2010 年 6 月底,我国网民规模达 4.2 亿人,网民总数已经位居世界第一。广大的网民群体在互联网中具有重要的推动作用,同时作为网络舆情的主体,也是网络舆情的主要生成力量和影响对象。具有代表性的网民大致可以分为以下四类群体:草根阶层、网络搬运工、网络意见领袖和网络推手。

(一) 草根阶层:参与式讨论

互联网已经实现了从精英化到平民化的跨越。由于其获取的低成本性,大规模的草根阶层成为网民群体中的主体力量。草根阶层强烈的利益诉求和参与表达的愿望在现实生活中无法得到满足,进而转向了网络,进入的低门槛性使网络成为他们情绪堆积的空间。当草根由于某种共同的、能引起共鸣或情绪波动的话题和事件聚集起来时,个人的有意识状态将会变成群体的无意识状态,他的思想、情感受到群体领袖的支配。无论个人的智力水平多高、个人决策多明智,当他成为草根群体中的一员时,他将无意识地放弃个人主张,或者说其智力和逻辑推理将很难起作用。群体领袖通过不断地断言、重复和传染,以暗示和相互传染的方式作用于群体中的个体时,群体会同时转向一个共同的方向,并会立刻把这种观念或信仰转化为行动的倾向,使情感得到极大的宣泄。[1]偏执的形象化、不加辨别地接受都会使这行为变得极具破坏性和煽动性。

(二) 网络搬运工:转移式放大

随着互联网的发育和扩张,网络正在成为越来越重要的信息流通渠道,甚至已承

担起信息传播枢纽的重任。面对拥有海量信息的互联网,作为接收端的网民获取信息的渠道往往是间接的,很多情况下无法直接从信息的首发媒体上看到某则新闻、资料或评论,而是通过其他网民的转贴和推荐获得信息,这种从事网络信息转贴和扩散的网民就是网络搬运工。网络搬运工的存在使网络的声音被无限放大,网络言论空间迅速扩张,从 BBS 转帖、博客转载到 Email 传输,从时事政治、社会文化到文学情感,信息得到了充分广泛的传播和交流。而在这个筛选和淘汰的过程中,敏感信息通过差序流动被主流化,网络点击率骤然提升,极易形成焦点事件。

(三) 网络意见领袖:掌控式主导

在传播学中,活跃在人际传播网络中,经常为他人提供信息、观点或建议并对他人施加个人影响的人物,成为意见领袖。[2]而在信息过剩的时代,网民因自身掌握的信息有限同样具有强烈的信息渴求愿望,而网络意见领袖以其享有的优势信息资源、专业知识、权威和名望使网民盲目地跟随甚至推崇。这种集体互动和相互感染容易造成极化效果,网民的暴力倾向被激发出来,观点和行为变得偏激、恶劣。当然,也有部分网络意见领袖是由现实生活中的意见领袖迁徙到网络上,表现出更为开放的视野和理性冷静的态度,关注涉及国家和民族命运的大命题或有时代代表性和争议性的热点事件。[3]网络意见领袖对广大网民的影响力和牵引作用,在一定程度上决定了网络的关注焦点和意见方向。

(四) 网络推手:加工式引导

网络推手是借助网络平台,对企业产品和客户品牌进行推广的网络策划师。随着互联网的普及,网络推手的影响力越来越大,远远超出了企业营销的商业领域。由于互联网上各种信息源的权威性和可辨性极其复杂,网民甄别和辨识的难度加大,网络推手则对信息加以利用进行恶意炒作。这种纯粹的商业目的使互联网变得更加复杂。而通过传统媒体的二次报道加以渲染,使更多不明真相的网民普遍参与进来,话题或事件极易被炒作,甚至变成打击企业、诋毁个人的网络杀手。这种无序加剧了网络的混乱,热点事件变成了网络暴力后的人为操纵。

草根阶层、网络搬运工、意见领袖和网络推手形成了网络舆情的主体力量,各种信息经过他们的整合和分化、筛选和淘汰之后成为焦点热点,进行更加广泛和深入的传播。他们是感性与理性交织的矛盾综合体,他们利用网络这个平台表达意愿、宣泄情绪,易使这些看似微小的信息话题一触即发,演变成群体互动的焦点事件。

三、社会焦点事件网络舆情演变的媒介要素分析

信息从发出者到接收者的流通和传播需要物质载体,传播媒介起到了很好的推

波助澜作用。除了传统媒体的跟踪报道和深度访谈之外,互联网更是在瞬息万变的数字化时代成为信息传播和舆情汇集的主流媒体。他们共同为信息的无序流动构筑了多种平台和渠道,影响着议题的主要发展脉络及其变化。

(一) 传统媒体:角色的弱化

传统媒体是指报纸、广播、电视等以传统的大众传播方式定期向公众发布新闻或提供信息资讯的平面媒体。它以丰富的资源、原创的内容拥有一些固定的受众群体。在网络还未兴起之前,传统媒体作为议程设置的主体,决定了公众接受信息的主题和范围,公众只有被动地选择性接受,而无法自主性地创造议题。传统的大众传播媒体在一段时间内对某一新闻事件的突出报道会引起公众的普遍关注,使之成为社会舆论的中心议题。[4]网络媒体的出现打破了传统的议程设置体系,公众能在较短时间内接触最新最快的新闻和热点信息,并能够在网络交互式平台上自主地参与评论,原有的主题和范围限制得到了很大程度的释放。传统媒体设置议程的功能弱化,相反,受众则掌握了议程设置的主动权。

传统媒体通常是"二次传播",即热点话题在网络上愈演愈烈掀起巨大风波时,传统主流媒体才"接棒"进行后续报道,其舆论动向是由网络媒体的关注议题和焦点事件所决定的,在时效性和敏感性上比网络媒体滞后。这和传统媒体受到自身技术特点的影响和制约有一定的相关性。传统的主流媒体处于各级政府的监管之下,涉及敏感点的相关新闻报道有时会被"封杀"。传统媒体的缺位失声也难以起到引领社会舆论的主导作用。

(二) 新媒体:力量的崛起

新媒体是依靠数字信息技术力量,不受任何时空限制进行互动传播和个性化服务的各种媒体形式,如数字报纸、手机短信、移动电视、互联网等多种媒体形式。阳光文化集团首席执行官吴征指出:"相对于传统媒体,新媒体的最大特点是它的消解力量——消解传统媒体(电视、广播、报纸)之间的边界,消解国家与国家之间、社群之间、产业之间的边界,消解信息发送者与接收者之间的边界等等。"[5]这里的新媒体主要指网络媒体,新媒体迅速的发展丰富了舆情的传播渠道,成为反映社会舆情的主要载体之一。它主要分为以下几种。

1. 电子邮件、QQ群:信息传播的平台

电子邮件和腾讯QQ等即时通信工具,能够相对自由地在更为广泛的范围内传播信息和交换个人意见。传播和交流的对象是固定的,通常是家人、朋友、同事、同学等熟人社会圈层,实现一对一、一对多的同步传播和交流。

电子邮件发送和收取的成本低,其快捷的速度和自由的范围为网民提供了一种简单和经济的通信渠道,即写即发。同时,这种以文本加密的形式传送的信息在一定

程度上保护了个人隐私,也可实现跨层级的信息流动。

腾讯QQ是使用面最广、最活跃的网络即时通信工具之一,根据用户之间的关系、兴趣形成不同的组别或固定的群体,既能以文字符号进行交流,同时还能实现语音和视频对话交流,互动和参与性极强。信息通过QQ群的无阻碍传播,能够整合近似群体集结成团体力量,形成网络舆情后容易实现从语言到行动的转变,将网上言语演变成网下行动。

2. 网络论坛、社区:利益博弈的圈层

网络社区按照其性质大致可以分为三种:一是由政府下属的传媒机构主办的政治性站点,如人民网的"强国论坛"、新华网的"发展论坛";二是由商业门户网站主办的附属讨论群,如网易论坛、新浪论坛、百度贴吧等;三是专做BBS的社区门户网站,如天涯社区、猫扑网以及各类高校BBS等。[6]当然,还包括一些网络意见领袖形成的代表性网站,如乌有之乡等。

由于网络论坛和社区的实名制尚未实现,其虚拟性和平等性实现了各种观点的正面冲突,即是各种利益群体间的力量博弈。网络社区的议题较为分散,包括政治、社会、经济和文化等多个领域,特别是一些社会敏感问题容易引起广泛的关注和讨论而形成空间热点和焦点。由于互联网的监管力量较现实薄弱,对网民的限制较少,网络论坛的"去中心化"优势使网民能够自由设置议题、表达意见,为其提供了较为宽广的舆论表达空间和渠道。从另一方面来说,网络论坛的这种积聚力量也容易引发大规模的、民意喷涌的网络舆情。

3. 个人网站、博客(微博):民意表达的阵营

随着个人网站、博客、微博的兴起,网络逐渐成为网民展现个性、表达评论的多元化舞台。新颖的模板、敏感的选题、尖锐的评论,网民不但在精心制作的页面上记录自身经历、表达情感,同时对社会空间或网络空间的焦点热点进行转载和评论,与其他网友进行互动和交流,这种民意表达和互动的新形式开始成为主导话语方向的新航标,网络意见领袖也多以建立个人网站和博客的方式扩大其影响力。

微博,既融合了博客的多元交流互动机制,同时加入了即时传播的特点。一个段落、一个句子、一个短语甚至一个字都能成为微博的主题,迅速吸引网民眼球博得超高点击率。因此,个人网站、博客或微博所关注的热点和焦点,以及由此传达出的网民意见和态度倾向,已经成为网络舆情不容忽视的重要组成部分。

(三) 传统媒体与新媒体的互动:格局的重构

从网络舆情的形成方式看,焦点事件网络舆情的形成并不仅仅是在网络空间发生作用引起关注和讨论,而在更多情况下也有传统媒体的加入进行"二次传播",在现实空间中引起热议;同时,网络空间中的敏感话题也有相当部分是源于传统媒体所报道的事件,流行网络词语源于事件,而事件被网络词语代表化。传统媒体与新媒体的

互动、配合和补充,深度追踪报道和网络专栏评论的结合,将引起更大范围的关注,形成网络民意表达渠道的新模式。(见图4-2)

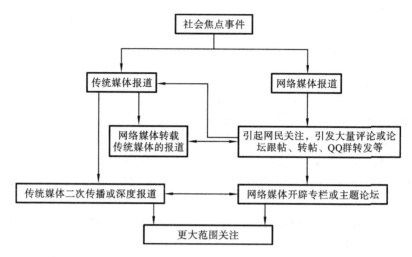

图4-2　民意表达渠道的新模式

四、社会焦点事件网络舆情演变的内容要素分析

(一)网络热词:彰显个性的表达

随着信息传播的快速化,社会公共性事件渐渐被一些具有高度代表性的词语标签化,在网络上广泛流行。网络语言是网民社会心态的折射,网络空间的自由话语权使网民的言论和情绪得到了最大程度的释放,同时发挥了与传统思维完全不同的想象力和创造力,将一些焦点事件以"躲猫猫"、"楼脆脆"、"不差钱"、"临时性强奸"等重叠词、网络新词标签化。除了赋予事件新的意义和特质外,还因其个性化、独创性的特点引起网民的大量关注和讨论。这些网络流行语以一种调侃戏谑的语气表达了网民对热点事件的情绪宣泄和对威权政体的挑战。由这些重叠词、新词构成的网络热点已成为焦点事件网络舆情的重要催化剂,任何一个彰显个性的标签化词语都可能引发大规模的网络舆情。

(二)代表人物:英雄主义的推崇

当前的网络空间集聚了现实空间中大量的不满情绪和尖锐矛盾,呈现出一种网络映射现实的拟态环境。网民通常将无法实现的美好愿望通过事件在网络空间映射塑造的网络形象表达出来,以排遣和疏导心中的愤懑情绪。"烈女"邓玉娇、"开胸验肺"张海超等事件主体代表的弱势群体正好契合了网民的这种社会心理需求,将自身的现实遭遇和主观情绪融入到事件主体中,并赋予一种英雄的形象,形成一股与利益主体对抗、争取自身权益的强大诉求力量。这种对焦点事件主体的英雄式推崇,反映了底层民众要求改变现状、平衡利益的强烈诉求。而"芙蓉姐姐"、"凤姐"等颠覆传统审美观念的人物形象的网络热议和追捧,也是网民在心理极度压抑的情况下追逐娱乐、发泄愤懑的情绪表达。这些风靡于网络的热点代表人物,频频对传统的文化价值观形成强烈的冲击,还对政治公权力、公信力提出了质疑和挑战。

(三) 时代潮流:公共话语的争夺

"门时代"、"寂寞党"、"杯具派"等网络潮流兴起,网民通过对互联网话语权的掌控,以一种娱乐、轻浮的心态制造关于词语、人物或事件的轰动新闻效应,企图主导网络话语的发展方向。而这些内容要素已不仅仅只代表词语、人物、事件本身的内涵,同时被网络剥离为一种文化倾向。在这个过程中,形成了一种普遍的社会现象:网民在社会焦点事件发展进程中的推动作用越来越明显,其参与的主动性和力量的庞大性使威权政体逐渐开始重视并积极响应这股来自网络的力量,而来自网络推手的商业化炒作使事件变得更为复杂。

参 考 文 献

[1] 勒庞著.乌合之众——大众心理研究[M].冯克利,译.桂林:广西师范大学出版社,2009:51-131.

[2] 张晓庆.一个网络意见领袖的产生[EB/OL].人民网,2009-12-17.

[3] 喻国民.中国社会舆情年度报告(2010)[M].北京:人民日报出版社,2010:12.

[4] 杨理光,郑保章.网络媒介议程设置的弱化及其影响[J].河北师范大学学报(哲社版),2006(4):152.

[5] 李永刚.我们的防火墙——网络时代的表达与监管[M].桂林:广西师范大学出版社,2009:50.

[6] 王波."舆论场"情境下的网民与政府互动[D].南京:南京大学,2008.

第三节 社会焦点事件网络舆情的演变规律

一、社会焦点事件网络舆情的演进模型构建

从发展路径上,网络舆情通常遵循着"事件发生→网民爆料→传统媒体跟进→网络热炒→形成舆论压力→政府部门介入→网民偃旗息鼓"的路径进行演化;[1]从形成模式上,网络舆情遵循着网络媒体的新闻报道或网民针对某事件发帖→网民跟帖、论坛讨论、发表博客、发送电子邮件或通过一些即时通信工具交流意见→意见在反复互动过程中形成带有某种利益诉求和价值观念的舆论流的路径;[2]从议题或事件的传播和影响程度上,网络舆情遵循着形成期→爆发期→高峰期→消散期的过程进行演化。议题或事件出现新的进展时,议题可能再度扩散形成二次焦点,网络舆情也可能出现循环反复的摆动特征,遵循着形成期→爆发期→高峰期→反复期→消散期的过程进行演化。根据网络舆情在议题或事件的传播特点下具有不同的发展路径,可以将其主要划分为消解型演变和螺旋型演变两个具有代表性的网络舆情演进模型。

(一)消解型网络舆情演进模型

消解型网络舆情呈现出单峰形态(见图4-3),遵循着形成期→爆发期→高峰期→减弱期→消散期的过程进行演变。当少数话题进入社会现实空间或网络空间形成一定影响时,作为内容要素的热点议题就逐渐形成。社会中的部分公众作为网民开始广泛关注和讨论,一旦触发潜在矛盾造成利益失衡,这些热点议题将会被代表化和标签化进而转变为社会焦点事件,各种态度、意见和情绪聚集和分化,网络舆情爆发。互联网作为新媒体的主要力量开始通过建立讨论

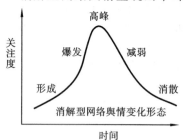

图4-3 消解型网络舆情变化形态

组、转帖、置顶等方式为网民提供参与讨论的平台,传统媒体则通过追踪报道对事件进行深入了解和探访。网民、互联网、传统媒体三者的循环互动将网络舆情推向高潮。政府、有关部门介入调查,随着事实真相的公布、相关公权人员的查处,矛盾和冲突逐渐化解,事件慢慢平息。事件矛盾主体短时间内积极响应、果断回应并采取有力措施,是事态得到弱化的关键因素。

(二) 螺旋型网络舆情演进模型

螺旋型网络舆情呈现出双峰形态(见图 4-4),遵循着形成期→爆发期→高峰期→反复期→消散期的过程进行演变。从形成期→爆发期→高峰期,螺旋型网络舆情的演进过程与消解型网络舆情大致相同。而当网民、传播媒介已经将事件推向高潮后,政府、有关部门却失声缺位甚至对事件事实进行否认的态度使原本可以控制的事态愈演愈烈。随着事件出现的新进展、不断加入的新信息变量,使事件本身出现了循环反复特征甚至是议题的转化,演变成新的舆情热点。如果事件的进展和网民的预期基本一致,缺乏指向的信息将使网民的关注度和兴奋点降低,逐渐转向新的热点议题(曲线①);如果新加入的信息变量与前述事实有所出入甚至相悖时,将会带来轰动性效应,形成的新一轮网络舆情将更为激烈和凶猛(曲线②)。只有事件主体部门掌握主动权,采取正面回应、澄清事实、公开信息和惩处问责等相关措施才能使事件渐渐恢复常态,网络舆情得到消散。在循环反复期,网络舆情具有明显的摆动特征,公权力部门的处事态度和行为做法将直接影响网络舆情的后期进展和变化。

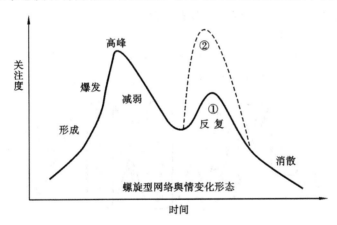

图 4-4 螺旋型网络舆情变化形态

多数社会焦点事件的网络舆情,都是遵循消解型网络舆情演进模型或螺旋型网络舆情演进模型进行演化,具有极强的代表性和实践性。由于螺旋型网络舆情演进过程较消解型网络舆情演进过程更为复杂,将在后面详细论述以螺旋型网络舆情演进模型为例的社会焦点事件网络舆情的演变过程。

二、螺旋型网络舆情的演变过程分析

对于社会焦点事件的网络舆情而言,分析其内在的演变过程,发现网络舆情的形成规律和发展动力,才能探寻触发网络舆情的深层根源。社会焦点事件网络舆情的内在演变过程,根据螺旋型网络舆情演进模型可以大致分为以下五个部分:形成期、爆发期、高峰期、反复期和消散期。社会焦点事件网络舆情的形成期是整个演变过程的开始,网络舆情遵循着内在的规律和路径依次经历爆发期、高峰期和反复期,最终随着焦点事件的终结而逐渐弱化消散,始终处于一种动态的变化和波动之中。

(一) 形成期:热点议题的优胜劣汰

1. 形成路径

这个阶段是少数话题形成焦点事件并在网络上逐步扩散的开始,也是网络舆情的形成阶段(见图 4-5)。在信息爆炸的时代,社会现实空间和网络空间充斥了数以万计的新鲜话题和敏感事物,但并不是所有的话题都能在短时间内聚焦公众视野形成网络舆情,只有少数话题能作为具体对象被抽象化激发潜在的矛盾而形成焦点事件引发大规模的网络舆情。在少数话题→舆情热点→焦点事件→网络舆情的"刺激—反应"过程中,敏感性信息的扩散和传播速度远远快于普通信息,并在网络空间发挥作用,带来相关事件点击率骤升、网民的积极参与和信息广为传播等几个方面的影响。面对大量的事件信息,网民在形成和发布个人态度意见的同时也会关注异化甚至对立的情绪,促使其进一步探寻事件真相和寻求意见支持,在小范围内形成不同的意见群体。群体内的态度、意见和情绪经过相互的碰撞和交流,在群体规范和压力的作用下往往趋于一致,各种群体力量的汇集最终形成网络舆情广泛传播。

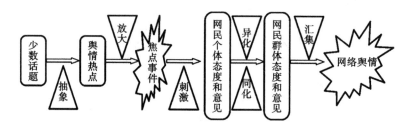

图 4-5 网络舆情的形成阶段

2. 形成条件

通常情况下,能够引起网民关注的热点正是社会矛盾的焦点,它的形成具有深刻的社会发展逻辑和价值诉求。一些社会阶层和利益团体重构时遗留和集聚的社会问题,较易形成舆情热点事件中主要集中的议题,激起公众和网民心中的非理性情绪。喻国明总结了九类热点议题:政府官员的违法乱纪行为、涉及代表强制国家机器的司法系统和城管队伍的、涉及代表特权和垄断的政府部门和央企、衣食住行等全国性的民生问题、社会分配不合理贫富分化严重、涉及国家利益和民族自豪感、重要或敏感国家地区的突发性事件以及影响力较大的热点明星和公众人物的火爆事件。[3]

除了话题本身所关涉的内容之外,网络舆情热点的形成和扩散还有一些必要条件:首先,在焦点事件发生后网民要对此事件及时参与并发表评论,而且评论的数量要在较短时间内(如发生事件的 24 小时之内)达到一个阀值;其次,网络舆情在形成初期网民关注的议题和观点呈现单一化和简单化,多元化的议题和观点容易分散网民的注意力和分流网民的集聚度;再次,网民单一的不满情绪倾向容易产生情感上的共鸣和感染效应,在较短时间内能得到广泛的回应;最后,新媒体力量的崛起、播客博客的实时传递也为网络舆情热点的急速扩散创造了有利的条件,网络媒体成为网络舆情形成的物质基础。

(二)爆发期:网民阶层的情绪喷涌

1. 发展路径

这个阶段信息高度膨胀、网民情绪迅速集结,事件在互联网上的传播和扩散速度将呈现爆炸式增长,形成网络舆情的爆发期(见图 4-6)。焦点事件的影响力开始膨胀,网络舆情开始出现聚合和分化。网民作为网络舆情的主体力量,推动着事件的进程和发展:草根阶层进行参与式讨论,并接受着网络谣言的刺激,群体极化和无意识状态使他们的情绪结合变得无理性甚至是偏激;网络搬运工进行转移式放大,在信息进行差序流动的主流化过程中不断加入具有冲击性的因素,使事件本身放大而变得更具可观赏性;网络意见领袖进行掌控式主导,通过不断的重复和传染作用聚合草根阶层的力量,使网民的态度、意见和观点出现分化,陷入激烈的讨论和争辩之中;网络推手则进行加工式引导,在事件高速扩散的过程中加入商业化元素、炒作、恶意煽动等手段使事件变得更为复杂,同时催生了网络暴力。这四种具有代表性的网民群体力量共同作用,在形成网民情绪喷涌效应的同时,也使网络舆情发生剧烈反应,在短时间内聚集膨胀、迅速爆发。

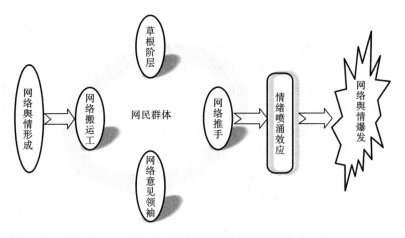

图 4-6 网络舆情的爆发阶段

2. 行为特征

草根阶层、网络搬运工、网络意见领袖和网络推手共同形成的网民群体,在偶然的事实、创造性的想象、情不自禁的信以为真这三种因素共同作用、产生的一种虚假现实里,会作出激烈的本能反应。[4]这种主观性反应使网络舆情呈现出极大的片面性特征,网民可能无意识地将主观意愿和客观现实融合而发布片面、虚假的误导性陈述或评论。在网络环境下,网民可以摆脱对传统媒体的依赖作用而主动自由地从新媒体中获得信息,实现从信息接收者到信息传播者的身份转换。因而在焦点事件发生后,网民可能通过信息获取优势或为了博取关注,积极主动发布自我获取的片面性信息。这种获取通常带有网民个人主观的认知判断,其发布的信息也缺乏公正性和完整性。从另一方面来说,网民群体具有强烈的社会人文关怀精神和英雄情结,通常对于弱势群体给予更多的关注和同情。当与自身相关的经历或事件"虚拟"地呈现在网络上,无法置身于现实事件的网民处于信息不对称的地位却表达着主观臆断的情绪性评论,缺乏严密的逻辑推理性。网民选择性发布的这些片面性信息,容易造成网络谣言的泛滥。网络谣言具有以几何级数传播的放大效应,并在传播和扩散的过程中不断变异,将网民个体的夸大意识扩大为网民群体的非理性情绪共鸣,形成情绪扭曲化的网络舆情。

在网络舆情的爆发期,除了网民群体非理性、无意识的情绪喷发之外,传播媒介的介入也加速了事件的扩散范围和影响程度。传统媒体的强势跟踪、互联网等新媒体的转载评论,逐渐将网络舆情引入到新的高潮。

(三)高峰期:传播媒介的推波助澜

1. 作用路径

这个阶段网络舆情出现高潮,传播媒介的报道程度和网民的参与程度都呈现出几何数量的增长态势,网络空间形成了巨大的舆论风暴(见图4-7)。传统媒体、网络等新媒体、各种社会力量的结合互动,现实社会和网络对整个事件的关注达到了一个空前的高度。门户网站的新闻跟帖、BBS的热帖置顶、博客的转载评论、QQ群的讨论转发等,网络媒体以多种形式汇聚网民的态度、意见和情绪;传统媒体则通过对事件的"二次报道"进行深入挖掘,以电视访谈和专题节目、纸质媒体的头版头条等持续报道的形式体现事件的轰动效应。尽管传统媒体作为议题设置的主体角色减弱,但其异地监督和报道仍是网络舆情演进的重要推手之一。传统媒体由于具有独特的信息优势地位和特有的采访权,在很大程度上对议题或事件的演化和分化起着较大的作用和影响。网民的持续关注促使传统媒体对事件的再度深入报道,传统媒体的不断采访又给网民提供了新的信息和评论依据,网民和传统媒体的互动形成了螺旋式上升的网络舆情。传统媒体的深入性报道和网络媒体的无边界传播有效地结合,各种渠道获得的信息在现实社会空间和网络空间迅速地聚合,使网民对事件的关注也达到了一个顶点。网民群体、传统媒体、网络媒体、各种社会公众力量等多方参与,使事件信息达到了相当程度的完整与严密,网络舆情呈现出稳定的均衡形态。

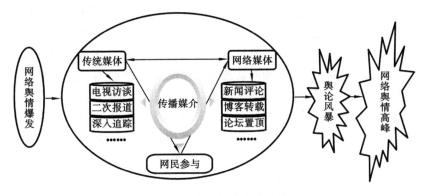

图 4-7 网络舆情的高峰阶段

2. 作用表现

传统媒体与网络媒体的互动和结合,全方位、多角度地呈现出焦点事件的真实环境,使网民接收的与事件相关的信息较为完整和严密。传统媒体在长期的发展历程中形成的丰厚无形资产具有不可替代性,固有的受众群体、原创的专业评论、深入的理论剖析,加强了传统媒体传播信息的可信度和权威性;网络媒体在爆炸式的信息时代占据主导地位,新闻时效性强、传播时间周期短、网民参与度高,并以文字、图片、声音、视频等多种形式加强了网络等新媒体传播信息的实践性和新颖性。当焦点事件发生时,纸质媒体以头版标题、醒目图片进行报道,电视新闻邀请权威部门负责人或理论专家进行访谈,传统强势媒体的参与聚集了社会空间的公众民意,引起了网民关注;网络新闻门户网站建立讨论组、各大论坛转帖置顶加入精华区、个人博客转载进行评论,网民不仅通过传统媒体的专题报道获取更多权威信息,同时在网络空间跟帖参与评论;传统媒体再根据网络中出现的矛盾聚集点进行二次报道和深入调查,以探寻事件的矛盾根源和解决方式。在此过程中,传统媒体和网络媒体之间的复制扩散效应和多方力量的融合联动作用,在形成更大的舆论风暴迅速将网络舆情推向高峰的同时,也使网络舆情呈现出多元化特征。

(四)反复期:刺激信息的再次输入

1. 变异路径

这个阶段网络舆情出现了循环反复的变化,新变量的不断加入使原本处于均衡弱化状态的网络舆情偏离平衡、恢复波动形态,呈现出波峰与波谷交替的摆动特征(见图 4-8)。对于同一焦点事件,不同网民可能持有不同的态度、意见和情绪,但同一网民个体在焦点事件的不同发展阶段也可能持有不同甚至相悖的态度、意见和情绪。新的刺激性信息或事件的重新输入，会导致网民的行为和情绪发生变化，事件相关信息的刺激程度越强，网民的这种变化越显著，网络舆情的波动程度也会相应地受到影响。如果事件的相关信息或进展和网民的预期基本一致，网民将会重点关注引起事件矛盾的双方主体之间的利益权衡、关键人物的问责和查处等结果性信息。焦点事件的完结使不同网民的态度、意见和情绪得到中和，缺乏舆情指向的信息将使网民的关注度和兴奋点降低，逐渐转向新的热点议题或事件，原有事件的网络舆情在刺激变量的加入下波动不明显，逐渐弱化消散；如果新加入的刺激性信息或事件与前述事实产生较大出入甚至完全不同时，将会带来轰动性效应，网民可能推翻之前因接收到的事件信息而形成的态度和意见，并在短时间内盲目接受相信新的刺激性变量而形成新的态度和意见。此时，甄别和辨识能力下降的网民主要受情绪主导，形成新一轮更为激烈和凶猛的网络舆情，呈现出剧烈波动的形态。

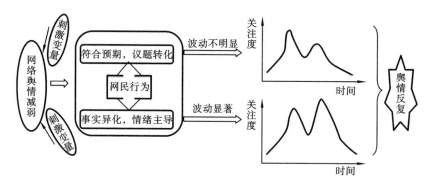

图 4-8 网络舆情的反复阶段

2. 变异动因

网络舆情转向和波动的异常反复状态通常是由多方因素共同作用的结果。首先，现实社会中的焦点事件汇集了网民群体的各种态度、意见和情绪，形成了网络舆情，事件相关信息的刺激性越强，网络舆情越容易受到情绪喷涌效应的作用而不断高涨。其次，事件矛盾主体的危机管理意识和行为也对网络舆情的波动起着重要作用。一旦相关部门对焦点事件的发生和发展不作任何回应、集体缺位失声或被动压制逃避，网络上的不满、批评和抨击的言论和情绪会不断高涨，呈现出网民观点和情绪"一边倒"的局面；如果相关部门在事件发生的第一时间积极响应，果断采取措施权衡利益矛盾化解危机，则会获得公众的理解使舆情弱化，掌握事件发展进程的主动权和设置权。再次，传播媒介对焦点事件的信息传播和扩散作用则具有两面性。网络舆情与焦点事件的信息传播和扩散程度紧密相关，堵塞的传播渠道会造成网络谣言的兴起而使网络舆情急速膨胀高涨，畅通的传播渠道和适度的信息公开将起到正面的引导作用使网络舆情逐渐弱化。最后，刺激信息的获得渠道也对网络舆情的波动具有关键性的作用。通过非正规渠道获得的小道消息传播更加快速，短时间内的网民关注度更高,更容易激起网络舆情冲向另一个高峰。而通过政府官方、强势媒体发布的最新事件进展具有较高的可信度和权威性,使网络舆情得到化解。上述四种主要因素的综合影响,使网络舆情出现上涨或下落的波动趋势和形态。特别值得注意的是,有一些社会焦点事件的网络舆情虽然已逐渐得到弱化,但实质上转化成了潜在的舆情因子,一旦新的舆情热点或事件与其相关,就会使已经弱化的原有事件的网络舆情迅速爆发,再度成为广泛关注的社会焦点。[5]

(五) 消散期:无序状态的理性回归

1. 消散路径

这个阶段网络舆情的作用能力开始出现弱化,逐渐进入慢慢平息的消散期(见图4-9)。当焦点事件的发生所能带动的社会资源全部耗尽时,网民对事件的关注度下降呈现出疲态、传统媒体和网络媒体对事件的报道减少、社会影响和网络影响逐渐减弱,与事件相关的信息不再能引起广泛关注呈现出递减的态势,事件逐步淡出公众的视野。焦点事件在不断发展的进程中,也在不断推进网络舆情的演变。当焦点事件在相关部门的积极作为下得到妥善处置和解决后,网民探寻事实真相的诉求欲望得到了一定的满足。网络舆情缺乏新的刺激动力,其范围和强度也逐渐减弱,最终随着焦点事件的完结,也在经历形成、爆发、高峰、反复之后逐渐减弱消散。在此过程中,网络舆情的持续过程与网民的参与度、关注度密切相关,网民关注度的下降速度比网络舆情的消散速度更快。新的舆情热点的产生将会加速这个转化的过程,焦点事件网络舆情之间呈现出替代性的特征。

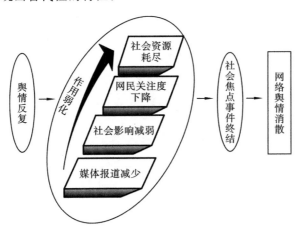

图 4-9 网络舆情的消散阶段

2. 弱化机制

政府和官方相关部门的积极介入和回应,是网络舆情出现弱化的重要因素之一。

网民具有探寻事实真相的信息渴求愿望,对于事实不清、真相不明的事件表现出极大的关注度和兴奋度。利益主体部门的积极响应,表明一种正面回应和处理的决心和态度,从一定程度上降低了事件矛盾双方的对立程度,使网民更加客观地看待事件;树立一种良好的政体形象,从自身找出矛盾的症结所在,不推诿、不退缩、不失语;并体现一种果断稳健的处事作风,明确的问责机制使相关的失职人员得到应有的惩处,充分掌握事件的主动权和话语权。在面对频发的社会焦点事件引发的网络舆情时,需要一个畅通的利益表达渠道、一个畅通的情绪宣泄渠道和一个畅通的矛盾解决渠道。和谐社会并不是一个没有利益冲突和矛盾的社会,而是一个有能力化解和解决冲突并实现利益大体均衡的社会。只有真正建立有效疏导舆论的制度化、常态化的社会安全阀机制,才能很好地面对网络舆情的一次又一次的聚集和消散。

参 考 文 献

[1] 喻国明,李彪.舆情热点中政府危机干预的特点及借鉴意义[J].新闻与写作,2009(6):57.
[2] 干依玲.杜骏飞.2009新媒体发展回望[J].青年记者,2009(36):29.
[3] 喻国民.中国社会舆情年度报告(2010)[M].北京:人民日报出版社,2010:251-253.
[4] 沃尔特·李普曼.公众舆论[M].阎克文,江红,译.上海:上海世纪出版集团,2006:11.
[5] 史波.公共危机事件网络舆情内在演变机理研究[J].情报杂志,2010(4):43.

第四节 突发事件网络舆情的诉求指向

当互联网在中国迅速普及之后,由于它的传播特性,便自然而然成为公众发表言论、表达意见、释放情绪的便利通道。[1]随着网络的快速发展、网民的增加以及网民参与意识的增强,在一些突发事件发生后,网络上会出现网民对突发事件及相关现象的各种言论,这些言论往往汇聚成了海量的网络舆情。舆情一旦在互联网上出现,其后续传播势必会对我们的生活产生深远影响。[2]在某些事件中,"汹涌"的网络舆情甚至会左右事件演化。突发事件网络舆情往往呈现出错乱无序、鱼龙混杂、交互扩散等特征,这给政府了解和回应带来了极大困难。为了有效把握纷杂无序的"潮涌型"网络舆情,一个较好的路径是分析网络舆情的诉求指向,即网络舆情中体现的是网民的哪些意愿、诉求、指向等。从当前突发事件衍生的大量网络舆情看,网民诉求指向表现在以下方面。

一、探寻真相

一些突发事件发生后,网络媒体会进行报道,网络媒体的报道会引来诸多网民关注。然而,由于事件本身不明朗,或相关部门有意掩盖某些不利于自身或相关当事人的消息,或网络媒体只是选取若干节点性、断裂性事件信息来报道,导致网络上只有关于某个突发事件过程或结果的片段性信息以及一些有利于相关部门的毫无说服力的话语、托词等。而对于网民来说,一旦关注某个事件,就希望获得关于该事件的详细信息和整个事件的全面景象,如该事件发生原因究竟是什么,事件涉及哪些主体,事件发生过程是怎样的,事件造成了哪些影响、危害,事件中有没有权力干预的因素以及网络上流传的各种言论或观点哪一种是确切的、公正的,哪些是别有用心的网民捏造或起哄等,网民都希望充分了解。

尤其是当相关部门出于社会影响、政府形象等因素考虑而有意掩盖某些信息,或有意控制网络舆情时,网民会表现出比平常更强烈的好奇心、求知欲和了解真相的意识。网民探寻真相的诉求在陕西"华南虎照"事件中表现得最为明显,围绕虎照真假,网民进行了持续的追问、广泛的参与和不断的求证。而在其他一些突发事件中,网民探寻真相的意识和行为也得到凸显,如云南昆明监狱嫌疑犯鞋带自缢死亡事件的真相、贵州安顺警察枪击致死案的真相、湖南武冈副市长杨宽生死亡真相等,网民都进行了持续追问。在这些事件跟帖、评论中,很多网民希望获得事件真相,但从舆情呈现看,相关部门并没有因为网民追问和要求而公布更多真相,实际上,网民试图了解的诸多事件的真相都因相关部门的沉默、封锁等而不了了之。

二、价值裁判

在网络上,大部分人都心怀正义、充满激情、好奇心强,强烈期待融入社会,热切希望表达自我,并表现出积极的参与性。[3]从现实看,一些突发事件如何发生、发生的深层原因、发生后的政府应对和处置,以及公检法等部门的裁决和审判等,网民会基于自身掌握的法律知识、生活常识、社会经验及个人持有的道德观念、伦理纲常等进行自我的思考和判断。实际上,能够在网络上产生巨大影响力的大都是对既有观念、秩序、价值、体制、规范等带来巨大冲击的事件。而当相关部门对一些突发事件的处置带有明显价值偏向或相关当事人的行为明显违背一些基本的价值优先序和道德基本律时,网民会对事件、当事人行为和相关部门干预方式等进行价值裁判,如指出相关部门立场不公正、相关当事主体行为不合理、事件处置不合法等。

从本质上讲,网民价值裁判是对一些突发事件以及主体的行为、话语等进行合法性审查和道德化拷问。如在武汉大学解聘张在元教授事件中,不少网民对武汉大学缺乏人文精神和关怀意识的举动进行了强烈批评,而对张在元个人遭遇甚至联想到类似主体的可能遭遇表达了同情,也有网民对武汉大学处理方式以及现行的医疗保障制度等进行了法律层面的解析和批评。而在恩施邓玉娇案中,当地相关部门所作出的明显不利于邓玉娇的案情通报引起了网民的质疑和不满,在后来持续追问和不断施压下,网民价值裁判影响甚至左右了司法部门对邓玉娇案的定性。随着网络民意越来越受到重视,网民价值裁判不仅会对其他网民或公众认知突发事件产生影响,甚至也会影响事件走向以及政府相关部门对事件的处理。在有些事件中,网民价值裁判会对整个社会的法律意识、道德观念等造成根深蒂固的影响。

三、利益表达

一般而言,网络舆情中的利益表达呈现出两种路向。一种类型是一些网民希望通过网络舆情所具有的施压机制、揭露机制、扩散机制、协商机制等来实现或满足个人的、群体的利益、权利和需要等。在一些帖文中,网民会将自己与政府、他人互动中的处境、遭遇以及一些其他类型的与自己有关的事件、现象等发布到网络上,希望引起网民的关注并置顶和扩散成热点事件等,一旦成为热点事件,通常会引起权力部门的关注,权力部门出于自我形象以及上级压力等各方面考虑会力求主动解决这些棘手问题。通常而言,这种类型的利益表达和实现程度取决于网民的关注程度。实际上,大量的个人利益表达行为因为没有引起网民的充分关注而失效或被其他事件或舆情淹没。另外,有些网民则会借助网络舆情所具有的威力进行不恰当的利益表达。

另一种类型的利益表达是基于特定的事件而引发,即引起关注的个案性突发事件背后承载了网民甚至大众生存、生活、利益和权利等因子。这些事件或社会现象背后体现的是一些弱势群体的利益、权利的被忽视或被侵害。在这些突发事件的跟帖、评论中,网民会不失时机地对自己以及相关类似主体的境遇、要求等进行表达和呼吁。如在孙志刚被打死、上海钓鱼执法、重庆出租车罢运、河北三鹿奶粉等关乎个人甚至群体生存状态的事件中,网民发表了大量的意见、看法,一些网民借助这些事件来表达对与个人利益、权利等相关的收容遣送制度、混乱执法问题、出租车管理问题、食品安全问题的不满。可以说,这些个案性事件带有了普遍性意义和功能,承载了诸多的利益和权利因素。

四、社会抗议

对于不少网民而言,一些突发事件与其自身以及其利益不具有明显的相关性,而事件的真相也未必不明朗,网民之所以进行评论、跟帖、转帖等,是想表达一种社会情绪。即一些网民会将现实中的个人遭遇诸如事业的不顺、感情的挫折、生活的艰辛、成长的压力、个人的憋屈、权力的宰制等转化成一种可以在网络上发泄的社会情绪,也有一些网民是基于对诸多社会问题、社会现象的恶劣印象以及对相关部门的无能无效、官员的腐化堕落等的长期感知而形成的一种厌弃社会生态和不满权威力量的悲观、愤怒、厌烦等情绪。网民因各种境遇或遭遇而形成的社会情绪在现实中由于各种因素的影响如组织的、家庭的、道德的、法律的等规约而不具有发泄的机会和渠道,于是一些网民就将突发事件的网络跟帖、评论作为发泄个人情绪的一种方式,致使网络上出现了大量的反权威、反社会等反向舆情。

从现在的各种社会抗议类型看,大多数网民是对政府、官员、警察、富人等权威力量和强势群体表达不满,也有一些网民则对社会表达了悲观、失望、不满的情绪。从情绪表达的话语看,如希望某个突发事件中遭到侵害或损伤的是各种官员、警察、富人等,如在艾滋女闫德利事件中,诸多网民在跟帖中希望受到"艾滋女"传染的是各种贪污腐败和生活腐化的官员;或以表达其他国家、地方的美好来表明自己对本国、本地方的不满,在多个恶性突发事件跟帖中,网民将"伟大的美利坚"作为崇拜对象;也有网民将某个申讨、抗议的话语高频次地发布来表达激烈情绪,如在河北沧州多名上访者被指敲诈政府而被关押事件中,不少网民在跟帖中无节制地复制"敲诈政府"这一说法,并加上大量感叹号以表明对这一说法的极度不认可。

五、行为动员

网络舆情中的行为动员主要表现为两种形式。一种是一些网民希望将一些地方性或个别性突发事件扩散开来以引起更多网民注意,或表现为一些网民希望某个事情"闹大"以给予某些相关主体和权威部门更大压力。为了获得影响和引起关注,网民或利用显眼的、刺激性或诱惑性的标题或话语来促使其他网民点击、追踪、评论或介入某个事件;或通过不断复制、转载某个事件信息以对网民形成一种"量"的压力而逼迫网民点击和关注;或利用道德的、感情的、话语的诱导和诅咒机制而要求其他网民转载、置顶某个帖文或话语。总的来说,促使网民关注的舆情动员是一种简单的动员方式,即通过信息广泛告知来实现对网民信息接受行为的影响。这种动员方式往往作用效果不明显,通常也不会导致群体性、暴力性或现实性活动。

另一种类型的舆情动员是网民为了对某个事件表达更多抗议、不满等行动而有意在网络上发出倡议或动员令。通常表现为某个网民在注意到某个突发事件后,或希望对突发事件中某个主体进行惩罚,或希望对某个主体进行保护,或希望得知更多真相而发起的诸如进行"人肉搜索"、"网络营救"、"网络抵制"等行动。如在湖北襄樊最年轻市长、贵州安顺警察枪击致死案、南京天价烟等诸多事件中,网民发出倡议对当事人及其相关背景等进行"人肉搜索"。而在家乐福事件中,网民出于爱国考虑而发布倡议,要求"抵制"家乐福,最后演变成一场大规模的抵制甚至冲突事件。在邓玉娇案中,广大网友组织的公民司法正义观察团、邓玉娇律师后援团、邓玉娇案青年网民后援团、邓玉娇案舆论后援团等则是网民发出倡议后积极响应的结果。

六、自我表现

通过各种渠道、方式等表达自我的才能、特质等是人的一种天性。在网络中,为了缓解生理不适和心理冲突,许多网民通过上网冲浪寻找一种释放和宣泄。[4]网民在网络社会的行动中也具有极强的自我表现意识,网民自我表现的途径、方式等非常繁多。如网民在跟帖、评论中写出极具特色的话语、文本等,通过娱乐化、搞笑化、艺术化的元素来引起诸多网民跟帖;如网民将事件中的一些元素、话语、现象等加工成顺口溜、诗词、流行语等,以方便网民和大众传阅,或网民以事件中涉及的人物、场景等为素材,进行人物对话的延伸、想象和汇编及话语的再加工、场景的再设计等,以幽默化、反讽化、弱智化、戏剧化、无厘头化、怪诞化等为取向,以引发其他网民想象、赞扬和快慰,达到娱乐大众也娱乐自我的目的;还有网民将自我所知的关于某个突发事件的更多信息披露或发布出来,以体现自我的信息优势。

此外,一些网民还将事件中的现象、话语、行为等引入到其他社会现象中,通过多种社会性元素的嫁接、融合等促使网民和大众形成对官场腐败、官员无能、权力部门无信等权威性力量的反面化、否定化感知;还有一些网民有意将事件中低俗性、淫秽性、私密性元素不断扩展、补充和凸显,以激发网民和大众的快感化想象和消费性心理。另外,一些资深或精英网民不仅关注某个事件,而且积极介入事件,以高水平评判、道德追问、漏洞展示、现实性行动等方式来引起更多人关注。如在邓玉娇案中,有网民甚至赶赴湖北恩施帮助邓玉娇,这些网民的自我行动如同邓玉娇本人一样,也获得了大量关注,而邓玉娇案中的两位志愿服务的律师在行为展示中除了帮助邓玉娇辩护和申诉外,也带有极强的自我表现成分,实际上,有学者就对两位律师的非理性化话语和夸张行为表达了质疑和忧虑。

参 考 文 献

[1] 王克群.网络舆情的研判与应对[J].长白学刊,2010(1).
[2] 彭丹,等.基于网络评论的网络舆情研究[J].现代情报,2009(12).
[3] 祝华新,等.2007 中国互联网舆情分析报告[J].今传媒,2008(2).
[4] 毕宏音.网络语言与网民社会心态的折射[J].社科纵横,2007(3).

第五节 网络在群体性事件中的作用

目前,在复杂的社会转型中,群体性事件的频次也逐渐上升,尤其是在科学技术发展迅猛的当前,以互联网为代表的信息网络在事件发展过程中的作用也日益凸显,甚至直接成为事件爆发的导火索、事件进展的助推器、事件消弭的灭火器。梳理和探究网络在群体性事件中的作用,对提升政府应对群体性事件的能力具有重要意义。

一、群体性事件的宏观分类及定义

从宏观上对群体性事件进行区分,可划为两类。

一类为现实群体性事件,是指由某些社会矛盾引发,特定群体或不特定多数人聚合临时形成的耦合群体,以人民内部矛盾形式,通过没有合法依据的规模性聚集、发生多数人语言行为或肢体行为上的冲突等群体行为的方式,或表达诉求和主张,或直接争取和维护自身利益,或发泄不满、制造影响,因而对社会秩序和社会稳定造成重大负面影响的各种事件。这类群体性事件以发生在现实生活中为主要特征,并伴随组织性、仿效性、破坏性及反复性等特征。典型事件如四川达州、贵州瓮安、荆州石首、安徽马鞍山事件。

一类为网络群体性事件,是指在一定社会背景下形成的网民群体为了共同的利益,利用网络进行串联和组织,公开干扰网内网外秩序,干扰网络正常运行,造成不良的社会影响,乃至可能危及社会稳定的集群事件。[1]此类事件具有群体性、突发性、参与主体身份的虚拟性、群体行为的一致性、事件信息传播的快捷性、事件影响的虚实互动性等特征。[2]

由于科技的发展,微博、博客、QQ、Twitter等网络信息传输工具的发展,现实群体性事件与网络群体性事件已逐步在社会舆论上形成共振,营造共属于现实与网络的舆论场。舆论场形成最关键要素在于信息网络的发展,即网民通过BBS、QQ群、MSN、Email等形式进行讨论、交流、沟通,建构认同,并就集体行动的方案达成一致,进而从网上走到网下、从虚拟走向现实。网络诱致的群体性事件是基于网络虚拟交往而达成的集体行动,是一种新型集体行动类型。贵州瓮安事件、荆州石首事件以及2010年的涉日游行,均体现了这一点。

二、网络在群体性事件过程中的作用分析

1. 网络本身的属性及特征

网络从构成上来说,是由信息与网络两种要素共同构成的一种信息传播渠道或工具,信息与网络所固有的属性及特征的综合便是信息网络的属性与特征。网络能充分利用多媒体技术,传播的内容形式多样;即时性强,可滚动报道,即时更新;与受众之间能够比较充分实现互动;能够提供虚拟的人际交往平台。同时由于参与网络传播的人众多,传播者的目的隐蔽,传播者素质良莠不齐,因此,网络上信息可靠性、准确性相对较低,特别是新闻报道。信息可传递、可共享、可利用、可识别等特征及网络快速、及时等特点,促使信息网络在群体性事件过程中可成功实现信号、资源编码与解码,从而实现资源共享与情报互传,形成具有共同意识形态基础的网络和现实舆论,营造利于群体性事件发生的舆论场。

2. 网络在群体性事件发动中的作用

当前,群体性事件发生的原因较复杂,不仅有单纯国内矛盾引起的群体性事件,如贵州瓮安事件;也有因国外势力利用国内矛盾引起的群体性事件,如新疆乌鲁木齐"7·5"事件,还有因国际矛盾引发的群体性事件,如钓鱼岛撞船事件所引发的涉日游行事件。

目前群体性事件爆发的主要原因有以下几点。①国内矛盾:经济转型所引起的分配问题及社会贫富差距扩大,社会管理方式与当前民众民主意识进步不协调,民众利益的被漠视和情绪宣泄通道的阻塞,众多不和谐因素所造成的民众对于政府不信任,产生信任危机。②国外势力:此类群体性事件主要集中在国外势力借助中国民族问题进行煽动,以及西藏、新疆分裂势力的怂恿而爆发。③国际矛盾:主要集中在中日关系、中美关系、中韩关系上,沉淀的历史问题和沉淀的民族感情被敏感事件激发出来,形成全民共识,引发群体性事件。

网络在上述事件中均发挥了举足轻重的作用,以涉日游行为甚。2010 年涉日游行的发起与实地开展,网络的宣传,信息的发布,都印证了在信息时代,群体性事件爆发的速度更快、范围更广。网络成为此次涉日游行中不可忽略的发起因素。涉日游行的导火索是日本一系列反华行为及涉及国家主权的争端。2010 年 9 月 7 日,中国渔船与日本巡逻船在钓鱼岛相撞,日方扣押中方船长,并声称钓鱼岛为日本领土;2010 年 9 月 21 日,在日本的华人学校受到日本右翼分子恐吓;2010 年 9 月 29 日,160 名日本右翼分子围攻中国游客大巴;2010 年 10 月 8 日,中国大使馆收到右翼分子带子弹的恐吓信;2010 年 10 月 16 日,日本右翼分子围攻中国驻日大使馆等,这一系列的行为,将中国人民潜藏于内心的历史愤怒激发出来,形成了大范围的反日情绪。网络在这次反日情绪孕育的过程中起到了孵化的作用,即通过对日本反华行为

的跟踪报道,将事实摆在民众面前,并进行适当有效的引导,将民众情绪调动起来,控制在合理的范围之内。媒体报道强度如表4-1所示。

表4-1 媒体报道强度统计表

报道内容	新闻报道数量
中国渔船与日本巡逻船钓鱼岛相撞	113
在日本的华人学校受到日本右翼分子恐吓	10
日本右翼分子围攻中国游客大巴	31
中国大使馆收到右翼分子带子弹的恐吓信	16
日本右翼分子围攻中国驻日大使馆	149

注:搜索结果为经过百度新闻搜索之后统计数量。

从以上关于中日撞船事件之后的相关后续日本反华行为报道强度可看出,此次网络在情绪渲染和反日情绪孕育阶段发挥了重要作用。通过高强度、高密度宣传报道,将日本反华丑恶行为暴露在民众面前,使其形成理性反日舆论场,为进行涉日游行奠定坚实的舆论基础;从另一个方面来说,如此高密度的宣传报道,尤其是报道中的强硬措辞,也表明了中国政府的立场,通过宣传和信息的沟通,民众情绪与政府情绪保持一致。

3. 网络在群体性事件发展中的作用

由于微博、播客等一系列新媒体的出现,网络的及时性和信息交互的快速成为可能,尤其是在2010年涉日游行中表现得更加彻底。2010年9月7日,中日撞船事件发生后,网络关于此事的报道全面展开,各大门户网站积极跟进,涉日游行的倡议也因此逐渐出现在各大论坛、贴吧以及校园BBS上。经过对校园BBS以及Twitter上的舆情监测,Twitter以及校园BBS的帖文数量呈现逐渐上升趋势,并且与涉日游行的高涨情绪形成鲜明的对照和呼应。由此可以看出,网络在此次涉日游行中发挥了助推作用。Twitter舆情监测图如图4-10所示。

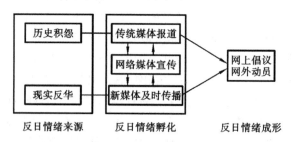

图4-10 反日情绪孕育过程

从Twitter舆情监测图可看出,9月18日作为一个历史敏感时期,期间的网络信息和相关帖文较多,尤其是关于涉日游行的倡议帖为多。涉日游行倡议帖在9月18日当天及前两天数量最多,而9月18日当天即在上海、杭州、苏州、宁波、广州等地爆发以抵制日货呼吁保钓为主题的涉日大游行。因此,网络信息传播对于涉日游行队伍的组织及倡议的宣传发挥了不可低估的作用,同时此次涉日游行中,手机、QQ、3G移动终端等都起到了助推作用。

当《外交部就中国个别城市发生涉日游行答问》等报道见诸网络媒体以及报端之时,网络动员再次掀起,尤其是之前发生过涉日游行地区的倡议帖也不断涌现。根据网络监测结果,在19日外交部答记者问前后,各地倡议游行的帖文不断出现,网上倡议与网外动员逐渐形成共振和互动。游行倡议地以及游行倡议帖统计情况见图4-11及表4-2。

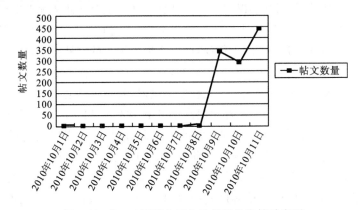

图 4-11 "9·18"历史纪念日前后的舆情动态图

表 4-2 2010 年 9 月 18 日前后发生游行及倡议游行部分地区一览表

游行时间	游 行 地 点	游 行 人 数	游行口号、倡议口号
10.16	陕西西安		抵制日货、日本狗滚、不要新干线
10.17	四川绵阳	3000	
10.23	四川德阳	1000	祖国需要你的声音、日本滚出地球
10.23	西安,攀枝花、乐山、达州、遂宁等		
10.24	陕西宝鸡		英九哥,大陆欢迎你;抗议高房价
10.24	甘肃兰州	200	
10.24	四川峨眉		
10.24	南京,长沙,开封		
10.19	厦门		
10.18	湖北武汉	300	抵制日货、中国万岁、还我钓鱼岛
10.26	重庆	200	打倒日本鬼子、抵制日货

续表

游行时间	游行地点	游行人数	游行口号、倡议口号
10.29	大连		
10.30	沈阳		
11.1	石家庄		抵制日货、打倒日本、保护钓鱼岛
11.1	温州		
11.14	浙江宁波,长沙		

由于网络具有及时、快捷、匿名等特征,网民在相对隐蔽情况下,更放松地参与网络讨论,并在适当时机发起网络倡议,吸引网民眼球,甚至也会在此情况下出现流言,表4-2中所反映的南京、长沙等地的涉日游行并未成形,一方面是因为政府管理的原因,另一方面这些地方都只是形成了网上倡议,而并未形成现实的网外行动。当然,这并不能说明网络对于游行未成形地区没有产生影响,它从另一个方面助推了网民反日情绪,使得网民及网下群体反日情绪得到了一定程度的宣泄,起到了社会减压阀作用。

另外,在荆州石首事件中,死者涂远高的非正常死亡和死因成为人们的猜测点,民间萌生的谣言通过网络论坛、贴吧、博客零星流动,并最终得以大规模扩散。网络力量无穷,信息传播速度和报道强度在此件群体性事件中得以凸显,在事发后80个小时内,百度贴吧·石首吧内出现了近500个与此案有关主帖;一名网友通过手机发布实时直播消息达140条,在博客网站中,出现了不止一段网友用手机拍摄的酒店起火和警民冲突的视频。[3]信息通过网络得以迅速聚集和扩散,舆论流量扩大,并成为主导性舆论,石首事件也正是此种情形的绝好例证。

4. 网络在群体性事件消弭中的作用

所有群体行为都具有政治危险,群体性事件很容易被政治化。越来越普及的网络、手机、随身装置,将建构出一种全新的社会关系网——瞬间集聚的陌生人,像蚂蚁群一样在无组织、无领袖的状态下,由集体意识作出一连串有意义的抉择。[4]政治化和矛盾对象的转移在2010年涉日游行中也有所体现,这也是导致尔后涉日游行倡议逐渐消退甚至消失的重要原因。网络一方面可促进信息传播,但是一旦网络处于不恰当控制之中,信息传播也就变成为不可能。同时,通过对事件形象的再塑造,使群众情绪逐渐转移,并消解其中不和谐因素,从而使瞬间集聚的陌生人所构成的组织瓦解,群体性事件逐渐消弭乃至最后消失。在2010年10月24日陕西宝鸡游行中打出"英九哥,大陆欢迎你;抗议高房价"等反映国内问题的标语之后,涉日游行加入新元素,这对于执政党和政府来说,蕴含着不稳定因素并涉及当前敏感话题,因此,警方出面管制,并通过人民网呼吁理性爱国、理性游行,同时在参与者较多的学校采取管控措施。网络监控也不断成为政府控制网络信息传播的方式,通过删帖、屏蔽回帖等方式,涉日游行倡议逐渐淡出人们的视野。

因此,网络可成为群体性事件的孵化器和助推器,也可成为政府舆论监控的帮手,成为群体性事件消弭的灭火器。诸多群体性事件处理方式表明,在民众情绪得到一定宣泄情况下,采取有效网络监控,通过信息传播的控制逐渐淡化事件,使事件消弭。

同时,在消弭阶段,配合正面信息网络传播,可转移民众舆论焦点,为民众设置新的讨论话题,进行新议程设置。如官方媒体将焦点集中在"中日领导人会晤"等相关信息的报道,而淡化反华势力的反华行为,使民众认为中日关系的前景美好,中日关系出现了新的"暖春"局面,日方有诚意改善与中国的关系。从网络舆情监控的情况来看,此后校园 BBS 关于涉日游行倡议帖减少,Twitter 上关于涉日游行的讨论帖也逐渐减少,甚至出现一天内无讨论帖出现的情况。从这些情况可以看出,此次网络信息传播的控制策略是有效的,对于反日情绪的消解具有重要作用。图 4-12、图 4-13 可直观反映消弭过程。

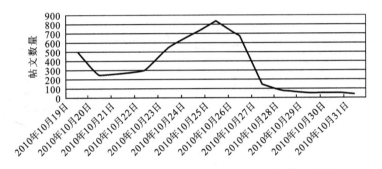

图 4-12 2010 年 10 月 19 日至 10 月 31 日的舆情动态图

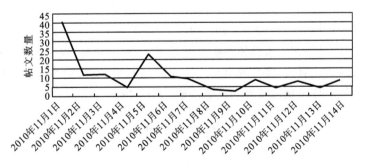

图 4-13 2010 年 11 月 1 日至 11 月 14 日的舆情动态图

从图 4-12、图 4-13 可以看出,在 2010 年 10 月 25 日前三天,舆情活跃,符合群体性事件中处理的"72 小时"原则,即在群体性事件爆发后,72 小时有效解决是最理想的状态。此次网络监测结果显示,25 日之后的三天内,舆情数量呈直线下降趋势,并在之后延续较为平稳的状态,11 月半月之内基本保持平稳状态,且无大量讨论帖出现。从这些数据可以看出,反日情绪已经通过网络监控和传统监控的手段得到了有效缓解,反日情绪趋于理性化。

三、政府有效利用网络的作用,合理有效处理群体性事件

从以上分析得知,网络在群体性事件过程中发挥着重要作用,网络可发起群体性事件,酝酿民众情绪,尤其是网上聚会;网络可助推群体性事件的进一步发展,使其达到高潮;对网络的管理和控制,可以有效缓解民众情绪,使对抗情绪理性化,尤其是将网下聚会形式有效瓦解,从而起到消弭群体性事件的作用。

因此,政府可有效利用网络的特点,将其应用到群体性事件预警、群体性事件应对、群体性事件善后中,充分发挥其快速便捷之特点,构建完善的群体性事件应对信息网络,从而促进政府应对群体性事件能力的提升。网络作用图及政府介入点如图4-14所示。

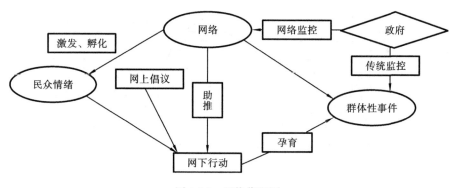

图 4-14 网络作用图

信息时代是网络发挥巨大作用的时代,新型群体性事件组织形式的发展也印证了这一点。信息网络在未来群体性事件的发起、组织、消弭过程中均将发挥巨大的作用,加强信息网络的研究,探究政府介入信息网络新形式,既能为民众提供情绪宣泄平台和渠道,又能将民众情绪控制在合理的范围之内。

参 考 文 献

[1] 揭萍,熊美保.网络群体性事件及其防范[J].江西社会科学,2007(9):238-243.
[2] 黄蜺,郝亚平.社会心理学视阈下的网络群体性事件[J].电化教育研究,2010(7).
[3] 秦希志,杨华.群体性事件中的舆论特征分析[J].西南民族大学学报,2010(9).
[4] 陈昱.群体性事件与"快闪族"行动[J].职业时空,2006(15).

第五章
网络舆情与良政善治

第一节　网络舆论的发展态势与社会影响

在漫长的中国封建社会,存在中国特色的"三权分立",这就是君权、相权和清议的相互制衡。在皇帝和宰相的适度分权之外,所谓"清议",就是知识分子以儒家的伦理道德为依据,放言臧否中央和地方官员。朝廷经常有意识地借助他们的道义力量,制约中央各部和地方的权力,整肃吏治,维护封建伦理道德。例如东汉后期,宦官专权,政治黑暗,3万多太学生和各郡县的儒生挺身而出,"匹夫抗愤,处士横议",在朝廷中的少数清流官员呼应下,形成对宦官集团的强大舆论审判力量,虽遭党锢之祸而几乎全军覆没,却是历史上一出感天动地的正义歌。

按照学者杨国强的说法,清议天然地包含苛论,迫使握有政治权力和影响政治权力的人物群,常处在紧张和惕厉之中,后者由此多一点谦卑,少一点恣睢,其握有的直接、间接权力也才不会过度肆张。

今天的互联网舆论就相当于古代的"清议",不同的是言论主体从占总人口比重很小的精英阶层,扩展到几乎囊括社会各阶层的网民大众。据中国互联网络信息中心调查,截至2010年6月30日,在4.2亿中国网民中,有3.3亿人看网络新闻;2.1亿人访问论坛/BBS;2.31亿人开设博客;3.04亿人使用即时通信;2.77亿人用手机上网。这些网民鼠标轻点,掀起了当下中国社会蔚为壮观的"清议"大潮。在传统的自上而下权力高度集中的政治格局中,互联网成为政府吸纳自下而上的舆论监督的通道,成为现行公共管理机制的一种有力补充。

一、网络舆论载体在2009年的新发展

2007年和2008年,由于山西"黑砖窑"、陕西"华南虎照"、奥运火炬境外传递、汶川地震等网络热点舆情的影响,都曾被称为"网络舆论元年"。进入2009年,互联网在社会生活中继续虎虎生威,但网络载体的发展也呈现出若干新的变化,下面择要做个介绍。

1. 新闻跟帖管理力度加大

笔者比较 2009 年 6 月 12 日—13 日 6 家网站同一条新闻《宝马奔驰国产车型入围政府采购名单》的跟帖,发现三大中央重点新闻网站跟帖较少,央视国际 6 条,人民网 111 条,新华网 118 条;而三大商业门户网站跟帖多出十倍以上,搜狐 430 条,网易 3261 条,新浪 14002 条。中央重点新闻网站的用户社会地位较高,关注时政新闻但较少跟帖;而商业门户网站的用户遍布社会各阶层,特别是草根阶层和年轻人较多,喜欢看罢新闻随手留下意见,因此新闻跟帖大致属于"草根的围观"。

2009 年突发公共事件较多,新闻跟帖的管理力度加大。网易著名的"无跟帖,不新闻"口号,被"文明上网,登录发帖"所替换。各网站遇到敏感事件关闭新闻跟帖功能,成为一种经常性现象。平时跟帖的释放比例也趋于缩小,如新浪网这条"宝马奔驰车"的实际跟帖 14002 条,显示仅 1397 条,不足十分之一。

2. 微博另辟新锐的意见广场

2009 年微博十分火爆,在巴东邓玉娇案、荆州石首骚乱、新疆"7·5"骚乱中,微博都起到了迅速传递事发现场信息的作用。可用手机发微博发布一次不超过 140 个字符的信息,一部手机在手,就跟 CCTV 在现场实况直播一样。微博注册简单,博主可以随意添加自己想"跟从"(follow)的网友,而无须对方同意,宛如一座开放性的"舆论广场"。有些活跃网友如四川的冉云飞,在 Twitter 中文网中跟从者多达 8000 人。因此,"意见领袖"在微博上的言论,对网民的感召力或煽动性极强。伊朗总统大选后,Twitter 美国总部为便于德黑兰反政府人士上网交流信息,调整了服务器维护时间,被伊朗外交部抗议为企图用互联网干预内政。我国 2009 年近三个月内,Twitter 中文网无法登录、饭否网等国产微博网站进入维护状态,引起微博是否适合当前中国社会转型期和矛盾凸显期的争议。但与此同时,新浪微博投入使用,表明微博这种网络舆论载体依然受到政府的宽容,发展前景看好。

3. QQ 群成为连锁的言谈茶馆

与广场般开放的微博不同,QQ 群是茶馆式封闭的网络社群。加入 QQ 群是要获得群主同意的,只有一部分兴趣相同、背景相近的人才能够结成 QQ 群。QQ 群的实时信息传播功能跟微博基本相同,用手机或 web 方式均可登录。由于网友经常加入不止一个 QQ 群,因此信息和图片极容易从一个群流传到其他的群,具有病毒般的复制传染性。无数个 QQ 群就像无数家全中国连锁的言谈茶馆。比如邓玉娇事件中,《新京报》和《南方人物周刊》记者在野三关被不明身份的人围上了,手机、相机被抢,记者被打,媒体 QQ 群几乎能够实时播报。接着,记者编辑们在群里商量谁来发报道,财经网编辑自告奋勇说我来发。果然半个小时以后,记者被打的消息就在这家网站上挂出来了。

4. 论坛/BBS 依然是网络意见发展的主要推手

虽然近年来一些新锐网友转向微博,但对于多数网民来说,论坛/BBS 依然是网络意见发展的主要推手。在邓玉娇案中,凯迪网时政版块"猫眼看人"成为一个重要的讨论园地,网友"超级低俗屠夫"就是在凯迪网发帖募捐,到巴东联络和促成邓家聘请北京律师的。在开封农民工张海超"开胸验肺"事件被揭露的10天左右时间里,天涯社区冒出众多"彪悍"的帖文,像《剖腹鸣冤与开胸验肺》、《开胸验肺,验出吃人的资本家》、《卫生部,您还要等多少人开胸验肺》、《开胸验肺事件拷问——制度缺失与良心缺失》、《精英立法恶贯天地,开胸验肺鬼神皆惊》。有一名网友在帖子中,这样解读张海超的名字:"长弓为张,是战斗的臂膀;滴水成海,是血泪的凄凉;刀口游走,是无助的辩抗!"

"百度贴吧"是一种特殊形态的BBS。它是基于关键词的主题交流社区,聚合兴趣和利益相关人群,进行封闭式深度交流。例如2009年石首骚乱中,湖北官方媒体封锁消息,在长达80个小时的时间里只有3条新闻,其中还包括一条匪夷所思的石首市街头举行消防演习的新华社通稿,但在"百度贴吧·石首吧"里,出现了近500个与此案有关的主帖,追踪传播石首街头的真实情况。正因为"百度贴吧"对特定地方信息和舆论的聚合传播,让不少出现问题而又想遮掩的地方政府和国有大型企业非常头疼。

人民网"地方领导留言板",是另一种形态的BBS。从2006年创办以来,全国除台湾地区外31个省、自治区、直辖市及香港、澳门两个特别行政区上千位各级领导全部开通了专属留言板。截至2009年8月,留言板接收网友留言近40万条,32位书记省长作出公开回应,逾4000项网友问题得到解决落实。人民日报副总编辑马利称赞这一品牌栏目已经成为"广大网友沟通领导、传递民意的首选渠道,中国互联网最受瞩目的官民互动平台"。

5. 在线访谈加大舆论监督力度

中央重点新闻网站负有舆论监督的使命,以创办仅一年的人民网舆情频道为例,2009年组织了三次有关河南灵宝"跨省抓捕"发帖人王帅的访谈。第一次访谈请来了关注基层政治生态的中国社会科学院于建嵘研究员,而当事人王帅刚刚取保候审,在一个秘密的角落上网与网友交流。天涯社区就人民网访谈的征求意见帖,其访问数140265,回复数1957。人民网舆情频道第二次访谈,请来了最早报道此事的《中国青年报》记者王俊秀和王帝。接着,人民网总部在全国公安局局长例行访谈中迎来了河南省副省长兼公安厅厅长秦玉海。秦厅长在在线访谈中坦承公安机关执法错误,警方已作出撤案处理,对王帅进行国家赔偿,并向网友道歉。王帅案的平反,被称为保障网络舆论生存空间的标志性事件,"跨省抓捕"一词也成为网民调侃和抨击公权力打压言论自由的流行语。

此外,人民网舆情频道关于绿坝上网过滤软件、石首骚乱、杞县钴60事故等热门事件或话题的访谈,也在第一时间关注社情民意,推动相关部门决策作出适时调整,增强了中央重点新闻网站的公信力。

6. 在线调查的民意试温

网站的在线调查往往比网站和传统媒体的新闻报道，更接近真实的民意。例如绿坝软件，新华社通稿说：92%的用户认为有必要政府采购过滤软件，70%以上用户对软件满意。但包括人民网和一些商业性网站在内的各大门户网站在线调查结果，均有超过80%的网友反对强行安装这款软件。

2009年6—7月新浪网与《小康》杂志联合进行社会诚信度调查，得出的结果令人不安：官员诚信不如性工作者，学者诚信不如农民。这个调查揭示了当今社会某些令人尴尬的现实，或者说公众对某些社会阶层的"刻板印象"。

二、政府与网民的互动和阻滞

中国网民和海外中文网的网民表现出强烈的社会人文关怀，参政议政热情很高。以天涯社区为例，"天涯杂谈"和"关天茶舍"两个时政类栏目始终是最为火爆的栏目之一。天涯社区今年曾经试图淡化"天涯杂谈"的时政色彩，要求时政帖转入"天涯时空"，但关注时政的网民一直不愿离开。而知识分子集中、以时政话题为特色的凯迪网，每天凌晨5时左右在线网民经常保持在约2.8万个独立IP，从时差看应主要来自北美地区。

另一方面，高度重视网络舆论，可以说是"胡温新政"的一个重要特征。从2003年全民抗击"非典"到2008年抗震救灾，都有互联网的浓墨重彩，是互联网促进了疫情灾情的开放，救灾工作的透明，促进了政府和人民的水乳交融和增强了民族凝聚力。继胡锦涛总书记2008年6月20日到人民网"强国论坛"与网友在线交流后，2009年2月28日温家宝总理来到新华网和中国政府网与网友聊天。可以说，在总书记和总理身上，我们看到了中国第一代互联网领导人的形象。

2009年政府与网民互动方面，出现了不少耳目一新的公共管理和意识形态的新思维、新技巧，但也存在不少阻滞。

1. 从"上网解释"到网络新闻发言人

2009年年初，中国社会科学院社会学所发表了《社会蓝皮书》，公布城镇调查失业率是9.4%，而政府工作报告显示的城镇登记失业率是4.6%。对此，网民提出疑问：是不是政府工作报告不说实话？温家宝总理立即表态说："你们社会劳动保障部该赶紧上网，或者你们赶紧开发布会，你们来说明，这个4.6和社科院的9.4有什么区别，别等着我来发话你们再去做。"温总理举一反三要求："今后各部委都这样，只要网上出了个什么东西是需要解释的，你们不用请示我，你们赶紧上网去解释，别把问题拖成一个不得了的大问题。"[1]

政府上网在很多年前就已提出，各级政府普遍开通了门户网站，网站新闻很好地体现了政府的宣传口径。问题是在网络社区（论坛/BBS、博客、微博，以及新闻跟帖）

中,政府立场经常处于被网民质疑和围攻状态。因此,政府上网络社区是当务之急。2009年7月,云南省委宣传部副部长伍皓率先提出了设立各级政府部门"网络发言人"的设想。每个部门都应该有人负责在网络上主动发布信息,及时解答问题。媒体出身的伍皓,以记者的坦率提出:面对网友疑问,政府部门应该公开身份直接回应、直接解决问题,而不是暗中派一批人,用些虚拟网名在网络上发言"引导舆论导向"。

伍皓本人就曾以"求真的力量"ID,公开现身凯迪网"猫眼看人"版块,连续发帖,与网友交流和探讨昆明少女卖淫案。此举得到了网民的热烈回应,也招致一些新的质疑。《学习时报》编审邓聿文称赞伍皓:一个主管一省宣传工作的官员,愿意"屈尊"与网民就一起案件进行交流,探讨问题,无论是站在新闻专业主义的角度批评记者不够专业也好,还是作为一介公民直言政府部门过错也罢,总之,不管沟通效果如何,这一举动所体现的对网络舆论、社会民意的重视,都是值得肯定的。[2]

政府"网络发言人"的设想,大规模落地是在广东。2009年8月,"广东省工商局网络发言人"第一次亮相网络,社会反响很好。广东省委书记汪洋随即作出指示,要求各市各部门都要逐步设立"网络发言人",既有单方面的信息发布,又有双方的交流。广东首批被要求设立"网络发言人"的,都是网友重点投诉的政府职能部门,包括省教育厅、省公安厅、省监察厅、省劳动和社保厅、省国土资源厅、省建设厅、省交通厅、省卫生厅、省审计厅、省环保厅、省工商局、省质量技术监督局、省食品药品监督管理局、省安全生产监督管理局、省信访局。"网络发言人"必须公布自己的电子邮箱、QQ号,至少每周发布一次信息。

接着,贵州、四川等省也对设置政府"网络发言人"表示出浓厚兴趣。

2. 网络参政通道拓宽

胡锦涛总书记2008年6月20日在《人民日报》和人民网考察工作时,号召全党通过互联网"了解民情,汇集民智"。2009年网民参政议政的渠道继续拓宽。

2009年2月8日,云南省晋宁县青年农民李荞明在看守所内非正常死亡,警方称他是与狱友在天井玩"躲猫猫"游戏时不慎触墙而死。消息传出,网上一片哗然,警方的公信力受到重创。云南省委宣传部副部长伍皓在QQ群里组织起"躲猫猫"事件网友调查委员会,到晋宁县看守所实地勘察,于2月21日凌晨发布调查报告,对此案提出诸多疑问。在舆论的压力下,云南省检察机关最终公布了"躲猫猫"事件调查结果,称李荞明系看守所内牢头狱霸殴打致死。晋宁县公安局和看守所相关负责人以及当班民警分别受到撤职、记过等处分。虽然伍皓组织网友调查的做法存在一些瑕疵,比如网友无权独立介入司法调查,若由云南省人大出面组织调查在法律上更站得住脚,此外网友进行命案调查的专业素质也不够。但网友调查的必要性,在于网上网下对警方公信力的深深疑虑。正是在舆论、网络、传统媒体及调查委员会共同形成的强大舆论压力下,有关职能部门终于认认真真介入调查,最高检察院也派员指导。"躲猫猫"事件的最终成功处置,可成为舆论、传统媒体、新媒体与国家有关部门(省委宣传部、高检)合力"追求真相"的标志性事件。

作为规范的制度建设,最高人民检察院2009年修订《人民检察院举报工作规定》时,在走访、书信、电话等传统形式之外,第一次增加了网络举报渠道;对网上举报,要通过网络进行答复。最高人民检察院官员认为:网络举报将是方向,便于保护举报人。但该官员同时表示,"绝对不提倡在公共网上举报",因为举报信息让被举报人知道后,会有所准备、会串供,导致很多事情无法查实。目前,政府检察系统和党的纪委等机关都有自己的举报网站,举报邮件一旦进入服务器,任何人都截获不了,保密性能很好。在网上进入"最高人民检察院举报中心",进行网络举报时可以不填写举报人姓名、身份证号码、电子邮箱和电话,只有被举报人地区、姓名、单位、地址和主要涉嫌性质属于必填项;举报后,输入查询密码,就可以查询自己举报的线索的处理情况。

2009年另一件让网民鼓舞的事情,是河南洛阳4位网友被推荐或选举为市人大代表、政协委员。例如,当选人大代表的"老牛",是洛阳信息港论坛和大河论坛洛阳版有名的自由摄影人,6年来从普通注册会员到版主,再到管理员,从发帖到管理网友帖文,逐渐成为论坛里的"意见领袖"。4位网友表示,要做网民的"代言人",把大家的真实诉求传到"两会"去。在洛阳,官方严禁随意追查发出不顺耳声音的网友IP地址,以保护互联网自由表达权,也受到全国网民的赞赏。

3. 网民对公权力的质疑和期待

日益高涨的网络舆论,对一些地方政府的违法行政,一些基层官员的胡作非为,一些司法机关的执法不当,经常发出强烈质疑和道义谴责。

2009年东窗事发的贵州习水县嫖宿幼女案,令人发指。在前后两个月甚至更久的时间里,11名未满18岁的女生被有组织地嫖宿,嫌犯有5人为公职人员。如果不是记者坚忍不拔的实地采访,如果不是省委领导作出批示,如果不是迫于舆论的巨大压力,此案很可能被遮掩过去,甚至会被当成"一般卖淫嫖娼"案罚点款了事。网民强烈不满的,不仅是这些涉案公职人员的丧尽天良,而且是当地公权力涉嫌对他们的偏袒,比如据媒体报道这些未成年女生存在被强迫的情节,却未按强奸幼女罪论处。

在杭州飙车案中,谭卓被撞飞5米高、20多米远,但杭州警方违背经验常识,也不向路人取证,就依据当事人及其伙伴的陈述,"初步认定"肇事车辆时速是"70码"左右。一句"70码",将杭州交警送上了风口浪尖,舆论纷纷指责交警有偏袒肇事方之嫌。网民用"人肉搜索",找到胡斌的"QQ空间",发现空间"主人心情"在事发次日凌晨2时49分被更新,写上"一片空白,闯大祸了",由此可见胡斌肇事后未在第一时间被刑拘。网民还搜索出胡斌驾驶的肇事车有多次违章、超速的记录,似未受到严格处罚。于是,愤怒的网民发明了"欺实马"这个词。诸如"为了你我的生命安全,请大家以70码的速度顶帖,顶起5米高20米远";"我不想在5米的高度看风景";"70码速度,来杭州感受天堂",在网上迅速流传开来。

还有郑州市规划局副局长逯军,面对媒体追问经济适用房用地为什么盖上了别墅,脱口而出质问记者:"你是准备替党说话,还是准备替老百姓说话?"《中国共产党章程》中明文规定:党除了工人阶级和最广大人民群众的利益,没有自己特殊的利益。党在任何时候都把群众利益放在第一位,同群众同甘共苦,保持最密切的联系,坚持权为民所用、情为民所系、利为民所谋,不允许任何党员脱离群众,凌驾于群众之上。逯军竟然把党和老百姓对立起来,好像党在老百姓之外还有自己"特殊的利益",需要媒体刻意维护。有网民称他为"最敢讲真话的官员",因为他道出了某些领导干部内心深处的真实想法,他们早已把人民抛到脑后,甚至置于自己的对立面。

　　十七届四中全会公报指出:当前,党的领导水平和执政水平、党的建设状况、党员队伍素质总体上同党肩负的历史使命是适应的。同时,党内也存在不少不适应新形势新任务要求、不符合党的性质和宗旨的问题。四中全会公报接着连用三个"严重"发出警告:这些问题"严重削弱"党的创造力、凝聚力、战斗力;"严重损害"党同人民群众的血肉联系;"严重影响"党的执政地位巩固和执政使命实现。从网络舆情看,这些"不符合党的性质和宗旨的问题"严重存在,正在销蚀党和政府的公信力和执政权威。

　　网络意见的持续高涨,会不会把互联网变成"文化大革命"中的"四大",即大鸣、大放、大字报、大辩论,恶化和挑拨官民关系、党群关系,搞乱社会秩序? 只要我们深入考察网络舆情就能发现,网上尽管不乏戾气,但网民中理性、建设性的心态和诉求仍占主导地位。在一些群体性事件中,民众对村、乡、镇、县等基层干部评价偏低,但对中央评价极高、期待甚殷。"上级比下级好,中央比地方好";"中央政策好,到下面走了样","把事情闹大,让中央知道,就好惩治这些无法无天的地方官了"……这些是草根民众聚集"闹事"的观念基础。在2008年汶川地震中,据中国科技发展战略研究院组织的一次汶川地震灾区居民需求快速调查,灾民对中央政府的信任感与对家人的信任感几乎持平。[3]中央政府倾情高效的救援,66岁的温家宝总理在震后88个小时内用双脚几乎走遍所有重灾区,感动了全中国和全世界。2009年6月,重庆闹市区解放碑城管与一位卖灯草的八旬老人发生冲突,引起两百名市民聚集围观,现场高喊"和谐重庆"口号。这个细节表明,民众尽管对现实有诸多不满,但对党和政府"和谐社会"政策宣示抱有热切的期待,这是修复和提振政府公信力的民意基础。对于党群关系、干群关系的改善和提升,我们不必过于悲观,也不可掉以轻心。

参 考 文 献

[1] 高层智囊揭秘总理报告出台过程[N]. 南方都市报,2009-3-25.

[2] 邓聿文. 对不回避媒体的伍皓们要多一些信任[N]. 东方早报,2009-7-13.

[3] 汶川地震灾区居民的生活状况与政策需求调查报告[EB/OL]. http://www.china.com.cn/aboutchina/zhuanti/09zgshxs/content_17099440_5.htm.

第二节　中国情境下的网络社会的治理均衡

一、引言

中国网民数量已接近 5 亿人,并呈逐年上升趋势。网民规模增大的同时,其活跃度也正在提高,并由自在群体向自为群体转变。在此背景下,一系列网络突发事件频发,不仅影响着网络社会,也对现实社会产生了重要影响,给政府的网络应对带来了挑战。这一问题引起了中央政府的高度关注,胡锦涛在 2007 年中共中央政治局第三十八次集体学习时讲话指出:"能否积极利用和有效管理互联网……关系到国家文化信息安全和国家长治久安,关系到中国特色社会主义事业的全局。"

作为回应,学界对此保持了极大的研究兴趣。20 世纪 90 年代以来,"网络社会"研究逐渐兴起。早期的网络社会研究者将网络社会描述为绝对自由的社会,其本质是没有政府干预的空间,认为"网络空间造就了现实空间绝对不允许的一种社会——自由而不混乱,有管理而无政府,有共识而无特权"[1]。随着实践的发展和研究的深入,逐渐认为"网络是一种社会控制工具",这主要归因于:一方面技术手段的进步使得对互联网的控制成为可能,另一方面,政府目标的强制性渗透导致了信息独裁。[2]因而网络社会的发展也成为了政治发展的一部分。

事实上,"互联网空间与现实世界是不可分割的部分,完全是由强大的政治和经济力量所驱动"[3]。那些认为政府不能规制互联网的传统观点已被事实证明是错误的,政府正在通过其所掌握的各种资源管理网络社会。同时,随着公民意识的觉醒,网络社会的崛起也使得民众有了新的政治舞台。代表国家的政府与社会民众之间在现实社会中的互动或对立也不可避免地会映射到网络社会。本节引入国家与社会关系视角对网络社会国家与社会关系的失衡进行讨论,认为国家与社会关系均衡既是网络社会失范的症结,也是网络社会治理的关键。

二、研究视角

国家与社会关系视角是西方政治社会学的核心内容,自 20 世纪 90 年代被引入国内,迅速成为一种流行的理论框架用于研究中国问题。尽管有学者认为应该译成政府与社会关系[4],但也只是"准确性和严谨性"之争,不妨碍其逐渐成为研究的主流分析范式之一。国家是抽象的权力委托者,政府则是可以具体执行或问责的主体,网络治理需要制度构建和执行过程,政府实际上正是治理的主体。由于国家与政府的关系是一种委托代理关系,国家代表全民的意志,政府执行国家的意志,因而本节对"国家"和"政府"不予区分,但实际上二者是有很大区别的。

目前学界对于国家与社会关系的探讨界定为四种模式。①强国家—弱社会。这种模式下国家对公民和社会生活的各个方面都有较强的控制欲望和控制力,主张以强有力的政党和权威维护政治的稳定,表现为"全能主义"和"新权威主义说"。②强社会—弱国家。这种模式主张大力发展公民社会,由公民作出影响自己生活和利益的决策,并把国家与公民社会完全对立起来。③强国家—强社会。这种模式下国家与社会尤其是各社会组织形成良性互动,国家与社会、个人与整体的利益协调发展,从而摆脱传统意义上的零和博弈。④弱国家—弱社会。这种模式下国家和社会都处在混乱状态,在现实社会中很少存在。

均衡的国家与社会关系是民主政治的基础,畸形的国家与社会关系可能成为集权政治的温床或无序社会的根源,只有强政府与强社会才是现代的良性的国家与社会关系。[4]即理论上的强政府与强社会要求一个强有力的政府以整合社会各方面的利益,实施公共政策以维持公正的竞争环境,同时又要求一个强大而富有活力的社会以制衡政府权力。[5]因而强国家—强社会的模式被我国学者所推崇,并把它视为中国的发展方向。随着网络社会的进一步崛起,网络社会中国家与社会之间不断产生摩擦,每一方力量的改变都可能引发对另一方的挤压,因而,网络社会治理的实现也有赖于国家与社会关系的均衡。

三、网络社会中国家与社会关系的失衡

(一) 网络社会中"社会"逐步强大

1. 网络主体的构成发生嬗变

网络行为主体越来越接近现实社会的行为主体。一方面,网民的规模逐步增大。中国互联网络信息中心发布的《第27次中国互联网络发展状况统计报告》显示,截至2010年12月,我国网民规模已达4.59亿,网民规模保持快速增长之势。另一方面,网民构成结构越来越接近现实人群结构。一是网民性别结构趋近于总人口中的性别结构;二是网民年龄实现了从年轻人作为单一组成部分到低中高龄网民相结合的年龄结构转变;三是互联网日益向低学历人口普及,网民中大专及以上学历人口比例进一步下降,高中、初中学历所占比重继续提升,逐渐与现实人群的学历构成比例靠近;四是从网民的职业构成来看,也呈现出职业多元化的特征,覆盖了绝大多数职业。同时,由于网络的开放性和低门槛特征为民众发表观点提供了平台,产生网络舆情的网民是一种统计性群体而不是协商性群体,而统计性群体比协商群体表现出了更多的观点多样性,[6]因而可以更真实地反映民众的思想动态,网络上所反映出来的民意,

也可以近似地看做是社会民意。

2. 网络主体的公民意识逐渐增强

公民意识的崛起是我国政治现代化的重要标志,也是公民有序政治参与的重要软条件。现代公民意识包含公民主体意识和公共意识两个纬度,而网络中所体现的公共意识正逐步满足于这两个维度。现在,人们在网络上越来越不甘心被动地"下载"——获得信息和服务,而是愈加热衷于积极地"上传"——参与。[7] 在网络社会,人们摆脱把关人限制,绕开议程设置,大胆发表看法,形成了注意力上的马太效应。自2008年中央主要领导对网络社会和网民予以积极评价以来,网民开始重点关注政府行为,以2008年为转折点,网络议题开始出现从娱乐和生活领域逐步向政治领域转变,充分体现了公民意识的崛起、提高和升华的过程。在提高政治参与度的同时,网络正在逐步培育参与型政治文化。参与型政治文化重在公民的参与。随着公民网络政治参与的频度和深度的拓展以及参与所引发的影响力,让公民对政治参与有了归属感和满足感,从而极大地调动了公民参与的热情和积极性,现实社会中的"消极公民"在网络社会转变为"积极公民"。

3. 网络主体的虚拟行为开始现实化

虽然网民可以通过对事件的评论形成网络舆论从而对相关政府部门形成压力,但事件本身并不能在网络社会得到最终解决,仍然需要现实社会中的事件相关方采取行动才可能得到较好的解决。由于信息不对称,相关政府部门在得到来自网络舆论的压力后尽管会立刻作出回应,但有回应并不意味着事件得到有效处理。在这种情况下,网民不再甘于"只有雷声,不见雨点",开始从虚拟世界的参与转而投入现实社会的行动中,群体性事件可能由此引发或得到恶化。同时,近年来网民开始在网络上形成网络共同体,并有"实体化"趋势。网络共同体是指"网络"与网民"共同体"合成的产物,是网民在网络上基于主观或客观上的共同特征所结成的一种"团体"或"组织"。[8] 网络共同体的成员不仅在网络中持有相似观点,在现实中也具有相似的人群特征。这种基于特定人群以及排在特定观点后面的支持人群组成的网络政治共同体就如同现实中的"民间组织"或"利益集团",可以将单个的分散的个体整合起来,以共同体的形式外诉和外抗,从而达到影响的目的。这种网络共同体的"实体化"的趋势,由网络空间走向现实社会,其作用同样不可低估。

(二) 网络社会中"国家"处于弱势地位

1. 政府面临控制网络群体性事件的考验

群体性突发事件以其突发性、不确定性以及极大的破坏性而著称,同时它除了具备群体性突发事件的特征外,还有变异超常性、身份不定性、虚实互动性和法规滞后性等属性,[9]这就使得网络群体性事件更加难以处理和控制。政府难以控制网络群体性事件主要表现在两方面。一方面从国家角度看,"国家"包含两个基本要素:地域和公权力。[10]对于网络社会而言,地域就是网络空间。不同的是,现实社会划分的标准是地理意义上的,而网络社会则较难从地理或物理意义上予以区分,具有开放性和全球性特点。在公权力方面,国家可以通过强制权力的行使与运用达到对现实社会实行管制的目的,而网络社会是以去中心化的方式组织起来的,是一种全新的开放式的组织模式,信息传播与人际互动完全是开放和发散式的,超越了传统的权力压制,超越了因权力分配而导致的信息、地位差距,[11]因而公权力的行使和运用也受到限制。另一方面,从网络群体性事件看,一是网络群体性事件诱因的多样性使网络群体性事件极容易被触发;二是网络的匿名性和把关人的缺失给网络推手足够的发挥空间;三是由于网络的超时空性,网络群体性事件的推动者难以被法律制裁。

2. 政府在网络社会中的形象不断受损

由于网络社会信息传播的广泛性和高速性,网民对政府行为的高度关注使得政府的形象更加容易受到损害。一方面个别政府人员的不端行为一经网络曝光后容易吸引较多网民尤其是弱势群体的关注,产生"网络奇观效应",即经由网络报道、转载、评论、炒作而使事件不断放大形成光圈效应的现象[12],从而使网民将个别官员的腐败视为整个政府的腐败,使政府的公信力在网络上受到质疑和损害。另一方面国外反动势力和国内分裂势力也借助网络平台损害我国政府的形象,如在"7·5乌鲁木齐事件"中,西方媒体试图在网络社会把我国政府塑造成一个搞种族歧视、不尊重人权的政府,这都极大地损害了我国政府在网络社会和现实社会中的国际形象,加之少数愤恨社会、敌视政府的人暗中煽动,使得部分网民信以为真,政府的形象大打折扣。

3. 网络监管措施在一定程度上缺乏有效性

政府试图对网络社会实施有效控制,达到维护网络政治稳定的目的,逐步形成了多部门联合的网络管理机制,实施了互联网信息服务各自主管服务项目的前置审批、对网站相关专项内容进行监督检查和审核等监管措施,但对网络社会的发展壮大并没有产生太大的影响,相反,越是政府"堵"得厉害的事件,网民越是活跃,具有影响力的网民群体甚至被誉为"中国最大的压力集团"。官方舆论场在与以草根为主的网络舆论场的较量过程中的失利,显示出政府部门在网络社会中的弱势地位。无论是中央政府还是地方政府,传统的对网络舆论实行监管的思想正逐步向引导网络舆论发挥积极作用转变,这种转变带有一定的被动色彩,也从侧面反映了网络社会中国家的弱势地位。

四、网络社会国家与社会关系失衡的治理

(一) 网络社会国家与社会关系失衡产生的条件

1. 社会矛盾集聚

我国已进入改革发展的关键机遇期,贫富差距、就业形势、分配不均等都是激发社会矛盾、引发社会冲突的可能导火索。尤其是利益分配方面,利益集团凭借自身的资源优势影响甚至操纵政府的公共决策,使其成为为少数人服务的工具,使得民众对政府的信任不断减弱;弱势群体将对自身处境的不满归于社会的不公,也容易引发人们对社会的仇视和愤恨,这些如果不及时在现实社会加以疏导,极容易成为网络群体性事件产生的土壤。正如彭兰所指出的,网民之所以表现出强烈的发泄需要和对边缘性信息的追求,在很大程度上是因为现实生活中压力与矛盾的困扰。只有解决这些社会矛盾,才能真正改变网民的需求方向。[13] "瓮安事件"、"石首事件"等群体性事件的发生从某种意义上来说是当地社会矛盾长期得不到解决、民众的诉求得不到回应的结果。现实社会的种种规制也使人们逐渐转向影响力日益增大的网络社会,以期借助网络表达自己的诉求,使自己的利益受到相关部门关注。而相关部门对于来自网络社会的利益诉求的被动回应更凸显了政府在网络社会的弱势地位。

2. 社会信任降低

公民社会的形成有利于实现国家与社会的良性互动,而社会信任是公民社会形成的重要条件之一。一方面,公民对政府的社会信任降低。民众对政府的信任集中体现了政府存在的合法性。多元价值观和多元利益观的出现以及经济社会结构变动带来的强流动性都对社会资本产生了巨大的冲击,政府高官的相继落马,"瓮安事件"等一系列事件的曝光,使得公众对政府的信任大打折扣,极大地损害了政府的公信力。政府官员靠腐败和欺骗为自己谋取利益,不仅阻碍制度信任的发展,而且损害其他公民之间的信任度。这大概是中国政府当前最紧迫的任务。另一方面,公民对新闻媒体的信任降低。由于权力控制了缓解国家与社会紧张关系的"解压阀"——公共领域,强权规定真理,同时以压力确保人们即使不相信它,也必须在公开场合作出相信的样子,造成公共生活假面化的盛行,导致了一种"公开的谎言"与"私下的真实"并行不悖的怪诞现象,[14] 使得信息过滤和串改严重。由于广告商一定程度上决定新闻价值,结果,新闻媒体和新闻记者的独立原则遭到了破坏。[15] 人们对于新闻媒体所报道的信息质疑也越来越多,在网民最需要了解真相时,新闻媒体丧失了承担这一责任的能力。因此质疑成为一些网民思维方式的基调。[1][3]

3. 网络执政能力弱

我国政府尤其是地方政府网络执政能力的不足,也是网络社会国家与社会关系

失衡的重要因素之一。主要表现在以下几个方面。一是政府网络执政观念和思维的落后。不少官员仍然把网络社会视为"洪水猛兽",对网络社会管制多于引导,习惯于压制网络舆论,对不利于自身的信息更是采用各种方式予以围追堵截。如2007年6月网友因曝光滕州市政府修建豪华办公大楼被拘捕,滕州市委宣传部将网络舆情逐级上报到省委宣传部,通过上级部门的工作,新华网等一些门户网站将一些"谣言"帖子删掉。[16]二是基层政府缺乏处理网络舆论的愿望与能力。"事件发生→网民爆料→传统媒体跟进→网络热炒→形成舆论压力→政府部门介入→网民偃旗息鼓"的事件发展和处理范式,[17]暴露了基层政府在网络应对时处于被动状态,只是迫于上级政府的压力去处理和解决问题,很少有基层官员从网络舆论引导的角度考虑问题。三是网络舆情信息的汇集、处理和分析机制滞后。网络舆情信息体现了现实生活中人们关心的问题和事件,如果对这些信息的处理和分析不到位,将难以对现实社会即将出现的突发事件及时进行预警。

(二)网络社会国家与社会关系的均衡治理基础

在某些国家社会关系中,强烈的不满可以被化解,反体制性的意识形态也能够被边缘化;而在另一些国家社会关系下,有时即使是微小的不满也会被强化,起初是改良性的东西也会被推向极端。[18]因而,调和国家社会关系的矛盾有赖于一种持续的互动——治理。对于网络社会的治理,实际上存在着两对悖论。第一对悖论是政府既要努力追赶信息技术的潮流,又要努力规避网络技术带来的政治杂音;第二对悖论是公民的网络政治参与不断提高,同时,节制参与的网络监管理念和技术也在不断成熟。[19]

尽管存在悖论,但互联网需要政府的介入和干预已经成为世界各国的一个共识。从实践角度而言,西方国家的公民政治参与途径较为广泛,网民在互联网上较为平和,国家因此感受到的冲击也不明显。而与西方不同的是,由于目前中国公民的公共参与和言论表达渠道都基本集中在互联网,网络舆情具有较为独特和更为显著的影响,因而,对治理的需要表现得更为明显和迫切。

从法理上而言,国家有保护公民网络言论自由的义务。但表达自由显然不是绝对的,国家也有限制公民滥用网络言论自由的义务,通过网络治理,反而有助于网络自由的实现。尊重他人的权利和荣誉、国家安全、公共秩序、公共卫生和道德、保护未成年人等都可以成为限制表达自由的理由。[20]《欧洲人权公约》第10条、《美洲人权公约》第13条等都对表达自由进行了限制性规定,我国《宪法》第51条、《刑法》第363条、《出版管理条例》第26条、《互联网上网服务营业场所管理条例》、《互联网电子公告服务管理规定》、《互联网信息服务管理办法》、《互联网新闻信息服务管理规定》等都有类似规定。

(三)网络社会国家与社会关系的均衡治理方略

1. 改善现实中国家与社会关系

网络社会的治理不再单纯是一种网上或网下的治理,网络已经成为人们日常生活不可或缺的传播工具,因此现实中的信息不可避免地会出现在网上,但网上恶性信息的数量和人们对恶性信息的反应则与现实中的国家与社会关系的疏密程度密切相关。改善现实社会中国家与社会的关系可以从以下几个方面着手。一是完善社会回应机制。社会回应对于满足公众的需求,增强公众对政府的信任,实现政府与公众的良性互动都具有重要的意义。一方面拓宽现实社会公民表达利益诉求的渠道,降低公民上访的成本;另一方面提高对事件的处理效率,及时答复公民密切关注的问题,并在最短的时间内公布事件处理结果。二是不断改善政府形象。积极推进服务型、阳光型和责任型政府建设,在制定和执行公共政策的过程中以人民的根本利益为重,做好平时的维稳工作。三是传统媒体要明确自己的角色定位,在新闻报道时要时刻保证自身的公共性,努力塑造公信形象,承担起应有的社会责任。四是积极促进和推动公民社会的发展,塑造和培养民主、自由、平等的价值观。

2. 从网络管制走向网络治理

治理是一种互动,强调的是参与和回应。信息技术的进步极大地促进了网络环境的变化,Web2.0 的出现促使了微内容的出现,3G 技术的发展使得网络成为传播的中心。在此基础上,政府若想改变自身的弱势地位,必须努力参与到网络互动中来,积极给予网络回应。一是建立网络社会回应机制,如考虑建立网络新闻发言人制度,此外还可以建立紧急状态政府回应和介入的应急预案等;二是建立网络舆情反应中心,提高对网络舆情信息的汇集、分析技术,尤其是要注重利用信息技术对网络舆情突发事件进行分析与预警等;三是进一步加强互联网立法,建立互联网舆论法制的基本框架,在法制的框架下实现网络的引导和治理,要注重发挥网络论坛的自我纠错机制;四是积极开展网络治理的研究,分群体、分阶段对网民的心理和行为进行研究,探索网络论坛舆论的形成机制及扩散规律,共同解决网络发展所面临的问题。[21]

3. 网络舆情治理的制度与技术

我国对网络媒介和网络舆情的管理采用"双轨统一分级管理制",即党委部门和政府部门同时参与,中共中央宣传部、信息产业部、国务院新闻办公室、教育部、文化部、卫生部、公安部、国家安全部、商务部、国家广播电影电视总局、新闻出版总署、国家保密局、国家工商行政管理总局、国家食品药品监督管理局、中国科学院、总参谋部、工业和信息化部等多管齐下,形成了齐抓共管、多头负责的局面。尽管这种格局可能产生推诿扯皮等现象,但可以通过对部分政务流程进行重组,实行网络舆情信息资源共享等方式加以解决。

对网络媒介的管理,目前技术上主要采取国家间出入口网关物理隔断、域名和

IP 地址过滤以及安装服务器、客户端、网吧监控软件等措施;对于网络内容的管理,主要采取互联网关键词阻断、敏感内容自动过滤、网管员人工排查等措施;对于网络舆情的采集和研判,目前已有较为成熟的内容分析法、数据挖掘法等技术,并陆续开发出了许多网络舆情分析系统。

值得一提的是,互联网治理并不是一种单纯的管制。事实上,网络在公民政治参与和利益诉求方面作出了突出贡献,党和政府也深刻地认识到了这一点。从国家最高领导人胡锦涛、温家宝等积极"触网",到各级政府官员积极听取网络民意,再到党的十七届四中全会明确提出要"注重分析网络舆情",网络舆情已经成为政府决策中的关键一环。作为应与公众有着良性互动的政府,政府需要一个有效的渠道了解公众的需求和诉求;从公众的角度而言,公众期望其需求和诉求能够得到及时和满意的回应,网络社会的出现正好吻合了这一需求,我们期待在网络社会中国家与社会有着更为良性的互动。

参 考 文 献

[1] 劳伦斯·莱斯格. 代码:塑造网络空间的法律[M]. 李旭,译. 北京:中信出版社,2004:4.

[2] 蔡文之. 国外网络社会研究的新突破——观点评述及对中国的借鉴[J]. 社会科学,2007(11):96-103.

[3] 丹·希勒. 数字资本主义[M]. 南昌:江西人民出版社,2001:289.

[4] States M j s s. Societies and weak states:states-society relations and state capabilities in the Third World[M]. Princeton:Princeton University Press,1988:35.

[5] 袁方成. 政府与社会的一种继替性表达[J]. 社会主义研究,2007(3):62-65.

[6] 凯斯·桑斯坦. 信息乌托邦[M]. 毕竟悦,译. 北京:法律出版社,2008:58.

[7] 徐晓林,周立新. 数字治理在城市政府善治中的体系构建[J]. 管理世界,2004(11):140-141.

[8] 李斌. 网络共同体:网络时代新型的政治参与主体[J]. 中共福建省委党校学报,2006(4):6-9.

[9] 揭萍,熊美保. 网络群体性事件及其防范[J]. 江西社会科学,2007(9):238-242.

[10] 周执前. 国家与社会:清代城市管理机构与法律制度变迁研究[D]. 成都:四川大学,2007.

[11] 黄少华,翟本瑞. 网络社会学——学科定位与议题[M]. 北京:中国社会科学出版社,2006:26.

[12] 盛芳. 突发事件中网络奇观的负面效应及其成因[J]. 中国广播电视学刊,2009(5):47-48.

[13] 彭兰. 现阶段中国网民典型特征研究[J]. 上海师范大学学报(哲学社会科学版),2008(10):48-56.

[14] 胡泳. 众声喧哗——网络时代的个人表达与公共讨论[M]. 桂林:广西师范大学出版社,

2008:298.

[15] 李希光.商业化社会下的媒体尴尬[J].采·写·编,2006(6):21.

[16] 陈力丹,李冠礁.公权力不该做绑架舆论的事情[J].新闻记者,2009(3):18-20.

[17] 喻国明,李彪.舆情热点中政府危机干预的特点及借鉴意义[J].新闻与写作,2009(6):57-59.

[18] 赵鼎新.社会与政治运动讲义[M].北京:社会科学文献出版社,2006:6.

[19] 李永刚.我们的防火墙——网络时代的表达与监督[M].桂林:广西师范大学出版社,2009:2.

[20] 王四新.网络空间的表达自由[M].北京:社会科学文献出版社,2007:87-92.

[21] 曾润喜.网络论坛的运行机制——以"家乐福事件"为例[J].电子政务,2009(2-3):77-84.

第三节　超越第四媒体认知互联网

长期以来，无论是媒体、官员还是公众，都倾向于将网络称为与广播、电视、报纸相对应的"第四媒体"。从网络所具有的功能看，网络发挥着信息传播的媒介功能，网络以比传统媒体更快的速度传递新闻信息，网络具有了传统媒体很难实现的互动性、平等性、多元性、及时性等功能。如果从网络所具有的传递信息的功能角度将网络看成是"第四媒体"是可行的。但需认识到，新闻信息的传递只是网络诸多功能中的一种。随着网络发展，网民增加以及各种现实社会形态的事物、话语、行为等在网络上的虚拟呈现和重塑，网络不仅实现了对现实社会中的经济、政治、文化和社会形态的重构和再造，也已具备了不同于现实社会的社会特征，即网络已充分"社会化"，网络已是具有极大发展潜力的新社会形态。正如传媒学家麦克卢汉指出：任何技术都倾向于创造一个新的人类环境。网络化逻辑的扩散实质地改变了生产、经验、权力与文化过程中的操作和结果。[1]在网络社会化态势下，如果人们尤其是领导者仍然仅仅把网络作为一种媒介来对待，其结果要么是制约网络发展，要么会造成自我落后与不适应。对于领导者而言，需从广阔视野来看待网络，并将网络作为一种社会来治理。

一、网络是一种新兴的经济形态

与人类对其他商品的消费相比，人们对信息和知识的消费是无止境、多样化和个性化的，这就意味着网络作为一种信息交流的平台，具有很大的扩展空间。[2]目前，互联网的应用正从一般的信息浏览功能，向更具价值创造功能的网络经济方向发展。[3]网络不仅深度介入各种传统经济活动领域，也形成了一种新型经济形态——网络经济。在传统的企业生产、大众消费等各种经济活动中，网络的作用越来越凸显，通过网络的信息传递、沟通、协调等功能，企业的管理形态、生产方式发生了极大变化，而应用网络来发展生产的企业也获得了生产率的极大提高和交易、管理成本的巨大降低。在大众消费中，网络的身影也日渐显现，通过网络来购买商品成了一种时尚。而各种商业网站、网络游戏、网络企业的兴起则说明网络已经制造了一种新的生产力形态。网络经济正逐步成为与传统实体经济形态相对照的虚拟经济形态而被人们广泛认知。

在这样的情况下，作为政府管理者的领导干部，需要认知到网络所具有的经济功能，将网络看做是一种可为的带动生产率、生产力发展的新的经济形态而大力发展。实际上，从发达国家的经验看，培育和发展网络经济不仅仅是企业或社会的行为，更是政府的行为，政府制定的法律、政策、支持工具以及塑造的信用环境和财税倾斜空间是促进网络经济发展的基本保障。在政府仍然是推动经济发展的主导和引导力量的背景下,政府的支持和推动会极大地有利于网络经济的发展以及网络对传统经济活动的介入和改造。而就具体方略而言,为了推动我国网络经济的发展,领导者需在推进网络技术改造和融入传统产业、企业,推进网络基础设施投资、网络营销、网络商务、网络市场发育,推进网络技术更新、跟进,推进网络立法和信用环境保障等方面进行谋划和思考,以构建具有相对完整的产业链条、合理结构体系的网络经济形态。

二、网络是国家政治治理新领域

近年来,网络民意、网络问政、网络问责、网络民主等正逐步获得更大发展,而这些概括新现象的新词也正在为更多官员和大众所认知。网络以其广泛的自由性、低成本的表达性、高效率的互动性等特征推动网络政治参与活动的迅速发展。在网络上,一种深度参与政治生活的"网络公民"正在成长。由于网络的作用,一方面,网络形成了对传统政治生活形态和政治治理方式的冲击。学者马歇尔·麦克卢汉曾指出:随着信息运动的增加,政治变化的趋向是逐渐偏离选民代表政治,走向全民立即卷入中央决策行为的政治。[4]网络打破了政治领域的信息垄断以及由此衍生的集权控制,网络塑造了更加平面化、聚合化的政治生态,而对于很多官员甚至领导者而言,这种平面化政治生态的调控是一大难题;另一方面,由于网络政治空间和政治形态的发育,网络中政治治理正成为一个新命题。对适应于治理非网络社会的官员而言,如何在网络中实施推动秩序形成的网络治理成了广大官员面临的一大挑战。

对政府官员而言,网络对传统政治生态的冲击和改造是一个愈发明显的事实,如果无法预见和体会不到网络的变革作用,政府官员所具有的适合于非网络环境的一系列治理思想、方法、技术和工具将逐渐变得无效,网络的介入需要寻找现实政治的新型治理机制。同时,网络这一新型场域也是一个必须面对的治理"领地",任何逃避、忽略等行为和害怕、恐慌等心理都无助于网络秩序的形成,也无助于网络治理的改进。政府官员需要认识到网络治理能力已是官员政治治理能力的基本模块,而网络执政能力则是政党执政能力的新领域。随着网络充分"社会化",网络不可能长期脱离于政治治理的场域,因此,探讨国家或政府建构网络秩序的路径,寻找治理网络的各种可行的治理方法、工具、制度和体制是当下各级官员尤其是居于领导地位的官员所必须注意的战略性命题。

三、网络是大众精神家园新空间

网络的发展影响着社会文化的生产和传播机制。在网络中,文化的生产和传播不再是权威性的辐射,而是平等的交流与互动,形成一种有别于现实社会文化的新的文化模式。[5]网络由于开放性、多样性而成为各种文化的集聚地,网络上充斥着各种类型的文化,而尤其以现代的、后现代的、时尚的文化为特色。同时,由于网络是一个有待开发和占领的空间,一些具有反政权、反权威、反秩序、反社会的力量、集团也会在网络上宣扬自我的文化、精神和观点。网络成了各种力量争夺话语权的"竞技场"。由于话语的相对自由特征,各种思潮、思想、观点就可以在网络上发布并引起争论,因此,网络往往是社会思潮争论最激烈、最活跃的领域。一些极端的、错误的思潮会获得一些网民的追捧并宣扬。在这种态势下,如果主流的文化和政党的意识形态不占领网络这个巨大的精神空间和家园,那么,网络就会迷失方向,网络也可能成为扮演突破或危害主流意识形态的角色。为了保障网络成为维护政权的正向力量,各国都十分注重将网络纳入意识形态的宣传领域。

对于政府官员尤其是领导者而言,需要充分认识到网络文化建构的重要性,需要采取工具性、制度性等得力措施促使与政权相适应的文化占领网络空间,而政府官员在施政过程中也要有意识地吸纳网络上先进的、优良的文化成为政府宣扬的文化元素。对于政府官员而言,要改变对网络文化不重视、不支持的错误或消极态度,从争夺话语权、合法性等高度来认知网络文化的建构和再造,政府要通过人财物的投入,新的机制、方法和制度的构建来有效介入网络空间,力求主导和引导网络文化建设和发展。这有利于避免网络文化的无序化,也有利于避免网络文化变质化。另外,网络无国界特征也加剧了各国力量对网络的争夺,由于发达国家所具有的天然优势,网络往往成为发达国家"贩卖"各种意识形态或社会思潮的工具和平台。因此,还需要防止外来势力和思潮的渗透和介入,采取可能的措施保护意识形态的安全和地位。

四、网络是日益发育的社会场域

互联网为人类开拓了一个新的生存空间——网络空间。网络空间是一个完全不同的新世界和"边疆",它需要一套新的隐喻,呼唤一套新的规则和行为。[6]网络形塑了一个全新的数字化、信息化、网络化社会生活空间,并由此迅捷地改变着人们的行为方式、思考方式、社会认同以及社区形态,从而引发社会结构的重大转型。[7]当网络日益社会化,网络中也会出现各种在现实社会中存在的社会组织、规范、价值、关系等。而只有当各种正当的组织、规范、价值和关系等得到维护、遵循和发展,社会才能有序化和正常化。相反,如果一个社会被一些非正常力量、规范和价值所主导,这个社会很难有一个健康的生态。人类社会发展的过程就是人类社会不断秩序化、组织化、规范化的建构过程。从历史发展看,人类社会是在漫长历史过程中实现了对自身的建构和塑造。然而,网络社会是在非常短的时期内形成的,除了可以借鉴和应用现实社会存在的各种规范、价值和关系外,网络社会还没有形成适合于网络社会交流、交往和行为的一系列元素。

网络社会系统有着复杂多样性的特质，加之系统内部和外部存在的异质性作用，使得虚拟和谐及其社会系统的建构过程异乎寻常艰难。[8]为了实现网络社会的较快速度的合理建构，政府和官员就应该发挥作用，使网络社会在一个有序的机制下不断发展和完善。政府可以通过可行的措施促进网络组织的发育，通过总结各种规约，推动网络交往规范的形成，也可以通过多层面的引导促进网络社会价值体系的建立。实际上，政府建构和塑造网络社会的过程，也是政府介入网络的过程。从现在网络发展来看，政府尤其要注重网络行为规范和网络信用机制建设，网络失范和网络失信都可能挫伤社会大众对网络的信心和认同。

在面对网络这一新的事物、空间、场域和平台时，政府及官员大有可为的空间，而为了建构秩序、权威、规范和主导价值，政府及官员也必须注重网络的发展和塑造。在当代现实社会中各种秩序、权威、规范、价值日益完善的情况下，现实社会的治理相对有章可循，现实社会的治理通常不是显现政权、政府和官员的能力和作用的空间，相对而言，能否实现对网络的合理化建构则是当代政权、政府和官员所面临的一个战略性主题。

参考文献

[1] 曼纽尔·卡斯特.网络社会的崛起[M].北京:社会科学文献出版社,2003:569.

[2] 李建军,杨玉.加快发展我国网络经济的思考[J].哈尔滨商业大学学报(社科版),2004(2).

[3] 孙小英.我国发展网络经济的思考[J].现代商业,2009(9).

[4] 邢勤锋,马辉.我国政治民主未来发展的着力点塑造——基于网络时代的视角[J].内蒙古农业大学学报(社科版),2009(3).

[5] 程亮.哲学视角下的网络文化教育探微[J].天府新论,2009(5).

[6] 杨礼富.网络社会的伦理问题探究[M].长春:吉林人民出版社,2008:12.

[7] 黄少华.网络空间的社会行为——青少年网络行为研究[M].北京:人民出版社,2008:1.

[8] 唐魁玉,何明升.虚拟和谐:网络社会系统的一种理想状态[J].黑龙江社会科学,2009(3).

第四节 地方政府网络舆情的应对能力

随着网络日益大众化、普及化、底层化、个人化,网络已逐步成为大众发表言论的平台,各种现实中的现象、问题、事件等都可在网上引起大量舆情。而一些具有极大争议的突发事件则往往会带来舆情喷涌局面。

一、地方政府应对突发事件网络舆情的主要问题

从近年突发事件网络舆情应对看,地方政府及领导表现往往不佳,糟糕的应对表明了地方政府及领导缺乏有效应对网络舆情的能力。具体而言,表现在以下方面。

(一) 对突发事件导致大量网络舆情不知情、不了解

一些领导干部忙于各种公务,没有时间上网查看各种情况,而本地也未建立网络舆情汇集、汇报机制,导致在突发事件发生后,领导干部对汹涌网络舆情不知晓。这在县乡等基层部门表现得特别明显。如在山西"黑砖窑"事件中,当网络已对事件进行了广泛报道,但当时任山西省省长于幼军打电话询问各地方领导时,很多领导表示不知晓网上言论。从现实看,较低层级政府和干部不仅不知晓网上言论,甚至也无法在第一时间知晓本地发生了什么事件,领导干部对事件及舆情的不知晓表明了当前舆情通道的不畅和领导干部的失职。而随着即时通信、手机短信、互联网、博客、维客等信息传播渠道的快速发展,网上信息源头和传播渠道急剧增加。"人人都能成为信息源",每个网民都可成为信息的发布者和传播者,可随时在互联网发布信息。[1]

(二) 面对突发事件网络舆情不知该如何应对

网络舆情具有快速交互扩散、快速聚集演变,指向政府、官员、警察、富人等特征,一个地方性突发事件导致的网络舆情能在极短时间内形成全国关注之势。在快速发展和增加的网络舆情面前,由于平时缺少准备、思考,不少领导干部在极短时间内想不出有效应对措施,也不知该如何平息网民对政府、官员、警察等的愤怒、不满情绪。另外,超越本地控制范围的网络及其舆情往往使本地干部手足无措,想有所作为或积极应对,却不知该如何作为,导致在长时间内沉默,或通过各种私下渠道试图"花钱消灾",或通过各种关系、力量等进行"平息"、"干预"等。如在湖北石首群体性事件、贵州安顺警察枪击致死案等事件中,当地政府在较长时间内都处于沉默状态,招致了网

民的批评。

（三）应对突发事件网络舆情时表现拙劣引起更多舆情

一些突发事件发生后，当地政府和领导干部十分重视，也采取了各种应对措施，试图通过各种方式平息网上各种评判，因此，一些地方政府和干部也对网络舆情进行了有限度回应，但由于顾虑过多，没有积极坦诚、主动说明事件相关情况，给人欲盖弥彰的感觉。因此，一些网民会基于政府和领导干部的无底气回应而产生各种联想，认为在事件中存在权力干预、腐败等各种潜隐性因素。如在昆明嫌犯邢鲲自缢身亡事件中，昆明警方用鞋带模拟嫌犯自缢死亡的过程试图平息网上质疑，结果引起更大质疑。而在山东新泰最年轻女局长事件中，女局长在回应中的一句"可笑"引起了许多网民对该局长能力、素质和背景等诸多疑虑。

（四）不知如何通过各种修复性措施减少负面舆情影响

突发事件发生不可避免，其带来的网络舆情尤其是仇官、仇富、仇警等也不可避免，在这种情况下，要做的不是封堵和压制舆情，而是主动积极引导舆情方向，变坏事为好事。然而，不少地方领导不熟悉舆情规律、实质等，不知该如何将负面舆情引向正面，也不知该采取哪些修复措施。如在邓玉娇案中，面对大量批评，巴东政府和领导被迫接受舆论指责。而在周森峰事件中，襄樊政府也是被动应付，出现一个质疑回应一个质疑，最后疲于应付而实行沉默政策。

（五）对网络舆情可能造成的现实影响和危害预期不足

目前，不仅突发事件会形成网络舆情，网络舆情也会形成突发或群体性事件，如上海、深圳等地涉日大游行、抵制家乐福、四川大竹打砸抢及厦门市民散步等事件，这些群体性事件或由网络舆情引发，或因网络流言致使事件恶化、失控，甚至有少数敌对分子有意利用网络制造群体性事件。[2] 再如，山西地震事件也是由于政府相关部门没有及时关注和回应网上地震流言而导致上百万人"等地震"行为，且造成了网民对政府和官员的极大不满。这些事件的发生和扩大表明了当前政府和领导干部在关注和预测网络舆情可能造成的影响方面能力不够，很多时候不知哪些事件会在网上形成普遍关注之势。

二、地方政府应对网络舆情能力不足的原因

观察各种突发事件引发的网络舆情及地方政府和领导对网络舆情的回应，可发现，目前绝大多数地方政府和干部缺乏有效应对网络舆情的能力，考察原因如下。

(一) 从网络舆情角度看,政府回应网络舆情面临着一系列困境

一是网络舆情变化太快,导致政府淹没在"信息海洋"中而不知回应什么。由于广大网民可深度介入网络舆情发布、传播等过程中,网络具有了信息量大、更新快、变化迅速等特点,虽然大量舆情信息可拓展公众对某个突发事件的认知,但从政府角度看,大量无序杂乱的舆情可导致政府不知该收集哪些舆情,也不知哪些舆情重要,在诸多消息或舆情喷涌的情况下,政府无法以最快最有效速度掌握舆情。而一些政府官员由于不懂网络、不懂舆情传播规律、方式等,则会强化政府"弱智性"或"茫然性"。

二是网络舆情传播太快,政府很难把握舆情传播范围、领域或人员。随着网络社会发育,网络在不断"大众化",也在不断"小众化",一些资深网民不再在网上"漫游",而是通过设定链接、好友等方式限定自我网络接触空间,从而形成"网络小众社区"。在这种情况下,政府不知道该选定哪个媒体或哪个舆情平台作为回应载体,在一些突发事件中,政府通常以本地网络为信息发布载体,但从现实看,很多网民并不浏览某些地方性政府网络平台,这就导致政府回应无网民关注的问题。

三是突发事件涉及部门太多,而政府内部协调不力或不畅导致无法回应网络舆情。在分部门管理体制下,由于突发事件牵涉部门太多,或突发事件消息为各分割部门所占有,以及分部门责任不清,可能没有部门愿意出来回应舆情,或某些部门只掌握部分消息而无法有效回应舆情,作为一个整体的地方政府也无法做到用一个声音发言。因此,突发事件衍生效应与政府部门分割体制不对称导致政府无法有效回应舆情。

(二) 从体制和机制角度看,网络舆情回应和应对存在着诸多不足

一是从体制角度看,由于地方政府和领导干部没有将网络作为另一个执政领域来考虑,因而在网络治理上未投入足够精力,缺乏针对网络舆情应对和网络治理、监控的专门、高效、科学的机构、人员和组织体系。如不少地方没有建立专门的网络舆情汇集、分析的机构和人员,也未建立网络舆情报送、反馈通道;有些地方虽然初步构建了网络治理和舆情应对组织体系,但存在着机构不健全、组织不完整、人员不充足等问题;而有些地方则未有效厘清各种机构、人员的职责、职能,导致多头行动、分散工作、协调失效等弊病,因而在网络舆情面前反应失灵。虽然一些地方试图通过建立网络新闻发言人体系来有效应对网络舆情,但网络新闻发言人只是表象,其背后需大量机构、人员支撑,需诸多机构为其提供足够、充分的信息,如果缺乏有效组织支撑,网络新闻发言人无法就事件、网络舆情作出合理判断和有效回应,只会官话、套话、大话、空话连篇。

二是从机制角度看,不少地方没有建立不同类型、级别的网络舆情的分层化预警、应急体系,工作规章、工作流程不明确,导致舆情无人汇集,或汇集了无处报送,或

报送了无人回应。没有建立有效、顺畅的基于各种机构、人员和组织的舆情应急流程和工作机制，导致在突发事件喷涌舆情面前，一系列常规性工作机制失效。有些地方则未重视在平常时期考虑突发状况下工作体系和运转机制，导致各种机制只能适应常规性工作，而无法胜任突发事件。由于机制运转不灵，一方面会导致舆情和信息不能及时传送给领导干部，领导干部面临信息真空问题；另一方面则导致领导干部设想的系列应对机制无法及时有效得到执行和贯彻。目前来看，大多地方在机制层面还没有建立和完善好，导致大量机构、人员无所作为或做无用功。

（三）从干部尤其领导干部角度看，其自身也有许多不足或问题

一是从态度角度看，一些地方干部没有认识到了解、占领网络空间的重要性，没有将网络看成是新的执政领域。对网络是一种规避、逃离态度；或领导干部对网络揭露、人肉搜索、网络审判有所顾虑而有意远离网络，对网络持一种恐惧、害怕态度；有些领导干部认为网络仅是多种传播媒介的一种，其影响力有限，不愿意将更多精力投入到对网络的关注和了解中，对网络及舆情持一种轻视、忽视的态度；有些领导干部虽然愿意认知网络，但对网络的繁杂现象和汹涌的网络舆情缺乏宏观把握和掌控，对网络舆情持一种畏惧、无奈的态度。

二是从行为角度看，一些地方干部习惯于各种常规性工作及因官场习气影响而形成了行为拖延、怠慢、说话假大空等问题，而行为拖延、说官话、套话在突发事件网络舆情应对中通常有害。网民最希望在第一时间了解到真实情况，也希望当地政府和领导干部坦诚、具体回应网民的疑虑和困惑。一些领导干部的不当行为和回应会引起网民极大反感。近年来网上频繁出现的最牛官腔表明了官员在面对媒体、舆论时行为失当。另外，一些领导干部在回应网络舆情时没有保持谦卑、真诚心态，以盛气凌人的态度指责网民、媒体等，这会造成更大负面效果。

三是从心理角度看，一些领导干部在面对突发事件网络舆情时存在着不适当心理预期和意识。如有些地方干部不主动介入事件处置和舆情应对，而保持"隔岸观望"心理，即消极等待或一味要求下级部门和基层政府自我处理。如在贵州安顺警察枪击致死案事件中，贵州省政府和安顺市政府相关部门和领导未及时有效介入事件，而是坐观关岭县和坡贡镇处理和应对；有些领导干部则持侥幸心理，对突发事件相关信息采取"拖、捂、盖"的措施，以为可防止舆情产生和增加。

四是从预防角度看，一些领导干部没有预防意识，一方面在进行常规性工作时不考虑本地发生突发事件的可能性，在进行各项工作时未将应对紧急突发事件作为工作重要环节；另一方面则不积极主动学习和吸纳其他地方应对突发事件的机制及经验教训，认为其他地方发生的事件不会在本地发生，这导致的结果是各种相类似事件频繁发生，但在应对和处理上，地方政府却没有增量性措施。如同属贵州，瓮安事件和贵州安顺警察枪击致死案事件处理就导致了不同的舆情反应，甚至可看到贵州政

府和干部并没有因为瓮安事件就有效提高了应对突发事件网络舆情的能力。

(四) 从社会转型和变化角度看,政府没有把握网络舆情的社会基础

一是政府与民间、官员与民众的矛盾在某种程度上已相当严重并有激化趋势。现阶段,由于相关政府部门在一些领域不作为或乱作为,导致民众对政府、官员怨声载道,非常不满。因此,民众需寻找一定渠道和途径来表达对政府部门、官员的不满,而网络成为了这样一个通道,且是相对有效的唯一通道。网络基本承受了全社会普遍的民众怨官、怨政府情绪,所以网络舆情表现出聚焦性、爆发性等,且几乎所有网络舆情都指向了政府部门、官员和社会。在这种情况下,个别性、一般性突发事件都可能成为整个社会和民众情绪的导火索,因此,突发事件网络舆情往往超过政府、官员甚至是民众自我预期和掌控的范围。目前,各种社会矛盾有激化和增多趋势,这给网络舆情的监控和引导带来了更大难题。

二是由于上网门槛越来越低。2008年以来,中国互联网向基层普及、覆盖速度明显加快,民众上网也不算什么新鲜事。在这种情况下,过去很少被关注和放大的基层矛盾与问题开始频繁曝光,情况远比想象的严重。不少基层官员素质堪忧,加之他们不了解网络和网民力量,恣意妄为,酿成祸端的现象层出不穷。近两年主要的网络热点事件大部分发生在县级或县级以下地区,却都掀起了席卷全国的网络风波。[3]这就意味着一些在基层干部看来见怪不怪的事件、现象都可能在网上形成关注之势。实际上,随着公众和网民法治意识、公平意识、公正意识等不断增强,基层施政中各种不合理、不合法的怪现象、行为、方式等将会遭到更多民众和网民的批评。

三、提高地方领导网络舆情应对能力的主要对策

大体而言,提高地方网络舆情应对能力主要有两个方向:一是提高地方政府构建突发事件网络舆情应急体系的能力,良好的应急、组织体系、工作机制可形成网络舆情应对的常规化机制;二是提高干部尤其是领导干部自身能力,包括认知、分析、引导、掌控、回应网络舆情的能力等。

(一) 从构建体制和机制角度看,可在以下方面有所作为

一是以政府管理的网络为基本平台,及时发布新闻、消息并设置专题网页聚合各方面舆情、评论等。目前,大多数突发事件通常发生在城镇、厂矿、村庄等局部性范围和场域,通常以县域或乡(镇)域为范围,为掌控突发事件消息、新闻发布权从而有效掌握网络舆情,政府及其掌控的媒体、记者等应在突发事件发生后若干小时内及时设置专题网站,并在尽可能短的时间内派出大量记者深入突发事件发生现场,及时撰写并发布关于突发事件的各种消息及最新新闻等,及时在专题网页发布。大量关于事

件的消息、新闻等可避免网民、事件当事人散播各种流言、妄言、小道消息等,从而使本地能够有效掌握舆论主导权,避免网络舆情失控。实际上,当网上有大量政府宣传和新闻部门发布的权威消息,网民的质疑、困惑及网络谣言、流言等会减少,这样政府需回应的网络舆情也就相应减少。

二是由政府网络舆情部门聚合各方力量形成网络舆情汇集、分析、研判和预警的团队或小组。在突发事件发生后,网络舆情管理部门应在尽可能短的时间内行动起来,迅速召集突发事件所在地区市、县相关网络舆情搜集、分析人员,组成网络舆情分析与应对行动小组,由舆情部门领导任组长或负责人。网络舆情分析与应对行动小组具有两个方面的功能:一是舆情小组可实行内部分工,分别关注各网站、BBS、博客、论坛等关于突发事件所形成的各种舆情,并及时汇总、聚集,以舆情专报方式报送到相关政府部门领导人或负责人,以使上级领导充分掌握关于某个突发事件的网络舆情;二是网络舆情小组积极提出网络舆情应对策略。由于舆情人员是舆情分析和应对方面的专家型人物,可凭借自我专业知识,分析网络舆情形势、特点、指向、诉求、变化等,并提出可能的应对网络舆情策略,在广泛探讨基础上,形成网络舆情应对方案,及时报送相关部门领导,为领导决策或下一步行动提供指导和参照。网络舆情小组及其从事的网络舆情分析工作是网络舆情回应的基础和前提,是政府部门充分把握网络舆情状况的有效方式,也是提供可行的回应措施、话语、方法的有效机制。

三是以宣传、新闻部门为主导或载体,形成一支兼职的资深网民队伍,以深度参与网络舆情的形成、演化和发展。为避免网络舆情"片面化"、"一边倒"或"反向化"及避免突发事件网络舆情被某些网民、媒体、强势集团所操控或主导,政府需通过各种方式深度介入网络及舆情形成中,而吸纳一批懂得网络并深谙舆情传播、演化、发展规律、话语方式的网民为政府服务是非常有效的方式。政府的宣传、新闻等部门可通过招聘方式吸纳一批资深网民,并通过一定奖励措施激励网民为政府服务。当某个地方发生突发事件造成网络舆情喷涌或"一边倒"局面后,政府宣传和新闻部门可通过资深网民来引导网络舆情指向,避免网络舆情"一边倒"或"指向政府"。另外,除突发性事件网络舆情应对外,政府部门可定期召集兼职网民就网络管理、网络舆情应对、引导、监测、分析等展开交流和讨论,通过集体智慧形成有效的网络舆情引导和监测体系。而受聘网民也可定期、不定期地将舆情热点及时报送相关部门以为决策服务,从而扩大舆情工作的网络和舆情汇集的范围。

四是以政府的宣传和新闻为主导,与非本地的主流网站,包括中央级网站、各大著名商业网站及一些富有影响的论坛、博客、专题网站、学术平台等构建交流、沟通和合作机制。目前,一些地方政府由于没有与主流网站构建交流、沟通、通报或反馈等机制,当一些主要网站发布了某个突发事件消息后,网站却没有及时跟进或发布当地政府声音,导致政府回应及政府作为等无法有效传递。而在一些突发事件中,地方政府为"息事宁人"或为"减少报道",对各大主要媒体进行各种"危机公关",而各种非正式公关活动可能掩藏着腐败、内部交易、不合理处置等不正当活动。为减少各种非正式的潜藏型公关活动,政府应力求与主要网络媒体形成正式交流通道和沟通机制,当突发事件发生后,以省级政府宣传或新闻部门为主导,与各大网站沟通或互通消息、新闻。而为避免突发事件网络舆情失控及为了使政府回应能够及时传播给各个对事件十分关注的网民,政府需将突发事件相关消息、处理过程及对各种舆情的回应等传送给各大媒体并力求让各大网站给予报道。实际上,构建了有效沟通、交流机制,可避免基层或地方政府的回应无处传递、发布的问题,或避免回应、发布无人关注的问题。

五是要对官员进行培训,形成一批了解媒体并善于跟媒体打交道的人员。要加强网络舆情工作组织领导,配齐网络舆情专兼职工作人员,通过聘请专家授课,举办专题培训等多种形式,全面提高网络舆情工作队伍素质。要把培训项目纳入干部培训内容,制订教育培训计划,采取"走出去"、"请进来"等教育培训方式,提高各级干部网络舆情应对能力,提高专兼职网络监控、评论员队伍能力素质,在常态宣传和应急处置中发挥网上生力军作用。[1]通过熟悉媒体的工作人员积极工作以有效应对负面事件和报道。另外,可借鉴新闻发言人做法,确定一个熟悉部门情况的人来接待记者,统一管理和发布重要信息。即规定如何与媒体打交道,本单位中哪些人有权接受媒体采访,谁能代表本单位对媒体讲话等。这样做的目的是,发生重大事件时,对媒体统一口径,用一个声音讲话,避免在媒体面前一个人一个观点,说法不一,前后矛盾。

六是建立完善的网络舆情监控和处置的专门性的网络警察队伍。创建"全天候"预警机制。在公安机关内部通信网络基础上,建立信息化预警平台,使社会动态、网情动态等涉及群体性事件方面的情报不受时间、地点、天气的影响,达到实时共享,一方预警,多方联动的目的。党委、政府、网警、武警、保卫等部门要形成情况的实时沟通机制,使网络群体事件的情报沟通和决策信息能够畅通无阻。当下,可行的路径是建立网络警察队伍。例如2006年深圳网民策划社保游行期间,网警支队做好控制措施,及时删除过激帖子和行动性帖子,并向网民宣讲社保政策,减少了群众对社保政策的误读,扭转了网上舆论方向,在网上化解了一场潜在的群体性事件。再如2005年深圳因燃油紧张,个别网民便在"野马汽车网"发帖号召滨海大道慢驶游行抗议活动,该帖迅速被转载至"深圳之窗"等网站,短时间响应人数众多,一起群体性事件一触即发。网警支队发现该情况后采取了有效的策略化解了这次策划中的群体集聚抗议行动:一方面迅速删除全部召集游行的帖子,另一方面迅速找到组织者孙某,对其进行引导和教育,使他主动在网上发帖解散游行,一场酝酿中的群体性事件遂被化解。[2]

(二) 从领导干部自身角度看,可在以下方面有所作为

一是转变观念和态度,主动认知和接触网络媒体。美国著名未来学家托夫勒说:"谁掌握了信息,控制了网络,谁就拥有了世界。"党政领导干部无视或轻视网络,等于自断了解社情民意的捷径,自阻整合民意人心的通道,自毁正面引导舆论的平台。[4]领导干部应主动接近网络媒体,抽出一定时间了解、认知网络媒体,学习一些网络方面的知识。为避免领导干部对网络认知的忽视,应从制度层面作出必要的规定或约束。地方领导可借鉴中央政治局集体学习制度,通过专门课程的学习使各领导干部增加网络知识及提升网络应对能力。同时,领导干部要摆脱对网络的轻视、逃避、恐惧、害怕、无奈等态度和心理,积极主动介入网络,并把网络看做执政和治理的重要场域,主动思考网络领域治理工具、方式和方法。

二是转变心理和行为。领导干部在面对突发事件时,要摒弃侥幸心理,主动寻求和积极公开突发事件相关信息,而不是采取封锁、捂盖的做法;摒弃"隔岸观望"心理,尤其是上级领导和部门不要怕"引火烧身",要认识到基层政府和干部在应对突发事件及舆情方面的经验、能力远远低于较高层级政府,且较高层级政府和干部有更多资源、工具和组织支持来应对突发事件网络舆情。从行为角度看,在召开新闻发布会进行舆情回应时,领导干部要有一种坦诚、谦卑的心态,首先要进行道歉或表明政府和领导的过失,而不是急于指责某些民众或某些行为者。

三是组织成立领导干部应对网络媒体的"专家库"。领导干部为有效应对网络突发事件或问题,需寻求外部指导或帮助,而利用高校或科研单位的专家是一个非常有效的方式。为避免出现网络事件或话题时不知所措,政府和领导干部可聘请若干具有丰富的网络知识和管理技能的专家作为专门网络顾问。当出现不利于某个地方的网络事件或话题时,领导干部可与专家展开交流以寻找可能的应对策略。实际上这是一个具有极强可行性的操作机制。同时,为使工作机制常规化,领导干部也可要求受聘专家定期就网上现象或本地可能出现的网络问题进行专题汇报或专报。

四是尽快抓住主动权,以我为主,用权威信息堵塞小道消息。被称为"战地玫瑰"的凤凰卫视记者闾丘露薇认为,媒体最希望对某件事情得到一个最好回应。在一些突发事件中,政府采取面对媒体的开放式良好姿态往往能把"危机"变成"机会",从而澄清误解,并赢得公众信任。但如果碰到获取信息的渠道受阻的情况,媒体记者就会各尽所能、挖空心思从侧面搜集信息并拼凑真相,将本来简单的情形复杂化。领导干部首先要以正面方式面对媒体,不应随意拒绝媒体采访,而且应该通过媒体向大众解释政府政策或行为的理由、过程、结果等,通过解释达成社会共识。最忌讳干扰媒体采访,用金钱、贵重礼品收买记者,这样只能适得其反。另外,领导干部应督促司法和公安机关定期或不定期召开新闻发布会,及时将各方面信息传递出去,这样可形成政府权威信息,防止各种小道、猜测性、质疑性信息传播或散布。其实,在一个突发事件

面前,你越掩盖,媒体就会越炒作;你越拒绝媒体采访,就越证明有不可告人的内幕。

五是不要与媒体结怨,而应该主动邀请媒体和网民参与事件调查中。要认识到即使媒体和网民对本地方负面事件穷追不舍、反复报道,也不要认为媒体和网民想给本地方出丑,而应认为媒体和网民是想了解真相、想把问题解决好。在邓玉娇案中,巴东县政府将媒体和网民等看成敌人,对媒体记者采取了封堵、打击等做法,这是非常拙劣的应对方式。在这方面,领导干部应借鉴云南在"躲猫猫"事件中的做法,在"躲猫猫"事件发生后,云南省省委宣传部发布网络公告,面向社会征集网民和社会各界人士代表,会同相关部门组成调查委员会。虽然有网友质疑省委宣传部越权,但在"躲猫猫"事件中,云南宣传部门在应对媒体和网民方面积极主动,效果良好。其实,一旦发生负面事件,尤其是关注度非常高的事件,不应是拖、堵、删等这样拙劣的做法,而应积极主动邀请媒体记者和网民、专家等参与到事件讨论和处理中,这会形成良好的政府与媒体的关系。

参 考 文 献

[1] 潘辉.关于新时期网络舆情工作的思考[J].理论学习与探索,2009(6).

[2] 杨久华.当前我国网络群体事件发生的模式、趋势及其防范策略[J].江西公安专科学校学报,2009(3).

[3] 胡彬.2008年以来中国网络舆情新格局[J].青年记者,2009(8).

[4] 易炼红.领导干部如何面对网络舆情[J].领导科学,2009(8).

第五节　网络问政的平台与工作机制

在新媒体时代,网络作为巨大的信息载体和舆论平台,不仅形成民众新的生活方式和生存状态,也是政府治理的新领域、新平台。2005年"民意直达高层直通车"的诞生,2006年中央人民政府门户网站开通,2008年6月20日胡锦涛总书记通过人民网与网民在线交流等活动标志着网络民意的合法性,网络问政这一新型执政方式带来一股新风,成为中国政治民主化进程的亮点。人民网2006年创办的"地方领导留言板"是网络问政及民众"提问"平台的一个范例,为全国60多位书记省长,近千位副省、地市级党政正职官员及1000多位县委书记分别开通专属留言页面,供网友随时随地以留言方式向各级领导干部反映情况和问题。本节以人民网"地方领导留言板"为例,对网络问政这一新型网络政治形态进行初步的学术探讨,旨在探索和构建网络问政的基础理论体系,为政府及其工作人员提供理论支持和科学参考。

一、网络问政的"提问"与"询问"

目前学术界对于网络问政的含义还缺乏科学探讨,中国学术期刊网上检索到的期刊文献中,对网络问政作出的定义无法科学涵盖和界定网络问政的内容。较为明确的定义仅有:所谓网络问政,主要有两层意思,一是提问,公众个体或群体向社会或党政部门及其领导人,基于互联网提出或表达各类诉求和意见,行使知情权、参与权、表达权、监督权;二是过问,即党政部门及其领导人通过互联网问政于民、实现科学决策、解决实际问题、接受监督。[1]但有必要将其"过问"的界定修正为"询问"。"过问"一词包含有政府"以上对下"的感情色彩,而"询问"不仅明确了"政民平等"的定位,也体现了政府关切民意的宗旨。

此外,需要指出的是:第一,网络问政属于一种网络政治,是政治民主化在网络中的延伸;第二,网络问政的"提问"和"询问"两层含义都离不开政民互动这一特征,可以说政民网络互动是网络问政的一个本质特征;第三,各种政民网络互动活动都可以被认为属于网络问政,因此,网络问政是一个范畴较广的概念,包括政府对于一些公共舆论事件、公共突发事件的网络回应等;第四,许多人将政府信息公开混同于网络问政,是不恰当的。严格说来,因政务公开不具备政民互动性,所以将政务公开认定为网络问政的基础条件、先行环节或辅助环节或许更加合理。

同时,在网络问政的"提问"与"询问"之间存在交互性,在具体网络政民互动活动中,两者可以相互交织、转化。二者之间又有一个重要区别:网络问政的"提问"部分系由民众决定问政的主题,以民众为问政的主导,交流的主要是民众关心的问题;而网络问政的"询问"则主要由政府设定主题,政府是问政过程和内容的主导,交流的主要是政府关心的问题。虽然政府和民众关心的问题有着最终目的的一致性,但由于政府和民众的立场和视角有着一定的差异,网络问政的"提问"与"询问"有不同的意义。

通过对上述概念的界定和梳理,笔者以为,应将网络问政在含义上区分为"提问"和"询问",对于网络问政的探讨也有必要基于"提问"和"询问"两个层面来展开。如湖南省政府发起的"解放思想大讨论活动"、重庆市的"问计寻策活动"和江西省的"问计网"等,属于网络问政的"询问"部分;而领导干部与网民在线交流活动、湖南省的"网上嘉宾访谈"和人民网"地方领导留言板"等形式,则属于网络问政的"提问"部分。(见表5-1)其中,从传统的"领导信箱"发展而来,主要用于网上信访的民众"提问"平台,是网络问政"提问"部分的最主要载体和形式之一。人民网"地方领导留言板"是网络问政的民众"提问"平台的一个范例。本节着重以人民网"地方领导留言板"为例,专门对网络问政的民众"提问"平台进行探讨。

表5-1 网络问政的"提问"和"询问"

网络问政的"提问"部分	民众"提问"平台	人民网:"地方领导留言板"	
		辽宁:民心网	
		山西:"社情民意绿色通道"	
	从中央到地方:领导干部与网民在线交流活动		"提问"和"询问"两部分交织
	湖南、浙江、河南等:在线访谈		
网络问政的"询问"部分	广东:领导干部与网民代表"网下"座谈		
	重庆:"问计寻策活动"		
	江西:"问计办"和"问计网"		
	湖南:"解放思想大讨论活动"		
	江苏:领导干部集体"开博"		

二、网络问政的"提问"平台的特征

1. 网民身份回归现实

2009年2月26日《中国青年报》社会调查中心通过益派市场咨询公司对2874人进行的调查表明,61.4%的网民认为网络具有匿名性,"最方便网民说实话"。这是公众的看法。实际上,在一般的网络平台中,由于网络ID会隐匿使用者的真实身份,网友反而乐于使用虚拟身份,产生一些不符合本人身份和意识的网络言行,躲避现实、无视现实、践踏现实,随意性和虚假性极大。在网络问政的"提问"平台中,网友能够说出实话并不完全是由于网络匿名性,相反的,正是网络问政的"提问"平台使网民身份回归现实。因为网络话语和行为是基于现实的并且即将作用于现实、产生现实意义,所以网民言行会在相当程度上摒弃各种不单纯的动因并代表网民自己的立场。

网民身份回归现实,并不存在明显的身份暴露而影响信访效果的问题,网络隐匿性对网友身份的保护屏障仍然存在。例如,人民网"地方领导留言板"的注册环节虽然需要简单的网民身份信息,可能足以用来调查网民的真实身份,但是,这种调查需要专业技术支持,并经过合理、合法的程序,因此基本不可能也没有必要启动调查,网友身份不会直接暴露。领导干部在浏览信息时不会对网友的身份背景形成直观的感受,几乎可以消除区别看待网民诉求的情况。

2. 数字鸿沟影响巨大

在《中国青年报》社会调查中心的调查中,67.2%的网民认为互联网的在线形式"弥合了阶层地位等各种差异",网友之间一律平等,没有沟通距离。但是,应该明白,这种"平等"仅存在于网民的范畴中。问政这一民主政治形式应当以全体公民为对象,网络问政活动同样无法忽视非网民群体的立场。

目前中国网民数量已达4亿多,受教育程度较低的网民和农村网民的数量在迅速增长。但是,相对于中国13亿的公民来说,网民数量仍然只是少数;在受教育程度较低、经济条件较差的民众中,上网的仍然是少数。电脑操作需要掌握一定的技术,数字鸿沟是无法消除的。虽然在互联网上"人人可以消除地位身份上的不平等",但对于不能上网的人来说,不可能实现获得信息权利的平等,从而会加剧现实生活中的不平等,并影响信息发布的覆盖面。[2]较之网络论坛等其他网络空间,网络问政平台具有更大的现实意义,数字鸿沟问题带来的政治影响和收益影响将更为直接和突出。

3. 政民互动特性增强

一般的网络平台由政府或网民一方主掌麦克风,在政民沟通、互动,以及政府分析应对网络舆情等方面,较难发挥积极作用。例如,政府门户网站主要是政府政务公开或新闻发布的平台,很难产生强大的舆论引导力量;网络论坛则是网友言论的集聚空间和网友辩论的发生平台,政府要对该类网络平台中的网络舆情进行分析研判,需要很大的工作力度和强度,难以取得期望的绩效。

网络问政的"提问"平台是政府和民众沟通交流的平台,双方可以处于"你一言我一语"的对话状态,有效弥补了一般网络平台"自说自话"的弊端。此外,传统问政形式中,"致政府的一封信"可能一经寄出就如石沉大海不知所终,基本处于单向状态;在人民网"地方领导留言板"中,每位领导干部收到了多少网友留言,回复了多少网友留言,都有公开的统计数据,这对于政民互动是一种很好的保障。(见图5-1)

4. 网络话语相对平和

在网络问政的"提问"平台上,一是由于网络问政具有现实性、政治性和正式性,

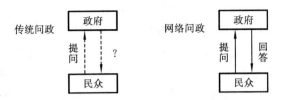

图 5-1 传统问政和网络问政的政民互动性对比

网友的网络语言在相当程度上摒弃了娱乐至死的无厘头化以及"烧烤式焦虑"的暴力化;二是由于网络问政的形式给了网友解决问题的希望,由冲突的利益关系引起的语言上的冲撞性也相对平和化;同时,在网络问政的"提问"平台上不会形成盲目支持或起哄的网民群体,故不至于因为激烈的言辞而使事态不必要地扩大甚至恶化。在网络问政的"提问"平台上,政民的沟通交流较为友好和平和,营造出了一种和谐的议政氛围,对良好的政治环境建设具有积极的意义。例如,在人民网"地方领导留言板"上,2010 年 8 月 3 日网友在给新疆维吾尔自治区党委书记张春贤的一条留言中反映,许多干部职工"探亲假每三年一次"并且"家属请假难,还要扣工资",而领导干部"来回坐飞机不说,有事的话一年来回好几次,全是报销"。如果说在其他场合网友的情绪往往会在这种强烈对比之下被激化的话,那么反映在网络问政的"提问"平台上却十分友好和平和,网友仍然不忘表达"打扰您了,谢谢"之类的敬语,形成了超越一般网络平台的良好网络氛围。

5. 反映问题直观快捷

如果不是网络问政的"提问"平台创造了契机,网友可能不会深入思考自己所面临的问题及其原委,也不会系统性地整理或逻辑性地编辑自己的意见并把它们发表出来。一般情况下,网民对政治性的、正式性的观点欠缺思考,容易凭借模糊的认知作出盲目判断,从而产生偏颇的、随波逐流的意见,即使是能够正确反映问题的网友观点,也往往支离破碎地夹杂或隐含在连篇累牍的网络言论当中。许多民众由于找不到有效的诉求渠道,甚至不会把真实想法表达出来。网络问政的"提问"平台则促使网友对意见和建议进行逻辑性编辑,并将其集中、直观地展现到网络上。在人民网"地方领导留言板"上,网友不仅反映了普遍性的问题,如湖南省永州市宁远县中和镇西山村没有公路,3000 多村民走 10 多公里山路买东西的问题;还反映了许多个别性问题,如福建省福鼎市居民家门前不到 100 米的泥土路给网友自己和邻居带来不便的问题;也包括一些有待查证的存疑问题。这些问题面面俱到,是传统问政过程中难以获知的民情民意。

6. 网民监督力量增大

作为政治民主化的一个新形式,网络问政使网民行使监督权,使政府接受监督本身就是对民众监督力量的一种追求。此外,民众"提问"平台建立在网络这一公共空间当中,较之传统问政,首先使无诉求的民众也能够基于网络参与进来,发挥其作为"看客"的监督作用;其次是问政信息在网络问政的"提问"平台上公开化透明化,政府如有偏颇、渎职等行为将被一并呈现在阳光下,对政府行为构成一种鞭策;再次就是政府对于网络平台技术上的操作、干预权力也受到监督和限制。网络问政的"提问"平台极大地挖掘和利用了网络和网民的监督力量。人民网"地方领导留言板"设置的"领导干部留言量和回复量排行榜",使领导干部回复留言的工作情况受到网民的监督;网友也能够对自己和他人的留言得到领导干部关注的情况有所了解,2010年7月18日就有一位网友将自己未获得答复的情况公布在了网络平台上。

7. 政府服务角色强化

在网络问政的"提问"平台中,我们无需思考"网络是一个自由世界吗?""政府如何干预网络社会"之类的问题,因为政府不是以管理者的身份出现而使其服务者角色得到了显著强化。对于民众"提问"平台上反映出来的舆情现象,政府的主要任务绝不是设置网络发言人、官方意见领袖、网管版主等来对舆论进行引导和管控。政府不仅要监管网络"提问"平台的维护,以保障民众诉求的及时畅通表达,更要从具体实务层面着手对网友留言做好处理和回应工作。在网络问政"提问"平台运行的全过程中,政府始终要以服务为目的。这是政府角色的一种从理念到行为上的转变。在人民网"地方领导留言板"上,对于网友致安徽省省长王三运的留言,安徽省为了作出令网友满意的答复,于2010年8月6日调动了淮北市政府、阜阳市政府、合肥市政府等各市政府以及省高速公路控股集团、省交通厅等多个部门,集中回复了20项网友提出的问题。

三、网络问政的"提问"平台的作用

1. 促进民意的有效表达

第一,有利于民意的真实表达。专门的、官方的民众"提问"平台排除了网络舆情的戏说、恶搞成分和娱乐化、无厘头化因素,摆脱了"眼球经济"时代下的"注意力为王"心态和人为操纵行为,一定程度上缓解了表达的情绪化、极端化和利益化。"哈哈镜"式的网络空间中一些扭曲变形的舆论在网络问政的民众"提问"平台上还原了真实面目。

第二,有利于民意的畅通表达。一方面网络问政的"提问"平台拓宽了传统的民意表达渠道,民众不再"诉求无门";另一方面公开的回应方式能够使这一新型诉求渠道得到民众的信任和青睐,民众敢于说话、乐于说话。

第三,有利于民意的及时表达。网络问政的"提问"平台有效利用了网络的及时性、超地域性,使民众无需创造条件、寻找时机、四处奔波,即可在问题产生之初与政府领导干部展开沟通交流。

2. 提高政府的管理绩效

第一,有利于政府及时、便捷地了解民意。使民众意见和建议直接、迅速地通达政府,压缩了政府对瞬息万变的网络舆情分析研判的工作量。即使是在网络舆情分析研判机制不健全的政府部门,领导干部也不至于对社情民意完全无法把握。领导干部每天来到办公桌前时,只需点击、登录网络问政的"提问"平台,即可一定程度上知民众所想、急民众所需。

第二,有利于政府第一时间、尽其所能地化解矛盾。通过网络问政的"提问"平台,政府能够在第一时间内解答民众的一些问题,消除民众的些许疑虑,在此基础上有针对性地办些实事。在避免民众情绪积压甚至爆发从而引发突发事件带来恶劣后果方面,具有重大的积极作用。

第三,有利于政府决策的科学化、创新化。网络问政是民众最广泛的参政议政形式。在网络问政的"提问"平台上,政府能够直面舆论监督的压力,及时有效地听取民众对既有决策的反馈和对未来决策的建议。此外,网络的公共性、隐匿性、自由性等特性促使网络问政平台发展成为政府的民间思想库,使网络民意成为政府最强大的智慧来源。

3. 强化媒体的舆情应对

第一,有利于创新媒体的舆情应对模式。新媒体时代下网络社会的飞速扩展和多元化、自由化发展,对政府以及媒体的舆情引导和应对工作提出了巨大的挑战。类似于人民网"地方领导留言板"的网络问政形式克服了传统媒体应对模式的无力、乏力状态,成为有效、高效的媒体应对模式的创新典范。

第二,有利于促进媒体参与社会公共治理。随着网络政治的发展,网络媒体自身的角色也开始发生变化,即在承担信息传播功能和舆情功能的基础上,构建公共话语空间、参与社会公共治理的职能得以凸显和强化。[3]这成为政府治理和公共治理的良好助力。

第三,有利于加强网络舆情引导的主动权。网络问政及其代表之一——人民网"地方领导留言板"的出现,使政府的舆论引导工作呈现出由被动到主动的转变,政府掌握网上舆论引导主动权具有现实可行性。

四、网络问政"提问"的办理工作现状

1. 政府留言办理制度的体系性有待加强

据统计,网络问政出现以来,山西、安徽、河南、广东、天津、云南、吉林、四川、辽宁、广西 10 个省(市、区)已经以"红头文件"形式建立起回复办理人民网"地方领导留言板"留言的工作机制。但是,该制度和机制仍然较为零散和单一,尚缺乏完整性、系统性和连贯性,对于每一部门在每一时间点应按照什么制度、完成什么样的工作指

标,还缺乏明确、全面的联动机制加以规范。(见表 5-2)民众"提问"涉及方方面面,问题多种多样。例如,分析人民网"地方领导留言板"可以发现,一些问题很琐碎,较难落实;一些问题则可能长期存在,短期内极难改变;存疑问题尚无凭据,还需进一步查证。政府留言办理制度缺乏体系性和连贯性,就会较难适应复杂的留言办理工作。

表 5-2 地方政府网上留言办理工作制度典范

辽宁省	公开受理反馈的公开机制;直办和督办相结合的责任机制;群众参与的考核评价机制
内蒙古自治区	"五步联动":留言浏览、甄别梳理、定期呈报、分解交办、统一反馈 "三项制度":留言办理专人负责制、定期呈报和交办制、留言办理结果反馈制
甘肃省	"采集—整理—呈报—督办—处理—回告(回复)"的工作流程 受理内容、回复程序、回复原则等方面的规范
山西省	"收集梳理—分类办理—办理制度—回复反馈—档案留存—信息通报"的工作流程
安徽省	"主动认领和指定交办相结合"的办理机制 "四个一":一日一清理、一周一回复、一月一办结、一月一分析
江西省	一般信息的及时答复制;一般信息的即转制;重要信息的全程督办制;信息一日送达制;信息处理的横向沟通制;信息处理的反馈制;信息处理的定期通报制

2. 政府留言办理工作的深度仍需加强

根据人民网"地方领导留言板"2009 年 8 月 3 日公布的特别策划,在网友留言统计数据中,得到回复的网友留言数和得到解决的网友问题数仍然很少。数据显示,人民网共刊发留言 97746 条,各地党政领导答复留言、解决问题 11506 条。虽然留言答复必然滞后于民众留言,并且解决问题需要一定的时间,但是对于未得到回应的网友留言,如果没有其他通告方式,民众难免疑虑自己的留言石沉大海、不了了之。同时,数据还显示,累计 41 位省级主要负责同志公开回应网友,157 位地市级主要负责同志答复网友。在人民网为其提供专属留言页面的领导干部中,仍然只有部分作出公开回复,部分省、市、地区领导干部留言的回复量甚至为零。

"提问"的办理工作除了追求留言办理数量以外,还要进一步考察办理留言的质量。以人民网"地方领导留言板"为例,尽管专门设有"网友反馈"界面,但只是将零散的网友反馈简单地集中起来,没有对反馈网友的满意度做量化调查。此外,人民网"地方领导留言板"在帮助界面中指出,留言板系统禁止用户对其他用户的留言进行评价,阻碍了网友评价作用和"看客"作用的发挥。

3. 政府在不同平台上的留言办理工作缺乏对接

除了人民网"地方领导留言板"这一唯一覆盖全国的互联网官民互动平台,各个地方推出的类似于辽宁"民心网"的网络问政平台越来越多、越来越优秀。一个地方的民众有两个或者更多的网络问政平台作为选择,如果政府网络问政平台回应不及,个别的网络问政平台难免成为"其次",相应的一些网民回复就会受到"冷落",使网络问政工作成效大打折扣。

从目前人民网"地方领导留言板"的运行来看,人民网为全国省长、副省级、地市级党政正职官员及县委书记开通专属留言页面,领导干部难免是出于被动,只是按照网络问政平台的需要进行应对。这既是政府留言办理工作深度仍然不足的一个原因,也带来政府对不同平台的"提问"的办理工作缺乏对接的问题。

五、网络问政"提问"的办理机制重构

政府对网上民众"提问"的办理机制如图 5-2 所示。

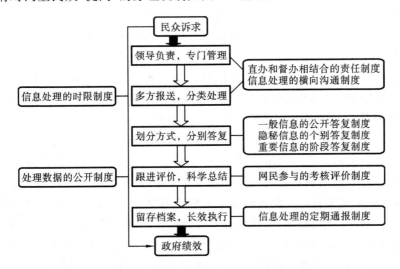

图 5-2 政府对网上民众"提问"的办理机制

1. 领导负责,专门管理

留言回复工作由领导干部本人亲自完成将存在一定的障碍,一是作为身负重任的领导干部,往往难以在工作中事无巨细;二是领导干部本人亲自浏览和回复留言,可能难以深入到具体实务层面,或者与具体实务产生偏差。人民网"地方领导留言板"为书记省长、副省级、地市级党政正职官员和县委书记开通专属留言页面,并不意味着应由这些领导干部亲自浏览和回复民众留言。对此,一些地方政府设置了专门的管理机构和队伍。例如,山西省政府网民留言办理工作组,甘肃省政府信息化工作

办公室等,对网络问政平台上的留言进行预处理和报送;而拥有专属留言页面的政府核心领导干部主要负责审查和批示;其中的信息传递工作和最终的回复发布工作则仍由专门管理机构执行。

2. 多方报送,分类处理

随着人民网将"人民建言"系列留言板中的"中央领导留言板"、"部委领导留言板"不断做强,领导留言板的中央、省(市、区)、地、县各级领导的"纵向"功能已经得到了较好的构建,使政府客观上达到了对民众留言分级负责的效果。在政府内部进一步依照部门划分"横向"的责任范围,将"纵向"与"横向"相结合,是一些地方政府在网络问政的留言办理机制方面正在努力和需要努力追求的方向。网络问政平台上的民众留言涉及科、教、文、卫等方方面面,将留言分入不同的部门类别,多方报送,有利于形成专事专办的科学制度和良好局面。

大部分地方政府的专门管理和分类处理已经做得比较出色。例如,2010年6月24日天津市集中答复网友致市委书记张高丽的18条留言,回复甚至不以民众的问政对象张高丽本人的名义进行,而是以西青区政府等市辖区、县政府或市公安局、交管局等部门的名义进行了回复。部分尚未较好落实网络问政工作的地方政府,有必要多方调动政府内部各部门,统筹协调网民"提问"的办理工作。

3. 划分方式,分别回应

可根据一般信息、隐秘信息、重点信息的简单划分,相应地规定回应方式。一般信息是指可以即时对其答疑解惑或尽快解决相关问题的留言,对此应当尽快公开发表答复;隐秘信息是指能够对其进行处理但不便公开答复的留言,对此应当进行可经查询的个别答复,但同时应当计入公开的处理数据中;重点信息是指暂时难以对其进行处理的留言,对此应当进行阶段答复,首先回复"已接收"字样,及无法处理的原因或未来处理计划,然后将计划处理的留言归档督办,根据处理进度后续答复。

划分回应方式的目的是使暂时难以处理或不便公开的留言也在公开的网络问政平台上留下痕迹,以向公众表明任何有意义的留言都将得到关注和处理,即便暂时并不能解决问题。这是由于留言的回应情况影响着网友对政府工作效率的肯定,以及他们留言的热情和积极性。根据人民网"地方领导留言板"的数据统计可以发现,留言量大约是回复量的8倍,其余7/8未经回复的留言下落如何,可能成为网民关注的问题;领导干部回复量少的地区留言量也相应减少,领导干部回复量大体上与留言量成正相关,而回复量反过来又影响留言量。

4. 跟进评价,科学总结

应重视和收集问政者对政府回复的进一步反馈和满意度评价,以保证对网友留言的回应质量,把握问题处理的效果;出于同样的目的,有必要对网友留言进行科学总结,对网络问政中的民众诉求主题进行定期归纳,分析民众诉求的共同现象和变化情况规律。对此,人民网"地方领导留言板"已有专门开设的网友反馈界面;一些地方政府的相关工作也已经根据具体情况展开,"留言汇编"、"舆情报送"等形式的资料不仅有利于政府留言办理工作的评价和总结,也有利于将单独的意见和建议聚合,使其发挥出整体作用,使个别问题的处理效果上升到改进宏观理念和整体决策,将网络问政平台收集到的社情民意真正转化为执政"生产力"。

5. 留存档案,长效执行

对于一般信息、隐秘信息、重点信息应当分别进行档案留存,以便进行阶段处理和全程督办,确保网民诉求不会"无疾而终",使网络问政工作有效化、长效化。另外,领导电子信箱是最早的网络问政形式之一,随着时间的推移,许多地方的领导电子信箱都被不同程度地搁置,甚至无人问津、流于形式。不排除一些网络问政平台中也有这种"潮流"过后就被政府部门和领导干部忽视、遗忘的可能。有效的监督和激励是保证网络问政平台长效运转的重要条件。人民网"地方领导留言板"的数据统计表以及"领导干部留言量和回复量排行榜"、"留言办理工作先进单位"称号等,实际上都是一种对领导干部履职的监督和激励。山西省对拖办回复者的问责措施等处罚制度,也是一个好的范例。

六、结语

本节重点研究网络问政及其"提问"平台,界定和说明了网络问政的学术性概念,将网络问政的"提问"和"询问"区别开来;对网络问政"提问"部分的主要载体和形式——"提问"平台的特点和作用进行了归纳和梳理;针对网络问政"提问"过程中政府留言办理工作的现状和不足,对网络问政"提问"的办理机制进行了设计和重构。对网络问政这一新型网络政治形态进行初步的学术探讨,有助于探索和构建网络问政的基础理论体系,为政府及其工作人员提供理论支持和科学参考。

参考文献

[1] 李金兆,董亮.网络问政与政府门户网站发展[J].中国信息界,2010(3):44-45.
[2] 曾润喜.网络论坛的运行机制——以"家乐福事件"为例[J].电子政务,2009(2-3):77-83.
[3] 徐徐.试析"网络问政"所折射的政府、媒体、公众关系[J].新闻记者,2009(10):79-81.

第六章
网络舆情与公共政策

第一节 网络舆情与公共政策的关系

网络舆情在其形成的过程中,网民心理发挥了重要影响。本章主要结合案例剖析网民心理,归纳中国网民的政策态度形成的过程,发现中国网民公共政策态度形成的规律,从而为公共政策的科学制定和有效执行提供建言。

一、网络舆情对公共政策具有重要意义

随着社会的进步和公民主体意识的觉醒与提高,中国公民日益广泛地参与社会公共政策制定的活动。由于转型社会的复杂性和建设和谐社会的需要,政府也越来越意识到公民积极参与决策的重要意义,以平衡各方面的利益需要,制定出"帕累托最优"的公共政策。网络为公民与政府的沟通互动提供了一个高速便捷的平台。

网络舆情是互联网时代公众利益表达的一种新方式。互联网的诞生促使了由无序到逐渐成长的近似于哈贝马斯所言的"公共领域"的产生。网络成为公众利益表达的重要渠道,将有助于提升政府决策水平。一方面,网络是民意向政府传达的捷径。它减少了信息输入的中间环节,有助于使普通公众的要求接近决策核心,实现多元利益的有效表达。另一方面,网络成为政府了解民意的桥梁。民情窗口、电子政务等使政府部门更深入更广泛地获得公众态度和信息反馈,尤其是弱势群体的意愿,可有效克服政府决策的盲点。

二、公众的政策态度影响公共政策的成败

网络舆情中与公共政策直接联系的一个因素就是网民的政策态度。网民的政策态度是网民对涉及公共利益的政策在认知基础上形成的满意与否的心理感受以及相应的支持或反对的心理倾向。网民的政策态度是公众以网络为载体对政策认同与否的反馈。公共政策执行受到政策环境、政策主体、政策对象等多种因素的影响,公众

的政策态度是影响公共政策有效执行的关键因素。公众认同一项公共政策,说明公共政策较大程度上体现了民意,同时也将在执行中获得民众支持。相反,公众若质疑或反对某一项政策措施,该政策手段在执行中将不可避免地受到阻碍。

那么,在当代中国社会环境下,公众的政策态度如何形成?公众对政策的理解与政策制定者的本意是否存在偏差?这种偏差如何形成?怎样消除?这是本章重点讨论的方面。

三、网民的政策态度对公共政策的价值

在此,我们探索网民的政策态度对公共政策的价值,并提出创新政府与网民的政策互动机制。

(1)发挥网络"决策气球"功能。在政策制定初期,借助网络平台,通过网民对某一政策雏形的态度反馈决定是否推行或出台该政策(如"黄金周"措施的形成)。

(2)增强网络"决策智库"作用。针对某一社会问题的解决向网民广泛征集可行方案,集思广益,如劳动法(草案)的拟订和医疗保险制度改革方案的出台。

(3)创新网络的"政策修正"机制。在政策执行中,激励网民积极负责地参与政策的改进,政府以开放的心态回应。

(4)实施"贡献激励"机制。鼓励网民在政策倡议和政策纠错等方面献计献策以增进公共利益,对为政策完善作出贡献的网民进行激励,如给予奖励荣誉等。

第二节 网民政策态度形成机制研究

公共政策态度是公众对涉及公共利益的政策在认知基础上形成的满意与否的心理感受以及相应的支持或反对的心理倾向。

近年来,公众逐渐通过网络表达政策态度。日前宁波公务员错时上下班以减少交通阻塞的政策遭网民热议和质疑,网络舆情呈现出要求精简公务员的趋势。"网议宁波"是本书始用的专用词,意指关于宁波市政府一个公共政策引起网络热议的事例。为缓解高峰时段交通堵塞,宁波市于 2009 年 12 月 20 日发出通知:12 月 21 日起,宁波市、区机关事业单位临时实行错时上下班,上班时间为上午 9 时至 12 时,下午 2 时至 5 时 30 分,一天工作时间缩至 6.5 小时。各网站均有网民对此的质疑和评论。如截至 2010 年 1 月 10 日,南方周末网的民调中心栏目共有 15869 人投票。网民对该政策态度的投票结果显示"缩短工时说明公务员工作量不足、应裁减公务员"选项占 80.32%。网民认为这一政策是对公务员"新的隐形福利",公务员则认为是公众误读了政策。符合代理人和委托人双方利益、受劳动者欢迎的灵活工时政策,[1][2][3]却为何在公务员成为政策对象时,公众反而持否定态度?

"误读"政策背后隐藏的深层原因值得探讨。第一,网民并非对灵活工时政策持否定态度。无独有偶,为达到相同政策目的,重庆也采取了调整工时政策,并未被网民质疑,该政策与宁波政策的差异仅仅在于该政策的对象是公务员以外的其他劳动者。这表明公众在潜意识中将公务员的利益与自身利益相对立,并以此为基础认知公共政策。第二,一般认为,政策认知缺陷的根源在于政策认知的主体对政策信息的选择性认知和创造性理解,或知识素质偏低,或政策语言信息指代不明[4]。在网民对宁波公共政策态度形成中,后两点影响因素可排除,但选择性认知和创造性理解并不必然导致"误读"。"误读"在什么条件下或何种特殊背景中被催生?这有待进一步探索。第三,以往关于政策认知、态度等心理的研究较为宏观,有普遍意义,但若仅从认知心理学角度,抛开我国特殊的社会环境,也难以完全解释网民对一个并不复杂的政策措施的排斥态度。鉴于此,我们拟通过这一事件研究网民在特定环境下的政策态度形成机制。

本节通过采集网民对新政策措施(公务员错时工作以疏通交通)的感知和反应的数据(网络跟帖和网上投票),运用扎根理论分析数据、建构模型来解释网民政策态度形成的过程及机制,并采用社会分层理论和相对剥夺理论分析模型背后的深层原因,即在社会转型阶段,社会分层,利益分化,公众产生相对剥夺感;由于以往政策产生的利益分化没有消除,影响民众对新一轮政策的认知,并对政策对象采取不信任的态度和批判倾向。通过逐步分析,文节最后归纳出"政策认知定势"和"政策沉淀"概念。

一、政策态度相关的文献综述

(一) 态度及态度形成

G. W. 奥尔波特在 1935 年指出,态度"是一种心理的神经的准备状态,它由经验予以体制化,并对个人心理的所有反应过程起指示性的或动力性的影响作用"[5],这一经典定义指出了态度的经验性,也强调了态度的行为倾向。霍夫兰和卢森堡[6]的"三要素说"认为态度由认知、情感和行为构成。当代社会心理学用"倾向"取代"行为",以反映态度是行为的准备和内在驱动力,而不包含行为本身。

Kelman 在 1961 年提出服从、同化和内化三阶段的态度变化过程。心理学家大多认为社会事件引起态度,从具体过程而言,是经验的内参照系作用和群体规范的外参照系作用的结果。社会事实被人们感觉后,知觉以经验的形式积累;同时,过去的经验事实成为与新经验进行比较的标准。比较后如果发现相似性,那么,过去的经验事实立即浮现,影响对当前事实的看法。

(二) 政策态度及其形成

在运用认知心理学方法研究政治态度时,国外学者作出了一些开创性工作。研究者主要关注点是:已有的知识结构是如何影响公众对政治候选人的了解和推断的[7]、党派刻板印象(信念、知识以及对主要党派的期望)[8][9]、对政治家的性别和宗教刻板印象影响人们对信息的处理和判断[10][11]。

另外,政治心理学家系统地揭示了政治态度和观点形成的两种不同过程。第一种是即时判断。公众通过持续更新的"记分牌"来整合关于候选人的新信息所带来的评价方面的暗示。对候选人的评价与记忆无关,是个体所接触的信息的一种特性[12][13]。与"即时信息形成观点"相对应的是基于记忆过程的理论:公众观点是可追忆的信息的反映;经验主导的回忆和判断结果有强烈的关联。尤其是公众在面对民意调查时,通过他们的主导性意识和从容易回忆的经历中摄取经验,进行选择[14][15]。

学者推测公众对于与自身很重要的议题的认知形成于即时信息过程,而不太重要的议题更可能以记忆为基础形成观点。即时信息处理的中心环境条件影响态度的形成,其他的环境参数,如信息结构和任务的复杂性[16],都对态度的形成很重要,但对于这些在"何种环境之下的何种条件"方面的探索还是一个悬而未决的问题。

国外学者关于政治认知和政治态度的研究集中于公众对候选人的态度或对政党的态度,以问卷调查反馈为主要研究资料,研究目的在于预测选举。在政策态度和政策情绪研究方面,偏向于整体性和一般性的态度研究,以纵向时间周期体现的宏观趋势为主要特征,对特定环境条件下的具体政策态度形成过程尚缺乏深入研究。虽然

"即时信息形成观点"与"基于记忆过程的判断理论"对认识网民态度的形成过程有一定的借鉴意义,但更准确地解读我国网民对某一具体公共政策的态度形成机制和原因,还有待进一步分析和探索。

二、基于扎根模型的公共政策态度模型的构建

(一) 研究设计

数据采集。在公共政策领域,我们无法直接获得公众对政策认知的心理反应过程,要了解公众对没有直接利益冲突的新政策的认知过程、反应倾向和真实心态是一个难题。

中国互联网络信息中心于2010年最新发布的《第26次中国互联网络发展状况统计报告》显示,我国网民规模已达4.2亿,我国互联网的普及率达到了31.8%。统计数据表明,网民的主要特征是以男性占主导,教育程度较高,以出生在20世纪70—80年代的年轻人为主体。网民虽然不具有广泛的代表性,但互联网的发展拓展了公共领域的空间,为公共政策研究打开了新的视野。网络言论的匿名性和交互性等特征有助于人们最真实的情绪和情感表达,从而也为本节研究公众对新政策认知心理过程提供了有效的数据资料。本节采用知名网站南方周末网(http://www.infzm.com)的民调中心栏目的网上调查和网民实时评论的记录,深入分析"误读"政策产生的机理和蕴含的民众心理。

研究方法选择。利用互联网可以了解公众对新政策的及时反馈,并且可以获得"原生态"的心理输出信息——文字评述。对于这些二手资料,本节采用扎根理论(grounded theory)进行分析。扎根理论是由Glaser和Strauss[17]所建立的一种定性研究方法,研究之初没有理论假设,强调从原始资料中寻找反映社会现象的核心概念,通过重复的资料对比和编码,及概念之间的联系构建能够结合实践的理论框架。扎根理论一般包含三个步骤的编码。[18]①一级编码(开放式登录):研究者以开放的心态,将所有的资料按其本身所呈现的状态进行登录。这是将资料打散,赋予概念,再以新的方式重新组合的操作化过程。②二级编码(关联式登录):发现和建立概念类属之间的各种联系,显示资料各部分的内在关系。③三级编码(核心式登录):在已发现的概念类属中找到"核心类属",构建出概念框架。

(二) 资料收集与整理

为缓解高峰时段交通堵塞,宁波市于2009年12月20日发出通知:12月21日起,宁波市、区机关事业单位临时实行错时上下班,上班时间为上午9时至12时,下午2时至5时30分,一天工作时间缩至6.5小时。有关新闻媒体报道后立即引起网

民热议。各网站论坛有零散帖子,经过比较,南方周末网民调中心栏目的网民投票具有广泛性,评论记录较为完整,并且南方周末媒体在知名度和大众信任度方面都享有较高声誉,故选为资料来源。

截至2010年1月10日,半个多月时间内南方周末网的民调中心栏目共有15869人投票。网民对该政策的态度所占比例依次如下:"缩短工时说明公务员工作量不足、应裁减公务员"(占80.32%)、"难以苟同,给群众办事带来不便"(占11.44%)、"可以理解,只要不影响履行职责"(占8.24%)。由此显示了网民对政策目标新的诉求,可见网民的认知与该政策目标的偏离。

为更准确地了解网民对该政策的认知、情感与态度,本研究借助了投票后的网络跟帖,以已有的80多条评论帖作为分析材料(评论帖少于投票的可能原因:没有在网站注册不能留言也不能对留言投票;已注册的网民同意评论帖的观点,选择对评论帖投票)。各帖子得到的赞同与反对中和后共146票(某些帖子同时有支持与反对,反对票为负值)。

(三) 开放式登录——获得公众印象、比较、政策倾向、政策情绪等类属

我们对评论帖按照发言的时间先后顺序和帖子得到的认同程度进行了编码分析,通过开放式登录及对资料的反复整理,得到网民政策倾向(意愿)、公众印象、比较、政策感知、态度、情绪、情感、政策刺激、对公务员的期望标准、政策失效情景、政策结果预测等类属。这些类属在资料中的含义见表6-1。

表6-1 开放式编码形成的类属

编号	类属	概念
1	公众印象	对政策主体的形象:"效率低"、"待遇高"、"踢皮球"、"车多又闲"、"有背景"等。对政府部门的印象:"结构臃肿"、"人浮于事"、"大机关,小基层"等
2	对公务员期望标准	历史传统标准:"好官应先天下之忧而忧,后天下之乐而乐" 现代公务员标准:"为人民服务"、"高薪廉能"等
3	比较	政策前后政策主体的工时差异比较 公众与政策主体的群体利益比较 期望标准与政策标准的比较
4	政策倾向	公众的意愿和后期政策要求:"让公务员都去坐公共交通工具"、"精简机构",对公务员"裁减"、"减薪",减少民工工时等

续表

编号	类属	概念
5	政策刺激	新公共政策的发布,使公众产生心理反应,强化了印象和比较心理
6	感知政策	公众对政策内容信息的选择性输入:"宁波公务员错时上下班","6.5小时"等
7	认知政策	公众对政策的基本判断,如政策措施与政策目的的相关性等
8	政策情绪	公众感知政策后表现出来的短暂而强烈的具有情景性的感情反应:"愤慨"、"不满"、"讽刺"
9	政策情感	公众感知政策后形成的稳定而持久的感情反应:"担忧"、"反感"
10	政策态度	对新政策的评价、感受和倾向的综合心理反应倾向,对政策的肯定或否定
11	政策失效情景	在某些情况下政策手段达不到政策目的
12	政策结果预测	公众对政策可能产生的效果推断:"百姓办事更难了"、"考公务员的人更多"等

(四)关联式登录——呈现出围绕印象、比较、政策认知形成、政策情感形成、政策倾向形成的五种主要关系

关联式登录不仅要考察概念类属本身之间的联系,更重要的是在当时社会背景下探寻表达者的意图和动机。为发现各个类属之间的关系,我们将各个评论帖逐一分析,以尝试发现其中的逻辑关系。

通过关联式分析,可以将网民的评论帖归纳为五种关系:印象、比较、政策认知的形成、政策态度的形成、政策倾向的形成。关系内涵见表6-2。

表6-2 关联式编码呈现出的主要关系

编号	关系类别	影响关系的类属	关系内涵
1	印象	政策刺激 对政策主体的负面印象 政策主体的资源优势 对政策主体的正面印象	网民通过社会经验对政策主体的形象形成固有的印象,在政策刺激下相关的印象浮现

续表

编号	关系类别	影响关系的类属	关系内涵
2	比较	对政策主体的期望标准 印象,政策刺激	网民对公务员的"期望标准"与"印象"形成对比;政策刺激也使网民产生对"群体利益差异"的比较
3	政策认知的形成	印象,感知政策刺激 政策前后利益差异比较 感知政策目的 政策失效情景 政策结果预测	网民在认知政策时,"感知政策前后的利益差异",并受到"印象"的作用 "政策失效情景"和"政策结果预测"关系到能否达到"政策目的",是否产生负面效应,这些都是网民对政策作出基本判断的影响因素
4	政策情绪/ 情感的形成	群体利益比较 对政策主体的期望标准 政策结果预测 政策认知,情绪、情感	网民在"政策认知"和"政策结果预测"基础上,会对照"对公务员的期望标准",产生失望情绪 进行"群体利益比较",产生不满等负面情绪和情感
5	政策倾向 的形成	印象,期望标准 群体利益比较 感知政策刺激 感知政策目的 政策结果预测 政策认知,情绪、情感	"期望标准"使网民产生对公务员的一系列政策要求 对"政策目的"和"政策结果预测"的认知使网民产生要求改进政策措施的倾向 "群体利益比较"和负面"印象"带来的"情绪、情感",最终转化为关于利益和平等的诉求

在五种关系中,可以观察到三个主类属。(见表6-3)

表 6-3　主类属

主类属	印象—(比较)—认知	(印象)—比较—情感	(印象、比较)—认知—情绪—倾向
内涵	网民对公共部门和公务员的印象影响其对新政策的认知和判断：网民将"踢皮球"和"一杯茶、一根烟、一张报纸混半天"的印象与错时上班联系起来，认为新政策是对"公务员的福利"	利益比较使网民将自己与公务员对立起来，产生不公平感：如网民对"私营企业"与"国有企业"工作时间比较，"老百姓"与"公务员"工作时间比较。另外，网民对公务员的期望标准和负面印象的比较使公众对新政策信任感和认同感缺失	网民通过印象和对比形成对新政策的认知、情感和态度，并且具有一定的行为倾向，如呼吁"精简机构"、对公务员"裁减"、"减薪"等

三、研究结果

(一) 公众政策态度的形成过程

本节通过剖析网民在一项新政策发布后对政策内容的"误读"现象，分析网民对公共政策的反应过程。通过上文多个步骤循环分析，得出"网民政策态度的形成过程"，如图6-1所示。

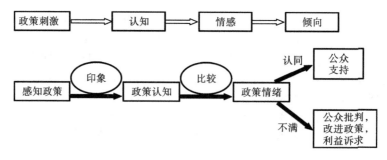

图 6-1　网民政策态度形成过程模型

说明：单实线表示文中论述的逻辑关系。认知、情感是循环影响的心理过程，为简化规律，图中以线形表示。

网民政策态度的形成过程。①政策认知的形成。在"政策刺激"下，公众"感知政策",相关联的"印象"浮现,"印象"对"政策认知"的作用体现在公众对政策信息选择性认知,并且公众还根据印象预测政策可能的结果。②政策情绪/情感的滋生。在"政策认知"基础上,公众潜意识进行"多重比较",对政策制定主体期望标准与印象中的形象进行比较,产生不信任感或信任感;印象中以往政策导致的群体利益差异比较,强化了该政策可能体现的利益差异比较,导致公众产生不满、不公平等负面情绪或公平感等认同情感。③政策倾向的产生。公众通过印象和比较形成对新政策的认知、情感,并且具有一定的行为倾向。若否定政策,进而或有改进政策措施和利益平等的诉求;若公众期望标准与印象形象具有一致性,比较后感觉合理公平则会产生认同感,支持政策。

上述图中没有将政策失效情景、政策结果预测放进去,主要是这两个因素在资料中出现次数很少,并且是由印象衍生。另外,"印象"和"比较"心理对政策认知和政策情绪都有影响,在网民政策态度形成过程中并没有截然的时间先后之分,模型只是近似表现这两个因素的作用。

由此不难理解,网民为何"误读"宁波公务员错时上下班以缓解交通阻塞这一政策措施为公务员"新的隐形福利"。在网民印象中,政府部门工作人员工作效率与待遇是不匹配的,不仅与"人民公仆"和"高薪廉能"的期望标准不符合,还在其他方面"有资源"优势,导致更多的人追逐公务员职业。并且一定社会阶段形成的利益差异悬殊让网民对政策制定者产生不信任感,这一措施又涉及对公务员工作时间的调整,却与政策结果并没有必然联系,从而强化了网民对于利益差异的比较,产生不公平感,约80%的投票倾向于裁减公务员。

(二)网民政策态度的形成机制

上述"政策刺激—印象—比较—政策认知—政策情绪—政策倾向"模式解释了网民政策态度的形成过程,进一步揭示出"网民政策态度的形成机制",如图6-2所示。

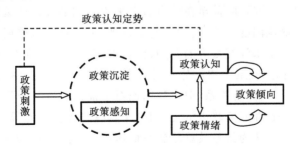

图6-2 网民政策态度的形成机制

说明:虚线圆圈表示有影响但没有包含关系;虚线直线表示政策认知定势包含的过程。

1. 政策认知定势——政策沉淀对政策认知的影响机理

政策认知定势是在客观政策背景下,公众通过以往的经验和事实对政策制定部门和政策主体形成固有印象,在受到新政策刺激时头脑中相关的印象被唤醒、激活并浮现,强化对政策内容特定部分的感知,形成选择性的政策认知的一种认知模式。(见图6-3)

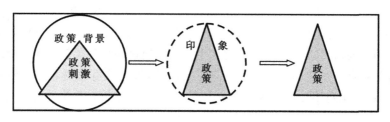

图6-3　印象对政策认知的影响机理(政策认知定势)
说明:实线表示客观存在,虚线表示意识反映。

印象根源于社会现实(见图6-3),印象是公众对政策背景的主观反映。这种客观政策背景从微观角度来理解可视之为政策沉淀。政策沉淀是某一时期政策的残留,是前期政策结果对后续政策的潜在影响或正负效应。政策沉淀是客观存在的,静态下处于潜伏期。新政策刺激可使之由潜在状态转为活跃状态。政策印象实质上是政策沉淀的反映,并通过政策认知定势对公众的政策态度起作用。

政策认知定势形成的主观原因是认知主体的选择性认知模式或认知习惯,客观原因是政策沉淀。著名学者郑杭生在20世纪80年代末提出了"转型社会"等概念。[19]孙立平、王汉生、王思斌认为在这一社会变迁中,社会整合明显滞后于分化。[20]在各种分化中,社会阶层分化和群体分化凸显,而最终体现为利益分化的利益群体,如当前中国社会出现四大群体[21]:改革中特殊获益群体、普通获益群体、利益相对受损群体和社会底层群体。

在社会转型期,以及不协调的社会分层和利益分化状态下,人们虽然不一定是利益受损群体,但相对于受益更多的群体,仍然会觉得自己利益受损。尤其是某些政策产生的负面效应具有滞后性,甚至在政府后来采用不同的补偿政策以消除前期政策的负面影响时,公众认同度也不高。"人们会发现,无论这些措施或政策的取向是什么,在利益结果上几乎都没有太大的差别,该对谁有利还是对谁有利,该对谁不利还是对谁不利。"[22]由此,政策认知定势不可避免产生了。本案例中,公务员错时工作的措施并不涉及直接的利益关系,但多数网民对于前期政策所导致的群体利益差异和负面效应印象深刻,即残留政策沉淀,如果又具有选择性认知模式或认知习惯,就会产生政策认知定势,认为公务员总是受益群体,自己是受损一方(如第67帖,为何省力的事都先给你们这个群体？第34帖,我想宁波市政府还真是为人民着想,细看之下是公务员,我就不想说什么了)。

2. 比较心理对政策情绪/情感的影响机理

比较心理产生情绪情感。案例中公众的负面情绪主要源于比较——公众对公务员的期望标准和负面印象对比产生不信任感;以往政策结果导致的利益差异对比产生相对剥夺感;现有政策可能体现的利益差异对比产生不公平感。

不信任感影响网民的政策态度。"政策适用主体对政策执行者(尤其是政府官员)的信任程度是影响政策能否被认同乃至被接受的关键性因素。"[23]公众作为政策相关主体,信任危机容易导致否定的政策态度。

比较是产生相对剥夺感和不公平感的心理动因。"相对剥夺理论的核心命题是,当人们感知到他们当前享受的标准和待遇与他们认为他们应当享受的标准和待遇之间不一致时,人们就开始变得不满和具有反抗精神。"[24]相对剥夺理论强调社会知觉因素,即不满的一方,他们知觉与感受到一种被剥夺的状态,无论他们是否真实被剥夺。相对被剥夺感的重要来源之一,就是社会群体和阶层之间的比较。

比较心理是网民产生心理不平衡、不平等感的根源吗? 还是社会本身存在的利益差异悬殊?"权益失衡是导致社会公平感弱化的根本原因。"[25]这值得我们进一步反思。若从政策背景角度分析,某些公众的相对剥夺感和不公平感等负面情绪情感是否也受以往政策结果的影响? 若是,即是政策沉淀的另一种反映。

四、小结

本节探索了网民的政策态度形成机制,研究了网络环境下政策态度的形成,具体表现如下。①发现"印象"和"比较"心理在网民政策态度形成中的关键作用。②提出"政策认知定势"和"政策沉淀"的概念。通过分析印象对政策认知的影响机理,归纳出"政策认知定势"和"政策沉淀"的含义。政策认知定势指公众在特定的社会背景下感知政策,对客观政策背景的固有印象受新政策刺激后浮现,促使公众聚焦于新政策的部分内容,对政策选择性认知的一种认知方式。前期政策结果对后续政策的潜在影响和正负效应即是政策沉淀。③对"政策沉淀"的验证。运用社会分层和利益群体理论、相对剥夺理论分析我国社会转型特殊政策背景下网民"印象"和"比较"产生的原因,进一步验证了"政策沉淀"和"政策认知定势"的存在。④初步揭示了反映网民政策态度形成的机制。从网民心理过程角度分析公众政策态度的影响因素,是网络舆情研究的新视角。在非直接利益冲突事件舆情频发的时代,公共政策制定者如何减少公众对政策的负面态度,规避风险,获得认同和支持? 网络时代公众政策态度的影响因素,值得进一步探讨。

本探索对公共政策制定具有以下意义。第一,慎重对待公众"政策认知定势"。无论是直接还是非直接触及群体利益的政策措施,首先要考虑到最弱势群体的利益,尤其不能将政策制定者推到利益的前台。第二,政策沉淀不会自动消失,但政策制定者可最大限度地减少其负效应,增加其正效应。在社会分层和利益分化加剧的社会背景下,如何建立合理的社会分层结构和利益平衡等机制,化解公众的不公平感和相对剥夺感,为后续政策的推进铺平道路,值得公共管理者思考。第三,在社会转型过程中,要重塑政府部门和公务员良好形象,避免和公众期望标准相去甚远而导致信任危机,影响公众对政策的认同。

参 考 文 献

[1] K. S. 布朔夫. 德国工作时间的灵活化[J]. 国外社会科学,2000,(4):90-91.

[2] 曾湘泉,卢亮. 标准化和灵活性的双重挑战——转型中的我国企业工作时间研究[J]. 中国人民大学学报,2006,(1):110-115.

[3] 张显东,王锦. 弹性工作制的委托代理模型分析[J]. 软科学,2009,(2):119-121.

[4] 丁煌. 浅析妨碍政策有效执行的主体认知缺陷及其完善途径[J]. 中共长春市委党校学报,2004,(6):47-51.

[5] 沙莲香. 社会心理学[M]. 北京:中国人民大学出版社,2006.218-222.

[6] 霍夫兰. 社会心理学[M]. 广州:广东教育出版社,1988.92-93.

[7] McGraw K M. Contributions of the cognitive approach to Political Psychology [J]. Political Psychology,2000,(4):805-814.

[8] Conover P J, Feldman S. Candidate perception in an ambiguous world:campaign, cues, and inference processes [J]. American Journal of Political Science,1989,(33):912-940.

[9] Rahn W M. The role of partisan stereotypes in information processing about political candidates [J]. American Journal of Political Science,1993,(37):472-496.

[10] Hurwitz J, Peffley M. Public perceptions of race and crime:the role of racial stereotypes [J]. American Journal of Political Science,1997,(41):375-401.

[11] Peffley M, Hurwitz J, Sniderman P M. Racial stereotypes and whites' political views of blacks in the context of welfare and crime [J]. American Journal of Political Science,1997,(41):30-60.

[12] Lodge M. Towards a procedural theory of candidate evaluation [M]// M Lodge, K M McGraw. Political judgment:structure and process. Ann Arbor, MI:University of Michigan Press,1995:111-140.

[13] Rahn W M, Aldrich J H, Borgida E. Individual and contextual variations in political candidate appraisal [J]. American Political Science Review,1994(88):193-199.

[14] Feldman S. Answering survey questions:the measurement and meaning of public opinion [M]// M Lodge, K M McGraw. Political judgment:structure and process. Ann Arbor, MI:University of Michigan Press,1995:249-270.

[15] Zaller J R, Feldman S. A simple theory of the survey response:answering questions versus revealing preferences [J]. American Journal of Political Science,1992,(36):579-616.

[16] Rahn W M, Aldrich J H, Borgida E. Individual and contextual variations in political candidate appraisal [J]. American Political Science Review,88,(1994):193-199.

[17] Glaser B, Strauss A. Time for dying[M]. Chicago:Aldine,1968.

[18] Strauss A, Corbin J. Basics of qualitative research: grounded theory procedures and techniques[M]. Newbury Park:Sage,1990.

[19] 郑杭生. 改革开放三十年:社会发展理论和社会转型理论[J]. 中国社会科学,2009,(2):10-15.

[20] 孙立平,王汉生,王思斌. 改革以来中国社会结构的变迁[J]. 中国社会科学,1994,(2):48-55.

[21] 李强. 中国社会分层结构的新变化[M]//李培林,等. 中国社会分层. 北京:社会科学文献出版社,2004.

[22] 孙立平. 断裂[M]. 北京:社会科学文献出版社,2003:33.

[23] 丁煌. 政策执行阻滞机制及其防治对策[M]. 北京:人民出版社,2002.

[24] Rupert Brown. 群体过程[M]. 胡鑫,庆小飞,译. 北京:中国轻工业出版社,2007:152.

[25] 郑功成. 中国走进关注公平新时代[J]. 人民论坛,2009(21).

第三节 网民政策误读的现象、原因与矫正

伴随网络论坛的兴起,中国网民逐步通过互联网表达政策态度。与许多学者[1]认为中国网民受传统文化和权威管制而不敢在网络发言或发言受限制的论断不同,我们发现中国网民对公共政策的关注状态已经处于由自发到自觉的过渡阶段,政策态度处于由消极批判向积极批判发展的过渡阶段。在这一过渡阶段中,中国大多数网民对公共政策态度的特征以情绪和情感占主导,理性判断较为欠缺,即所谓政策误读——网民对公共政策目的、政策内容或政策措施和方法等的质疑和消极批判倾向。具体而言,政策"误读"突出表现在网民对公共政策的理解和看法与政策本意的不一致性,包括两种情形。①"政策正向解读误差"。网民认同政策目的,在认知方向上与政策制定者的初衷一致,但由于信息不对称等原因不赞同某些政策措施。②"政策反向解读偏误"。网民全盘否定政策措施,甚至质疑政策目的。本节以网络论坛的相关案例为背景,尝试对政策误读现象进行初步探讨。

一、政策"误读"现象和本质——网络论坛的虚拟民意与政治

网络的开放性、及时性、互动性增强了公众对公共政策的关注度,一些知名网站和论坛的留言功能激发了中国网民的参与度,如人民网、新浪网、天涯论坛、南方周末等。通过观察这些论坛的留言帖,不难发现存在网民对政策"误读"现象。本节采用南方周末网民调中心栏目的两个民意调查做分析。南方周末网民调中心的政策议题贴近大众生活,据此可了解网民一般的政策态度和倾向,网络回帖有一定的逻辑性,可窥见微观个体心理,故选为主要的分析材料来源。

1. **案例一:水价调价面临质疑——政策正向解读误差**

"2009年以来,全国36个大中城市综合水价较去年同期提高了4.7%,多个城市正在进行调价前的听证等准备工作,你怎么看本轮水价上涨?"针对这一提问,截至2010年3月15日,南方周末网的民调中心栏目网民投票结果如表6-4所示。

表6-4 网民自来水调价措施的投票结果

选项内容	票数	比例
不合理,水厂喊亏挤占民众利益	8315	62.94%
中立,但请让水价成本透明化	3786	28.66%
合理,可促进节约用水减少浪费	972	7.36%
其他	137	1.04%

可见多数网民不理解也不支持该政策措施。原因何在？我们通过分析133条评论帖,按观点在所有帖子中的出现频率和各观点的情绪强度(以近似五分的赋值法表示,分数越高,情绪越强烈)归纳出以下要点。(见表6-5)

表6-5 网民对自来水调价措施的态度

主 要 观 点	比例	感情强度(1-5)
缺乏知情权,难以合理判断	82%	3
要求水价成本透明化	53%	3
水价调整不是根本,现有的不少政策缺乏公平	42%	5
怀疑政府能否做好涨价后对低收入群体的补偿机制	40%	3
发现某些政策打着"环保"旗号,不能真正用于环保	35%	5
听证会是形式,市民意见无足轻重,没有发挥应有作用	30%	4
公共事业应回归本质,国家扶持,不能一卖了之	28%	3

这是网民对公共政策正向解读误差的典型例子。所谓正向解读,是因为网民总体上从正面来领会政策目的,认同节约用水和环保目的。但水价应不应该上涨？上涨多少才合理？网民可接受的标准与政策规定是有差距的。网民对水价上涨质疑,根本原因在于信息不透明,网民对水价的成本不了解,从而强烈要求水价成本透明化。其次是受以往政策目的虚设的影响,网民怀疑"环保"和"补偿机制"难以落到实处,听证会也是形式。再次是对既有政策制度造成的不公平心生不满,认为水价调整也是倾向于既得利益阶层的政策延续。不容忽视的是,一旦涉及公平缺失和政策形式主义的问题,网民的情绪强度就比较激烈。

2. 案例二:公务员错时工作遭批判——政策反向解读偏误

为缓解高峰时段交通堵塞,宁波市于2009年12月20日发出通知:12月21日起,宁波市、区机关事业单位临时实行错时上下班,上班时间为上午9时至12时,下午2时至5时30分,一天工作时间缩至6.5小时。有关新闻经媒体报道后立即引起网民热议。以南方周末网民调中心栏目的网民投票为例,截至2010年1月10日,半个月时间内南方周末网的民调中心栏目共有15869人投出15915票。网民对该政策态度的投票结果、所占比例依次如表6-6所示。

表6-6 网民对宁波公务员错时工作的投票结果

选项内容	票 数	比 例
缩短工时说明公务员工作量不足、应裁减公务员	12784	80.32%
难以苟同,给群众办事带来不便	1820	11.44%
可以理解,只要不影响履行职责	1311	8.24%

由表 6-6 可知网民对政策目标新的诉求,网民的认知与政策目标偏离。为更准确地了解网民对该政策的误读原因,我们分析已有的 80 条评论帖子,发现其中 77 条留言否定政策措施,仅有 3 条中立态度的评论帖,却受到抨击。分析留言帖,网民的留言与投票结果基本吻合,主要观点有以下几类:①质疑政策目的,认为政策目的不是为公共利益而是为公务员利益;②认为政策制定主体享有特权,政府部门效率低下,政策措施加剧负面效应,如帖"公务员是车多又闲的典型代表";③认为政策措施缺乏公平性,如帖"错时早有,为何仅限于公务员?"④要求裁减公务员,廉政高效。

此案例鲜明地展现了网民对公共政策的"负向解读偏误"。所谓负向解读,指网民从与政策制定者的本意相反的方向来看待政策目的,从根本上否定政策目的和政策措施。为缓解交通阻塞而采用错时的政策措施早已有之,并未受到网民质疑。在本案例中,网民批判宁波公务员错时政策的根本原因在于网民认为政策的受益者是政策制定者群体。政策制定者群体以往的负面形象使其在公众中的公信力下降,影响了网民对政策目的的理性判断。网民甚至由此及彼,批判不公平现象,提出裁减公务员和社会阶层同等待遇的利益诉求。这正是政策制定者所没有预料到的"偏误"。

网民对公共政策的关注和批判是个体自我意识的呈现和公民意识的觉醒。马歇尔·麦克卢汉曾预言:"随着信息运动的增加,政治变化的趋向是逐渐偏离选民代表政治,走向全民立即卷入中央决策行为的政治。"[2]网民的政策参与有助于打破精英政治或专家政治的垄断,也是社会进步和包容的体现。网民的政策反馈有利于公共政策的改进,网民的政策诉求是制定新政策的信息来源。因此,剖析网民政策"误读"的动因,洞悉这种哈哈镜式反应的规律,尤为重要。

二、政策"误读"原因——多重因素与政策沉淀的后滞效应

分析这些案例的网络留言帖,可以发现以下共性特征。第一,政策批判迁移。网民对公共政策的批判大多不是停留在某一项具体的政策措施本身,而是由此及彼,借此对某一类社会现象加以批判否定。可见相似事件的负面经验和相关政策的失效影响网民对新一轮政策目的和政策措施的判断。第二,情绪多于理性。网民的政策态度以情绪宣泄为主(哀叹、讽刺、气愤、冷幽默),理性分析和逻辑推理尚不足。第三,群体压力彰显。少数网民对政策措施的中立态度被多数网民的情绪洪水压倒或受到指责。第四,信任危机影响。网民的政策态度受政府公信力的影响。多数网民表现出对政策制定者的质疑。第五,利益诉求强烈。网民留言带有强烈的政策倾向和利益诉求,主要集中在社会公平和个人权利等方面。

我们认为中国网民的政策"误读"主要原因是政策沉淀的后滞效应。政策沉淀是某一时期政策的残留,是前期政策结果对后续政策的潜在影响或正负效应。政策沉淀是客观存在的,静态下处于潜伏期。新政策措施的刺激可使之由潜在状态转为活

跃状态。[3] 政策沉淀对网民而言是以经验的形式积累,通过政策认知定势对其政策态度起作用。纵观网民政策批判的特征,政策批判迁移、信任危机、利益诉求等都与对现实的不满情绪相联系,与前期社会政策失效或造成的负面效应相联系。政策沉淀是网民政策"误读"最重要的客观原因。

但在相同的政策背景下,并非所有网民都会误读政策。这与网民个体选择性的认知模式相关。我们用政策认知定势来解释——在客观政策背景下,网民通过以往的经验和事实对政策制定部门和政策主体形成固有印象,在受到新政策刺激时头脑中相关的印象被唤醒并浮现,强化对政策内容特定部分的感知,形成选择性政策认知的一种认知模式或认知习惯。具有政策认知定势的网民会聚焦于政策的特定内容,反向理解。政策认知定势是网民政策"误读"最核心的主观原因。当然,中国网民的政治成熟度、政策议程的透明度和政策本身的科学性、公平性等都是不可忽视的影响因素。

(1) 政治成熟度。随着中国公民主体地位的觉醒、民主意识的增强,以及网民个体意识的显现,公众对公共政策的参与心理明显,但因为历史积淀等社会原因,中国网民的政治成熟度尚处于初级阶段。中国网民政治成熟不高突出表现在网民希望表达自己的观点但缺乏理性的表达方式;自由表达言论的意识强烈,但不善于采用合适的途径和渠道。

(2) 利益冲突。正如马克思所言,"人们为之奋斗争取的一切,都同他们的利益有关"[4]。在政策评议中,网民特别关注利益分配、利益差异方面的议题,尤其是涉及现实生活中与自身利益密切相关的政策,如水价、房改、医改等。当预期自身利益将受损时,反对和批判不可避免。

(3) 情绪转嫁。由于网络论坛的匿名性,网民很容易在网络论坛中宣泄社会现实生活中的焦虑、茫然、精神压力和负面情绪。尤其是某一公共政策与现实生活联系密切时,更容易使网民产生联想和臆断。

(4) 群体压力。众声喧哗,网民独立思考的能力和理性选择受到极大的挑战。多数网民潜意识受到其他发帖人观点的影响。有些甚至是观点的直接复制和粘贴。另外,偏离大多数人的中立观点往往受到抨击。因而常常形成一边倒的网络舆论状况,导致群体无理性和群体无意识。

(5) 个人价值观。网民对于国家、政府、集体、个人的认识与定位,对自由与法制的认识与定位等基本观点指导其政策评判。"网络让人们基于共同的兴趣结成虚拟社区,具有某些利益和政治主张的人,会倾向选择和他们有同样看法的相同网站及其讨论团体。"[5] 同样,网民也只会最大限度地关注与赞同与其价值观相符的政策措施。而公共政策执行者与目标群体的价值取向并不完全一致,难以兼顾所有群体。

(6) 政策制定者的疏忽。一是政策制定初期对公众的政策反应缺乏理性的预期,没有规避风险的考虑或针对反馈回应的策略。二是政策制定过程不透明。在某些与百姓生活密切相关的领域,公众若无法参与决策或参与不够容易产生臆想和猜测。三是政策内容表述缺乏严谨性。对政策的出台背景、政策策略和目的没有必要的交代,为媒体的片面宣传埋下了隐患。四是在政策遭到质疑时,觉得不必对公众澄清,或不知道如何应对,加深了误解。

(7)信息不对称。一方面,网民并非专业人士,对于特定领域的政策措施和政策效果并不一定有深入的了解,往往局限于表象。另一方面,网络经济是"注意力"经济,追求"眼球效应",媒体侧重某方面的报道或信息在传递过程中的失真,都会误导网民。从价值导向上,网络媒体迎合甚至放大网民对特定政策偏好的心理需求,放弃其他同等价值的政策议题,影响网民的客观判断。在政策的表述上,网络媒体多偏重于夸大某些次要方面,而省略主要方面,或信息明显失真,使网民无法判断真伪。网民或者没有驾驭和处理信息风暴的能力,或者是时间和精力有限,或莫衷一是,或草率回帖,或人云亦云,或批判发泄,多数情况下沦为信息的被动接受者。

网民的政策"误读"无疑具有双重性:一方面可以发挥舆论的批判与修正功能,但另一方面,其中显现的不理性因素弱化了网民批判的积极意义。从以上分析可以看出,网民对公共政策的正向解读误差是可以减小的,负向解读偏误也是可以扭转的。

三、政策"误读"的矫正——责任与互动的重建

(一)公众政治成熟度的提升——为何发言和如何发言

互联网彰显的价值观之一是个人主义,每一个网民都可以成为一个中心,按照自己的逻辑和方式自由发表言论,但"自由"与责任、义务相伴才产生社会意义。对于政治成熟度不高的网民而言,为何发言及如何发言才更有价值是值得思考的问题。"对于政治参与者来说,比手段更重要的是参与者的思想,失去思想的政治参与只能流于形式。"[6]公众通过网络所表达的政策态度和利益诉求是否有利于政策改进,是否对现实产生积极影响以及产生多大的影响,直接取决于其政治成熟水平的高低。需要"塑造参与性政治文化"[7],通过政府引导公众的公民主体意识的形成、制度化的政治文化建设以及政策价值取向的整合来实现政治成熟,有一定启发意义。

(二)利益表达与诉求机制的健全与多元化——探索网民政策态度评议和采信机制

目前我国的利益表达机制主要有:政党利益表达制度;信访制度;人民代表利益表达制度;政治协商制度;社会团体利益表达制度;大众传媒利益表达制度;社会协商对话制度;行政领导接待制度等,上述制度都存在一些缺陷。这些利益表达渠道在一定程度上是单行道方式,并没有充分发挥自下而上反映民意的作用,尤其是弱势群体

的利益表达不畅,促使网民更多地通过网络进行利益诉求,增强了对网络的依赖性,也加剧了网络舆情的复杂性。由此,从长期看既要健全我国已有的利益表达机制,重视对弱势群体的利益平衡,又要探索网民政策态度评议和采信机制,为网民利益的理性表达开辟绿色通道,通过分析网民政策态度为公共政策提供新的源泉和改进方向。

(三) 畅通政府与网民的政策互动机制——公共政策制定和执行过程的创新

网络为网民参与公共政策议程提供了契机,但最终能否成为公民与政府沟通的互动载体,关键依赖于政府是否有意愿和有信心建立一个与网民双向沟通的公共政策机制。双向沟通的公共政策机制体现在以下方面。①发挥网络"决策气球"功能。在政策制定初期,借助网络平台,通过网民对某一政策雏形的态度反馈决定是否推行或出台该政策(如"黄金周"措施的形成)。②增强网络"决策智库"作用。针对某一社会问题的解决向网民广泛征求可行方案,集思广益,如劳动法(草案)的拟订和医疗保险制度改革方案的出台。③创新网络的"政策修正"机制。在政策执行中,激励网民积极负责地参与政策的改进,政府以开放的心态回应。④实施"贡献激励"机制。鼓励网民在政策倡议和政策纠错等方面献计献策以增进公共利益,对为政策完善作出贡献的网民进行激励,如给予奖励荣誉等。

(四) 政策制定者有效作为——化解正向解读误差的关键

政策制定者的有效作为将对解除网民对政策的正向解读误差起到关键作用。对政策制定者而言,要通过各种策略和方法提高政策质量。

(1) 政策调研机制。科学设置政策议程,包括问题构建、价值判断标准、政策目标、政策方式、政策界限等。问题构建是基本前提。诚如L.爱克福所言,成功的政策问题解决的是针对正确的问题找到正确的答案,政策制定的失败与其说是针对正确的政策问题找到错误的方案,倒不如说是因为花力气解决了一个错误的问题。[8]以上环节若在理论研究上可行,还需对政策的必要性和可行性进行调查,实践验证更不可偏废。

(2) 政策解释机制。在某些与公众生活密切相关的政策制定中切不可关门决策,要逐步增强决策过程和环节的透明度,对公众做必要的背景交代。注意政策内容本身的准确科学表达,以减少网民因政策信息不完整产生的疑虑和猜度。

(3) 政策导引机制。改进政策宣传的方式,不是以俯视的姿态和刻板的方式将政策抛出来,导致公众消极被动地接受或漠然视之或激烈批判;而是以平等、宽容、和谐甚至幽默等正面积极的表达方式来引导公众的参与热情,以实现公众的正面回应和对政策的正向解读。

（五）重建政府公信力——破除政策反向解读的基础

对政府的公信力持怀疑态度是网民反向解读的重要因素。不管是破除类似于"以小人之心度君子之腹"的政策认知定势，还是扫除政策沉淀，弱化"前车之鉴"般的政策批判迁移，都有很长的路要走。作为政策制定者的政府，要"从我做起，从现在做起"，切实转变观念，付诸行动，为提高公信力付出长期而艰巨的努力。

①勇于承担责任。当某些议题出现网民的价值考量与政府政策目标趋同时，若政府现阶段有能力解决此问题，政府应积极介入网民关注的热点，有效承担政府责任，从而提升政府的公信力和催化网民政策态度的积极转变。②正面应对监督。网络时代，公职人员的一言一行受到监督，负面行为随时有可能在网络上被披露，尴尬之局难免，其中不乏误读或误伤。针对此种情形，当事人要以实事求是的态度协助组织和相关部门调查，澄清事实真相，给网民正面回应，赢得支持，防止以讹传讹。这样即使确实是公职人员的行为失当，亦容易获得公众的谅解。③廉洁自律。

（六）重构媒体的社会责任意识——政策批判的文明与理性

网络媒体的开放性、多样性、自由性、创新性使其成为媒体奇葩，开辟了新的公共空间，吸引越来越多的公众通过网络空间对政策进行关注和评议。但网络媒体有失偏颇的报道或不实报道的转载，对网民的政策认知产生了负面影响。媒体的责任意识不容小觑。无责任的媒体滋生无责任的网民，无责任的网民滋生无责任的公共舆论，必然导致社会价值观的迷失和混乱。增强媒体（包括传统媒体）的社会责任意识，有利于净化社会风气和网络文化，网民也会潜移默化。另外，媒体责任意识的增强，需要以健全的法制监督和先进的技术手段作为辅助。"依法治网"、"技术先行"，通过网络立法，信息权益保障、技术创新，对不良信息进行鉴别，引导网络媒体信息传播良性发展，营造网络空间的和谐秩序，促进网民积极文明的政治参与，引导网民政策批判的理性表达。

参考文献

[1] Fei Shen, Ning Wang, Zhongshi Guo, etc. Online network size, efficacy and opinion expression: assessing the impacts of internet use in China[J]. International Journal of Public Opinion Research, 2009(4): 451-476.

[2] 马歇尔·麦克卢汉. 理解媒介——论人的延伸[M]. 何道宽，译. 北京：商务印书馆，2004: 234.

[3] 陈姣娥，王国华. 网民公共政策态度形成机制研究——从"网议宁波"说起[J]. 中国软科学，2010(5).

[4] 马克思，恩格斯. 马克思恩格斯全集（第1卷）[M]. 北京：人民出版社，1995: 187.

［5］陈红梅. 网络表达及其对社会的影响——近十年国外网络传播研究述略［J］. 新闻记者，2004(9).

［6］罗林斯. 机器的奴隶——计算机技术质疑［M］. 石家庄：河北大学出版社，1998：27.

［7］叶大凤. 论公共政策执行过程中的公民参与［J］. 北京大学学报专刊，2006(1).

［8］Russel L. Ackoff. Redesigning the future：a system's approach to social problem［M］. New York：Willey，1974：39.

第四节　网民的政府形象认知定势现象

在信息化时代,政府形象的塑造和维护不仅需要在现实社会中探寻路径,还要同企业形象管理一样进行"网络营销",使政府出现在海量的信息中时是一个正面形象。但是,将碎片化、负面化的信息片面集聚的网络拟态环境十分不利于政府形象。"仇官"心态在网络上集中展现,政府在网民心目中往往是"恶"的一方,不难发现网民政府形象认知定势现象的存在。网民政府形象认知定势是伴随着网络拟态环境的发展所呈现出的政府形象评判向负面评判"一边倒"的格局。网民"不假思索"地对政府形象偏执化、消极化认知,使政府在网络舆情中处于非常不利的、被批评的地位。本节以农民反映问题后"出逃"事件为例,尝试对这一现象进行探讨。

一、网民政府形象认知定势现象

(一) 网民政府形象认知定势的提出

政府形象是政府的整体素质、综合能力和施政业绩在国内外公众中获得的认知与评价。[1]本节主要探讨网民对政府形象的认知,因此,本节所指政府形象主要是政府在国内网民中获得的认知与评价。认知指人脑计算机式的信息加工过程,即个体接受、贮存、提取和运用信息。[2]网民对政府形象的认知存在主观性、从众性、私利性等特点。[3]定势是一种心理效应,也称"心向",指由一定的心理活动所形成的准备状态影响或决定同类后继心理活动的趋势,即人们按照一种固定的倾向去反映现实,从而表现出心理活动的趋向性和专注性。[4]综上,本节认为网民政府形象认知定势是指在特定的网络社会背景下,由于受网民对政府形象既有印象的影响,网民感知政府形象时倾向于将负面消极的特性赋予政府的认知模式。

网民对政府形象的认知往往通过一些知名网站和论坛的留言功能充分体现。我们通过观察留言帖,不难发现存在网民政府形象认知定势现象。人民网的强国社区作为网络论坛之一,具有较为稳定的评论主体,其网络回帖较之新闻网站具有一定的逻辑性,可窥见微观个体心理。本节以农民反映问题后"出逃"事件为例,采用强国社区网友"今日关注"的帖子《折射出了什么?湖南农民向温家宝反映问题　害怕被抓出逃3天》(2010-07-15)进行分析。该帖内容转自新京报的原始报道,经过搜狐网等网站转载。

2010年7月1日,温家宝到湖南宁乡视察防汛工作,当地农民陈凯旋借此机会向总理反映了当地多处地陷的情况。此后,陈凯旋听信谣言,"误会"当地政府要抓捕他,"出逃"以躲避"灾祸",三天未敢露面。据报道,事件中当地政府究竟是否意欲抓捕陈凯旋,尽管在报道中有多条相关线索指向肯定答案,但实际上无从考证。因此,认为当地政府确实意欲抓捕陈凯旋的观点,基本上可以认为是歪曲的判断和评价,致使相关事件对政府形象的负面影响扩大化。而民众或网民对该问题的判断除受相关线索的影响之外,主要取决于其对政府形象的认知模式。

分析该事件的帖文(即报道原文)和跟帖发现,作为普通民众的当事者陈凯旋和其他现场旁观者,几乎普遍认定当地政府确实意欲抓捕陈凯旋,且不论这种认知本身是否是民众缺乏客观事实支撑的定势认知,报道中的这些观点便成为网友据以判断的部分重要线索。对该问题作出判断的多数网友也认为当地政府确实意欲抓捕陈凯旋,客观指出"政府是否意欲抓捕陈凯旋无从考证"的网友的留言寥寥无几。由表6-7的整理分析可见,在农民反映问题后"出逃"事件中,网民感知政府形象时存在着将消极负面的特性赋予政府的倾向,本节称之为网民政府形象认知定势。

表6-7 农民反映问题后"出逃"事件中的民众政府形象认知定势

现场	当事者	陈凯旋	害怕被抓出逃3天
	旁观者	穿警服的人	指出陈凯旋今后没好日子过
		陈凯旋的妻子	听说丈夫反映了问题,有些怕
		陈凯旋的亲戚	建议陈凯旋出去躲躲
		陈凯旋的乡亲	认为陈凯旋给政府惹麻烦了,建议他小心些;流传"派出所要抓陈凯旋"的说法
网络	评论者(代表)	网友"绑架真理"	认为陈凯旋"早晚要被抓"
		网友"远哲09"	认为"事实就是如此,按常理都可以推出这样的结局"
		网友"有无相生大象无形"	留言"放心,现在不会为难你(指陈凯旋)的,秋后再来处理"
		网友"矫正公"	认为"其实,县政府和镇政府这些酷吏们,心里对陈凯旋恨之入骨,只不过是担心网络舆论,暂时强装笑脸。半夜敲门,实则要收拾陈凯旋!"

(二) 网民政府形象认知定势的研究

从2010年7月15日到2010年7月19日,强国社区共有32篇关于农民反映问题后"出逃"事件的帖文。其中,网友"今日关注"的帖子《折射出了什么?湖南农民向温家宝反映问题 害怕被抓出逃3天》(2010-07-15)成为点击率最高、跟帖量最大的热帖,共有跟帖243条。本节以这243条跟帖为样本,以每条跟帖为分析单位。根据研究的目的和需要,将研究内容制定为两方面的类目(见表6-8)。本节基于对受众的文本解读过程的考虑,而非注重文本在形式上的特征,以期探索微观网民个体的心理特征及其影响因素,因而采用语义分析的方法。分析243条跟帖,将跟帖计入不同的类目;存在内容交叉的跟帖按照其包含的主要变量归类,不予重复计入(见表6-9)。按逻辑性归纳出以下要点。

表 6-8 研究类目建构

类目建构	变量标签	备 注
内容归类	认知定势（狭义）	初步按照最为狭义的含义归纳。即在缺乏客观事实支撑的基础上,断定当地政府确实意欲抓捕陈凯旋的观点。对线索的重申或疑问,由于不是肯定判断,不认为是对"政府确实意欲抓捕陈凯旋"的定势认知
	事件沉淀	基于先前事件的潜在影响和正负效应作出的判断。包括未指明先前事件的陈述,如"历史经验证明"的说法
	刻板印象	并非基于事件中的客观事实,而是超越事件本身所涉及的问题,对政府言过其实、消极负面的看法。如,认为政府腐败的观点。考虑到网民难以经过深思熟虑或对语气程度进行把握,对于合理涉及"政府公信力"、"诉求渠道"、"干群关系"等问题的负面帖,即使存在夸大、言过其实因素,也不计入此类,而计为"其他负面帖"
语义向性	褒义	正面、认可
	中性	客观且不带任何褒贬色彩的事实陈述。多为建言
	贬义	负面、批评

表 6-9 研究结果

研究类目	贬 义				中 性	褒义（反定势认知）	无意义
	认知定势（狭义）	刻板印象	事件沉淀	其他负面帖			
跟帖数量	66	41	18	5	66	20	7	20
所占比例	27.2%	16.9%	7.4%	2.0%	27.2%	8.2%	2.9%	8.2%
现象类属	认知定势(广义)				非认知定势		
跟帖数量	125				118		
所占比例	51.5%				48.5		

（1）除带有狭义认知定势的观点（即在缺乏客观事实支撑的基础上，断定当地政府确实意欲抓捕陈凯旋的观点）之外，表现出对政府存有刻板印象的网民观点（即并非基于事件中的客观事实，而是超越事件本身所涉及的问题，对政府言过其实、消极负面的看法）普遍暗含有"政府确实意欲抓捕陈凯旋"的判断。

（2）大部分受事件沉淀影响的网民观点（即基于先前事件的潜在影响和正负效应作出的判断）语义同样指向"政府确实意欲抓捕陈凯旋"的判断；未倾向于肯定判断的网民观点也并未指向否定判断，而是基于其他问题对政府表达负面印象或作出负面评价。

（3）基于上述两点，将狭义认知定势、刻板印象、事件沉淀（部分）因素归为广义认知定势（即本节所定义的认知定势）类属，认为刻板印象和事件沉淀是认知定势的形成原因，但并不是认知定势的全部形成原因。因此不能判断刻板印象和事件沉淀与认知定势具有直接相关性，进一步的判断还需要进行相关性研究。

（4）其他负面帖的负面观点未对"政府是否意欲抓捕陈凯旋"这一问题作出判断，其是否定势认知无法判断，因此实际存在认知定势的跟帖占比可能大于研究结果的占比。

（5）网民认知定势的形成无法排除网民所解读的文本（即新闻报道）中线索因素的影响，说明认知定势的形成还具有外部因素，这种外部因素受产生网络文本的网络拟态环境的影响。

（6）在文本线索因素的负面影响下，仍然对该事件褒义跟帖的网民，相对于认知定势，形成非认知定势的现象。非认知定势作为鲜见现象，其网民心理因素及其对政府的网络舆情引导工作改进同样具有研究价值。

二、政府形象认知定势的形成：网络视角

认知定势现象首先属于心理学范畴。选择性认知模式、团体心理冲突、心理攻击动力和刻板印象等可能导致认知偏向，却不一定导致认知定势。这是由于，认知偏向的程度小于认知定势，认知偏向首先存在于个体认知中，个体偏向不是全部偏向唯一的方向，因此现实社会中认知偏向往往不足以呈现为认知定势；可以认为同向的认知偏向是认知定势的先前形态，认知定势具有固定、唯一的偏向方向，因此认知定势须基于可以产生这种群体心理效应的环境方可呈现。据此，选择性认知模式、团体心理冲突、心理攻击动力和刻板印象等心理因素并不是网民政府形象认知定势形成的必要条件，本节从网络视角分析网民政府形象认知定势的形成机理，认为网络环境是促使网民政府形象认知定势形成并呈现的关键原因。（见图6-4）

同样，由于认知定势内涵对偏向程度、偏向方向、偏向群体均有要求，指向政府形象的认知定势较之其他指向的认知定势更为典型。除了因为政府和公民存在权力与

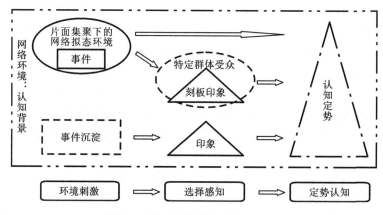

图 6-4　网民认知定势的形成机理

权利的冲突关系(团体冲突理论),民众将认知偏见看成是对政府的一种替代性的攻击(心理动力理论),这也是由于政府具有较强的行动力和影响力,是一个公权力大、公益性强、公众关注度高的主体。认知定势指向政府形象的类似原因,主要属于政治学和公共管理学范畴,本节基于网络的视角,对此不做详细讨论。

(一) 网络拟态环境与刻板印象激活

美国政论家和舆论学家李普曼指出了"拟态环境"问题。他认为,现代社会越来越巨大化和复杂化,人们由于实际活动范围、经历和注意力有限,不可能对与他们有关的整个外部环境和众多的事物都保持经验性接触,超出自己亲身感知以外的事物,人们只能通过各种媒介去了解。这样,人的行为已经不再是对客观环境及其变化的反应,而成了对新闻机构提示的某种"拟态环境"的反映。[5] 按照拟态环境的性质可将其分为内容偏离型拟态环境和结构偏离型拟态环境。内容偏离型拟态环境是指由传播媒介、传播者或符号因素所造成的、内容偏离于客观现实环境的拟态环境;结构偏离型拟态环境是指由那些孤立的、看似与客观现实相一致但整体上却与现实环境存在较大偏离的人物和事件所构成的环境。[6]

随着信息技术的飞速发展和互联网的高度普及,人们越来越多地借助网络了解外部世界,网络已成为人们了解外界事物的重要渠道,同时也构成了一个影响力空前巨大的拟态环境。网络拟态环境与李普曼基于传统媒体时代所提出的拟态环境的内涵不同。传统拟态环境通常因其过多、过度的正面信息传播而偏离于客观现实环境;网络拟态环境,尤其是在我国,则更多的是对负面信息的传播。此外,网络拟态环境更易于将客观现实环境的信息片面化和集聚化,因此可能比传统拟态环境更加偏离于客观现实环境。

网络拟态环境促使年轻的网民从人生观、价值观层面上形成政府形象认知定势。

网络拟态环境具有强大的模拟功能,这也是网络拟态环境不同于传统拟态环境的一个拟态特征。网民不仅可以通过网络了解超出自己亲身感知以外的事物,甚至可以通过网络"体验生活"。一些网民之所以借助网络媒介,不再是因为无法与整个外部环境和众多事物保持经验性接触,而是为了用"拟态生活"弥补现实生活中的缺憾。他们在网络上开设起"农场"、"牧场",经营"事业"、"恋爱"、"结婚"、"生子",一门心思地模拟人生;对于自己的现实生活,则怠于亲身经历。实际上,网民所过的这种"拟态生活"与现实生活完全是两回事,虚构的完美生活极易促使网民对现实生活产生无端的不满,并迁怒于政府。而深度沉浸于网络角色的大多是年轻人,他们过多地接受拟态环境中的信息,人生观、价值观又极易受到影响,便会对现实社会,尤其是对现实社会的管理者和协调者——政府,作出错误的、负面的理解和判断。据 CNNIC《第 26 次中国互联网络发展状况统计报告》,截至 2010 年 6 月 30 日,30 岁以下各年龄段的网民占比 59%。网络拟态环境深刻地影响到大量年轻网民的认知,可能使他们从人生观、价值观的层面上形成对政府形象的定势认知。

网络拟态环境促使网民政府形象认知"一边倒",形成网民政府形象认知定势。在网络拟态环境中,第一,传播主体可以是每一个网民,信息来源更加广泛,但网民断裂化的信息发布也促生了信息碎片化的显著特征;第二,草根话语权得到较为充分的保证,而现实诉求渠道的阻塞使网络诉求井喷,底层群体情绪的集中宣泄可能将网络上呈现的政民关系推向对立;第三,网络的协同过滤功能使网民可以自我设定网站链接,而网民由于偏好作用,一般只链接与自己价值取向一致的网站,在偏向型或圈子化公共交往中,网民不具备全面视角和多元思考的能力;[4]第四,在"注意力为王"、"眼球经济"、颠覆权威的网络时代特质下,心理学中的否定效应(是指人们对他人的否定信息比肯定信息更加关注的倾向[4])被放大,负面消息更容易得到传播,主流信息或关于政府的正面信息极易遭遇解构。在上述"信息碎片化—信息负面化—协同过滤—负面信息扩大化"的网络背景下,网民对网络上迅速出现、大量散布的碎片化、负面化信息做出反应,难以对事件形成全面、客观的了解,对执政者的各种负面情绪急促汇聚,使网民不经深思熟虑即对一些与政府相关的错误信息自动默认,形成政府形象负面认知。

网络拟态环境通过激活网民刻板印象成为网民政府形象认知定势形成的间接原因。BBS、QQ 群、Blog 圈等 Web2.0 网络拟态环境促使网民"同气相求",形成与特定社会群体相对应的特定网民群体。网民群体中存在集体无意识现象,使网民呈现出冲动和急躁、缺乏理性以及低劣的推理能力、少有深思熟虑而混沌懵懂的状态。此时,网民对事物所作的判断完全是依据"信念",依据信念的判断,是一种主观的、潜意识的判断。[8]这种主观感觉或本能意识的需要使网民刻板印象被激活并集中反映。社会刻板印象由李普曼首先提出,也称"固定的成见",意指人们由于生活在比较狭小的一隅,对该环境中生活的某一类人或某一类事会形成固定、概括、笼统的看法。[9]以草根民众为例的特定网民群体不可避免地拥有指向政府部门的刻板印象:传统的"政治氛围"容易带给受众言不副实、言过其实或空洞浮夸的感受;政府腐败的先天性便利条件和政府腐败个案的大剂量报道使受众偏信腐败必然且普遍存在;现实经验中自己或他人与政府不愉快接触的个例可能令民众"记忆犹新"。类似原因造成的网民对政府的刻板印象由潜在状态转为活跃状态,使网民对政府形象的选择性认知趋同于负面的刻板印象,形成网民政府形象认知定势。

(二)网络事件沉淀后的网民印象

对政府不存在刻板印象的网民群体,对于新网络事件的主观反映和本能意识来自印象。这种印象并不是对新网络事件的主观反映,而是对整个认知背景,包括经验和现状的主观反映。经验和现状在普通网民的认知结构中通常是模糊的,当他们挖掘印象时,最为突出和清晰的往往是先前网络事件的残留。有学者将某一时期政策的残留视为政策沉淀,即先前政策结果对后续政策的潜在影响。[10]据此,本节提出网络事件沉淀这一概念。网络事件沉淀即是某一时期网络事件的残留,是先前网络事件对后续网络事件的潜在影响和正负效应。网络事件可能源于现实事件,但由于受到网络的大批量传播和多方面评判,较之现实事件具有更深刻的"沉淀"。因此,尽管网络事件沉淀可能并不被人们自知或发现,其影响却十分深远。网络事件沉淀可能具有极长的潜伏期,可以说它类似于一种内隐记忆,而网络事件沉淀是这种内隐记忆的客观对象所在。当新的网络事件对网民产生刺激,网民需要对新事件判断性质和预测结果时,这种内隐记忆就会被集中唤醒,提醒网民先前类似的网络事件大多以哪种形态展现,如果先前网络事件普遍具有相似的性质或结果,网民对新事件的认知就会不假思索地倾向于相同的方向,形成网民认知定势。

三、网民政府形象认知定势的影响机理

网民政府形象认知定势促使网民对政府形象作出歪曲的判断和评价,使得相关事件对政府形象的负面影响扩大化。此外,网民政府形象认知定势是对网络拟态环境及其信息传播过程的反映,但是,网民政府形象认知定势的结果却不仅作用于网络环境,而是同时作用于现实环境,直接威胁到政府形象及其所关乎的政府公信力和政民关系。(见图6-5)

(一)网民评价的歪曲与影响扩大化

网民政府形象认知定势必然带来歪曲的网民评价。第一,网民感知政府形象时倾向于将消极负面的特性赋予政府,将使政府的积极正面特征遭到忽视;第二,网民对政府形象的评判向负面评判"一边倒",将使评判严重脱离客观现实;第三,网民政

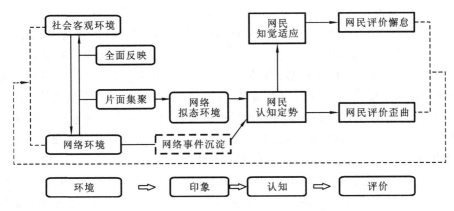

图 6-5 消极的网民政府形象评价过程模型

府形象认知定势还可能使网民对政府加以其他方面的负面评价,使政府背负起莫须有的"罪名"。

此外,当前事件同样对未来事件具有沉淀效应。网民对政府形象负面、歪曲的认知和评判,残存于网民对经验和现状的主观反映中,成为未来事件的网民认知背景,将影响网民对网络事件的新一轮认知。例如,在本节所研究的农民反映问题后"出逃"事件的评论帖中,"百姓诉求渠道险恶程度可想而知"的观点,将成为该网友及受到该观点影响的其他网友认知未来事件时"想当然"的理念。在这种"系列事件"的不断积淀下,网民对政府形象认知和评判的歪曲如果不能得到及时的扭转或挽回,将使网络认知环境不断恶化,进一步影响网民对政府的印象,随着"印象—认知—评价"的交织,形成上升和扩大的螺旋式动态过程,评价的歪曲程度、负面影响将会不断扩大化。(见图 6-6)

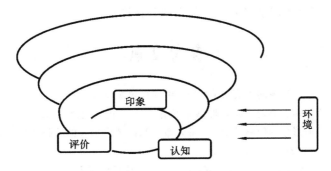

图 6-6 "印象—认知—评价"螺旋图

(二) 网民知觉适应与评价懈怠

网民政府形象认知定势由于会带来凸显的"一边倒"局面,极易使网民陷入另一种认知状态,即网民知觉适应。在心理学中,知觉适应是指由于刺激物对感受器的持续作用而导致感受性发生变化的现象。适应既可以引起感受性的提高(如暗适应),也可以引起感受性的降低(如明适应)。[2]据此,本节所指的网民知觉适应是指由于网民对政府形象具有"一边倒"的负面认知倾向,网民知觉受这种定势倾向及其所带来的批量的负面信息持续作用,感受性降低,对消极负面的政府形象全面接受的知觉状态。网民知觉适应直接导致并表现为网民评价懈怠,即网民认为问题无争议、无意义或无前景,表现出消极懈怠的态度,怠于评价或建言。如,网民的接受"现实"、不求改变、消极认命的观点。在本节所研究的农民反映问题后"出逃"事件的评论帖中,"无力回天","事实就是如此,按常理都可以推出这样的结局","都明白,不是问题的问题"等观点,都是网民知觉适应和评价懈怠的表现。这一网民认知后果可以说是网民政府形象认知定势的极端展现,也是对政府形象的极端歪曲,具有极大的负面效应。

四、结语

政府形象关乎政府公信力和政民关系。网民政府形象认知定势促使网民对政府形象作出"一边倒"的歪曲判断和评价,使相关事件对政府形象的负面影响严重扩大化,对政府形象的塑造和维护造成阻碍。本节发现和探索了网民政府形象认知定势这一现象,揭示了网络在网民政府形象认知定势形成中的关键作用,并初步解释了网民政府形象认知定势的影响机理。对政府把握、加强和改进网络舆情引导工作具有重要的理论价值,提示政府在处理政务和公务活动过程中必须重视舆情分析和研究,以期逐步改善政府的公众形象。后续研究有必要进一步挖掘促使网络舆情失真或网络民意歪曲的主观心理因素和客观网络因素,并对各因素进行概念化和操作化,建立相关模型,以期探寻各因素之间的关联性及其强度。

参 考 文 献

[1] 廖为见.论政府形象的构成与传播[J].中国行政管理,2001(3):35-36.

[2] 车文博.当代西方心理学新词典[M].长春:吉林人民出版社,2001:298.

[3] 贺玲.论政府形象的影响因素——兼论重塑我国政府形象的路径选择[J].北京工业大学学报(社会科学版),2008(4):46-49.

[4] 刘京林,等.传播中的心理效应解析[M].北京:中国传媒大学出版社,2009:33.

[5] 李普曼.舆论学[M].林珊,译.北京:华夏出版社,1989:225.

[6] 丁汉青.传播中的拟态环境[D].郑州:郑州大学,2000.

[7] 王国华,方付建.突发事件网络舆情"片面化呈现"的形成机理——基于网民的视角[J].情报杂志,2010(4):30-34.

[8] 古斯塔夫·勒庞.乌合之众——大众心理研究[M].冯克利,译.北京:中央编译出版社,

2004:15.

[9] 童兵.理论新闻传播学导论[M].北京:中国人民大学出版社,2000:144.

[10] 陈姣娥,王国华.网民政策态度形成机制研究——从"网议宁波"说起[J].中国软科学,2010(5):57-64.

第七章
网络舆情与网络民主

第一节 网络民主的概念界定及辨析

一、引言

互联网作为一种新的媒介正在深刻地影响着我们的生活。它从技术上突破了传统媒介民主形式的局限,为民主政治注入了新的活力,也对现实政治生活带来了前所未有的改变。网络民主就是由互联网技术衍生出的新鲜而时髦的话题。有关网络民主的定义,比较有代表意义的是马克·波斯特提出的,他在《网络民主:因特网和公共领域》一文中把网络民主界定为"网络民主为公民借助网络技术,通过网络公共领域加强和巩固民主的过程"[1]。随后,美国的 Roza Tsagarous 出版了《网络民主:技术、城市与城市网络》等。以及布朗宁、阿特温等人出版了有关电子民主、数字民主方面的专著,由此拉开了研究网络民主的序幕。[2]

总的来说,网络民主虽然发端于西方发达国家,目前也是一个研究的热点话题,但有关网络民主的研究还是显得有些薄弱,以网络民主为专门研究领域的著作并不多见,特别是由于时空差距,有关网络民主的研究成果,主要是针对西方发达国家特别是美国的政治现实,而对发展中国家鲜有关注,这难免会造成网络民主在中西方对话时话语指向的模糊性和混乱性。在中国,虽然理论界对网络政治表现出极大的热情,并在现实中可以深刻地感受到网络给民主给政治生活带来的变化:如网络政治表达、网络政治交流、网络政治宣泄、网络结社、网络政治监督等现象的出现,但是对网络民主这个新鲜事物的理解还显得比较模糊,此类研究几乎空白。因此,界定网络民主的定义和内涵,澄清一些有关网络民主认识上的误区,比较和综合考虑不同政治生态环境下的网络民主所具有的不同表现形式及其影响因素,显得非常必要。

二、网络民主兴起的背景

(一) 传统媒介的功能异化及民主危机

传统大众媒介曾经被认为是西方宪政民主的一个重要基石,是公民知情权、表达权、参与权的重要实现途径,而保持相对独立性是其发挥民主功能的前提和关键,私有化是大众媒介保持相对独立性的必然逻辑。正如美国学者基恩所说的那样:市场竞争是实现报刊和广播电视自由不受政府干预的关键条件,自由竞争可以确保意见市场的形成。[3]而且,传媒的自由竞争可以提高效率、减少成本、促进服务。能够更好地与公众的口味相吻合,还能带来竞争之后多元化选择的好处。而政治官僚控制下的媒体却做不到这一点,公共服务性广播的原则是趋炎附势的,它为少数人谋利,其基础是泛商业化的偏见,它窒息了个人的需求,其结果是不能充分利用频谱,从而导致节目贫乏。官僚制下的公共媒介制作节目并不注重质量,只是对节目以及节目的时间安排不厌其烦地反复审查。一旦有不合意之处,便动用权力硬性撕毁契约。同时,对公共服务性媒介消费者的选择进行了系统而任意的审查,威胁着表达自由。[3]所以,解除规则、自由竞争被认为是西方民主政治中大众媒介功能发挥的前提和保障性条件。

但是,任何事物发展到一定程度就会走向其反面。媒介的私有化和市场化,虽然在表面上获得了相对政治权力的独立性,但其结果却难逃市场化商业逻辑的宿命。在自由主义政策的指导下和市场竞争的法则驱动下,媒介逐步由多元化格局走向了并购、重组、垄断,最终形成了寡头化垄断的局面。其突出表现为媒介成了市场和寡头集团的傀儡,成了几个寡头集团分权逐利的工具,其客观性和独立性也越来越受到质疑。特别是在商业化市场化逻辑作用下,媒介正朝碎片化、戏剧化、庸俗化、形式化方向发展,沦为企业赢利压力、政治谎言和公众低级趣味共同作用下的难以理解混乱的产物。[4]

同时,媒介的私有化和市场化也间接导致了民主由公共性走向消费娱乐性,政治参与低下、政治效能感下降等与民主目标背道而驰的后果,使得传统大众媒介逐渐偏离其正常轨道。可以看出,媒介的私有化非但没有带来媒介自由竞争的好处,还在很大程度上危及了民主本身。只不过,大众传媒在脱离了政府的管制后,变成了市场和寡头集团的傀儡,传媒市场成了几个寡头集团分权逐利的工具,使得民众的选择严重受限,造成对多元文化的损伤,其客观性和独立性也越来越受到质疑,娱乐至上的原则导致了大众文化的庸俗化和低俗化,导致了公共领域的萎缩、政治参与水平降低和社会资本的下降。被形象地称为"独打保龄球"[5],"没有公民的民主"[6]、"富媒体"、"穷民主"[7]。

正如美国学者乔姆斯基所说：西方政党政治从本质上看，不是政党的逻辑，也不是媒体的逻辑，而是资本的逻辑。这一逻辑发展的必然结果便是：以漠不关心和玩世不恭为标志的非政治化公民越来越多，而国家的政治生活留待职业政客去分肥了；新闻媒介看起来确实独立自主，看起来确实在向权势们挑战，俨然成为政府第四大部门。然而，只要进一步深入调查，显然就会看到这种关于新闻媒介权力的信念，只是那些拿它追逐自身目的者手中庞大的武器而已。正如班尼特所揭示的那样，"这些貌似可以呼风唤雨、权倾一世的无冕之王，不过是那些私营大企业老板的雇佣伙计"[8]。因此，唤醒公民政治参与意识、重塑公共领域、用公民主权代替消费主权、用民主逻辑取代市场逻辑，成了西方媒介政治变革转型的当务之急。

（二）对代议民主的反思以及深度民主的追求

纵观民主政治的历史发展，虽然期间出现了形形色色的民主形式，但占主导地位的仍然是带有精英色彩的代议民主制度，而主张直接民主的理论在现实中往往只停留于理论思辨和假说。

正如佩特曼所言：自由主义民主即代议民主在当今世界逐步成了民主的主流理论和主导模式，而主张人民统治的共和模式几乎变成了一种单纯的理论思辨或假说。[9]精英民主理论的代表熊彼特甚至认为：在现实政治生活中，除了历史上极少数存在的几例直接民主外，人民实际上从未统治过，但他们总能被定义弄得像在进行统治，民主政治只能是人民有机会接收或拒绝将要来统治他们的人的机会。所以，在熊彼特的笔下，民主成了某些人通过竞取人民的选票而得到作出决定的权力。[10]达尔发展了熊彼特的理论，他以利益集团为视角，认为民主不过是各种利益集团之间讨价还价妥协的产物。他指出，在现代民主社会中，人们都生活在不同的利益集团中，这种状况打破了一统天下的格局，不存在可以控制一切的权力实体，而只存在少数之间就某个政治决策的相互复杂的互动博弈。

所以，民主不是一个许多人在特定政策上联合起来向政府庄严进军的过程，而是一个相对来说较小的集团之间的稳步的妥协过程，达尔称这种民主政体为多头政体或多元民主。[11]他所揭示的是：代议民主避免不了少数人统治的寡头铁律。只不过在他的笔下，民主政治是多重少数人统治而已。

这样，民主政治沦为选举政治，选举成为衡量是否民主的核心标志。正如亨廷顿所言：自第二次世界大战以后，主流的方法几乎完全根据选举来界定民主，民主被看做构建权威并使其负责的一种手段。[12]刘军宁则直接把这种选举民主称为底线民主，他指出：尽管选举是民主政治的核心，可单凭它不足以构成民主，我们不妨把选举看做是自由民主的一个初级阶段，视为民主所必须达到的底线。[13]这种底线式的民主虽然离理想的民主有些遥远，但却保证了民主政体能够在一个安全的轨道上运行。

底线式的民主虽然保证了西方民主政治能在安全轨道上行使，但这只是一种初级阶段的民主,一种低层次的民主。它越来越与公众日益增长的参与需求不相适应,也越来越难以满足公众追求更深度民主的需求。特别是随着时代的发展,其越来越受到人们的批评和质疑。如被人批评为虚假的民主、断点的民主、弱势民主、稀薄的民主、底线的民主等。正像卢梭所批评的那样:英国人民自以为他们是自由的;他们大错特错了。他们只有在选举国会议员的期间,才是自由的;议员一旦选出之后,他们就是奴隶,他们就等于零了。[14]马克思批判代议民主不过是让人民每隔几年行使一次来选举议会制下的阶级统治的工具。[15]巴伯直接把自由主义式的民主称为"弱势民主"、"稀薄的民主"。自由主义民主是一种弱势的民主理论,其民主的价值是谨慎的,也是暂时的、相对的和有条件的,它服务于排他性的个人主义企图和私人目的。

由于自由主义民主根源于这种不稳固的基础,所以不能指望它能形成有关公民资格、参与和公共利益或者公民美德的坚实理论。[16]所以,巴伯推出一种"强势民主"理论,旨在弥补自由主义民主的一些弊端。强势民主是在缺乏独立根基的情况下,正在进行的、直接的立法的参与过程以及对政治共同体的创设,将相互依赖的私人个体转化为自由公民,并且将部分和私人的利益转化为公益,从而拒绝冲突。[16]显然,巴伯的强势民主主张更多的公民参与、更多的相互信任和合作。

佩特曼对代议民主的深度和广度提出了质疑,主张自由主义式的民主不关注民众的参与,政治只是成了精英们活动的舞台,这加剧了公民的政治冷漠感,降低了民众参与的政治效能感。佩特曼主张用参与式民主来改进代议民主,提出了政治之外的更广泛民主,如社会民主、工业民主等,她指出:全国层次上的代议民主的存在不是民主的充分条件,因为要实现所有人的最大程度的参与,民主的社会化或社会训练必须是在其他领域进行。托夫勒在其《第三次浪潮》中甚至认为:代议制的民主政治实际上是对工业技术不平等的确认,是挂羊头卖狗肉的冒牌货。因此,他认为:要进行一场持久的斗争,来彻底整顿甚至砸碎美国的国会、英国的上院和下院、法国的众议会、联邦德国的议会、日本的国会,而代之以普遍参与制民主。[17]当然,托夫勒并没有把他的"砸碎"思想发展为革命的理论,也不是人人都想颠覆代议制度,但对代议制民主的变革却已经被提上了议事日程。

可见,代议民主对参与的漠视和控制越来越受到人们的不满和质疑,其消极防范的民主方式也越来越难以满足公众追求更多的政治参与和更深层次的民主的诉求。新的民主要求呼唤新型的媒介形态,深度的民主必须呼唤互动性更强、更便捷的参与工具的出现,而互联网的出现无疑与深度民主的要求不谋而合。

(三)网络与深度民主的亲缘性

互联网作为一种全新的技术媒介,它重塑了媒介与民主的关系,拓展了民主的内涵。更重要的是,它作为一种交互性、便捷性、隐蔽性、离散性的工具,天然与人们对深度民主的追求不谋而合。网络与民主的亲缘关系主要体现在以下几个主要变化上。

(1) 互动结构的改变:交互性和自主性。网络是一种信息能在瞬间生成、瞬间传播、实时互动、高度共享的传播媒介,网络政治参与具有交互性特点,它不是处于某种静止的状态,也不是某种单向信息流动状态,而是动态的多元化的相互作用状态,在网络中可以形成一对一、一对多、多对多的互动关系。

某件事件一经发起,由于借助于网络的快捷性、交互性特点,往往能够起到"一石激起千层浪"的效果,并在短短的时间内激发网民的参与热情,聚集相当规模的网络民意,最终呈现"星火燎原"之势。通过电脑网络,图书馆的资料个人化为"我的图书馆",报纸个人化为"我的日报",广播电视的黄金时段个人化为"我的时段"。

尼尔森曾经说过,互联网能够把报纸、广播和电视的优点集中在一起,发展出一种经过优势整合的综合性媒体。它既是传统媒介性能大荟萃,又是各大传统媒介优点大综合。它既有传统印刷媒介的可保存性和可查阅性,又具有电子媒介的形象和及时性,并解决了传统媒介深度和广度难以兼顾、动静难以兼顾的难题。而且把人际传播和大众传播融为一体,发挥得淋漓尽致。网络除了加强了即时互动外,也增加了我们选择信息的权利。信息在网络时代变得越来越个性化和多样化,用户可以使用代理软件来定制信息服务,制造我的日报、我的新闻,还可以利用博客、日志等抒发自己的情感和见解,从而建立起个性化的适合自己的信息环境。如美国有限电视网CNN与网络巨头Oracle公司早在1997年就合作推出了网上新闻定制服务。用户可以选择自己感兴趣的新闻,也可以过滤掉自己不喜欢的新闻,"我的日报"正在逐渐变成现实。这种变化,用尼葛洛庞蒂的话讲是:推送(pushing)比特的过程变为允许大家拉(pulling)想要的过程。[18]

正如叶琼丰所言:过去是让你知道什么,你就知道什么,现在是你想知道什么,你就能知道什么。[19]美国学者吉尔在《哥伦比亚新闻评论》上发表了一篇题为《自媒体时代的到来》一文,在其中他认为网络的出现颠覆了传统的传播理论。因为在网络世界里,每一个人可以成为记者,每一个人都可以成为媒体,新闻与传播再也不是由专业机构垄断的一种自上而下的过程,而越来越成为大众广泛参与并集思广益的活动。在网络时代,每个人都有权发布信息、裁剪信息、过滤信息,成为信息的主人。我们的读者已经不必等着报纸和杂志为他们做好的半生不熟的新闻产品,他们完全可以自己下厨房。[20]

(2) 控制结构的改变。隐蔽性和离散性网络自建设之初,出于保障隐私的目的,就没有设定有效身份鉴别的功能。所以,一组代码、一个角色符号就成为一个网民身份的标识。其结果是网络具有遮蔽的功能,能够对网民身份随意进行修饰涂抹,使网民完全可以掩盖其自身的真实身份、性格、年龄、职业乃至在社会中所扮演的角色。正如莱恩格尔德所说:人们在网络社区中可以像在现实生活中一样行事,并可以摆脱身体的束缚。虽然你无法去吻别人,他人亦无法揍你的鼻子,但很多事情仍可以发生。[21]网络的隐蔽性特点使得网民能够以隐形人的身份在网上参与政治活动,大大减少了现实中政治参与的不安全感,也使得传统的政治控制变得困难重重。"在因特网上,完全没有人知道你是谁,没有人知晓你的种族和性别。这种肤色盲和性别盲对很多人具有积极意义,因而大受欢迎。"[22]比尔·盖茨说过:最有效控制网络信息的自由流通的办法是给每台电脑派一个警察站在旁边监视。事实上,由于网络的本质,要想控制它也许是不可能的,如果试图做这样的尝试,只会导致失败。尼葛洛庞蒂把网络比作"一列呈人字飞翔的鸟群:飞行秩序不是由头鸟确定的。如果猎手射杀了头鸟,人形会重组,鸟儿们会继续向前,政府无法攻击网络的领袖,要想对抗网络——像埃克森参议员决心要做的那样,除了射杀所有的鸟,其实别无选择"[18]。

(3) 参与结构的改变:平等性和非中介性。传统的政治参与很大程度上依赖于报纸、电视、电台等信息传递渠道。在网络时代,网民们对政治参与的体验更加直接。网络时代的参与结构得到了根本性改变,其参与的主要特性表现为平等性和非中介性。在网络时代,人们只要在家中点一下鼠标,就能马上对各种公共事务进行投票,参与讨论,发表见解,使公众和政府实现了没有中间环节的直接平等沟通。

此外,网络还具有离散的、无中心的结构模式和运作特征,基本消除了身份歧视,实现了地位平等。在网络上,无论人们在现实社会中的身份、地位、贫富如何,只要达到法律允许的条件和一定的物质条件能够上网即可。在网络中,不论平民还是国家元首、穷人还是富人,都可以发表自己的见解、参与讨论,对政府的政策品头论足。在这里,舆论一律被打破,为网民提供了广泛的舆情表达空间,网民可以自己做主设置议题,网民之间能够抛弃身份背景,实现比较平等自由的对话。而且当信息不对称的时候,它的出现,也对传统媒介和主流媒体起到了补充和监督功能,使网民和媒体之间实现新闻互动和有机结合成为可能。[23]

特别是 Web 2.0 技术出现后,网络的参与变得更加自如。如果说第一代互联网为非专业机构以及个体进入新闻信息的生产领域打开了大门,那么,新一代互联网便是为他们成为新闻传播中的有生力量提供了一个更高的平台。如果说第一代互联网中,网民更多的是通过无意的行为在进行着新闻的再生产,那么,在新一代互联网中,网民则可以通过博客、维客等手段,更制度化地、更专业地参与到原创性的新闻生产中。总之,正是网络具备这些传统媒介不具备的特点,所以,网络一经诞生,就给深度民主带来了无限的活力,并为公民政治参与提供了一个公共空间,既提高了公民的自由表达权,又提高了公民参与的自主权,它整合了传统媒介的许多优势,又具备了诸多传统媒介所不具备的优势,因而天然符合民主精神。[18]

三、网络民主的概念界定

如上所述,网络的兴起给民主政治带来了极大的活力,拓宽了民主的内涵,网络民主就是互联网技术渗入到政治过程中的产物。从媒介技术与民主的关系视角,民主是一件宏伟的事业,也是一件精细的事业。它有体制层面的显著推进,也有技术和行动层面的增量发展。[24]网络民主就是从技术与民主的关系衍生出的新生事物,然而,目前有关网络民主的研究还是显得有些薄弱,以网络民主为专门研究领域的并不多见。国外学者对网络民主的概念界定,主要把网络民主看成是公民借助网络技术重塑民主或者重振民主的形式。

但是,这类定义主要针对的现实是发达国家的现实,如代议民主过度发展导致的种种弊端,以及传统大众媒介过度市场化和自由化带来的功能异化和民主危机等,而对不同政治生态下网络民主的内涵及表现形式的差异鲜有关注。如果直接套用国外的网络民主理论来解释中国现实,难免会有隔靴搔痒之嫌。而在中国,虽然理论界对网络政治表现出极大的热情,而且现实中可以深刻地感受到网络给民主带来的变化,如网络政治表达、网络政治交流、网络政治宣泄、网络结社、网络政治监督等现象的出现,但是对网络民主这个新鲜事物的理解还显得模糊,研究几乎处于空白地带,目前还没有相关专著出现,其观点只散见于一些学术论文和网络文章。

除此之外,涉及网络民主的问题要么是避开网络民主的定义,直接把网络民主与网络的民主等同,要么直接把网络民主与网络政治混用,要么交叉使用网络民主和电子民主等概念,可以说,目前我们有关网络民主的理论研究远远滞后于网络民主发展的实践,处于相当滞后的状态。所以,有必要清晰地界定网络民主的概念和内涵,并能充分考虑其在不同政治生态下的实用性和概念的周延性。

结合以上分析,我们认为,所谓网络民主,是参与主体借助网络技术,以直接参与为主要形式,以高度互动为主要特征,以网络空间为载体,培育、强化和完善民主的过程。它涵盖了三个层面:一是现有民主的信息化,即利用网络信息技术巩固和加强民主,如电子选举、电子投票等;二是对现有民主的重塑和拓展,如网络加强了直接民主的成分,重塑传统的代议民主形式;三是网络引发的新的民主形式,如网络公共空间的协商对话、电子议政厅、电子广场、在线民主等。

四、网络民主的内涵及特征

为了更好地理解网络民主,我们有必要澄清一些认识上的误区,并对网络民主的内涵及外延做一拓展。

(1)网络民主不是独立的民主形态,而是媒介与民主新的结合形态,它的突出特性就是为参与者提供了一个对话的广场和互动空间,重现了广场政治的某些要素,丰富和拓展了民主的内涵。最基本的分类是把民主分为直接民主与间接民主。

所谓直接民主,指的是统治者与被统治者的身份的重合,公民作为国家的主人直接管理自己的事务,而不通过中介和代表,即没有代表和代表传送带的民主。[25]直接民主有两个层次上的含义：一种指的是在具体问题上以直接民主的方式来作出决定，但是整个国家的主导制度仍然可能是间接民主；另一种指的是整个国家体制上的直接民主。所谓间接民主，指的是公民通过由自己的同意所选举出来的代表来负责决策。间接民主常常又被称为代议制民主。代议制民主就目前的要求看可以定义为间接民主，在这里，人们不亲自统治，而是选择统治他们的代表。[25]虽然从本义上来看，直接民主比间接民主更符合民主的本义，也更能激发人的热情，但是，现实中由于种种因素的限制只能实现间接民主。直接民主除了技术上的限制外，它也有其内在的缺陷，取而代之的不得不是被密尔称为理想的政府体制类型的代议民主。正如萨托利所言："如果说古代民主是城邦的对应物，那也就是说它是直接民主，而我们如今不可能亲身体验那种希腊式直接民主了。"

我们所有的民主都是间接民主，即代议制民主，我们受着代表们的统治，而不是统治着自己。[25]网络的兴起也为公众参与和政治互动提供了一个跨越时空的电子平台，在这个平台中，许多在传统时代被忽视的或者被压制的参与活动将会重新被激活。网络能拓展公民的政治参与，构建一个自由平等参与的公共论坛。它将营造一个免受政治权力骚扰的公共领地，培育民主的土壤和民主试验，为推动民主发展起重大作用，广场政治在网络时代不再变得遥不可及。从网络的特性来看，网络的诞生为营造一个理想公共领域提供了便利，网络的平等性、离散性、便捷性特点，使得网络很容易削减传统的精英话语垄断和控制状态，也可以使人们随心所欲地表达自己的话语和思想，一定规模思想碰撞后形成的交集就形成了网络舆论。网络也为公共领域的形成提供了技术上的便利，打破了传统时代个人空间隐蔽性与公共空间开放性的困境，加速了公共领域的形成。

可见，网络民主与传统的媒介与民主作用形式不同，网络民主主要特性是高度交互性，它为参与者提供了一个对话的广场和互动空间，重现了广场政治的某些要素，从而拓展了民主的内涵。正如严耕在《网络悖论》一书中所说的那样："我们今天的民主，大多数采用代议制民主的方式，它也是等级结构社会所无法避免的一种民主形式，先由基层开始，一步一步往上选出代表，最后由代表来代替选民发表意见，参政议政。而在计算机网络中，任何人不需要再由别人来代表自己，它自己就可以直接发表自己的政治意见，并对政府和各级机构所要通过的议项投出自己的赞成或反对票。因此，公民直接参政议政是网络民主的一种最突出的表现。"[26]

（2）网络民主是一种参与式民主，它强调更多的参与和更直接的参与，它主张更多的直接民主的成分，但不等于直接民主。理想的民主状态是直接民主和间接民主的平衡。未来学家奈斯比特早在20多年前就提到，随着信息化时代的来临，未来的民主形式一个重要的变化就是强调公民更多的参与和更直接的参与，奈斯比特形象地把它称为共同参与民主制，并认为：当前，我们在政治上正处于一个从代议制到共同参与民主制的大规模转变过程中，在代议民主制下，我们不是直接就某个问题投票,而是选举某人为我们投票;[27] 但是,随后发生了通信革命,同时有了教育有素的选民。目前,由于在瞬息间即可共享信息,代表们所知道的事情我们也都知道,在时间上也不比他们晚。事实上,代议制度的历史作用已经完成了,我们直觉地意识到它已经过时了。[27] 奈斯比特对于信息革命带来的影响的论断虽然带有过于乐观的色彩,但是,他在那个时代却敏锐地感觉到了信息技术对于传统民主带来的变化,也预见了一种新的民主形式——参与式民主的诞生。

需要指出的是,参与式民主直到最近 20 年才逐渐进入到人们的视野之中。当代参与式民主理论的最重要代表是美国著名学者、前国际政治科学协会主席卡罗尔·佩特曼、麦克弗森、巴伯,以及赫尔德等。佩特曼认为,真正的民主应当是所有公民的直接的、充分参与公共事务的决策的民主,从政策议程的设定到政策的执行,都应该有公民的参与。只有在大众普遍参与的氛围中,才有可能实践民主所欲实现的基本价值,如负责、个体的自由发展、人类平等。政治参与能够促进人类的发展,提高人们的政治效能感,减少人们对于权力中心的疏离感,培养对公共问题的关注,有利于形成一种积极的、富有知识的并能对政府事务具有敏锐兴趣的公民,从而有助于一个参与性社会的形成。网络的出现为参与式民主的实现提供了可能,或者可以说,参与式民主的兴起正是立足于网络。由于网络具有便捷性、平等性、交互性、离散型、隐蔽性等特点,它改变了人们互动结构和参与结构,也改变了信息的占有与分配格局。如果说网络的隐蔽性特点为公民的自由参与提供了保障,那么网络的互动性却为公民直接参与提供了可能。在网络时代,公民可以直接参与到公共决策中,可以更少甚至不用依赖于代表,可以预见,传统代议制民主中几个重要的中介性政治组织如政党、议会在网络时代将会遭到巨大的冲击。正如奈斯比特所言:网络民主给人类社会带来了从代议制民主向直接参与式民主发展的新动向,而共同参与民主制的指导原则是:凡生活中受到某项决策影响的人,就应该参与决策的制定过程;[27] 此外,网络的出现降低了获取信息和占有信息的门槛,信息的流通越来越朝大众化、草根化、多元化方向发展,在网络时代,公众不必被动等待大众媒介为他们准备的二手信息,而是可以自由选择、无限过滤,因为在网络时代,每个人都是记者,每个人都可能激活一场舆论,可以看出,网络时代的参与的一个显著特性就是参与的自主性和非中介性,如果把政治中介看做传统时代的标志特征的话,那么,打破中介、直接参与将是网络时代最显著的特征。

但是,强调网络民主更多的参与和更直接的参与并不是意味着传统的代议民主寿终正寝、不合时宜了。网络民主与代议民主不是非此即彼的关系,而是可以相互作用、共同补充,理想的民主既不是单纯的代议民主,也不是纯粹的直接民主,而是二者之间相互补充、相互均衡的一种状态。一方面,网络民主制要正常发挥作用,需要以代议民主制度的其他制度安排作为基础,因为单靠网络民主,是不能支撑起一个合理的民主治理架构的。另一方面,网络民主通过直接和平等的政治参与,确实能够推动民主制的其他制度趋向健全、成熟。可见，网络民主是代议民主的补充和完善，而不是取代和颠覆，但总的趋势是，网络利用它的互动性和便捷性等优势将加大公民的直接参与，减少其他中介性政治参与。它的趋势是直接民主，它可以和代议民主相互补充、相互合作，以实现更完善的民主。

（3）网络民主在不同政治生态下的表现形式和作用机制不同，其功能取决于现实政治的选择性吸收。媒介的功能发挥不可能在真空中运行，它一定依赖于特定的社会结构和社会生态，它的功能会随着时代主题的变迁而不断得到调整，换句话说，它的功能取决于社会对它的选择性吸收。

网络作为一种新的媒介，它在与政治互动的过程中，也避免不了政治对它功能的选择性吸收，可以说，网络民主能发挥什么功能，应该发挥什么功能不是由网络本身所决定的，而是取决于所处的政治生态环境，换句话说，网络民主在不同的政治生态下，其作用形式存在较大的差异，其功能存在较大的差异。

概括而言，网络为选举和投票等提供了诸多便利，降低了成本，扩大了政治效能。如选举中的网络宣传、政治广告、网络募集选举资金和志愿者以及公民在行政、立法、司法过程中与政治家的互动等。此外，网络民主在不同政治生态下作用机制也不同：在西方发达国家，网络民主更多的是一种辅助性治理手段，其在现实政治中运用最多的是网络的便捷性和互动性，网络的隐蔽性和虚拟性等技术特点在西方不是那么受人瞩目，相反，在西方的政治生态下，隐蔽性和离散性这些特点往往对现实民主产生诸多负面影响而被人诟病。而中国网络民主给中国政治带来的最大变化正是其隐蔽性和离散性，它重新激活了民主的活力，改变了传统的政治格局和传统政治的运行方式。我们在探讨网络民主的作用范围时，绝不能忽视不同政治形态之间的差异性。中国的现状决定了网络民主发挥的作用范围还相当有限。如果把网络民主分为两个维度——核心层面和外围层面的话，那么中国网络民主更多体现在外围层面，如有限的电子政务的分享、官方与网民不定期的协商互动，以及不定期的收集民意等，网民在网络空间获得了一定的知情权、表达权和监督权等。可以说，网络民主在中国与其说是提供了新的民主方式，重塑了民主，不如说是激活了民主的元素；与其说提供了新的参与方式，不如说重新释放受到压抑的参与热情。它只是把一些本应该属于民主政治的元素还原，把现实的一些政治束缚解开。

五、结语

网络给人类带来的最大变化，就是它以一种全新的技术塑造和影响着我们的生活方式，但网络毕竟只是民主的技术手段，它本身不能带来民主政治，更不能决定现实政治的发展。网络民主只是现实政治在虚拟空间的一种投射，它的功能发挥需要各种因素的共同作用。如果我们过分夸大网络民主的作用和功能，最终带来的只是民主的幻象和乌托邦。

现实的政治必须和网络相对接,加强和网络民主的互动,并积极把网络民主这一体制外的民主力量纳入到体制框架内,使其作为一种建设性的批判力量而不是破坏性的力量,这才是网络民主能否发挥有效功效的关键所在。

参 考 文 献

[1] Mark Poster. Cyber democracy:The Internet and the public sphere[M]// David Holmes. Virtual politics:Identity community in cyberspace. London:Sage Publication,1997.

[2] Roza Tsagarous. Cyber democracy: Technology, cities and internet[M]. New York: Routledge,1998,1.

[3] 约翰·基恩. 民主与传播媒介[M]//中国社会科学杂志社. 民主的再思考. 北京:社会科学文献出版社,2000.

[4] 兰斯·班尼特. 新闻:政治的幻想[M]. 杨晓红,王家全,译. 北京:当代中国出版社,2005.

[5] 罗伯特·D. 帕特南. 独自打保龄球:美国下降的社会资本[M]//李惠斌,等. 社会资本与社会发展. 北京:社会科学文献出版社,2001.

[6] Robert Entman. Democracy without citizens:The media and decay of American politics [M]. NewYork:Oxford University Press,1989.

[7] 麦克切尼斯. 富媒体,穷民主[M]. 谢岳,译. 北京:新华出版社,2004.

[8] 李献源. 传媒控制下的美国[J]. 天涯,2000.

[9] 卡罗尔·佩特曼. 参与和民主理论[M]. 陈尧,译. 上海:上海世纪出版集团,2006.

[10] 熊彼特. 资本主义、社会主义与民主[M]. 吴良健,译. 北京:商务印书馆,1999.

[11] 罗伯特·达尔. 民主理论的前言[M]. 顾昕,等,译. 北京:商务印书馆,三联书店,1999.

[12] 塞缪尔·亨廷顿. 第三波:20世纪末的民主化浪潮[M]. 刘军宁,译. 上海:三联书店,1998.

[13] 刘军宁. 民主与民主化[M]. 北京:商务印书馆,1999.

[14] 卢梭. 社会契约论[M]. 何兆武,译. 北京:商务印书馆,2003.

[15] 马克思,恩格斯. 马克思恩格斯选集(第3卷)[M]. 北京:人民出版社,1995.

[16] 本杰明·巴伯. 强势民主[M]. 彭斌,译. 长春:吉林人民出版社,2006.

[17] 阿尔文·托夫勒. 第三次浪潮[M]. 黄明坚,译. 北京:三联书店,1983.

[18] 尼葛洛庞蒂. 数字化生存[M]. 胡泳,译. 海口:海南出版社,1996.

[19] 叶琼丰. 时空隧道网络时代话传播[M]. 上海:复旦大学出版社,2001.

[20] Gillmor Dan1 Here comes:We media [J]. Columbia Journalism Review,2003.

[21] Howard Rheingold. The virtual community:Finding connection in a computerized world [M]. London:Secker& Warburg,1994.

[22] Tim Jordan. Cyber power:The culture and politics of cyber space and the internet [M]. NewYork:Routledge,1999.

[23] 刘毅. 网络舆情研究概论[M]. 天津:天津人民出版社,2007.

[24] 储建国. 用电子政务促进民主发展以参与民主带动代议民主的新思维[EB/OL].

[25] 乔·萨托利. 民主新论[M]. 冯克利,译. 北京:东方出版社,1998.

[26] 严耕,陆俊. 网络悖论:网络的文化反思[M]. 北京:国防科技大学出版社,1998.

[27] 约翰·奈斯比特. 改变我们生活的十个新方向[M]. 梅艳,译. 北京:中国社会科学出版社,1984.

第二节　互联网对民主的影响研究述评

一般认为,网络丰富了民主的形式,增加了民主的数量,拓宽了民主的空间,催生了网络民主这一新样态。同时,网络增加了"草根阶层"话语机会,形成了"草根民主"。当然,也有一些异见性观点,如网络虽增加了民主数量,但降低了民主质量,网络协商是低层次的、喋喋不休的,网络提供了更多投票机会,但投票是有限范围的,且投票者对投票对象的理解并没有加深,是一种被动的"投票"。同时,网络有利于更多群体在公共决策事项上参与,但这种参与仍是一种"给予"的参与,且参与是否取得效用取决于威权给予的空间。在这样的情况下,网络对民主究竟有什么样的影响,可谓众说纷纭。德国明斯特大学学者维夏德·沃伊克在论述网络发展与政治关系时曾发问:因特网迅速发展向政治学提出了这样一个问题,即因特网的巨大潜力是否会使民主更加有活力?[1]

一、网络对民主的影响:基于西方情境的考察

自互联网诞生以来,尤其是以美国为首的一些西方数字和信息化研究专家,对于网络促进民主建设表现了极大兴趣。[2]从早期文献看,西方研究者由于对互联网有着超越理性的"崇拜"或"乌托邦式幻想"及对现实中民主形式、内容和实质的厌弃等,多对互联网给民主带来的功能或影响抱有很高期待,因此,早期不少成果基本上是一种非实践层面的理论推想和情感偏向。这导致了早期成果的浪漫色彩。

1. 浪漫主义的视角

一种视角是认为网络提供了新机会,并有利于克服传统民主局限。如公民社会、公共领域学者认为信息技术自发性和流行性导致了电子公共领域及多元、自主公民社会产生,这种公民社会将形成一种有助于现代民主克服形式主义缺陷并将自身嵌入到公民政治意识和日常社会实践的社会结构。[3] Barber 认为,信息技术克服了现代民主国家的地理限制并提供公共协商论坛从而推动着公民民主参与。[4] Taubman 认为互联网上获取信息的简便性和多样性,以及每个使用者都易掌握的通信能力,能够削弱威权政体赖以统治的基础。互联网去中心化的本质使国家难以对它进行控制。[5]

另一种视角对网络催生的新的民主形式期待或认同。如尼葛洛庞蒂认为电脑间随机连接而形成的网络无形地废除了"中心"位置,这是机器制造的民主。[6]托夫勒认为公民可借助网络就公共问题直接向政府发表意见或投票表决,"半直接民主"和"直接民主"将代替工业时代的代议制"间接民主"。[7]1996 年 2 月 9 日发表的《赛博空间

独立宣言》认为：在这个独立的空间中，任何人在任何地点都可以自由地表达其观点，无论这种观点多么奇异，都不必担心受到压制而被迫保持沉默或一致。

第三种视角是从实证研究角度来肯定网络对民主的正面价值。网络投票致使投票人数激增且相对于其他投票者而言，网络投票者更具政治效能感。[8]Weber和Bergman发现那些使用电子邮件和聊天室的人更愿意参加各种政治活动。[9]美国记者韦恩·拉什通过对美国数字政治的实证研究，认为网络已赋予投票人一种可直接传到政府最高层的声音。[10]

2. 反思主义的视角

西方是在民主化过程已基本完成的情况下开始发展和运用互联网的，因此，西方学者在观察和思考互联网对民主的影响时会具有更广阔的视野和更成熟的思考。如电子政府研究学者斯蒂芬·阿金斯通过大量实证研究，在2005年完成的博士论文中提出，尽管因特网这种技术在这些年发展迅猛，利用率迅速提高，但政府在利用因特网促进市民对政府政策的协商式参与比以前并没有实质性进展。[11]在网络对民主的影响中，还存在着一股悲观情绪，认为新技术不可避免地会受到一小撮政界人士或掌权人物的主宰和控制，使他们能够左右和操纵群众的情绪。[12]也有观点认为，新的电子投票是一种为选民作决策时提供更多消息的好帮手，但绝不是表达选民决断的最佳方式。[13]而著名学者霍罗威茨从可能出现信息精英的角度，指出国民中一部分尖端人物有能力掌握新信息系统，从而成为民主社会的权势集团，而对新技术仍然感到神秘的其他所有阶层的人，则降为电子计算机文化中的庶民，硬件和软件的分配不均会给民主社会造成特殊问题。[12]

二、互联网对民主的影响：基于中国情境的考察

中国目前正在推进民主化进程，而威权体制的张力、领导人对选举民主的忧虑、对政治稳定的考虑等导致中国民主化进程一直缓慢，不少研究者的民主诉求与意愿超出了政权和体制可满足或许可范围。在这种情况下，不少研究者存在着"民主的饥渴"，所以研究者对互联网推进民主进程或民主化表现出了极大的关注和热情。从中国相关文献看，多数研究者都从积极正面角度来考虑互联网对民主的影响。

1. 互联网对中国民主的意义

能够表现中国学者热情的是对"网络民主"这一新概念的"拥抱"和"认同"。从实质上讲，网络民主是否可成为一种与选举民主、协商民主相对应的民主形态，是一个值得考虑的问题，但多数研究者都在不加怀疑的意义上使用并偏爱这一概念。如认为网络民主成为民主政治的一种重要力量；这种崭新的民主形式为民主的发展提供了新途径；而在发展社会主义民主的背景下，网络民主正是一种有力的民主形式，一种有效的民主渠道。[14]有学者从协商民主的角度肯定了网络影响，认为网络政治参

与体现了协商民主的精神与理想,是协商民主的新的实现形式。网络的自由、平等、开放、包容等特性,有利于公共领域的生成与维持。[15]

除了一般性"高呼"外,也有学者对互联网民主功能或互联网对民主的具体效用给予了足够的认同和评价。如互联网为网民提供了平等协商和交流的平台,新闻跟帖、网络论坛、博客、SNS社交网站等公共空间已经成为个人参与社会生活和政治生活的重要渠道。[16]互联网为我党更好利用民智开通了一条便捷通道,也进一步推动我党执政能力的提升、执政风格的开放,加速了中国民主政治进程。[17]网络增强了公民政治话语权,拓展了公民政治参与空间,发展了参与式民主,开创了公民监督新方式,促进了官民互动,改善了公共治理,推进了民主广度和深度。[18]

也有学者注意到互联网对立法、决策的推动作用。如2007年《就业促进法(草案)》、国家关于《国家法定节假日调整方案》的网民参与和讨论等。[19]网络民主具有较为彻底的自发性、独立性和平等性,它意味着政治生活中能够克服单向式、自上而下的集权控制,突破信息处理和传播的诸多局限,削弱单边主义和垄断主义,让多边主义和对话主义成为主流,实现更大范围内的平民化和政治参与的多元化。在中国,网络媒体、网络论坛、网络社区等持续快速发展,形成了开放、互动的网络公共空间,为网络民主提供了话语平台和条件支持。[20]

2. 网络对民主的影响不可高估

近年来,也有学者对人们赞赏和一味认同网络民主的状况进行了反思,并对网络民主的局限性进行了思考,认为网络技术具有国家垄断性特征,网络民主投票具有更大可操纵性,另外,网络民主存在着不平衡性问题,同时,网络技术充分发展往往会造成网络技术帝国主义问题。[21]网络民意和网络行为具有很强局限性,及盲目性、非理性,去道德化,容易助长绝对自由主义和无政府主义等极端民主化倾向。[12]过多依赖即时的网络民主可能导致民众的非理性的"情绪性民主"左右政治,[1]也可能导致"多数人暴力"和政客对选民的操纵。[22]网络中无政府状态和极端自由化破坏了民主发展的正常秩序,一部分人将被剥夺更多民主权利,网络霸权加剧了世界范围内民主不均衡发展,网络上信息传递的便利性可能导致更加隐蔽的集权统治,而网络技术的复杂化可能产生技术集权控制等问题。[23]

另外,有学者对网络民主的概念及其实质进行了分析,指出网络民主不是一种独立的民主形态,它是公民借助网络技术参与和影响政治生活的新型方式,并认为网络作为大众传播的一种媒介技术,不能产生社会民主,因此网络民主并没有改变现代民主政治的实质。[24]也有学者认为网络不是民主的决定因素,指出信息技术只能是政治手段,改变不了政治实质,现实政治问题产生的根源不解决,民主永远是幻想,他进一步指出,民主基础是由各种社会阶层所处的特定社会经济地位和关系决定的,且真正与民主相关的不是信息的"量",而是信息的"质"。[25]

3. 二元化的辩证式分析

也有学者注意到不能简单考虑网络是促进或阻碍了民主,而须做二元辩证分析。如倪明胜在研究政治博客时采用了两分方式,认为政治博客是民主政治发展的推动剂,在政治博客空间里,公众围绕焦点政治议题恣意地进行个性化叙述,进行着草根政治民主操练,进而促进着民主政治发展的现代化进程;同时指出政治博客是民主政治发展的绊脚石,博客技术异化分裂、无拘束性言论、意识形态渗透及博客数量快速扩张都会成为民主政治发展的绊脚石。[26]

另外,有学者从政治参与和自我意识视角做了辩证分析,认为互联网无中心结构模式和运作特征基本消除了历史上所有的人为歧视,实现了地位平等的政治参与。同时,网络使公民的民族国家意识也日渐淡薄,个人自我意识大大增强。不过,信息技术发展也可能导致"参与爆炸"、"信息霸权"、"政治欺骗",使政治参与陷入无政府主义、不均衡状态及流于程序化形式。[27]也有学者通过实证分析英美两国参与式民主的发展情况,指出网络民主的走向很大程度上掌握在政府手中,技术能促进某种制度性变化,但是它只是一种载体,根本变迁还需制度推力,并指出网络民主是一种有限制的民主。网络民主的发展取决于控制网络的现实制度和结构。[28]

还有学者从未来展望的角度进行了思考,指出网络民主只是对当前互联网时代民主可能的发展动向的一种概括,还远远没有达到可成为一种独立的制度建构的程度。网络民主的意义在于是一种更为充分的意见表达的渠道,有利于社会弱势群体维护自身权利及引起我们对传统民主机制的反思。不过,由于信息鸿沟、技术权力、不受惩罚的群体心理的存在,网络民主无法真正体现或充实民主的实质性要义。[29]

三、互联网对民主的影响:桑斯坦的视野

随着信息技术和网络社会的发展,"我们离传播完全个人化的时代已经不远了"[30]。"人们能够进一步精确地决定,什么是他们想要的,什么是他们不想要的,他们设计了一个能让他们自己选择的传播世界"[30]。多数人为这些明显增进个人便利与娱乐的发展额手称庆,但在喝彩之余,"我们要提出一些疑问",在这一思维向度下,桑斯坦提出了他在书中关注的核心问题之一:不断壮大的个人控制力将如何影响民主?[30]

1. 民主的两个要件

在提出这个问题之后,桑斯坦提出了"完善民主的两个前提性要件"。一是"人们应该置身于传播信息下,而不是事先被筛选。未经计划的、无法控制的信息接触,对于民主至关紧要,即使某些主题或观点是人们从没想过,甚至令人不安的"。桑斯坦认为:"民主之所以为民主,就是人们常常无意间在一些没有筛选过的题材里找到观点和话题";二是"大部分公民应该拥有一定程度的共同经验。假若无法分享彼此的

经验,一个异质的社会将很难处理社会问题,人与人之间也不容易了解。共同经验,特别是由媒体所塑造的共同经验,提供了某种社会黏性"[30]。

个人能够自由地选择和决定是民主的表现和要义,然而,网络时代所提供的个人化的选择和自我控制则会增加人的偏见、无知和个人自负。在个人偏好作用下,人们只看自我愿意关注或感兴趣的内容或事务,民主的内涵或必需的参与、协商、沟通等特征将会被消解。桑斯坦也正是在注意到这一点后才对网络的民主意义表达了忧虑。

2. 桑斯坦的分析方式

从桑斯坦分析来看,网络可能无法为任何一种民主形式或样态提供足够或内在的作用。如果将民主理解为投票,网络无疑增加了投票的便利性、快捷性、选择性、多样性等,然而,在偏见、无知和个人自负下的投票可能无法选举出真正合意的领导人;如果将民主理解为协商,网络所造成的多个"意见孤岛"或"自我茧房"无法提供协商的空间和意见基础;如果将民主理解为参与,网络无疑也无法真正为参与提供良性基础,因为参与需要足够的知识和技能,网络可能并没有增加这一知识和技能。

在这里,桑斯坦对民主的认知是比较宽泛的,从文献内容看,桑斯坦在文中没有严格区分民主、自由、民主政治等概念,而是将它们放在一起进行讨论。他的关注点是网络及网络所塑造的人们的行为逻辑和方式及在这些行为逻辑或方式下可能对民主的基础要件产生的危害或影响。可以看出,桑斯坦就网络对民主的影响的讨论是一种间接式的,也是一种比较深层次的思考,他不是直接考虑网络对民主的影响,而是考虑网络所塑造的网民对民主的发育或生长基础或条件的影响。

有学者指出,网络技术的政治影响不应从技术本身寻找,而应该从由技术带来的社会结构、价值理念、生活方式的变迁中去寻找。[31]无疑,桑斯坦是这一路向的引领者,就网络对民主的影响问题,桑斯坦的视角与分析思路是独特的深刻的,他剥离了简单认为网络提供了一种民主协商的空间、提供了投票便利性及参与渠道等视角,深入到网络所造成的民众的生活、生存及行为方式等角度来分析,并超越民主的表象性因素,如参与率、投票率等,而深入到民主所赖以产生的社会基础或条件来分析。这使得桑斯坦在这一问题上的见解具有前沿性、超越性和深邃性等。

四、互联网对民主影响的再思考

从桑斯坦的思考来看,无疑他为我们提供了更丰富的认知网络对民主影响的范围或视角。在这里,可以拓展出三种可能的分析视野。

一是技术视野。如果将网络看做一种技术形式,那么网络对民主的影响无疑更多是正面的效果。从技术视野看,互联网具有开放性、可控性,网络降低了投票成本、提供了协商领域,构建了便捷、快速、及时的参与渠道。可以说网络在降低民主成本、丰富民主形式和内容上有着积极和独特的意义。不过,需要指出的是,虽然大多数技术视野的分析和观点认同网络给民主带来的好处或"曙光",也有学者则恰恰从技术视野出发弱化了网络对民主的意义。如张哲在肯定网络民主降低参与成本、提高政府决策有效性、弥补代议制民主公民参与不足及提升政府危机意识、培育公民社会等意义的基础上,指出事实上不是网络带来民主,而是只有在民主政治制度中,网络媒介才能发挥出积极的作用,并认为网络发挥民主辅助作用的政治经济基础已然形成,然而网络作为工具本身不可能自动改善民主。[32]

二是空间视野。如果将网络看成是独立于现实社会的一个场域(即虚拟场域),那么,可以说网络正在塑造更丰富、更多元的民主形式与内容。也就是说,网络对民主的影响是:网络提供了一块新的"民主试验田",提供了民主另一个更现实更有效的生长空间。在这个空间里民主的直接性、参与性、自主性等属性得到了更大发挥,而电子投票、虚拟议政厅、论坛协商等则是虚拟场域这个民主空间的建构形式。由于有这样一个有利于推行民主及提供了民众体验民主直接性、参与性等本质属性的场域,从而可能诱发体验了民主本质属性的人们对现实民主的不满。正如有学者指出的,网络政治参与的迅猛发展造成了对传统民主政治体系的巨大挑战。[24]民众有可能因为体验了网络场域的民主的便捷性等特质而开始背离或忽视现实场域中的民主,而对现实民主不满足则会导致现实民主的回应性难题或生存性危机。此外,由于网络提供了民主可享有的民主形式和内容,则可能使民众不再有意识地关注现实民主的进展,这为非民主体制提供了更大生存空间。不过也可能是另一种形态,即威权体制不仅干预现实社会的民主进展,也想控制网络社会的民主进程,则可能导致适应了直接性民主体验的民众对体制的愤恨,而这会增加现有威权体制的衰变风险。

三是主体视野。抛开技术视野和空间视野,实际上关于互联网对民主的影响有更多的问题需要思考和关注。目前,数字化生存已成为现实,而互联网也在不断塑造一种新的生活方式,这种新生活方式对网民的心理、行为、观念、习惯等都形成了冲击和再造。而网民基于使用互联网所形成的新特点对民主有什么样影响是一个更值得考虑和深思的主题。无疑,随着网络的运用,随着越来越多的网民沉迷于网络中的娱乐、聊天等,现实性的商谈、非预期的观点接触等会越来越少,这无疑会弱化现实性商谈民主或协商民主。而随着电子化投票、选举的使用,现实中民主参与和民主投票也有弱化趋势。因此,要考虑互联网对民主的影响,首先要考虑互联网可能对传统民主形式的制约或替代。这种替代或制约将会有利于民主的发展还是不利于民主的发育也是一个值得关注的问题。

总之,无论是对网络民主的热情赞赏还是对网络民主的质疑,基本上都处在外围的空间,没有从网络技术衍生的网民生活方式、行为习惯等角度来考察网络对民主的影响,因此,就这一主题而言,真正的研究还没有有效展开。

参考文献

[1] 严小庆.透视网络民主的有限性[J].长白学刊,2007(2).

[2] 刘作奎.西方国家的网络治理及对中国的启示——关于网络治理和民主关系的制度解析[J].电子政务,2009(7).

[3] 尹冬华.中西方情境中的互联网与民主———项海外文献考察[J].四川理工学院学报(社科版),2008(5).

[4] Barber Benjamin. Strong democracy:Participatory politic for a new age[D]. Berkeley,CA: University of California. 1984.

[5] Taubman Geoffry. A not-so world wide web:The Internet,China and the challenges to nondemocratic rule[J]. Political Communication,1998,15:255-272.

[6] 尼葛洛庞蒂.数字化生存[M].海口:海南出版社,1996:187.

[7] 阿尔文·托夫勒,海蒂·托夫勒.创造一个新的文明——第三次浪潮的政治[M].上海:生活·读书·新知三联书店,1996.

[8] Solop F I. Digital democracy comes of age:Internet voting and the 2000 Arizona Democratic Primary Election[J]. Political Science and Politic,2001,34(2):289-293.

[9] Weber L M, J Bergman. Who participates and how? A comparison of citizens "online" and the mass public[R]. Presentedat the Annual Meeting of the Western Political Science Association,2001,(3):15-17.

[10] Rash W. Politics on the nets[M]. New York:Freeman,1997:181.

[11] Aikins S K. Web-enabled governance:The challenge of pursuing Internet-based citizen participation[D]. The Graduate College at the University of Nebraska,2005:11.

[12] 郑曙村.互联网给民主带来的机遇与挑战[J].政治学研究,2001(2).

[13] 佚名.民主与未来[J].现代外国哲学社会科学文摘,1997(2).

[14] 高玉花.网络民主对中国社会主义民主政治的意义[J].中共太原市委党校学报,2010(2).

[15] 赵春丽.网络政治参与:协商民主的新形式[J].中共天津市委党校学报,2007(4).

[16] 谢新洲,等.中国网民的网络讨论行为分析[J].新闻与传播评论,2009(1).

[17] 焦亚娜.信息化时代共产党利用互联网集民智问题探析[J].青年科学,2010(1).

[18] 陈国营.网络民主在中国的兴起及其对民主政治的推进[J].浙江工业大学学报(社会科学版),2010(2).

[19] 邵晖.中国当下网络公共舆论对民主进程的影响[J].理论界,2010(4).

[20] 韩志磊,中国"网络民主"发展现状、问题与对策研究[J].首都师范大学学报(社科版),2005(5).

[21] 娄成武,张雷.质疑网络民主的现实性[J].政治学研究,2003(3).

[22] 丁未.网络空间的民主与自由[J].现代传播,2000(6).

[23] 张千山.互联网对民主发展的负面影响[J].学术论坛,2001(2).

[24] 果辉.网民规模与网络民主的维度分析:对达尔文本的研究[J].天津行政学院学报,2010(2).

[25] 邹智贤.网络与民主政治[J].湖南行政学院学报,2002(6).

[26] 倪明胜.政治博客的民主维度考量[J].天津行政学院学报,2009(1).

[27] 王恒桓.信息技术与民主政治[J].武汉理工大学学报(社科版),2003(2).

[28] 刘作奎.西方国家的网络治理及对中国的启示——关于网络治理和民主关系的制度解析[J].电子政务,2009(7).

[29] 孙光宁.网络时代的民主动向[J].理论视野,2008(4).

[30] 凯斯·桑斯坦.网络共和国——网络社会中的民主问题[M].黄维明,译.上海:上海人民出版社,2003:3,2,4,5.

[31] 郭小安.网络民主——媒介与民主关系的新形式[J].四川行政学院学报,2009(1).

[32] 张哲.网络民主释疑——基于政治学的思考[J].中共成都市委党校学报,2010(2).

第三节　网络民主在中国的功能及限度

网络民主不是一种独立的民主形态，它是公民借助网络技术为媒介参与和影响政治生活的新型方式。

本节无意从规范层面论证网络民主的政治功能，也不想陷入"网络究竟利大于弊还是弊大于利"的循环争论中，更不想采用"一分为二式"的简单而省力的论证方式。本节关注的重点是在中国现实的政治背景下，网络民主究竟在哪些层面起作用，在哪些层面又会受到限制？在现实的前提下，网络民主在中国民主过程中究竟扮演着什么角色？它的功能又会受限于哪些影响变量？网络民主的出现将会给中国的民主道路带来何种新的变化？

一、网络民主在中国的缘起

网络民主兴起于20世纪末，此时中国正处于现代化的转型期。一方面，国民经济持续增长，工业化、市场化进程加快，基础教育普及率和民众识字率不断提高；另一方面，社会出现了有限的多元化，公民政治参与粗具规模，但面临严重的短缺困境，面对公众强大的民主压力，政府相关部门显得有些力不从心，缺乏足够的制度化能力与引导能力，表现出一定的失衡状态。这与中国在改革开放初期采取的"经济先行，以经济发展带动政治改革"的非均衡发展策略是息息相关的。

采取这一策略，是由当时的社会经济发展状况等客观条件所决定的。由于经历了十年的"文革"动荡，中国的经济发展已经严重滞后，和平与发展成为当时最紧迫的任务，能否在一个良好的政治秩序中谋求发展是现代化能否成功的关键。邓小平曾一针见血地指出：中国的问题，压倒一切的是稳定，没有稳定的环境，什么都搞不成，已经取得的成果也会失掉。[1]国外学者也认为，许多发展中国家在现代化过程中普遍发生了政治动荡，政治不稳定几乎成了走向现代化的伴生物。因此，对于正在走向现代化的国家来说，"首要的问题不是自由，而是建立一个合法的公共秩序"[2]。只有依靠强大的政府能力保持政治稳定，社会资源才可能在短时间内聚集和高效利用，社会才可能在政府动员下由分散状态走向集中。

这一策略给中国带来巨大变化的同时，也带来了许多发展的后遗症。一个严重后果就是：滞后的政治改革导致了强大的民主化压力，民众的政治参与面临严重的制度供应短缺。这种制度供应短缺主要表现在：制度化参与渠道狭窄，法制途径成本太高，表达民意机构功能虚化，许多原本是法律规定的公民参与权利由于种种原因而得不到落实。制度供应短缺导致了非制度化参与和非理性参与。但是市场经济所带来的政治参与趋势是无法抑制的,同样,在改革开放中聚集起来的强大民主诉求也不容忽视,如果政治参与问题得不到解决,民主的诉求得不到满足,势必影响政治现代化的持续与稳定。政治现代化学者普遍认为,政治参与能否与政治制度化水平协调发展,这是一个国家现代化能否稳定及持续的关键因素。如日本政治学学者蒲岛郁夫认为,政治参与和政治稳定息息相关,"政治参与是社会的经济发展、经济平等、政治稳定的函数。同时,政治参与为政治稳定发挥作用。公民政治参与的程度越高,政治体制对国民意愿的反应越敏感,随之,也可以提高公民同政治体制的一体感和正统性,直接关系到政治体制的稳定"[3]。亨廷顿认为现代化国家能否解决好参与危机,即能否吸纳和满足新兴利益集团的参与愿望和动机,是能否保持政治秩序的关键[2],他提出的"政治参与/政治制度＝政治稳定"公式,是研究现代化国家政治参与和政治秩序的关系的经典范式。可见,参与热情高涨与制度化参与渠道狭窄所形成的参与困境成为中国现代化进程中的巨大障碍。随着经济的发展,政府所承受的民主压力将越来越大。

网络的兴起给中国网络民主带来了一个前所未有的发展契机。它提供了一个全新的参与渠道,为民众参与提供了全新的技术支持。传统的政治控制手段面对网络民主现象显得有些力不从心,正如李永刚所言:互联网络的扩张几乎在各个方面都已成为政治控制的"克星",它正以自己的节奏改变甚至摧毁传统意义上的政治控制机制。[4]传统政治控制的失效释放了中国民主的空间,激起了民众极大的参与热情,但同时又处处受到现实政治制约。可以说,中国特定的政治生态在为网络民主提供发挥空间的同时,也为网络民主的作用设定了一个限度范围。

二、网络民主在中国发挥的现实功能

在探讨中国网络民主的功能之前,我们还是回到与民主相关的话题中,当然这不是个轻松的话题。因为"我们生活在一个以民主观混乱为特色的时代里"[5],各种民主理论范式粉墨登场、错综复杂,探讨民主问题将注定会引来无穷尽的争议。但另一方面,在各式各样的民主理论范式背后,有一点却是共通的,即民主是一种参与,对参与的不同理解导致了不同的民主观。如谁参与、参与什么、以何种手段参与等。从政府过程的角度来看,完整的政府过程包括:初始阶段、过程阶段和结果阶段,民主即意味着公民采用特定方式参与政府过程,那么,民主的范围和层次也可以界定为初始层面的民主、过程层面的民主、结果层面的民主。初始层面如选举民主,过程层面如参与民主、协商民主、咨询民主等,结果层面如监督民主等。

那么,网络民主在政府过程中发挥什么功能,其作用的范围多大？这是由现实政治所决定的。从技术和政治的"关系"来看,网络给人类带来的最大变化,就是它以一种全新的技术塑造和影响着我们的生活方式。同时,它的作用范围又受到现实状况的制约,它只是现实政治在虚拟空间的一种投射。所以,网络民主在不同的政治生态下,其功能存在较大的差异。

美国 AFA 协会在其撰写的《网络民主:2001 年全球范围内的考察》一书中,把网络民主的功能概况为:电子政务、电子投票和电子选举、网络政策参与、网络议程设置等。[6] 美国学者拉维在《网络民主——网络的权利》一文中把网络民主的功能概况为:网络投票、网络选举、网络政治广告以及网络政治参与等。[7] 概括而言,在西方发达国家,网络民主更多的是一种辅助性治理手段,其在现实政治中运用最多的是网络的便捷性和互动性,网络给选举和投票等提供了诸多便利,减少了成本,扩大了政治效能,其作用形式包括电子选举、电子投票以及电子参政议政等,还包括选举中的网络宣传、政治广告、网络募集选举资金和志愿者以及公民在行政、立法、司法过程中与政治家的互动等。

我们在探讨网络民主的作用范围时,绝不能忽视不同政治形态之间的差异性。中国的政治现状决定了网络民主发挥的作用范围还相当有限。如果把网络民主的作用范围分为两个维度——参与和影响,那么中国的网络民主更多体现在影响而非参与上,即使是参与,也只是体现在过程和结果的某些层面的参与,如电子政务、政府信息的公开、官方与网民不定期的互动,以及不定期的收集调查民意等。总的说来,网络民主对中国现实政治发挥的作用,主要体现在以下几个功能上。

(一) 政治输入和反馈功能

政治系统原理表明,政府过程就是公民和政府之间的信息(公众意见和民意)输入、输出及反馈过程。政治系统的平衡有赖于输入与输出的协调,而这种协调是依靠反馈实现的,通过反馈,政治系统就可以不断进行输入—输出—输入—输出……从而使自身无限延续下去。如果没有反馈,政府就无法对政策的制定和执行进行有效判断,从而直接影响到输入与输出环节的数量与质量。"如果没有足够数量的信息,任何系统都不能在一个稳定的世界中持续下去,在一个变化着的世界中更不能持续下去,除非有意外。"[8] 可以说,反馈对政治系统的有效运行至关重要。"在当今世界上,什么都无法逃脱公众意见的砂轮……这是一个取悦公众的时代。离开了公众的支持,没有任何个人或机构能够长期兴旺发达。"[9]

在中国,传统的政府过程是一种输入、输出与反馈三者失衡的政治系统,政府输出过于强大,而输入和反馈严重不足。主要表现在:公民政治参与渠道狭窄,缺乏表达真实意愿的机会,通常作为民意输入、输出管道的大众传媒,出于意识形态的需要被政府牢牢控制,导致功能缺位;公民的政治认知过程也是政府主导的自上而下的单向流动,公民仅是被动的接受者,对信息的获取和辨别能力非常有限。可以说,传统的政治权力对社会的控制建立在对信息的控制和专享上,信息是权力的象征和源泉,层级越高,所拥有的信息量越大。国家通过控制信息,有意识地利用大众传媒来影响公众的政治认知和判断,塑造他们的政治情感体验方式。例如:对信息进行筛选过滤,防止危害政治系统安全的信息散布,对政治舆论进行引导和控制等。在国家主导大众传媒的情况下,普通公众获得的都是已被筛选的政治信息,那些企图对抗主流意识形态的组织和个人,想宣传自己的思想,往往由于自身势单力薄和成本过高而最终放弃。这样,国家就能够轻易地控制传媒,并用单一的内容(或声音)塑造统一的政治舆论从而主导意识形态。[10]客观来说,信息输出的专一化对于党和政府推行政策法规、维护政治秩序起到了重要作用,但也暴露了种种弊端,如导致政治传播渠道失效、公民社会发育滞后、公民自主精神凸现不足、社会活力被严重压抑等。由于传统的传播媒介受到各种人为控制和技术限制,无法有效反映真实民意,真实民意无法进入政府决策过程,加上公民社会的发育不良导致政府权力缺乏外在约束力量,极大地妨碍了政治系统的有效运行。正如有学者所担心的:"在相对于互联网而言的旧媒体中,我们不少媒体的宣传模式是僵化的,许多报道内外有别,话语生硬,内容空泛,形式陈旧,言路闭塞,甚至于借用民意,引导与制造舆论之心太过直露,劣势早显。面对互联网,如果继续这种僵化,中国的传统主流声音将可能最终在全球化的传播系统中失语。"[11]

网络提高了政治表达的自由,开创了信息多元化和言论自由的新局面。网络在改变以往封闭的政治生活的同时,也为人们提供了更加便捷的参政工具,使得人们能够更加平等地享有知情权,更加平等地表达自己的政治利益和政治观点,亲身体验政治生活的意义,获取政治知识和能力,了解和感受作为一个政治共同体的公民的权力、义务和责任。可以说,网络带来的民主参与激情将从根本上改变传统政治系统输入、输出和反馈的严重失衡状态。

一方面,网络所释放的参与热情聚集了强大的民意,这些民意为政治输入提供了现实素材;另一方面,网络也为政治系统中公民的反馈提供了可能。网络议政已经使公众意见得到了凝聚和彰显,曾经静默且彼此隔离的公众声音,开始在网络空间中汇集和展示。尽管目前并没有可靠的制度渠道,向政治决策层及时导入这些网络民意,但这种不同以往的意见汇聚和表达方式,正在强化公众对社会问题的关注,传递对于封闭政治的焦虑,使得现实政治被迫作出回应,这无疑是民主的进步。如"孙志刚事件",收容遣送制度的废除有赖于网络舆论,"刘涌案"、"宝马案"的重审也与网络舆论的压力有关,"厦门 PX 项目"基于政府与网民的互动。尤其在 2008 年"两会"期间,网络和政府的互动更形象体现了网络民主在现实政治中发挥的强大功能,网民对政府提出了多达几十万条意见和建议。温总理会见中外记者时公开肯定了这种"民意直达高层直通车"的沟通方式,并在开场白中说:"我从群众的意见中感受到大家对政府工作的期待和鞭策,也看到了一种信心和力量"[12]。根据 2007 年北京锐智阳光信息咨询有限公司调查数据显示:35.4%的受访者认为我们国家的政务活动,尤其是"两会",越来越重视通过网络征集民意;而认为"政府征集民意的作用很大"所占的比例高达 28.7%。① 其中对"你参加过政府征集民意的活动吗？是否认为政府越来越重视网络民意？"的问答结果见图 7-1；对"你觉得政府征集民意的作用大吗？"的回答结果见图 7-2。

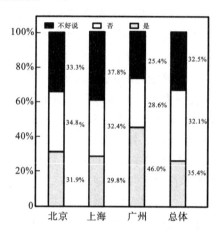 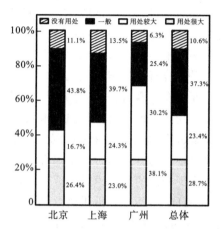

图 7-1 "是否认为政府越来越重视网络民意？" 　图 7-2 "你觉得政府征集民意的作用大吗？"

可以看出，互联网为中国民主政治的发展提供了新的平台，充分说明了我国高层对网络舆论的重视，也意味着政府高层在学会利用互联网促进民主，下情上达，与民意形成良性互动，对现实的民主起到了促进作用。"因特网像一张'不放过任何东西'的庞大的蛛网，它所具有的对信息的收集、存储、传递和处理能力，对打破政治生活领域内的信息垄断和由此衍生的集权控制，潜在地具有颠覆作用；它扩大了公众的知情权和选择权，天然地符合民主精神。"[13]

（二）政治监督和纠错功能

政治监督和纠错机制通常作为衡量一国政治文明程度的重要标志，甚至民主发展程度的核心标准。一般来说，政治监督可以分为体制内监督和体制外监督。体制内监督主要依靠民主宪政的制度安排来实现，体制外监督主要依靠相对独立的公共舆论和市民社会来实现。在我国，由于体制内缺乏监督和纠错的制度安排，政府作为政治沟通和传播的主导力量，无法对自身形成有效监督；体制外监督因种种条件的限制也先天不足，"中国的新闻传播在对权力实施舆论监督，特别是批评报道方面处于天然的劣势，从而产生'只打苍蝇，不打老虎'的问题"[14]。监督力量与纠错机制的缺失已成为影响我国民主进程的强大阻碍。

网络形成了一种天然的监督机制和纠错机制，它加速了公共领域的形成和成长，营造了一个体制外的民主力量，这种独立的力量无疑对政府起着一定的监督和纠错

---

① 图 7-1、图 7-2 调查数据根据 2007 年北京锐智阳光信息咨询有限公司"两会"民意调查数据整理而成。

功能。尤其是在主流媒体普遍失语的状态下,这种力量更是难能可贵。从"孙志刚事件"导致的收容遣送制度的废除,到"宝马撞人"案审判结果的改判,以及厦门PX项目地址的改迁,乃至闹得沸沸扬扬的"华南虎照事件",这种因为网络舆论监督而改变政府决策的实例举不胜举。一时间,原本被隐藏起来的民意终于被网络激活,政府无形中多了一双监控和监督的眼睛,政府在强大的民意面前不得不调整甚至改变决策。"这种屈服于公众意见而改变议事日程,在过去几乎是天方夜谭的事,但现在却确确实实地出现了"[15]。

  网络的监督和纠错功能表现在如下几个方面。首先,网络聚集的强大而真实的民意弥补了传统时代"虚假民意"和"民意不足"的弊端。在传统时代,身份的公开性让人很难表达真实想法,往往随大流,甚至说假话。网络政治参与将改变这一现状,因为网络的匿名特征使得政治参与更加安全、更加自由。在网络参与过程中,参与主体可以无所顾忌,畅所欲言,因而可以迅速、集中、真实地反映公众的意见和要求。

  其次,网络也为公共领域的建构搭建了一个有效平台。公共领域这个概念是德国学者哈贝马斯于1962年提出的,哈氏提出的"公共领域"并不单纯指自由表达的公共场所,在哈氏那里,"公共领域"最重要的特性就是其相对独立性和批判性。按照哈氏的原意:"理想的公共领域绝非单一、普同的公共概念,而是能够开放给弱势者表达不同意见,容纳多样的意见表达,丰富公共论坛的多元性。在此,公共领域意含传媒应提供开放的公共论坛,尊重弱势社群的发言空间,呈现多元化的报道,以彰显公共领域的精义及多元社会的理念。"[16]哈氏指出,西方社会目前的公共领域正处于萎缩状态,它将受到政府权力扩张和资本权力扩张的威胁,其公共性和相对独立性正在逐渐丧失,哈氏呼吁重建公共领域,促进公共领域的结构转移,其关键是建立一个"无限制的交往共同体"。网络的诞生为营造一个理想公共领域提供了便利,网络的平等性、离散性、便捷性特点,使得网络很容易削减传统的精英话语垄断和控制状态,也可以使人们随心所欲地表达自己的话语和思想,一定规模思想碰撞后形成的交集就形成了网络舆论。与传统舆论相比,网络舆论显然更具有独立性、能动性和批判性,可见,网络的出现使得"非强制的交往空间"得到了彰显和实现。此外,网络也为公共领域的形成提供了技术上的便利,打破了传统时代个人空间的隐蔽性与公共空间开放性的困境,加速了公共领域的形成。在传统时代,人们的生活始终处于一种矛盾对立状况:一方面,人们渴望拥有自己的私人空间,保持一定的个人隐私和自我边界;另一方面,又渴望与他人交往,处于一种集体狂欢之中,这种矛盾的对立状况不利于公共空间的形成,也不利于交往理性的发展。网络的出现重新界定了传统的政治活动,创造了新的对话式民主机制,不仅消除原有空间上的限制,而且使得国家作为原有信息控制的角色逐渐消融。网络空间的重要影响在于"把自我排他的私人空间扩展到联机共享的精神空间,同时为隐私保留目前的社会空间"[17]。在网络公共空间里,人们可以很好地解决个人空间的隐蔽性与公共领域的公开性之间的矛盾。"一方面,人们可以关起门来,舒适地待在自己熟悉的场所里,在拥有自己的私人空间和秘密的前提下,与他人进行沟通和互动;另一方面,人们却好像进入了一个公共场所,能够同时和许多人聊天或是对他人发表自己的意见。网络空间以一种颇为特殊的方式,将传统的私人空间与公共空间结合起来了。在这一特殊的社会空间中,人们可以隐匿自己在真实世界的部分或全部身份,并自由地决定自己要呈现给他人的面貌。"[18]网络空间很好地消除了个人与公共之间的矛盾,加速了公共空间的发育与成长。

总之,在网络时代,网络可以加速公共舆论的形成过程,也有利于公共领域的成长,而且网络舆论和网络公共空间具有真实性、离散性、独立性和能动性等特点,可以成为监督政府的体制外力量,也可以发挥一定的政治纠错的功能。"网络中出现的新形态的舆论空间,毫无疑问为社会重新整合舆论力量,帮助政府在决策中提高透明度有着积极意义。网络公共空间维持了公众与政府之间的社会张力,保持这种张力非常重要。因为它能监督政府的运作,增强政府决策的科学性。"[15]

(三)政治宣泄和矛盾缓冲功能

除了发挥上述功能外,网络民主还有一个较为重要的角色,就是充当社会情绪、社会心理的调节器、缓冲阀。

在传统时代,由于社会结构分化不大,整个社会高度整体划一,社会调节器的必要性不是那么强烈。但在今天,社会分层、社会结构以及社会价值观等都发生了巨大变化,人们在急剧变动的社会中难免会产生心理压力与挫折感,特别是这种挫折感和压抑无法通过制度化渠道释放出来的时候,需要一定的宣泄渠道去缓解,否则将对政治稳定产生不利的影响。传统时期,这种挫折感的宣泄主要通过人际之间的传播完成,这无论从深度还是广度来说均远远不够。

网络为人们提供了一个合适的宣泄渠道,在现实中承担起社会情绪、社会心理的缓冲阀、调节器的作用。政治现代化理论表明,公民如果遇到了政治问题,会产生焦虑感和挫折感,进而诉诸政治参与,如果现实的制度化渠道无法满足,他将可能采用非制度化参与甚至极端情形来解决,以致最终危及政治稳定。网络很好地解决了公民政治参与渠道狭窄的矛盾,它为公民提供了一个政治交流、政治宣泄的渠道,可以从内心缓解由于现实政治挫折带来的焦虑与紧张感。虽然匿名表态是一种躲避,没有真正获取话语权,尤其是政治话语权,但蒙面式的互动使每一个传播者都是大众,他们以这样的方式解构着精英话语,给了大众以相互的思想暗示与牢骚刺激,达到了"发泄筒"的作用。虽然过多的政治宣泄(政治牢骚)对政治系统会产生破坏性,但适度的政治宣泄却是必要的,它可以缓解社会成员的内心愤怒,疏导他们内心的焦虑和不安。它往往可以把社会成员的不满和不安诉诸口头,否则,如果内心的愤怒未得到及时排解,久而久之就很可能采取更激进的非理性行为,就如鲁迅先生所言:"不在沉默中爆发,就在沉默中灭亡。"

另外,网络宣泄如果能得到政府的有效引导和调控,将能成为矛盾的缓冲带。民众在良好地利用网络缓解现实制度化参与渠道不足带来的紧张感和焦虑感时,可以产生比制度化参与更理想的结果。如果政府能和网民良性互动的话,可以借助网络的优势对现实矛盾进行舒缓消解,而公民也能在网络协商、网络交流,甚至网络宣泄当中缓解政治矛盾。若政府听之任之,现实政治参与的不满足感和挫折感越严重,人们对网络政治参与的依赖性就会越来越大,最终会导致虚拟与现实的分裂。①[19] 网络宣泄和矛盾缓冲功能运行机制如图 7-3 所示。

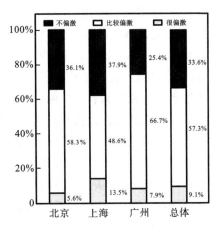

图 7-3　网络宣泄和矛盾缓冲功能运行机制示意图

三、影响和限制网络民主功能发挥的变量因素

网络民主要发挥其功效,还受限于种种因素,网络本身也可能带来很多负面的效应。如果我们过分夸大网络民主的作用和功能,最终带来的只是民主的幻象和乌托邦。

(一) 现实政治的对接和容纳程度将决定网络民主的功效

网络民主的功效由上可知,网络只是给民主提供了一种新型的技术手段和参与渠道,它本身不是一种独立的民主形态,换句话说,网络给我们带来的是一种技术,但也仅仅是技术,它替代不了现实政治的发展,也决定不了现实政治的内容,更不能决定现实政治的发展,而是在各种因素的共同作用下影响政治生活。它只能去改变民主的技术手段,影响民主发展的进程。网络技术的政治影响不应从技术本身寻找,而应该从由技术带来的社会结构、价值理念、生活方式变迁中去寻找。正如卡斯特尔所说的那样:"强调信息技术革命对经济、文化、社会的发展和影响,是因为这些戏剧性的技术变迁,是当前最直接感觉到的结构性变化。但是这并非认为技术决定了社会,

---

① 张雷在《虚拟技术的政治价值论》一书中提出了"现实政治与虚拟政治的分裂"的说法。他认为,现实和虚拟之间是息息相关的,虚拟社会代表理想的自我,现实社会代表真实的自我。如果现实社会中自由空间愈大,人们对虚拟社会政治空间的依赖性就愈小;同样,如果现实社会中自由空间受阻,那么在网络中自我表达、实现政治理想的人愈多。也即是说,理想的自我与真实的自我差距如果愈大,挫折感就愈强,现实政治和虚拟政治的分裂就越大。

而是技术、社会、经济、文化与政治之间的相互作用,重新塑造了我们的生活场景。"[20]尼葛洛庞蒂也指出:"网络真正的价值正越来越与信息无关,而和社区相关。信息高速公路不只代表了使用国会图书馆中每本藏书的捷径,而且正创造着一个崭新的、全球性的社会结构。"[21]可见,网络给人类带来的最大变化,就是它以一种全新的技术塑造和影响着我们的生活方式。同时,它的作用范围又受到现实状况的制约,它只是现实政治在虚拟空间的一种投射。"网络空间与资讯技术,在根本上就和其他技术一样,是特定社会关系的揭显与设框,是牵涉人类存在条件的特殊模式。"[22]可见,网络民主的功效需要和现实的各种因素共同作用,要有现实的政治参与制度衔接,网上政治才能从虚拟空间接地,成为现实政治的补充途径。如果网络民主得不到有效调控和引导,最终导致的结果只是解构而非建构,是争论而不是共识,这对中国的民主建设是非常不利的。正如一位学者所提到的那样:"互联网其实是一个良莠不齐的复杂世界。固然有神奇和伟大的一面,但也有很多局限。姑且不论网络舆论的碎片化、泡沫化、快餐化、情绪化,其最大局限,在于不能让政府走出孤独。网络议政无论如何繁荣,毕竟限于虚拟世界,不能形成有组织的力量、制度化的力量。这就注定了以网络为平台的公众参与,仍然只是原子式的个体的参与,仍然只是一盘散沙的参与,仍然不存在有组织的力量、制度化的力量与政府对话,去监督政府,制约政府,从根本上改变政府的孤独境地。"[23]所以,网络民主如果不以组织化和制度化为前提,从根本上说,不过是一种无序的广场政治。现实的政治系统必须学会和网络民主相对接,加强和网络民主的互动,并积极把网络民主这一体制外的民主力量纳入体制框架内,使其作为一种建设性的批判力量而不是破坏性的力量,这将对中国民主建设至关重要。

(二)网络本身带来的负面效应将影响网络民主功能的发挥

1. 网络的"群体极化"和"协同过滤"带来的信息窄化和情绪的极端化影响

"群体极化"是美国学者凯斯·桑斯坦在《网络共和国 网络社会中的民主问题》一书中提出的,他用"群体极化"(group polarization)理论解释了网络舆论形成的心理机制。所谓的"群体极化"现象是指"团体成员一开始即有某些偏向,在商议后,人们朝偏向的方向继续移动,最后形成极端的观点。简言之,群体极化是指群体成员中原已存在的倾向性,通过群体的作用而得到加强,使一种观点或态度从原来的群体平均水平,加强到具有支配性地位的现象。"[24]而"协同过滤"(collaborative filtering),即网站通过信息的同类收集和网址链接,在提供方便的同时也容易导致信息的"窄化",这可能会加速"群体极化"现象的出现。可以说,"协同过滤"和"群体极化"现象是网络中出现的普遍现象,这也使得网络舆论除了具备真实性特点外,还具有偏激性、夸大性、煽动性,以及夹杂大量的宣泄情感成分。根据2007年一次网络调查数据显示,有近六成受访者认为网友的意见比较偏激,比较带有情绪性。

2. 网络的隐蔽性和离散性带来的非理性参与行为的影响

网络民主由于网络的隐蔽性和离散性容易带来非理性参与的盛行。在网络中,任何一个结点都可以变为中心,没有一个终极的管理者,所有的人都是自己的领导者和管理者。网上信息的传递和交流是完全自由和在相当程度上不受政府的管理和控制的,任何人都可以按照自己的思维和逻辑说话做事,是一个真正"自由"的地方,因而互联网彰显的价值观是极端的个人自由主义。有一个著名的黑客宣言(the Hacker Ethic)宣称:进入电脑的权利应该是不受限制的,一切信息应该是免费的。这个宣言的潜在含义就是一切控制都是错误的,这不可避免地导致了网络无政府主义的产生,甚至有人断言,Internet(因特网)是历史上存在的最接近真正无政府主义状态的东西。那么在这样一个政府难以有效控制的电子荒野上,亿万个网民的亿万种声音可能造成"无政府状态";另外,网络民主的非理性行为更难受到传统政治控制手段的控制。互联网是一个没有中心的结构。正如乔丹所言:"在因特网上,完全没有人知道你是谁,没有人知晓你的种族和性别。这种肤色盲和性别盲对很多人具有积极意义,因而大受欢迎。"[25]这个数字化的空间中,难以控制的信息传播打开了言论自由的魔盒,而政府面对各种"异端信息"时显得力不从心。正如尼葛洛庞蒂所描绘的那样"一个个信息包各自独立,其中包含了大量的讯息,每个信息包都可以经由不同的传输路径,从甲地传送到乙地。……正是这种分散式体系结构令互联网络能像今天这样三头六臂。无论是通过法律还是炸弹,政客都没有办法控制这个网络。讯息还是传送出去了,不是经由这条路,就是走另外一条路出去。"[25]由于网络技术的特殊离散结构、无中心、无界限,不存在严格意义上的中央管理控制,再加上网络时代政治参与主体虚拟化的特征,使得网络时代政治参与的控制异常困难,也会导致大量的非理性参与行为的产生。在网络中,任何团体和个人都可以自由传递政治信息,表达自己的政治见解,每天在网上传播的信息不计其数,面对互联网中海量信息的不断轰炸,相当多的民众缺乏驾驭这些信息风暴的能力,甚至没有足够的时间和精力去消化这些信息,表面上拥有无数信息,实际上却可能茫然不知所措,致使民众的网络政治参与可能在人云亦云的盲从中失去理性。正如埃瑟·戴森所指出的那样,"数字化世界是一片崭新的疆土,可以释放出难以形容的生产能量,但它也可能成为恐怖主义者和江湖巨骗的工具,或是弥天大谎和恶意中伤的大本营"[26]。

(三) 网络民主参与主体的结构性限制将影响网络民主的深度和广度

从年龄分布来看,目前中国的网民群体仍以青年为主。这个年龄段的网民中,学生网民群体占据重要地位。在总人口中,网民属于学历较高的人群,其中具有高中以上文化的网民所占的比例较大。此外,目前网民在地域上集中分布于经济较为发达的地区,有着稳定的收入和工作单位的占多数。① 网络参与的主体特征将会影响网络民主的参与方式和内容,也会导致网络民主具备一些中国特色。一方面,年轻化特点使得网络民主富有激情,有冲劲、创造力,但激情有余理性不足。知识化的特征导致网络民主参与目标的理想性。②[27]此外,网络主体的结构特点除了影响网络民主的方式内容外,也使得网络民主的深度和广度受到较大的限制。民主的真谛在于其平等性和广泛性,目前参与主体的范围限制直接影响了网络民主的深度和广度,甚至可能产生新一轮的信息分化。目前网民主要是年轻人,这易于诱发年轻人与老年人的代际冲突;从身份上分,更多的网民是城市人,而农村特别是中西部农村,不知网络为何物的大有人在,这使得弱势群体被拒绝在信息社会的门槛之外。如果网民现有的结构得不到优化,网络最终不过是新一轮的年轻知识精英的舞台,我们将很难听到社会上不同阶层的声音。此外,网络的非对称性发展在一国之内可能导致技术精英与信息资源贫困者的阶层分化,导致数字鸿沟问题的出现。复旦大学新闻传播学院主持的一项研究将数字鸿沟的影响因素列为"数字鸿沟 ABCD"四个方面:A(access)指互联网接入与使用渠道;B(basic skills)指数字化时代需要掌握的信息技能;C(content)指网络内容;D(desire)指个人上网的动机兴趣等。[27]可以看出,数字鸿沟不仅和技术有关,也和个人的技能和偏好相关。可以预计,解决数字鸿沟仍然是信息时代比较棘手的一个难题,而网络带来的新一轮的数字鸿沟,有可能会最终威胁到民主。

四、结语

网络民主激活了中国民主的活力,改变了传统政治的逻辑,但是,网络民主还受限于现实政治的发展,它目前只能作用于外围民主而难以进入到核心民主层面。网络对中国民主的影响与其说是提供了新的民主方式,重新塑造了民主,不如说是激活了民主的元素;与其说提供了一个新的参与方式,不如说消除了传统政治的一些参与障碍。它把一些本应该属于民主政治的元素还原,把一些被现实束缚的东西解开,把失衡的权力配置格局在一定程度上进行调整。所以,网络在中国将承载更多的政治价值,甚至超过作为一种传播媒介本应该承担的。中国未来的民主模式,可以以网络民主推进代议民主,用信息民主推进工业民主,走一条跨越式的新型民主道路。

尽管对网络民主对中国政治的影响无法做一准确定位和预测,但是对网络民主

---

① 以上所有统计数据来自于中国互联网络信息中心(CNNIC)发布的《第 21 次中国互联网络发展状况统计报告》。

② 有关年轻化和知识化参与主体政治参与的特点,美国学者亨廷顿曾有过精彩的论述,他认为知识化年轻化的参与主体其要求更难得到满足,因为知识分子的政治目标带有一定理想性和抽象性,而只受过较低层次教育的人其目标却很具体,也更容易被满足,所以,他认为知识分子政治参与将是政治稳定潜在的动荡因素。

的作用范围和功能发挥进行界定,分析其可能带来的一些民主的福音和噪音,可以让我们明白网络民主在中国特定的运行逻辑。虽然这些结论主要是经验性和描述性的,对于民主理想的提高收效甚微,但我们可以从网络民主的理想和现实反差中寻找我们今后努力的方向,从应然的推动力和实然的抗拒力间的相互作用去探求现实民主的实现途径。总之,对于网络民主,任何简单而省力的论证方式,将会妨碍我们洞察新生事物的眼睛,也会阻碍我们前进的步伐。

参考文献

[1] 邓小平文选(第三卷)[M].北京:人民出版社,1993.

[2] 塞缪尔·亨廷顿.变革社会中的政治秩序[M].北京:三联书店出版社,1989.

[3] 蒲岛郁夫.政治参与[M].北京:经济日报出版社,1989.

[4] 李永刚.网络扩张对后发展国家政治生活的潜在影响[J].战略与管理,1999(5):68-72.

[5] 乔·萨托利.民主新论[M].冯克利,阎克文,译.北京:东方出版社,1993.

[6] Alternative Futures Associations. Cyber democracy 2001: A global scan[DB/OL]. www.altfures.com,2008-05-10.

[7] Naavi. Cyber democracy: It's the right of netizen[DB/OL]. (2008-05-10). www.naavi.org/cyber_democracy/index.htm,2008-05-10.

[8] 戴维·伊斯顿.政治生活的系统分析[M].北京:华夏出版社,1999.

[9] Cutlip Scott. Effective public relations[M]. New Jersey:Prentice Hall,1971.

[10] 唐杰.网络冲击传统政治文化[J].福州大学学报(人文社科版),2001(1):40-42.

[11] 叶琼丰.时空隧道——网络时代话传播[M].上海:复旦大学出版社,2001.

[12] 新华网.温家宝:新华网等网站网民提意见问题多达几十万[DB/OL].(2008-03-14). http://news.xinhuanet.com/misc/2006-03/14/content_4301366.htm.

[13] 李永刚.互联网与民主的前景[J].江海学刊,1999(4):43-49.

[14] 郭镇之.关于当前舆论监督的结论和建议[M]//展江.中国社会转型的守望者——新世纪舆论监督的语境和实践.北京:中国海关出版社,2002.

[15] 彭伟步.从咖啡屋到网络公共空间[M]//陈卫星.网络传播与社会发展.北京:北京广播学院出版社,2001.

[16] 哈贝马斯.交往与社会进化[M].重庆:重庆出版社,1993.

[17] D.德克霍夫.文化肌肤:真实社会的电子克隆[M].石家庄:河北大学出版社,1998.

[18] 黄少华.论网络空间的社会特性[M]//鲍宗豪.数字化与人文精神.上海:上海三联书店,2003.

[19] 张雷.虚拟技术的政治价值论[M].沈阳:东北大学出版社,2004.

[20] 曼纽尔·卡斯特.网络社会的崛起[M].北京:社会科学文献出版社,2006.

[21] 尼葛洛庞蒂.数字化生存[M].海口:海南出版社,1996.

[22] 王志弘.技术中介的人和自我:网际空间、分身组态与记忆装置[J].资讯社会研究,2002

(3):23-27.

[23] 笑蜀.政治开放不能止步于网络[DB/OL].(2008-05-10).http://www.tecn.cn.

[24] 凯斯·桑斯坦.网络共和国——网络社会中的民主问题[M].黄维明,译.上海:上海人民出版社,2003.

[25] Tim Jordan. Cyber power:the culture and politics of cyberspace and the Internet[M]. London&New York:Routledge,1999.

[26] 埃瑟·戴森.数字化时代的生活设计[M].海口:海南出版社,1998.

[27] 丁未,张国良.网络传播中"知沟"现象研究[J].现代传播,2001,(6):11-16.

第四节　网络民主与我国公民网络政治参与

对于中国民主政治来说,互联网更具有特定的政治含义。网络的便捷性、隐蔽性和互动性特点,使得它与民主之间具有天然的亲缘性。2003 年的"孙志刚事件",标志着网络的政治影响力真正形成;此后的几年中,网络政治事件层出不穷:从"两会"期间政府官员与网络人员的频繁互动,到胡锦涛、温家宝上网问候网民;从"南京房产局长天价香烟事件"、"躲猫猫事件"的当事人被免职,到"自动取款机事件"、"厦门PX 项目"等事件结果的改变等,网络展现了惊人的政治影响力。有乐观人士认为,"中国已经进入到网络民主时代","网络民主改变了中国政治生态";甚至有人宣称,"网络的政治功能已经被中国民众所神化","网络呈现出不能承受之重"。那么,网络民主兴起的深层原因是什么,它在中国的政治生态下有何特定意义,它的兴起对于中国代议制度将带来哪些机遇和挑战? 代议制度在网络时代改革的优选之路何在? 本书将围绕这些问题,陈一孔之见。

一、网络民主热潮面面观

网络给中国公民的政治参与提供了一个崭新的渠道,它消除了政治参与的一些现实障碍,激发了公民的政治参与热情,改变了政治参与的方式。

(一) 高涨的参与激情:"一石激起千层浪"

网络的兴起激发了人们参与的热情。网络时代,网民数量庞大、身份多元、职业齐全、阅历各异,且大多数来自"草根",他们把对社会生活的亲身感受——所思、所喜、所忧、所怨、所盼,统统聚集在网上表达,不仅为政府了解真实民意、调控民意提供了一个良好的契机,也为公共决策提供了一个宝贵的思想智慧资源。在 2008 年"两会"期间,温家宝总理会见中外记者时公开肯定了这种"民意直达高层直通车"的沟通方式,并在开场白中说:"我从群众的意见中感受到大家对政府工作的期待和鞭策,也看到了一种信心和力量"。2008 年 6 月 20 日上午 10 点 26 分,胡锦涛总书记来到人民网强国论坛,同网友们进行了 22 分钟的在线交流,强国论坛一度"拥挤"。这次交流引起了网友的热议,总书记被网友们亲切地称为"中国第一号网民",很多网友希望总书记开通博客和 QQ,设置公开网站、电子邮箱,进一步加深与网民的沟通。对于这次网络交流,公众给予了极高的评价,并认为具有划时代的意义。广大网友认为,胡锦涛总书记带了一个很好的头,希望各级领导干部都能像他那样,到网络媒体上去了解民情,沟通民意,吸取民智;同样,公众也可以通过这个平台,了解党和国家领导人的意图,获得知情权、参与权、表达权和监督权。总之,网络参与已经使公众意见得到了凝聚和彰显,曾经静默且彼此隔阂的公众声音,开始在网络空间中汇集和展示。尽管目前并没有可靠的制度渠道向政治决策层及时导入这些网络民意,但这种不同以往的意见汇聚和表达方式,正在强化公众对社会问题的关注,传递公众对封闭政治的焦虑,使得现实政治被迫作出回应,这无疑是民主政治的巨大进步。

(二) 沸腾的网络民意:"新意见阶层"的兴起

在网络时代,每个人都是记者,每个人都可能激活一场舆论。尼葛洛庞蒂在《数字化生存》一书中指出,"在网络上,每个人都可以是一个没有执照的电视台"[1]。网络民意的激活改变了中国的政治生态,也使许多公共事务的结果出现了戏剧性的变化。网络不仅仅为中国政治提供了一个前所未有的参政议政工具,更重要的是,网络带来了政治理念的革命性变化。人民网舆情监测室发布的《2008年中国互联网TOP20舆情事件》显示,在一些重大事件发生后,广大民众不再是"手无寸铁"的温顺"羔羊",而是变得异常活跃。在网络空间网民们畅所欲言,在这个意见的自由市场中汹涌奔腾的民意随处可见,体现出来的能量和影响大有压倒传统媒介之势。网络不仅激活了民众的表达和参与激情,推动了网络舆论的发展,而且网络舆论越来越在现实政治中发挥着重要作用,甚至在某种程度上改变了传统的政治逻辑。根据人民网舆情研究中心的调查数据显示,截至2008年11月18日21时,以网络舆论为推手,改变事件发展方向舆情排行榜如表7-1所示。总之,网络时代我们处处感受到沸腾的民意,众多以网络为媒介的新政治现象、新社会活动和新社会结构已"破茧而出",促发了一个强大的阶层——"新意见阶层"的崛起,这股新兴的政治力量越来越紧密渗透到政治生活中,体现出强大的政治能量,影响甚至改变了中国的政治生态。"'新意见阶层'的崛起,是新技术革命和改革开放的重大新成果,是我国舆论监督的重要新力量,是深化经济、政治、文化、社会'四位一体'改革,尤其是政治体制改革的重大推动力。一切关心国家命运和社会进步的人,应当欢呼'新意见阶层'的崛起,让'新意见阶层'在建设中国特色社会主义道路上发挥越来越大的作用。"[2]

(三) 无处不在的网络监督:"离地三尺有网民"

在网络时代,舆论监督的主体不再是专业化的传播机构,而是转变为任何人。因为在网络时代,任何一个有条件上网的人,都有可能曝光一场政治丑闻,发动一场声势浩大的舆论;因为在网络世界里,每一个人都可以成为记者,每一个人都可以成为媒介,新闻与传播再也不是由专业机构垄断的一种自上而下的过程,而越来越成为大众广泛参与并集思广益的活动。在网络时代,政治管理者将感受到前所未有的压力,处处感觉到有一双双眼睛在监督自己,任何事情都难逃公众的眼睛。身处网络时代的人更能深刻地感受到"法网恢恢"的含义。网络时代舆论监督的主体已经从专业化

表 7-1　网络推动事件发展改变方向舆情排行榜

事件	相关站点	文章数	网络反应	处理结果
记者博客揭露娄烦矿难	网易博客	96	记者孙春龙博客浏览量631231人次，网友向记者致敬	从谎报的"自然灾害"认定为"重大责任事故"
西方对"3·14事件"的报道	中华网 Anti-CNN网	5825	网友谴责CNN	CNN道歉
华南虎伪照被揭穿	网易色影无忌论坛等	3249	引发网民对地方政府诚信的质疑	周正龙被捕判缓刑，官员撤职
黑砖窑干部复出	南方网	33	网友质疑凌晨1点开会任命女干部职务	临汾市委责成尧都区委废止相关干部工作安排
许霆ATM取款案	天涯社区等	1504	网友批评量刑过重	由无期徒刑改判有期徒刑5年
深圳官员涉嫌猥亵案	奥一网 网易时事论坛	1103	当事人资料被曝光，而网友责其无良	交通部党组免去其党内职务
剑阁人事局长酒后打人	四川新闻网	35	"节约喝茅台"成网络笑料	剑阁县委免去其党内外职务
本溪团干部"双推双考"	南方网等	39	辽宁省本溪市高官子女抢官风潮被网友批评	本溪市委宣布"双推双考"结果无效

资料来源：人民网舆情监测室发布的《2008年中国互联网TOP20舆情事件》(http://yq.people.com.cn/htmlArt163_4.html)

的传媒机构向千千万万的公众转移，一时间，原本被隐藏起来的民意终于被网络激活，政府在强大的民意面前不得不调整甚至改变决策，"这种屈服于公众意见而改变议事日程，在过去几乎是天方夜谭的事，但现在却确确实实地出现了"[3]。据统计，仅

2008年以来,至少产生过10余起具有重大影响的网络政治监督事件,有"县委书记进京抓人案"、"公务员零税收事件"、"教育部评估组美女秘书合照曝光事件"、"陕西省委镇尖山铁矿'8·1'特别重大排土场坍塌事故"、"湖南耒阳高考舞弊事件"、"徐州泉山区委书记演绎荒唐'一夫二妻'案"、"湖南衡阳开会打瞌睡事件"、"深圳海事局长猥亵儿童案"、"公务员公费旅游曝光事件"、"南京房产局长天价烟名表案"。

二、网络民主高涨背后的冷思考:人大代表和政协委员们在哪儿?该做什么?

网络民主热情高涨的背后,却折射出了现实政治的诸多问题。从目前来看,网络民主热的背后恰恰折射出各种政治力量发展不均衡的现实。由于传统媒介的政治影响力还没有充分释放,传统的政治参与渠道,如人民代表大会常务委员会、人民政治协商会议委员会(以下简称"人大"、"政协")等在现实中还无法满足公民的参与诉求,于是,各种参与的欲望在网络条件下得到充分释放,犹如开闸的阀门,一发而不可收。可以说,网络民主的兴起很大程度上缘于现实参与渠道不畅通,它的"一枝独秀"恰恰是现实政治的多元力量不足所促使的。"在互联网上,人们最终发现了一个相对可以免于恐惧和限制的公共空间,情绪的亢奋和批评的激烈便犹如洪水出闸。这可以解释,为什么中国的新媒体比起其他媒体来,更加缺乏平和和理性;也表明,在中国特殊的政治环境下,网络活动较之于其他国家和地区更具政治意义。"[4]明白了这一点,就不难理解为什么网络民主在中国具有如此高的政治地位,聚焦了如此多的期望和使命,这恰恰折射出现实政治生活中其他民主力量的缺位,也反映了现实中政治参与不仅受限于技术,而且还受限于政治控制。可以说,互联网在中国已经超出了一个媒介本应该承受的功能,甚至可以说是一种"不能承受之重"。

从功能配置的角度来看,网络民主在现实中虽然发挥了很重要的民主功能,如政治输入、政治反馈、政治监督等,但让人遗憾的是,这些功能的发挥更多的是一种替代和补充,在正常的情况下,这些功能本应该由代议机构如人大、政协来履行,正是因为代议机构地位的虚化才造就了网络民主今日的辉煌。虽然"两会"期间,代表们与委员们对互联网的利用越来越频繁,很多人大代表、政协委员都会向网民征求意见建议,新华网甚至有栏目直接组织"网民问总理"。在河南洛阳,网民"老牛"、"爱我洛阳"、"flush"、"大河"甚至相继成为该市"两会"的代表和委员,这是代议民主和网络民主相对接的典范。但是,总体而言,代议民主和网络民主相对接的程度还远远不够,在丰富多彩的网络政治事件中,真正由人大、政协唱主角的事件可谓是凤毛麟角,而更多的是网民绕过这些代议机构直接卷入到公共决策当中,这既有它的合理地位,又会引发许多新的问题。如果把代议制度建设"晾"在一边,代表和委员们与网民的亲密接触只局限在"两会",其余时间则寄希望于网络,无疑是舍本逐末。没有了人大代表、政协委员和网民之间的"缓冲",网络民主的效果将会大打折扣。

从现实中看,网络民主在中国扮演的角色,有的是网民们的自娱自乐、自我宣泄,有的是网民与政府的频繁互动,但是都恰恰少了一个关键的角色登场——人大代表和政协委员。长此以往,我们的代议制度在网络民主的冲击下,只会进一步遭到人们的遗忘,而我们的政府也会淹没在网络信息的海洋中不能自拔,导致信息超载和功能错位。美国政治学者戴维·伊斯顿认为,任何政治系统在特定的时间内只能接受有关诉求的一定量信息,不可能接受和考虑无限量的诉求。"如果在特定的一段时间内,诉求的数量超过了当局实际上可以处理的限度,那么人们就可以原则上认为,这个系统本身发生了我们所说的输入超载现象。"[5]可见,从系统外进入到系统内的信息需要有限度,才能维持系统的稳定与平衡,如果超过了限度,系统就会面临崩溃的危险。网络的兴起给中国民主前所未有的自由表达权,政治输入和政治反馈也得到了很大的促进,但如果政治输入和反馈的渠道只限于政府机构,势必造成信息超载,政府可能在海量信息面前无所适从;而搜集民情、整合信息这个任务如果交给众多的人大代表、政协委员,然后反馈到政府,这样的效果则会好得多,既避免了让政府难以承受的"信息轰炸",又可以借此激活人大和政协的活力。这才是中国民主发展的优选之路。

三、以网络民主推动代议民主的路径

网络民主既可以促进代议民主,又可以削弱代议民主。对中国代议制度而言,网络民主的兴起既是机遇又是挑战。从目前来看,网络民主在某种程度上是对人大制度的替代和补充。随着网民参与意识的高涨,许多公共决策可以直接吸收民意,而不必经过代议机构的过滤和缓冲,这种事态发展的逻辑很有可能是网络民主的盛行与代议机构的进一步衰弱。但是,这不意味网络就是万能的,更不意味人大和政协在网络时代已经失去了价值。一方面,从网络民主的运行机制来看,网络民主不论从静态还是从动态来看,都存在一些难以克服的缺陷。如网络主体的局部性,网络互动的非理性,网络民意的虚假、易逝和肤浅性,以及网络空间由"群体极化"和"协同过滤"导致的偏激性等;另一方面,网络民主也应该与现实政治相对接,如果没有相应的制度对接,没有现实力量的支撑,不管多么精彩的网络风景,也往往不过是海市蜃楼。"制度之于网络,有如主食之于点心。再怎么可口的点心,也只能起到补充作用。人的健康成长,最终还是要靠吃主食,社会的健康发展,最终也要靠制度的完善。"[6]所以,如果放弃了现实民主政治的建设,而仅仅寄希望于网络,无异于舍本逐末,也是网络不能承受之重。因此,用网络民主来推动代议民主,实现两种民主形式的优势互补,将是中国民主发展的优选之路。

（一）监督功能的优化：网络监督与人大监督相结合

在网络时代，舆论监督的主体不再是专业化的机构，而是转变为任何人。网络监督最尖利的手段便是"人肉搜索"。它是一场充分发动群众的互联网革命；它可以在最短时间内揭露一些事件的真相，维护社会道德秩序，监督公共权力；它促进了人与人之间的交流，是网络民主的一个重要体现。在人肉搜索中，民主的精神贯穿始终，一人提问、万人响应，再一次验证了"团结就是力量"的道理，也把变幻莫测的互联网更进一步地拉到你、我、他的现实生活中。人肉搜索的确是一种充分动员网民力量，集中网民注意力，让每一个网民都充当福尔摩斯角色的网络行为；同时也是在网络上搜索某一个人、某一件事的信息和资料，并将其暴露于互联网世界的一种方式。而这种搜索行为之所以被称为"人肉搜索"，不仅是为了区别于传统的信息搜索和机器搜索，更关键的是它把从互联网上寻找信息的行为，指向了网民本身——从"人"的身上寻找答案。[7] 人肉搜索的出现，成功地把网络上传统的不见人、不闻声的信息搜索，转变成了人找人、人问人、人盯人、人挖人、人查人的互动查询和寻找拷问。一次又一次的"人肉搜索"由网民们自觉发起。"人肉搜索"这4个字的背后蕴藏着摧枯拉朽的力量。

但是，"人肉搜索"既可以为我们谋福利，也可以用来损害人的利益。如网络暴力的盛行、个人隐私的暴露，以及"个人泄愤"、网络欺骗和网络谣言等都和"人肉搜索"有难以分割的联系。2008年10月2日，韩国女明星崔真实自杀，有人将该事件归咎于"网络暴力"，并认为崔真实是迫于舆论压力选择自杀，是"人肉搜索的祭品"。而发生在中国的"女白领自杀"事件中，结果也令人啼笑皆非。2007年12月29日，北京白领女子姜岩跳楼自尽，姜岩的姐姐将姜岩生前写下的死亡日记以及自杀内幕披露在天涯论坛上，将姜岩自杀归咎于第三者的介入，引发义愤网友的"人肉搜索"，曝光了姜岩丈夫王菲及第三者东方的照片以及个人资料。而王菲所在的盛世长城广告公司对姜岩的不幸表示悼念，并决定辞退王菲和东方2人，此事引起舆论的一片哗然。在汶川大地震期间，由于一则"有人在绵阳五一广场搭建救灾专用帐篷并恶意伤人"的网络传言，人肉搜索立即发动，查找肇事者。结果，范晓华被莫名其妙地拖下水，每天受到数不尽的谩骂，最后不得不动用官方途径辟谣。原来，这一次人肉搜索的准确性发生了偏差——此范晓华非彼范小华。这几个案例也成为"人肉搜索"亦正亦邪两面性的真实写照。此外，从法律视角看，"人肉搜索"侵犯了人的隐私权，通过公布搜索对象的真实信息，让人感觉到无处藏身，人人自危。从道德角度看，它让搜索对象暴露在公众目光下，没有遮挡和庇护，供人围观起哄、声讨谴责。这是一种游街、示众的惩罚，是一种羞辱、折磨、践踏；它以道德之名，行伤害之实，它是一种强者对弱者的围攻、群体对个人的伤害，容易抨击过当，制造冤假错案；它是现代技术条件下出现的新现象，但背后则是群众运动、暴民运动，可能变成"多数人的暴政"。

可见,如果没有现实政治的引导和对接,仅仅依托互联网空间近乎"无政府状态"的曝光监督,往往会导致"网络暴政",有时还会适得其反,这对民主政治无疑是一种伤害。而人大作为法定的政治监督主体,具有权威性和专业性,它可以有效弥补网络监督的缺陷。所以,网络时代既不能仅仅把希望寄托于人大,也不能仅仅把希望寄托于网络;理想的状态应该是把人大监督的权威性与网络监督的自由性结合起来,把人大监督的代表性和网络监督的广泛性结合起来,把人大监督的专业性和网络监督的广泛性结合起来,这才是人大充分彰显政治监督有效性和权威性的优选之路。(见表7-2)

表7-2 网民与人大代表在政治参与中的优势和劣势

	优 势	劣 势
网络媒介	信息源头广泛性、集思广益、即时性、开放性	可信度不高,权威性不够,随意性、易逝性
人大代表	专业化、组织化力量、可信度高、权威性强	信息来源单一,容易受到各种权力干扰和控制,本身也很可能成为一种控制力量

(二)政治参与功能的更新:从"诉苦委员会"到"民意调查整合局"

代议机构一个很重要的功能就是充当"诉苦委员会"(密尔语)的角色,它旨在为公众提供表达和宣泄的场所。人大作为中国的代议机构,理所当然要承担"诉苦委员会"的职责。而在网络时代,网络空间成了重要的政治表达和宣泄的自由空间,在某种程度上取代了人大的"诉苦委员会"角色。因此,人大的角色和功能必须适当调整,把人大的优势和网络优势结合起来——从"诉苦委员会"发展为"民意调查整合局"。需要指出的是,从"诉苦委员会"到"民意调查整合局"并不意味"诉苦"已经不重要;而是说,网络时代人大自身的角色和功能应该调整和优化——从表达和宣泄的层面上转到对民意的整理和吸收上来。其实现的具体途径是大力发展"电子人大"。

所谓"电子人大"就是将电子政府的理念引入人大建设,使信息和网络技术与人大的特性和需求有机结合,在互联网上构建一个电子化的人大机关,充分利用网络优势拓展和提升人大各项职能。它包括三部分内容:人大机关内部的电子政务;人大机关与人大代表之间的电子政务;人大机关与社会公众之间的电子政务。它包括三个系统:公民电子陈情系统、电子立法系统以及电子代表系统。

所谓公民电子陈情系统,就是一个专门为公民进行立法和政策表达服务的系统。公民可以网上下载陈情表格,就某项需要人大立法或监督的问题进行陈情,递交人大,人大网络工作人员要将陈情表编号,并将受理状态上网,供公民查询。

所谓电子立法系统,就是在由政府主网站链接的人大网站上,开辟立法专区,设立如下栏目:文件栏目,收集与立法相关的法律、法规和政府文件;专家栏目,选登专家学者对某些立法的研究文章;公民栏目,选登公民对某些立法的代表性观点;代表栏目,选登人大代表(必要时可以匿名)对某些立法的认识。

所谓电子代表系统,就是专为人大代表设置的系统。这个模块中公布每位人大代表的联系电话、电子邮箱,排出代表接待选民的日期,以及规定代表上网与公民讨论的日期。

总之,在网络时代,代表委员们应该学会从网络中分析、提炼出广泛而真实的民意;应该学会运用科学有效的采样与统计手段,对网络声音进行分门别类的整理、提炼,从而达到政治参与结构的优化。

(三)参政模式的更新:让代表委员们和网民共同忙起来

在代议制民主下,公民投完票后便退居一旁,国家事务交由"代表"们决定。只有等到下一次投票时,他们才有机会对代表的表现作出裁决。"选举是一种无连续性的初级行为,在各次选举之间,人民的权力基本上一直处于休眠期。"[8]正因为如此,代议民主才常常被人称为"民主的半成品"、"稀薄的民主"、"初级的民主"、"弱势民主"等。采用代议制民主的最有力依据在于,直接民主使决策变得过分冗长、费用过于高昂,且在技术上无法操作;普通大众也没有足够的知识就国家公共事务作出正确的判断和选择。但时至今日,许多人认为,"屋子太小"等理由远不再那样充足。人们开始谋求更多的和更直接的参与,希望追求更深层次和更高级的民主。

网络的兴起激活了人们参与的热情,网络是人大"兼听"的最好平台。网络民主的兴起改变了传统的公共决策模式,使得公共决策越来越向开放、动态的方向发展。如今,越来越多的公共决策打破了原有的封闭精英模式,越来越重视与网民互动,吸收网络民意。2008年6月20日,胡锦涛总书记在参观人民日报社时,提出要正视舆论"新格局",关注在传统的党报、国家电视台之外都市报纸、网络新媒体的兴起。在2009年"两会"期间,网络与政府之间的互动更是达到了一个新高潮,许多报纸破天荒地增设了诸如"网上直通车"一类的栏目,全国各大门户网站开辟了诸如"向总理建言"、"提问人大代表"等相关互动板块。不少网友将此称为"e两会"。可见,人大已经开始学会利用互联网促进民主,下情上达,与民意形成良性互动。人大代表在网络时代如果能够积极运用互联网,将会促进人大制度的完善。代表们利用互联网收集民情与网民沟通,利用博客、日志等方式拉近和网民们的距离,选取网民代表作为专职代表等,这些都是互联网时代网络民主与代议民主嫁接的结合点,也是人大代表们新的参政方式。如果能够利用适当,势必能把网络民主和代议民主各自的优势结合起来,共同推动民主的发展。

总之,网络民主在中国政治生态下具有特定的意蕴,它和代议民主之间不是相互取代的关系,而是可以相互补充、相互融合,网络民主可以激发制度框架内的活力,让相对"沉寂"的代议制度活跃起来,让相对"悠闲"的人大代表和委员们忙起来。以此来激发代议民主的活力、促进代议民主的发展,这既是人大制度改革的方向和突破口,又是民主发展的优选之路。

参考文献

[1] 尼葛洛庞蒂.数字化生存[M].海口:海南出版社,1996:56.

[2] 周瑞金.喜看"新意见阶层"的崛起(下)[N].南方都市报,2009-01-03(A23).

[3] 彭伟步.从咖啡屋到网络公共空间——对哈贝马斯公共领域理论的探讨[M]//陈卫星.网络传播与社会发展.北京:北京广播学院出版社,2001:141.

[4] 胡泳.众声喧哗:网络时代的个人表达和公共讨论[M].桂林:广西师范大学出版社,2008:311.

[5] 戴维·伊斯顿.政治生活的系统分析[M].北京:华夏出版社,1999:67.

[6] 笑蜀.人人问总理是网络不能承受之重[N].南方周末,2009-02-26.

[7] 潘玉娇.人肉搜索——网络舆论的双重性格[N].新华日报,2008-06-26.

[8] 乔·萨托利.民主新论[M].冯克利,阎克文,译.北京:东方出版社,1993:314.

第八章
网络舆情与社会心理

第一节　网络环境下的社会心理问题

一、提出背景

信息网络时代正向我们走来。作为一种生活方式、一种文化，网络化必然对当前社会的社会心理和人文关怀有所反映和带来挑战。首先，网络化使社会心理的变化加快。网络发展与应用的速度加快，迫使人们的社会心理改变和重新调整的速度也加快了，社会心理上普遍产生了准备迎接和适应变化的心理特征。其次，网络化扩展了社会心理的时空范围。网络为生产方式和生活方式的变革不仅提供了新的认知对象，也提供了新的感受和体验。再次，网络交往是人际交往方式的特殊形式。网络人际交往是传统人际交往方式的重要补充。但网络社会很大程度上改变了人们社会化的形式，它在虚拟空间给人以巨大的诱惑力、带来无限乐趣的同时，对人的心理也产生着强大的冲击。它既能够催生一种新的交际语言即网络语言，其出现、发展与流行，创造一种全新的网络文化；亦能刺激公众盲目从众心理的产生与蔓延，在网络时代，网络舆论的扑朔迷离，使得许多人特别是判断力较差的民众非常重视社会对自己的评价，缺乏目的性、意志力，成为易受他人影响的"社会羊羔"，还没弄清楚是否对自己有用时，就盲目从众，对个人自身的道德心理也将造成冲击。加之当今社会新矛盾和新问题集聚，这些深层次矛盾如果得不到有效的排解与疏导，一旦受到某一网络舆论事件的刺激与推动，社会泄愤心理或失落心理就会一触即发，对社会造成程度不等的危害。

二、现状表现

现代化的国际经验与社会心理学的研究表明，当一个社会处于急剧转型时期，不仅社会问题频发，而且心理问题也会大量凸显。这些社会心理问题概括起来主要表现为社会情感迷惘与道德认同失范两类。

（一）社会情绪、情感问题

1. 焦虑、浮躁、失落心理

当今社会，浮躁、焦虑心理是民众中普遍存在的一种集体性倾向。随着社会压力不断加剧，民众集体性焦虑情绪反映得更为明显。人们对自身在新的社会格局中的位置未能确认，导致个人的社会角色定位缺失。在相互比较后，被时代所抛弃的焦虑感和迷茫感上升，或患得患失、游移不定，或冲动、盲从。尤其是在竞争激烈的现代都市里，由浮躁焦虑情绪导致的心理障碍和心理疾病患病率正急剧上升。

失落感则是某些民众在社会生活中表现出的精神价值上的缺失感和物质生活上的不公平感，是在社会横向比较中感受到己不如人，以往的追求失去方向、失去意义的消极心理状态。特别是近年来不断上升的消费物价指数与就业压力，进一步加剧了焦虑浮躁失落情绪，加之社会保障体系的相对滞后，使失业和低收入阶层对自己能否获得基本生活保障产生恐惧心理，一部分社会成员的生活和就业安全感明显减弱。

2. 暴戾心理

暴戾心理不仅形成于浮躁、喧嚣、忽悠、炒作、炫富的社会环境，而且与目前网络暴力游戏、暴力小说、充满血腥的武打影视作品等文化环境影响有很大的关系。暴戾心理可以为社会上出现的凶杀甚至灭门案件提供充分说明。社会上一些极端事件的出现，无疑潜伏着巨大的、未知的、综合的社会心理危机，这些极端事件虽是极少数，但在社会学上已不再是单纯的社会治安问题或孤立的犯罪现象，它在更深层的意义上折射出，在今天的社会情感和社会心理版图上，出现了一种呈畸形走势的暴戾心理。对生命的冷漠，对正义的冷漠，对善良的冷漠，对人性的冷漠，几乎成为部分人内心深处一种心照不宣的价值认同。尽管这是极个别现象，但它带来的影响却有一种引人注目的放大效应。

3. 自我膨胀心理

列宁在《唯物主义和经验批判主义》一书中曾引用法国哲学家狄德罗的话，批判马赫主义是一架"有感觉的钢琴"，"以为它是世界上仅有的一架钢琴，宇宙的全部和谐都发生在它身上"。具有自我膨胀心理的人就是一架有感觉的钢琴，浅薄无知，狂妄自大，对人与事物的评价完全以自我为中心，根本不懂得"人外有人、天外有天"的道理。在转型期的社会，由于一些人判断人和事物的是非、价值标准迷失，好人好事不香，歪风邪气不臭，导致忌妒心理泛滥成灾。在当下的社会，它发展成"仇富"、"仇官"、"仇才"、"仇精英"等极端的心理形式。

（二）社会道德认同失范

失范，最先是由法国社会学家迪尔凯姆提出的一个社会学概念，美国社会学家默顿进一步发展了这个概念。失范是指原有的社会规范遭到严重破坏，新的社会规范尚未形成,使得一些社会成员处于一种缺乏社会规范约束的状态。当代社会,传统的道德价值观念受到冲击,新的道德观念尚未全面确立,造成了社会道德认同上的心理失范。道德失范加剧了社会个体生存焦虑,某些社会成员心理归属感降低,一些人表现为及时行乐、放纵自己、胡作非为,另一些人则表现为退却、逃避和道德上的麻木冷漠。

1. 冷漠心理

改革开放以来我国社会经济发展取得骄人成就,但由于不同程度上忽视了人们思想道德建设,人们对传统的核心价值体系产生了迷茫,出现了道德滑坡、诚信危机等不良社会现象,直接导致我国传承了几千年的诚实守信、平等友爱、与人为善、宽容互让、求同存异的传统美德不同程度弱化、异化,使人们形成了冷漠心理。这种社会心理反作用于社会,则导致一些人对社会的冷漠,对他人的冷漠和人际关系的紧张。

2. 自私心理

市场经济条件下,人们价值观念中的个体取向、自主倾向逐渐增强,社会心态中的利益意识、成就动机不断强化,个人对国家和集体的人身依附关系日益破除,加之社会不良思潮的渗透侵蚀,不正之风和腐败现象的诱导以及思想政治教育机制的不健全,使一部分人的道德观念被金钱扭曲,出现了重金钱轻道德、重权利轻义务、重索取轻奉献、重个人利益轻国家和集体利益等功利化倾向。少数人为了钱、为了个人利益不惜采用各种不正当的手段,甚至不惜抛弃一切良知、信义和廉耻。

三、产生原因

(一) 利益分配不公所导致的相对剥夺感

相对剥夺感是个体将自己的地位与其他类似地位的人进行对比后产生的一种情绪体验。在我国市场经济迅速发展的今天,群体贫富分化日益明显,阶层差距日益加大,社会分层的加速和贫富悬殊的扩大不可避免地导致相对剥夺感的增强。由于社会上存在着社会分配不公和不平等竞争,导致一些人牢骚满腹、情绪低落、意志消沉、信念动摇、逆反心理膨胀。这种淤积于内心的强烈不公平感和相对剥夺感会使那些心理调适能力差的人产生不同程度的心理障碍,甚至引发心理疾病。

(二) 改变自身社会处境与心理无助感

社会的转型,使人们所处的社会与自然环境不断变化,自身所属的正式及非正式群体不断转换自身的角色,职业、地位可能日新月异,这些变化的客观现实,对人们的心理应变能力提出了更高的要求。外部环境的变化和激烈的竞争促使人们的生活节奏加快,人们不得不更新知识,发展自我,以适应客观社会的要求。有些人习惯了过去的生活,沉湎于过去的辉煌,不能面对客观现实,加上过于频繁的变化给人带来过大的心理压力,使人们强烈地感受到生存环境的不确定性和缺乏安全感。特别是对于那些心理承受力差、应对调整能力不强的人来说,更容易产生心理失调。

(三) 社会支持弱化与心理危机加深

社会支持是指能被人一般地所感受到的,来自家庭成员、亲朋好友、团体组织和社会其他方面的精神上和物质上的支持和帮助。处在社会转型期的我国,原有的社会支持系统正逐渐瓦解失去作用,新的社会支持系统正在构建之中,社会支持薄弱,难以发挥缓解个体心理压力、增进个体心理健康的作用。表现在:第一,原有社会支持的主导方式——工作单位提供的社会支持逐渐减弱,而替代性的社会支持系统尚未完全建立或运转;第二,日益激烈的竞争导致人际关系的淡漠和疏远,削弱了来自同事和同学的社会支持;第三,原有社会支持的另一种主导方式——来自家庭的社会支持已今不如昔,使得人们并不总是能从家庭那里得到昔日那样强有力的支持与帮助;第四,目前的心理卫生事业的发展水平难以给人们提供有效的心理支持与救助。

(四) 社会快速多元化与心理负荷加重

随着社会变迁速率明显加快,人们需适应和应对的生活事件大幅度增长。由于社会流动增加,社会角色增多,社会交往扩大和生活节奏加快所形成的高张力、高强度、高效率的刺激,超限刺激着人们的心灵,从而导致人们心理疲劳,产生各种不适应感。随着竞争机制被引入社会生活的各个领域,日益激烈的竞争在给人们以机会充分展示自己潜能的同时,也给人们带来了更多挫折和失败,增加了人们的不确定感和恐惧感。

四、疏导社会心理问题的对策思路

(一) 正确看待改革,促进新的社会心理平衡

改革是一场革命,原有利益关系的重新调整必然引起社会心理的暂时失衡。引导人们正确认识改革,促进新的社会心理平衡,重塑和谐社会心理。为此,首先要采取多种措施,运用多种渠道,向人民群众宣传改革的利与弊、得与失及破与立的辩证关系,努力化解人们的不安、困惑、逆反等消极心理,提高人们对改革的理解度和支持度。其次要结合实际,向人民群众宣传不改革就没有出路的"危机感",要做好承受改革带来"阵痛"的心理准备,从而使社会每个成员增强改革意识,在心理上尽快适应改革中形成的各种新的结构关系。

（二）加强制度建设，保障社会公平正义

社会公平正义是社会和谐的基本条件，制度是社会公平正义的根本保证。随着利益关系的日益多元化，人们对社会公平正义的要求日益增强，一些问题和矛盾在我国改革关键期和人民内部矛盾凸现期的今天日益显现出来，比如贫富差距问题，就业问题，腐败问题，医疗、教育等社会公共事业投入过于薄弱问题等。这些问题的日益积累，已经在一定程度上影响到了整个社会心理的平衡。为此，政府要通过建立公正合理的社会制度体系，保障社会的公平正义。首先，完善民主权利保障制度，保证人民依法直接行使民主权利；其次，进一步完善收入分配制度，更加注重社会公平，体现维护弱势群体的社会公正；同时，通过提供合理的利益获得渠道，保障社会成员在利益获得方面享有同等机会；再次，不断完善社会保障机制，使弱势群体能够得到足够的社会关照。

（三）建立畅通的民意表达机制，及时为社会心理"减压"

民意表达机制不畅是社会心理失衡的关键因素，是构建社会主义和谐社会的"瓶颈"。尊重和保障民众的利益诉求和权利表达，构建畅通有序的利益表达渠道，使广大民众拥有平等的话语权，是缓解社会心理压力的重要手段，是构建和谐社会的必要条件。为此要不断拓宽社情民意表达渠道，搭建多种形式的沟通平台，把群众利益诉求纳入制度化、规范化、法制化的轨道。

（四）构建社会主义核心价值体系，净化社会风气

必须在发挥传统文化积极作用的前提下，牢固树立中国特色社会主义共同理想，大力弘扬以爱国主义为核心的民族精神和以改革创新为核心的时代精神，构建以社会主义荣辱观为主要内容的核心价值体系，为全民族奋发向上提供精神力量和团结和睦的精神纽带。树立社会主义荣辱观，净化社会风气。普及科学知识，弘扬科学精神，养成健康文明的生活方式，反对拜金主义、享乐主义、极端个人主义。

（五）建立健全有效的心理疏导机制，提高社会个体心理承受力

社会大众心理是否和谐会影响到社会是否和谐，为此必须建立行之有效的心理疏导机制。由于人们的工作压力、生活压力、竞争压力不断增大，在社会各阶层内极易产生诸如焦虑、不满、愤懑等消极心理，如果这些情绪不能及时得以释放，很容易聚集成危及社会的巨大能量，引发社会动荡。因此，建立健全有效的心理疏导机制，提高个体心理承受力是促进社会心理和谐的必然要求。

第二节 社会流行语背后的社会心态

一、"哥×的不是×,是寂寞"折射的社会心态

"哥×的不是×,是寂寞"成为2009年最热网络流行语之一。如"哥发的不是帖,是寂寞;哥种的不是菜,是寂寞"等,"哥某某"现象一时风靡网络。此句有落寞、自赏和自嘲之意,也有"娱人娱己"的恶搞成分。百度搜索出51000000条记录,谷歌搜索结果显示为32900000条,合计83900000条内容。就连2009年最热门的网络游戏之"偷菜"游戏也配上了"姐种的不是牧草,是烦恼;哥种的不是萝卜,是寂寞"等"哥某某"式标语。此外,2009年热门的网络上备受追捧的还有"不要迷恋哥,哥只是个传说"、"××,你妈喊你回家吃饭"等流行语。

(一)"哥×的不是×,是寂寞"的由来

2009年7月初,百度贴吧有网友发了一张非主流男子吃面的图片,图片配文"哥吃的不是面,是寂寞"[1]。面可以吃,寂寞怎么能吃?这样的句式一发不可收拾。有网友相继模仿"哥×的不是×,是寂寞"的句式,创造出"哥抽的不是烟,是寂寞"、"哥上的不是网,是寂寞"、"哥发的不是帖,是寂寞"、"哥种的不是菜,是寂寞"、"哥写的不是字,是寂寞"等,该句式的语句迅速在网上蔓延开来,"寂寞党"就此在网上悄然形成。"寂寞党"虽然使用同样的句式,但心里仍然表示的是一种孤立的状态,什么都没有,只剩寂寞。据此可以看出,他们是一群各自孤立、互不相干的力图排解压抑的人,一直在路上且处于流放状态,看到现实的冷酷之后表现出一种无能为力的边缘状态,而这样的感受引起了很大一部分人的认同,于是很快"哥×的不是×,是寂寞"便火起来了,成了"寂寞党"的座右铭。

(二)"哥×的不是×,是寂寞"折射的社会心态

"哥×的不是×,是寂寞"的生成与流行反映了社会进程中的文化特点,特别是年轻人的心理状态。它不像一般的网络流行语运用了言语功能的假信息,而是一种真实的"寂寞党"的真信息。"哥"代表说话者主体处在一个寂寞的状态,而此"寂寞"还包含无能为力的边缘性质。此句式在使用过程中带来了意想不到的心领神会的效果,可见流行语的影响力也达到精神层面,抛弃了过去的幽默诙谐,传达的是心灵的撕裂和绝望;它也不像"躲猫猫"、"俯卧撑"、"楼歪歪"等网络词汇反映现实生活中的

公共性事件，而是代表了一部分群体，特别青年人寂寞、空虚、无聊、颓废、自嘲的心理状态。

这种看似无厘头的话语方式，正是目前网络恶搞的新流行——句式模仿。任何一句平淡的句式，只要被网友们瞄上并进行模仿，立即可以显示出极大的爆发力。如"不要迷恋哥，哥只是个传说"、"贾君鹏，你妈妈喊你回家吃饭"等，它像病毒一样强大的传染性和传播速度为网友所青睐。有人认为句式模仿的流行表现出当下青少年流行文化的特征，常常表现为颠覆精英化、颠覆传统价值，强调无聊和颓废。类似的句式有一大批的使用者，具有强大的诱惑力与影响力，直白地说，它代表的一种寂寞颓废之势，对人的心理健康和精神状态有较大的负面影响。

这句流行语也反映了当今社会一个非常普遍的现象，在经济迅速发展、生活日益改善的情况下，人们的精神世界、社会关系网络越来越萎缩，而电脑等网络技术的介入更加剧了人们生活的空虚与无聊，这在年轻人群体中表现得尤为突出。社会转型期的空虚、落寞问题如果得不到有效的排解与应对，个体的精神世界将无法有效地被健康的、积极的东西填充，一些不良现象就可能蔓延。当下社会群体的无聊意识及这种意识相互间的蔓延可能带来严重的社会心理问题。

二、"偷菜"游戏反映的生活压力与空虚生活

2009年，"偷菜"游戏以势如破竹之势蹿红网络。这款休闲交友游戏最先由开心网研发，名为"开心农场"，之后腾讯公司将其引入QQ空间，于是"农场玩友"的数量与日俱增，迅速成为最受欢迎的网络休闲游戏。网友可在农场里面扮演农场主角色，在自己农场里种植各种各样的蔬菜和水果，作物从种植到成熟需要历经不同的阶段，每个阶段可能会发生干旱、病虫害、长杂草等情况，这就需要农场主细心打理。果实成熟后，可以收获入库，变卖成金币，若不及时采摘，则可能被好友偷取。后期农场主通过出售仓库果实来获取金币，金币可以用来购买种子、化肥、农场装饰及用于农场扩建。这款游戏之所以被网友称作"偷菜"游戏，是因为农场主如不准时收取果实，好友便可以无条件地从农场偷取果实，这种"收"与"偷"的乐趣，让越来越多的人沉溺于虚拟农场。

2009年，男女老少上网玩"偷菜"，上演着形形色色的看似匪夷所思的"偷菜"行动。有晚间定闹钟收菜偷菜者、有因伴侣未准时帮另一方收菜而分手者、有上班玩偷菜者、有因收菜偷菜起早贪黑者、有假期专门代收菜者，甚至有因"偷菜"致病人死亡者……于是，我们不禁质疑："偷菜"游戏何以有如此大的魅力？这款游戏除了向网友普及农作物生长知识，还让用户体验了劳动的乐趣、收获果实的喜悦、扩建农场的成就感以及好友间互动的乐趣，当然更多的可能是带给"玩家"一种"偷"的刺激与新奇。或许这款游戏的最大吸引力就是允许大家互偷，大家以"偷"为乐，用"偷"来的果实换

取金币,进而换取想要的物品。这种"偷菜"带来的刺激满足了个人在现实世界中所不能实现的梦想,折射了网民在现实生活中的无奈与空虚。

网民为"偷菜"游戏总结了如下几条"真理":[2] 在利益面前,没有亲情和道义可讲,任何人都可能成为在你背后下手的"贼";帮你除草、杀虫,对你示好的人,来你家的真实目的可能并不是这个,而是看你有没有可偷的东西;越有钱的人赚钱的速度越快,温饱线上的人都在量入为出中挣扎;很多事情都有捷径可走,有"背景"的人肯定升级快;勤能补拙是有局限性的,每天除草、杀虫的经验只有那么多;挖种子是除靠人民币升级之外最快的升级方法,也就是说只要肯付出高昂的代价走歪门邪道,肯定能领先别人一步;那种以"友情"为名义的化肥,是最不讲友情的东西;想让狗干活,又不想给狗喂食,是不可能的,就算一条狗也会消极怠工;狗会疯狂地咬穷人,当你身无分文,被咬的概率是100%;广交朋友是硬道理,多个朋友就会多一条路;有些时候我们期待着有人来搞一点小事端,从而获得想要的经验;不遵守时间是要付出代价的;没事的时候多出去转转,总会有意想不到的收获;未必撒下昂贵的种子就一定赚更多的钱,被盗时种昂贵的菜的损失肯定会更多;任何活动都是有目的的,不管是促销化肥还是促销打狗棒;集体的力量是巨大的,可以瞬间让一个人破产;当有人告诉你快去某某的菜地偷菜时,不要把他当成最亲密的战友,因为当你成熟的时候,他也一定会这么告诉别人;大地主都是排在前面的。

广大网民何以为"偷菜"游戏乐此不疲?是一些人的社会心态浮躁还是价值观念扭曲?2009年11月13日,南京市儿童医院值班医生毛晓辉值班期间因在QQ游戏上下了两盘围棋而疏于工作,最终导致了一名5个月大的婴儿病情急剧恶化而不治身亡。事件发生后社会各界除了指责医生医德低下外,还引发了对网络游戏的各种讨论。"偷菜"是2009年互联网上最火爆的一款游戏,它也因此经历了一场前所未有的道德考量。网络舆论普遍认为,"偷菜"是一款并不符合社会道德规范的游戏,容易给人带来价值观念上的混乱,一些重度沉溺于游戏的玩家的人生轨迹可能会因此受到干扰。

像"偷菜"游戏这样有道德瑕疵的互联网商业化产品不在少数,如抢车位、摩尔庄园、奴隶(好友)买卖等,这些游戏在让玩家获得现实生活中所不可能拥有的满足感的同时,也渐渐让玩家的道德观念和价值取向迷失。有专家称,这种有道德瑕疵的网络游戏产品有它的产生根源,它满足了一部分人放松压力的需求,尤其是一部分意志薄弱的人群。其次,与玩家群体低龄化及中国互联网网民结构、网民素质有关。根据中国互联网络信息中心发布的2008年《中国网络游戏用户调研分析报告》,我国网络游戏用户整体呈现低龄化、低学历、低收入的显著特征,22岁以下的网络游戏用户占到了总体的52.5%;专科及以下学历网络游戏用户占到了整体的77.1%;无收入群体占到三成,而有收入的用户群体也主要集中在1001到2000元的收入区间,特别是无收入群体占到30%。

社会各界应该对这种与社会道德相左的游戏作出反思。2009年12月,因为考虑到价值取向等问题,文化部加强了对SNS社交网络中一些游戏的监管,要求各地方根据相关文件的精神对相关游戏进行彻查。于是开心网的开心农场、腾讯的QQ农场等网站为"偷菜"游戏改名。文化部网站上没有就"偷菜"改名下发具体的通知或文件,但网友发现各大SNS网站已经把游戏中的用词进行了修改,"偷菜"被"收获"或"采摘"等词取代。在开心网上,偷过别人的东西再偷时,"已偷过,做人要厚道"的提示语,变成了"已摘过,做人要厚道";操作栏"偷菜"一栏的文字说明也被改成"采摘果实";游戏"帮助"内容由"如何去好友家偷果实"变成"你可以去采摘好友花园里已经成熟的果实,如果抢在好友果实成熟时第一个采摘,采摘的果实数可能会很多。每天2~6点是休息时间,部分作物不能去好友家采摘"。对于改名一事,众多网友表示不理解,有网友直言"吃饱了撑的"、"以后小偷就叫小摘了",无论改名与否,从本质上去正确引导网民的价值观才是最迫切的。

三、从《蜗居》热播及蚁族生存看民生艰困与价值扭曲

电视连续剧《蜗居》,这部交织着爱情、婚姻、亲情、金钱、权力与欲望的作品,将社会现实直白地公之于众,引起广大观众共鸣,并迅速形成一个很火的社会话题。自2009年11月以来,随着该剧的热播,网上关于此剧的评论非常热闹,"蜗居"、"房奴"、"贪官"、"小三"和"海藻"等成为各大媒体特别是互联网的热门关键词。广电总局曾以"有很大的负面社会影响,靠性、靠荤段子、靠官场腐败来吸引眼球"为由叫停《蜗居》,原本35集的剧集被删减成33集。由此迅速引发热议和猜测,《蜗居》无疑成为2009年网络上最热的电视剧。

该剧以"房奴"和"反腐"为切入点,讲述了郭海萍与郭海藻姐妹二人的情感世界,用郭海萍与丈夫苏淳的婚姻沉浮,以及郭海藻与恋人小贝、情人宋思明的三角关系这两条线道出了都市男女生活的无奈和心声:没有房子缺乏归属感、安全感;而买了房子后,身体有了着落,心却失去了安全感。剧中所描述的情景似乎是生活在大城市中的无数年轻人的生存翻版与真实写照,逼真而无情地展示了都市"房奴"的绝望挣扎,以及"蚁族"们永远无法兑现的梦想,尽管这些人无比勤劳勇敢、无比渴望生活。从《蜗居》看社会,现实中的各个阶层都可以从此剧中找到自己的影子,尤其是当代年轻人、当代大学生,面对居高不下的房价,就业的艰难和"蚁族"的无奈,是否还有未来?从《蜗居》中我们可以看到现实的某些方面:一个充满尔虞我诈被权钱操纵的令人生畏的房产市场;一幅充斥于社会各个方面的令人无奈的腐败缩影;一种被践踏的社会道德底线和传统价值体系的支离破碎。

（一）从《蜗居》看房价

《蜗居》中有这样一句台词："现在的房价是没有最高,只有更高,不断的更高,越来越高。"这句话道出了广大民众的心声,激起了强烈的社会情绪。毫无争议的是,中国高房价下每天上演的各种疯狂和苍凉,是《蜗居》最真实的蓝本。面对居高不下的"房价",普通民众只能望洋兴叹,勤勤恳恳,节衣缩食,耗尽大半生也不能换取一套属于自己的房子。中国人对房子的追求是外国人所不理解的,当然中国房地产市场的暴利与变幻莫测亦令人匪夷所思。《中国日报》指出,以房价占收入的比重作为标准来衡量的话,中国俨然成为世界上最为昂贵的地方了。[3]

房价为何居高不下？随着中国城市化的推进,根据相关数据显示,在接下来的20多年时间里面,有多达4亿人将会搬迁到城市中去居住。从购房者的角度来看,稀缺的土地资源与需求量之间的不平衡必然诱使房价增长。中国人把房子当成是"和黄金一样的保值工具",在一个并不灵活多样的经济体制中,人们缺乏多样的投资选择,于是将资金继续投向房地产,而这种行为在很多大城市中推高了房价。而对于房产商,地产业是一个暴利行业,加之政府力图借助繁荣的房地产给中国的经济发展提供强大动力,对投资房产业必然提供政策支持。《蜗居》中就多次提到房地产开发商和当地政府之间强有力的利益纽带。在利润与政策的双重推动之下,房价上涨实属必然。于政府而言,中国不仅需要经济重新平衡,也需要房地产市场重新平衡。政府有责任、有义务规范和引导房地产业健康发展,改变激励机制,让投资涌向那些更加需要它们的低收入家庭房地产项目,而不是那些没用的高档社区之中,但是,这正是难解的困局。

（二）从《蜗居》看"蚁族"、看就业

随着《蜗居》的热播,"蚁族"这个词逐渐成为热门词汇,成为"大学毕业生低收入聚居群体"的代称,他们像蚂蚁一样,蜗居于大城市的各个角落。现代"蚁族"主要有北京"蚁族"、上海"蚁族"、深圳"蚁族",据悉,他们的特点是高智、弱小、群居。绝大多数属于80后,是大学扩招时代之后的"过剩人才"。"蚁族"现在已经成为继农民、农民工、下岗职工之后的第四弱势群体,这些精英们的遭遇,的确让整个民族为之焦虑。"蚁族"作为特殊的人群,正在形成一个社会学意义上的群落。一个城市化进程中的过渡牺牲代,也只能用"蚁族"一词来形容我们这个人口大国之青年的劳役奋斗。

改革开放不过30年,曾经的天之骄子竟变成继农民工、下岗职工之后的"弱势群体",不禁让人唏嘘不已。感叹之余则是追根溯源:有人把"蚁族"的出现归咎于1999年开始的大学扩招;有人则认为中国作为世界工厂的地位决定了"工人荒"和"大学生"过剩;有人直指利益集团,认为有后台背景的人占据了好工作,而让"没背景"的普通大学生飘零。这些都有道理,政府和民间都应反思,全社会也应创造更多就业机

会。至于"蚁族",据说现在上海、北京、天津的一些白领选择放弃大城市,到二线城市定居。这正是大城市有大城市的魅力,也有大城市的无奈,中小城市有其各自的问题也有各自的精彩。所谓萝卜白菜,各有所爱。一些人觉得在小城市住得久了跟不上时代的潮流,缺少一份激情;而在大城市住久了,又感觉到特别的喧闹,没了那份安静;小城市舒适安逸,可似乎不甘心;大城市有很多机会,可是生存压力和心理压力很大。居大城市者不要窃喜和自得,居小城市者也不要苟安和懒惰。无论立场如何,都要充满乐观和自信。事实上,不管在大城市还是小城市,只要有进取之心,就会拥有灿烂的明天。

(三) 从《蜗居》看官场腐败

《蜗居》不过是一部偏向写实的电视剧,许多观众喜欢它,感到它贴近生活,直面现实,正是从中看到了自己也身为"房奴"的悲哀,以及对"官场腐败"的揭露。该剧着力描写了化公为私的"贪腐集团"及其核心人物宋思明。宋思明作为一名政府高层公务员,利用手中职权,通过房地产开发项目,从地产商手中获取利益,更利用权力和金钱包养"二奶"。"贪官文化"在《蜗居》中被描述得淋漓尽致,只不过较之现实,此剧把这位"贪官"稍作了些美化。宋思明,高知高干,睿智机敏,有钱有权,成熟稳重,对"小三"海藻亦有情有义,并被冠以"爱"的名义。撇开其包"二奶"这一为道德所不齿的行为来说,宋思明俨然是一位魅力十足的中年男人,而现实中的"贪官"怕是有更狰狞的嘴脸。看看我们的公权力,有时是掌握在哪些人手里,都被用在了哪里。看看我们的城市公民,生活是如此的艰难窘迫,仅仅是一件民生的基本需求——房子就足以压得人们抬不起头。无论是惶恐的"蚁族",强悍的钉子户,在官商合谋的房地产市场中,都被剥夺得一干二净。

(四) 从《蜗居》看价值体系

"一部《蜗居》,让80后有了当二奶的冲动。"在读者和观众的反映中,这是个值得玩味的现象。很多网友对周旋在年轻女孩海藻身边的两个男人,更偏爱钱权在握、有妻有女的中年公务员宋思明,而不是单纯爱着她的年轻男孩小贝。剧中,宋思明对"小三"的感情俨然被冠以"爱"的名义。一些观众觉得海藻与宋思明间的婚外情表达了一种爱情至上的精神,很多人替他们以悲剧收场惋惜,甚至很多人希望作者更改故事结尾,别弄得那么惨。也有网友认为,海藻与宋思明之间所谓的"爱情"是建立在金钱和欲望的基础之上,如果宋思明没有钱权在握,海藻会选择他吗?非常客观地说,女孩子在二十几岁,如果她要选择的是中年男人,那前面一定会加一个定语——事业有成。没有一个青春漂亮的女孩子,会喜欢中年的、一事无成的男人。但成功这两个字包含了很多东西,《蜗居》中这种"爱"明显是一种交换。由此可见,"蜗居"不仅仅是房子的狭窄,房贷的压力,更是背负了一具爱情的空壳。从剧情延伸到现实,关于宋思明与小贝之间到底该选择谁的问题俨然成为网友讨论的焦点。为了梦想,是踏踏实实奋斗争取,还是选择捷径迅速得到?网友对此亦争论不休,意见不一。

《蜗居》在激起人们对"房子"产生共鸣的同时,也激发了人们对整个社会价值体系的思考。在这个碎片化的时代,人们的价值体系已经随着财富、阶层的分化支离破碎,成为很难有共同语境的一地鸡毛,因而出现愿做"二奶"走捷径的"海藻"也就不足为奇了。当然,我们有理由相信这不是全社会普遍的常态,但已不鲜见,足以引起我们的警惕和反思:第一,如果全社会都是这样的心态之时,我们是否是集体着迷、得病、发狂了? 第二,如果我们不去奋斗,那我们的方向、立场、出路在哪里?

有网友打趣地说"奋斗即找死,不奋斗即等死"。面对现实,多数普通人被刺痛,除了有情感共振以外,就是因为还对生活抱有幻想,指望着通过奋斗改变命运。但假如通向幸福的通天塔已经是属于少数人的专利,假如你无休止的忙碌到头来还是一场空,你将如何面对?很多人没有准备好面对这个快速逼近的现实,于是躲避,并自欺欺人,直到《蜗居》的出现,才使这样一个命题更赤裸裸地摆放在很多人面前:假如"奋斗即找死,不奋斗即等死",你该怎么办?面对苟活的海平夫妇、不愿苟活却只能当小三的海藻、有家室却不甘于平淡生活的腐败干部宋思明,你很难用简单的是非曲直来判定每个人的选择是否值得赞许或诟病。因为这不仅关系生存状态,也涵盖了背后的社会环境和情感、价值认知。《蜗居》向我们展示:在一个底线被金钱、权力和欲望击穿的都市里,小人物要坚守纯粹的善良、忠诚、爱、信任和关怀已是不可能完成的任务。

也有网友称"现在走了捷径,老年一定要还"。《蜗居》中无论是"贪官"宋思明,还是"小三"海藻,不劳而获的下场都很惨。你是希望在一个有序的地方生活?还是希望在一个昏天黑地、毫无秩序的地方生活?相信绝大部分人都希望在一个健康的环境下生活。有网友评论说,中国的80后是"滞苦的一代",他们既非简单的价值"迷失的一代",也非能说是美国20世纪50年代时那"垮掉的一代"。因为他们并非迷失,最起码绝大多数还清晰,这种清晰来自于人性和我们民族的遗因;他们并非垮掉,因为他们还有肩负,还有理想,就必须奋斗。正如《蜗居》的作者"六六"所说:"你可以选择,社会允许开放,但是社会无论怎样开放式发展,基本的道德准则是不能违反的。所以,对于我自己而言,要通过自己的努力,敢于实践和总结,去寻求真正的幸福,无论结果如何,至少问心无愧,足矣。"的确如此,脚踏实地,奋斗进取才是正道,这个社会,没有捷径可走。

四、"被某某"现象与社会大众的无奈的抗诉

语言是记录和表达思维的工具。在语言的各个组成部分中,词汇与社会的联系最为密切,最能反映人的社会文化心理。网络词语从一开始出现就呈现出一般语言

所少有的多元性。可以说,网络语言作为一种新型的交际工具,记录了网络生活的方方面面,引起了社会的广泛关注。它蕴含了丰富的社会文化、心理因素,其出现为网民们提供了一个宣泄情感的窗口,网民的表现欲、想象力和深层诉求都能够在信息交流中得到表现。笔者以为,网络词语可以折射出特定时期人们的心理状态,如"山寨"、"三聚氰胺"、"堰塞湖"等。对于社会中不良现象和不平事情,网民通过词汇表达出了强烈的否定意识、批判心理与对时弊的针砭和反讽——"被……"的出现就是表征。

"被自杀"、"被就业"、"被增长"、"被幸福"、"被代表"、"被合法"、"被民主"等一系列"被某某"现象风行一时。有媒体宣称,中国进入"被"时代。有网友称这个说法并不准确,其实应该是"被"的觉醒时代。因此,跳出网络语言看社会,通过网络语言窥世态,是社会管理者的一个课题。可以这样说,网络语言的出现既是社会发展的明证,也是社会心理的映射。

(一) 被自杀

几年前,阜阳市颍泉区委修了一幢酷似美国白宫的豪华办公楼,被当地干部李国福举报。随后,李国福和几个亲属被该区检察院罗织罪名,予以逮捕。2009年3月13日凌晨,李国福意外死在监狱医院。检察院迅速作出鉴定结论,称其"自杀"。众多网民认为,他是"被自杀"而死的。

(二) 被就业

2009年7月28日,针对一些高校为提高就业率而产生的"被就业"现象,教育部称,对高校出现就业率统计误差实行一票否决制,绝大多数高校的就业率统计数据是认真准确的,"被就业"的问题只是个别情况。随后,"被就业"蹿红网络,也直击了个别高校在学生就业问题上的弄虚作假,暴露出了高校的浮躁、功利心态。对于教育部为"就业数据造假"辟谣一事,有网友认为,面对公众热炒的"被就业"问题,尽管教育部有压力,但大可不必急急忙忙地回应只是"个别",而是应扎扎实实深入到各高校去调查一番后再解释。对那些弄虚作假的高校,当毫不留情地实施"一票否决"。只有勇敢地直面问题,"被就业"现象才能有效地得到解决。

(三) 被增长

2009年7月29日,国家统计局发布全国城镇单位在岗职工平均工资数据,各行业月平均工资都有不同程度上涨。数据一经公布,就遭到多数人的质疑,多数人感觉不到自己工资的增长,这一感受得到了绝大多数人的赞同,同时也得到了央行城镇储户问卷调查结果的印证。很多网友戏称自己的工资"被增长"了。所谓"被增长"也就是说实际没有增长,但在统计数据中却增长了,使我们都被统计数字"幸福"地笼罩着,于是"被幸福"了。随之,"被增长"迅速成为一大热词。面对广大网友的质疑,国家统计局给出的解释是——制度缺陷使然。他们称根据现行统计制度,职工工资的统计仅限于国有、集体、事业单位的范围内,而没有将私营企业纳入其中。数字是最容易被注水的,也最容易被人利用。在"数字出官,官出数字"的现实语境下,数据造假就会不可避免地重复出现。一些地方过于看重数据,迫使官员为保住"乌纱帽"而作假。有网友认为,在权力张狂到没有制度约束和有效监管的情况下,统计部门往往会成为权力的奴隶,任人摆布。而此景况下统计出来的数据只会超出人们的心理底线。事关民众利益的数据必须真实。统计私营企业工资,消弭权力的张狂,向公众展示出真实的工资状况固然重要,但是,人们最期望的是,通过深化收入分配改革,缩小收入差距,消除贫富分化。唯有如此,才能消弭人们工资"被增长"的感觉。

(四) 被幸福

2009 年 11 月《学习时报》上刊登了一篇题为《防止对"幸福指数"的非科学态度和功利性表达》的文章,一些地方政府在制定和落实幸福指数的过程中热情超乎想象,很多地方都将幸福指数与官员政绩直接挂钩,有的甚至出台了幸福指数一票否决制。在确定幸福指数时,想当然地设定一些和百姓幸福毫不相干的内容,将幸福指数调查统计变成了数字游戏。有些官员为了突出自己的政绩,到处宣传炒作,作秀造势,搞华而不实的"幸福形象工程",甚至民众还未评定,已提前将自己所在城市宣布为"幸福天堂"或"幸福百分百城市"等,这种到达了顶点的幸福指数评比带来的只能是一些官员的幸福,纸面上的幸福,对老百姓则毫无幸福可言。这种脱离实际的统计,让民众在困惑与迷茫中"被幸福"了。

(五) 被代表

2009 年 12 月底,"被代表"一词屡屡被媒体和网民提及。所谓被代表,指的是老百姓的意见被一些所谓"代表"代表,真正的民意并没有体现出来。典型事件是济南市物价局组织的居民水价听证会。2009 年 12 月 18 日,济南市物价局主持召开了"济南市调整城市居民生活用水价格(污水处理费)"听证会。来自济南各界的代表参加了听证会,其中听证人 4 名,听证参加人 25 名,旁听人员 6 名。根据济南市现行水价,居民生活用水到户价格为 2.95 元/吨,包括水资源费 0.4 元/吨、污水处理费 0.7 元/吨、基本水价 1.85 元/吨。此次水价拟调整的是城市居民生活用水污水处理费。而令人感到意外的是听证会上"怪状"百出,网友质疑声此起彼伏。对此,有媒体评论认为,听证会是个好形式,但要取得积极的效果,离不开严格规范的程序保障。否则,好形式变成"走形式",就会使那些违背民意的部门行为获得虚假的正当性和合法性,难以做到公正、客观。

"被"觉醒时代。[4] 当"被"字被说出来了,情况就发生了变化。民众的主体意识有所觉醒,开始意识到这些事不对劲。有些权威的数据原来并不可信,有些部门原来一直在滥用公权力,这些觉醒大多是从自身遭遇开始的,这种觉醒令有些依然沉浸在旧日迷梦中的公权力部门陷入尴尬。统计局不得不出来解释真相,让人明白"被增长"是怎么回事。教育部也要出来打圆场,说"被就业"只是个别现象。如果说这些部门的回复还有些敷衍的话,那么发生在安徽阜阳的"被自杀"事件,则有了更好的结果。"被幸福",事实未必如此。但是,如果拿这些数据来证明决策的成败,恐怕大有问题。因为我们从小就"被学习"、"被成长"了,我们对进步、发展、幸福和快乐的感受其实都是"被感受"到的。越民主的社会环境中,人们越习惯表达自己的不满。人之为人皆因"被"然,也就是说,人的社会观念乃至思维方式,都是"被"建构的结果。在一些具体的事件和数据中,我们发现自己"被某某"了,但是在更重要的方面,"被"字并不容易觉醒,换句话说,外在的"被"容易发现,内在的"被"隐藏更深。

当今社会是民主的社会、法治的社会。任何虚假的行为,只能蒙骗一时,最终真相都会曝光。任何违法的举动,只会逞凶片刻,终究要被依法纠正。这些地方的政府有关部门应该认真自我反思,不要再玩那些"被代表"、"被合法"之类的自欺欺人的把戏。同时,期望纪检监察部门重视此问题,介入此领域,查查此中的"猫腻",从严问责此类贪赃枉法者,从根本上促使听证会不再"被代表",涨价风不再"被合法"。也许有一天人们会意识到,这些发现还有着更加深远的意义。

参考文献

[1] 百度空间.小米的 as 的空间.从"哥×的不是×,是寂寞"看语义变异及其语用危害[EB/OL]

http://hi.baidu.com/%D0%A1%C3%D7%B5%C4as/blog/item/931b82177ee5024121a4e9d0.html.

[2] 珠海户外网.偷菜真理——通过偷菜,我们学到的[EB/OL]

http://www.zhuhai-hw.com/thread-114796-1-1.html.

[3] 英国《金融时报》中国机构主管 Geoff Dyer.《蜗居》与中国房地产[EB/OL]

http://www.eeo.com.cn/today_media/sjg/2010/01/07/160077.shtml.

[4] 东方早报. 长平:中国进入被觉醒时代[EB/OL]

http://news.sina.com.cn/pl/2009-08-16/072418444394.shtml.

第三节 网络"哥"、"姐"现象的舆情透视

一、网络"哥"、"姐"现象：网络红人，还是网络流行语

继 2005 年的"芙蓉姐姐"、"石榴哥哥"、"天仙妹妹"，2006 年的"红楼弟弟"、"国学辣妹"等网络红人成名之后，"兄弟姐妹"们不断掀起网络红人热潮。2010 年，"凤姐"与"犀利哥"再次引领出网络"哥"、"姐"高潮。"凤姐"因其离谱的征婚标准和语惊四座的雷人言语走红网络，"犀利哥"则因其放荡不羁、原始"混搭"的乞丐装扮成为网络红人。"深邃哥"、"雪碧哥"、"高数哥"、"力量哥"等非主流偶像，相继被网络媒体及网友冠以"哥"名，并被借以对网络"哥"、"姐"浪潮"推波助澜"。

随着网络"哥"、"姐"流行现象升温，2010 年 4 月 1 日 TOM 新闻网又登出《福州街头惊现"销魂哥"》，所指"销魂哥"是一名身着女子夏装的男子，图片之后附以文字"今夏流行趋势"。事实上，"红裤大叔"、裹被单身现闹市者等类似的奇装异服者屡见不鲜。可以看出，网络媒体及网友仅凭"销魂哥"的女装打扮而对其冠以"哥"名，其动因已经相异于网络红人现象推手之动机，而在一定程度上是为了赶搭这一班网络"哥"、"姐"流行现象的"帆船"。类似的，通过湖南卫视娱乐节目《快乐大本营》自称"飘哥"者等，实为又一批"搭乘者"。一定意义上来讲，网络媒体及网友寄希望吸引眼球的已经不是"哥"、"姐"偶像人物本身，而是"哥"、"姐"这一网络流行语。

追究网络"哥"、"姐"的由来，"春哥"是"哥"潮流的引领者。而"信春哥，不挂科"，"信春哥，得永生"、"信凤姐，得自信"、"信凤姐，不掉血"等标语的风靡，使得作为网络流行语的"哥"、"姐"进一步得到了支持。

至此，网络"哥"、"姐"所包含的意味已经超越了"奥巴马女郎"、"北京最帅交警"、"糖葫芦西施"、"索吻女孩"等网络红人背后单纯的网络红人现象，而是额外地包含了网络流行语现象的因素。2010 年的网络"哥"、"姐"现象，是网络红人，还是网络流行语，或因具体事件而不同，恐怕二者兼而有之，则其影响更为深远，而背后的社会原因也更深更广。

二、2010 年典型网络"哥"、"姐"现象及其舆论反应

（一）"凤姐"的走红及其舆论反应

罗玉凤是 80 后重庆綦江人，身高 1.46 米，大专学历，曾在家乐福超市工作，月收

入千余元。2009年10月她曾在上海地铁站发过成千上万份征婚传单,11月20日她在某社区发表帖子《我想找个北大清华男结婚》;其后她在江苏卫视情感类节目《人间》上公布七大极为苛刻的征婚条件,誓嫁1.72～1.83米的名校硕士生,并且长得要阳光、帅气。因各种雷言囧语层出不穷、开出令人咋舌的高标准征婚条件,罗玉凤一"炮"而红,引起各路媒体和广大网民的关注,被网友戏称为"宇宙无敌超级第一自信"、"2010年网络第一雷人"。随着节目视频在网络上越传越广,最终网友们将罗玉凤称为:凤姐。

凤姐成为网络红人之后,网友议论如火如荼。"恶搞派"网友曾利用PS为凤姐"整容",网上出现清纯版凤姐、成功瘦身版凤姐、肥胖版凤姐、蜡笔小新版凤姐、小龙女版凤姐等照片。2010年3月底凤姐现身广东武警医院美容中心整容,自称经过整容后更有自信,把原来"非北大清华男不嫁"的征婚标准再推上一个台阶,征婚对象成了欧美海归。

在此过程中,"恶搞派"网友对凤姐的形象和言论进行了一番又一番口诛笔伐。在天涯社区上,包含"极品"、"妖魔"、"吓人"、"恶心"等尖锐言词的跟帖铺天盖地;天涯社区更有网友"叶晚女皇"创作小说《旷世绝恋:罗玉凤与郭敬明的惊情六百年——配角春哥、曾哥、BV哥等》,"讲述"凤姐与郭敬明的曲折爱情故事,韩寒在小说中也受牵连,被杜撰成了第三者;凤姐版《三字经》在网络上广为流传:偶路过,见凤姐,大奇之,遂凝望,见眼熟,人肉之,到前日,见一帖,遂了解,凤姐者,神人也,喜读书,知音者,故事会……网友还为凤姐创作了首张专辑——"罗玉凤最新国语劲爆大碟《花凤凰》",网友介绍说,专辑中收录了十首代表性歌曲:《花凤凰》、《信姐得自信》、《一米四六》、《只爱硕士生》等;在凤姐宣称"奥巴马符合她的择偶标准"之后,铁血论坛等又登出网友帖子《奥巴马给罗玉凤的一封信》。许多看似正面评论的言论也是实为反语,恶搞、讽刺意味尽显。

在网络之外的现实生活中,网友趁罗玉凤仍在家乐福工作的时期,纷纷前往超市只为"一睹凤姐红颜",随后又在网络上分享看凤姐的感想。有网友表示:"这个寒假为了凤姐我去了次上海!"还有网友考虑"2010年去看上海世博会的时候,一定要把凤姐看"。许多网友发帖求去看凤姐的"具体交通路线图"。

亦有"同情派"或"救凤派"网友,他们跟帖发出"大家别说这个可怜的女人了"、"让她一个人寂寞超脱吧"的呼喊,只是相比之下,持有这种态度的网友是少数。"同情派"网友评论《每个人都可能成为"凤姐"或"犀利哥"》(红网,2010-03-03)指出,罗玉凤无疑是弱势群体的一个代表,她不满意现在的生活,想要突破这种生活,这一点无论如何是值得理解的。像任何一个姑娘一样,她也有追求幸福的权利。网友评论《凤姐整容再掀波澜学习凤姐好榜样》(猫扑网,2010-04-01)指出,凤姐并非一无是处,她身上甚至还闪烁着灿烂的光辉。我们可以从凤姐整个事件中做一些反思:一是凤姐选择了一条与众不同却又不冲撞法规的成名之路;二是凤姐有为了实现理想而顽强拼搏的实际行动;三是凤姐的自信超乎常人;四是凤姐憧憬美丽的梦幻般的爱情,而当代许多女青年却沉于物欲,过于现实,丧失了对美好爱情的渴望;五是凤姐甘做生活中的丑角,勇气可嘉;六是凤姐燃起了社会底层女青年追梦的热情和希望。

继上海一网络营销策划机构宣称自己策划了凤姐走红之后,"炒作派"网友"非凡梦想"又在天涯社区自曝是其所在的山东 80 后创业团队策划了凤姐、犀利哥事件。网友评论《网络推手争认凤姐犀利哥 网友怒斥其炒作》(红网,2010-03-16)中指出,宣称是策划者,这又是一种炒作。另外,浙江卫视、广东卫视等多家电视台曾欲邀请网络红人凤姐出镜,类似于《男子开宝马向"凤姐"求爱 邀情人节挂同心锁》(红网,2010-02-12),《网曝凤姐找到校草级帅哥男友》(红网,2010-03-13)的新闻报道也能风行一时,引来网友对"凤姐夫"及其炒作嫌疑的关注。

"引申派"评论文章《天下"凤姐"知多少》(华龙网引自《河南日报》,2010-02-09)认为,凤姐恐怕得了精神分裂症,好事医生前往为其诊治,却被他人告知:职场上坚信自己有非凡才能而玩忽职守者、官场上坚信自己有至高无上权力而胡作非为者、商界坚信自己财力雄厚足以通神者等不计其数,莫非都得了精神分裂症。从而将讽刺层面延伸到社会其他阶层。

"冷静分析派"网友则深层次解析凤姐征婚标准,并计算符合其标准的男人在全中国有多少个。还有网友分析凤姐是否确有精神分裂症状。网友评论《凤姐的"杯具"成就了寂寞男女的"洗具"》(红网,2010-02-10)指出,大众的笑料和嘲弄,绝对不能建立在一个存在精神障碍的人身上,这是社会文明最起码的底线。凤姐本人或许希望借这样的做法,来博取一夜成名的成功,但事实上,她只是再一次将自己的伤口撕开来给众人看。一个人的悲剧成全了众人的喜剧,这已经不是个人的悲剧。

网友评论《丑态的网络走红背后是大众低俗的狂欢》(华龙网,2010-02-08)认为,凤姐的网络走红,是世俗丑态的具体化表现。透过这起网络走红事件,我们应该反思的是其背后潜藏的网络生态环境到底恶化到了什么样的程度。网友评论《迷恋凤姐与犀利哥是娱乐化时代的偶像裂变》指出,这构成了一个"愚乐时代"的"审丑观",现代大众在娱乐时对传统审美观念进行反叛,打破了几千年来欣赏美、表现美的心理定势,出现了强烈的审丑倾向。

评论《网络红人"凤姐"总有一天会死在沙滩上》(红网,2010-4-1)指出,好日子注定不会长久。一时因出名而获益,终身为恶名所累,并挣扎于社会的最底层,是"凤姐"们最有可能变成现实的未来。他们的成名实在是得不偿失。但愿这些可怜的人们能早日清醒过来,回归自己作为普通人的生活,并最终找到自己满意的社会位置,平安而幸福地度过余生。

(二)"犀利哥"的走红及其舆论反应

犀利哥,源自蜂鸟网上传的一组照片,后于 2010 年 2 月 23 日,因天涯论坛一篇帖子——《秒杀宇内究极华丽第一极品路人帅哥！帅到刺瞎你的狗眼！求亲们人肉详细资料》而迅速走红，被网友誉为"极品乞丐"、"究极华丽第一极品路人帅哥"、"乞丐王子"等，在网络上掀起"乞丐型男"之风。"犀利哥"因其放荡不羁、不伦不类的衣着装扮以及原始版"混搭"潮流，使人们的潮流视觉眼前一亮，被网友广为追捧，并加以"人肉搜索"，以探求其真实身份。有结果称，"犀利哥"实为宁波街头一名乞丐，由于复杂身世流落街头，被宁波记者屠先生在试用新相机时偶然抓拍。亦有网友对其乞丐身份表示质疑。

"犀利哥"走红之时，网友恶搞时尚点评为：欧美粗线条搭配中有着日范的细腻，绝对日本混搭风格。发型是日本最流行的牛郎发型，外着中古店淘来的二手衣服搭配 LV 最新款的纸袋。绝对谙熟混搭之道，从视觉色彩搭配上讲，腰带绝对是画龙点睛之笔，只有那些敢为潮流献身的人才能懂得。另外，他蓬乱的头发，"叫人销魂"；忧郁的眼神，"风华绝代"；甚至有粉丝"因为他偶尔的淡淡一笑，而激动得差点晕倒"。众多网友对"犀利哥"进行 PS 恶搞。有网友为"犀利哥"创作多个版本的《犀利哥之歌》，有网友推荐其做网络游戏代言人，还有商家在淘宝网上将"犀利哥"的一身行头标出天价，等等。

其后，犀利哥的生存状态牵动了万千网民的心。2010 年 3 月 2 日，网友、媒体以及救助站三方联手找寻"犀利哥"的行动在宁波街头展开，但积极正面的意愿却换来"犀利哥"紧张的仰天长啸、颤抖的双腿和沉默的流泪，"犀利哥"无助的表现令不少网友动容。由此，"犀利哥"事件一度引发网络道德争议，舆论反应多呈现为"同情派"。

大量网友跟帖称，"犀利哥本不叫'犀利哥'，请不要用假慈悲来侮辱一个人的生活方式"。网友评论《每个人都可能成为"凤姐"或"犀利哥"》（红网，2010-03-03）指出，这样一个可怜人，公众关注的不是政府应该如何保障他们的生活，不是社会应该给他们怎样的关爱，而是一些毫无意义的"娱乐"话题，真是既无聊也可悲，令人齿冷。网友玉面达摩转载的博文《犀利哥与马斯洛》（新浪博客，2010-04-03）指出，整个事件没有唤起人们对底层人群的关爱，只是痴人们对酷哥海市蜃楼般的迷恋与歇斯底里的起哄，说得好听些这是一场别有目的的施舍，其实就是大众对弱势及弱智者的戏弄。网友帖子《雪碧哥 PK 犀利哥 PK 深邃哥，看谁更有型更潮》（时空网，2010-3-7）认为，在接二连三的哥哥背后，都是炒作惹的祸。本来很无奈的这些哥哥们已经很惨了，为何还要受网络媒体乃至人们的嘲笑，希望潮人乞丐事件早早停止，不要再为了某些商业利润而作出一些违背良心的事。"犀利哥，对不起，我也转发过你的消息……"影视演员姚晨 2010 年 3 月 3 日在新浪微博上发出消息，虽然一些网友质疑姚晨借机炒作，但更为压倒性的声音认为，大家的确应该向程国荣（"犀利哥"真名）道歉。

经过记者何风整理，道德争议的反方网友观点为：网友总算做了件好事，让一个精神有问题的流浪汉回家。如果不是网络,"犀利哥"可能一辈子也找不到亲人。新文化网友 lyfe 称:呼吁不要嘲讽"犀利哥",那么结果只能是漠视"犀利哥"。最后的结果,"犀利哥"还是一个无家可归的乞丐。(淘宝网引自《广州日报》)

2010 年 3 月 4 日,"犀利哥"的亲人现身宁波,在救助站工作人员的陪同下,"犀利哥"在宁波市精神病医院写出了自己的名字"程国荣"。5 日上午,"犀利哥"母亲与弟弟在宁波精神病院与"犀利哥"相认,"犀利哥"终于可以回家与亲人团聚,去实现自己"自食其力"的愿望,从此过上正常人的生活。有网友借"犀利哥"励志,称"犀利哥也有春天"。

"犀利哥"引出了众人争相仿效的乞丐潮流,同时也引出了"哥"现象的流行。继"犀利哥"之后,"雪碧哥"、"深邃哥"、"绍兴犀利哥"、"力量哥"、"面包哥"、"销魂哥"等"哥"相继出现,加之借"哥"潮流重温 2009 年"哥×的不是×,是寂寞","不要迷恋哥,哥只是个传说"等社会流行语,网友对"哥"现象热情不减。

(三)"高数哥"的走红及其舆论反应

高数哥,很多网友叫他"张义",真名叫黄旭冉,吉林工程技术师范学院毕业。2010 年 3 月一位网友在长春西康路上的同仁书店买书,看见一个流浪汉在书店里看书,"看见他在数学区很认真地看一本书,还拿着笔在纸上写着什么,就很好奇,走过去看了下。结果看到他在看《经济数学》,而且在解题,字迹非常工整,有的题连我都解不出来……太让人吃惊了!"被网友在网上以"高数男"曝光后,"高数哥"走红网络。据知情者和书店经理介绍,"高数哥"确为一名流浪汉,截至当时已经在书店学习了近 5 个月,每天风雨无阻。网络媒体及网友调查了"高数哥"曾经就读过的学校、生活环境,了解了"高数哥"从学习成绩优异到迷失方向的学习经历等。最终,"高数哥"也接受了救助站和热心网友的帮助,并且顺利回归家庭。

网友起初将"高数哥"与"犀利哥"对比,称"犀利哥刚退隐,高数哥便风靡江湖"(天极图片,2010-03-24),"高数哥版本'犀利哥'"的"外形堪比犀利哥"(第一视频,2010-03-12),"人气直超犀利哥"(搜房网,2010-03-17)等,亦有网友怀疑称:看了类似帖子认为标题太夸张,高数哥无法跟犀利哥相比,这是一个更加注重外在的时代。

了解"高数哥"身世以后许多网友表示"很佩服",但"高数哥""心理承受能力不强,接受不了社会的现实和转变适应能力"(零距离论坛,2010-04-02)。网友评论《"高数哥"的职业出路在哪里》(知音网,2010-03-25)指出,"高数哥"除了可能受到的职业培训不够之外,主观能动不强也是导致其悲剧的一个重要原因。而网友 Strongart 的博文《中国人应该对高数哥说 Sorry》(新浪博客,2010-03-15)指出,最常听到的评论是"要学以致用,读那么多书还穷就是傻子,看来中国人对知识的理解还停留在工匠层次上",这是典型的土著观点。中国人实际上最不在乎的正是求学精神。仔细观察一下周围就会发现有这么一批高数哥式的人物,他们刻苦好学却为贫困所累,辛辛苦苦考上大学,却发现那只是为"读书改变命运"的人准备的,最后也只是作为一个怪物被一群庸人包围着。要代表中国的少数觉醒者,对这些不幸的人真诚说上一句:I'm Sorry。

三、网络"哥"、"姐"流行现象背后的社会原因

(一)社会底层和边缘群体的无奈

无论是以高调征婚、雷人言语为卖点,主动"搏出位"的"凤姐",还是"被走红"的"犀利哥"、"高数哥",均来自社会底层,属于"沉默的大多数"和被边缘化的人群,而且也没有足以挣得稳定、舒适生活的一技之长,如果不是通过出人意料的事件走红网络,几乎不会有任何人关注他们。而网络上的这种关注又未必是他们真正想要的。面对网友各种方式的热情,被动的"犀利哥"等人"任人宰割",他们无奈更无力去抗拒。即使是类似于"凤姐"主动走红者,在现实的压制下偏偏拥有"不切实际"却又不愿割舍的梦想,实现梦想的道路是狭窄至极而扭曲的;他们淡化了羞耻心,扭曲了荣誉感,牺牲了部分尊严,靠扮丑态产生巨大的反差,制造娱乐效果,从而达到自己的目的,却仍然不能真正把握自己的道路。面对"凶险"的网络,所获"利益"也往往是眼前的,各种情形的影响都需要他们暗自承受和消化。社会底层和边缘群体的无奈从一定程度上反映着我国社会保障体系不健全的现状,临时救助制度尚需建设和完善,对"困难群众边缘户"、"低保边缘户"等的政策照顾仍有待加强。

(二)个别现象或话题的相对敏感

80后新一代的择偶观一直以来被疑为注入了更多的"拜金主义"等敏感元素,"相亲"、"裸婚"等现象或话题在近年来也成为网友的新课题。80后"凤姐"借高调征婚标准,而不仅仅是其自身言语、形象,引来网友强力围观和深度解析,网友称"凤姐"比"芙蓉姐姐"更胜一筹,或许不假。"凤姐"择偶标准一定程度上映射了当代年轻女子沉溺于物欲、过于现实的择偶观和价值观,而其自信又为当今社会众多"愁嫁"的"剩女"打开了新的视角和希望之门,冲击着网友的心灵和价值体系。"犀利哥"、"高数哥"等青壮年男子乞丐、流浪者的身世与命运,以及其敏感、波动的精神状态,成为网友除其衣着装扮以外的更深层次的好奇点,以及人肉搜索的焦点,同时又激发着网友的同情心。网友关注"凤姐"与"犀利哥"等人,是同时关注着其背后的现象或话题,其关注点相比大部分网络红人而言深入到了更深层的层面,这也成为"凤姐"、"犀利哥"大红大紫的原因之一,而其后的"雪碧哥"、"深邃哥"、"力量哥"等,由于并未牵涉到新奇、特殊、敏感的现象或话题,只能做网络流行语浪潮中的一朵浪花,在网络红人

界"昙花一现"。

(三) 注意力资源的稀缺和转移

当前处于"注意力经济"或者说是"眼球经济"的网络时代。"搏出位"的个体不甘平庸的心态和围观网友不甘寂寞的心情形成互补,越来越多的民众个体开始高难度挑战网络的价值观和审美观,"语不惊人死不休",不制造怪诞离奇甚至无耻来赢得网友的关注甚至唾骂便无生趣和价值。

(四) 网络环境的恶化和对个体权利应有的尊重的缺失

网络社会中不可避免地充斥着经济人社会的商业目的,网络环境自由、虚拟的特点更导致网络社会中掺杂了各种动机,在各种利益和不良心态的驱使下,加之网络社会匿名性特点对网友身份和羞耻心、荣誉感形成掩护等原因,恶意炒作者和别有用心者大有人在。网络环境的恶化对网民造成感官上的冲击,对其心理健康和精神状态具有一定的负面影响。普通网民在网络社会中也越来越"敢作敢为"、"胡作非为",或将伦理道德置之度外,谋取各种利益或仅仅是一种扭曲的自我满足感,发展到一定程度就会轻易地造成对他人尊严、权利的忽视甚至蔑视,使网络环境变成令人恐惧的"是非之地"。网友对"犀利哥"的玩笑"妙语"不断、高潮迭起、愈演愈烈,便会如同难以控制的火势一般演化到对弱者嘲弄、讥讽的道德瑕疵层面。

(五) 民众个体精神世界的空虚

网络"哥"、"姐"现象反映了当今社会一个非常普遍的现象:在社会多元化、经济迅速发展、人民生活日益改进的今天,人们被房子、车子、孩子、身子折磨得奄奄一息的时候,精神世界、精神生活、个人的社会关系网络越来越单调和匮乏,精神兴奋点无处寄托,而电脑等网络技术的介入更加剧了人们生活的空虚与无聊,这在年轻人群体中表现得尤为明显。如果个体的精神世界无法得到健全和充实,一些不良、不雅现象就可能乘虚而入,轻易地点燃、引爆网友的热情,使其沉溺在低级的自我消遣和自娱自乐的"草根造星运动"之中释放快感,并且如传染病一般肆意蔓延,如不健康的开胃菜一样成为网络社会民众内心的替代品和填充物,这很可能导致更多的民众价值观迷失,严重的社会心理问题也可能在这种状态下滋生。

(六) 网络社会流行文化的低俗化、负面化特点

非主流偶像成为网络红人能够反映出网络社会流行文化的特征,通常表现为颠覆传统价值、颠覆传统审美观,低俗化,以及无聊、空虚、不甘寂寞、哗众取宠、幸灾乐祸等心理状态。网络流行语则多具讽刺或颓废意味,并且网络流行语一旦产生就具有极大的传染性、极强的诱惑力和极快的传播速度。同理,对"犀利哥"的模仿等一旦

开始也具有极大的爆发力,给网络事件带来巨大的影响。并且,正是由于上述网络社会流行文化的特征,从事件的舆论反应呈现的规模来看,往往是负面影响的传播更为广泛和彻底,能够较为轻易地渗透到网络的各个角落,吸引网民的注意力,被网民领会和接受。当负面影响转化到反思、悔悟的层面时,网民兴趣、关注度、参与度却已经大为降低。似乎正面教育由于对网民来说不够具有娱乐性和轻松感,而成为一件较为费神的事,反而不讨网民喜爱。

第四节　网络民粹主义的缘起、影响与应对

一、民粹主义与网络民粹主义

民粹主义具有极其丰富的内涵,适用于不同的政治立场或者可以依附于任何意识形态。从本质上看,民粹主义既是一种政治心态,一种政治思潮,又是一种社会运动,同时还是一种政治策略。

网络民粹主义思潮在中国的涌现始于21世纪初互联网的普及时期。它一方面是对现实中精英主义的反抗,另一方面是对现实中民粹主义思潮的延伸。从思想来源看,中国的网络民粹主义有三种源流:一是2000年以前以反日为主的网络民族主义思潮;二是2005年以后出现的反思改革、追求社会公正的思潮;三是民众对政府官员的批评等反精英、反权威思潮。

网络民粹主义思潮往往破而无立,在网络传播过程中,或与民本主义、民族主义思潮结合,形成网络监督现象;或与消费主义、物质主义、反智主义相结合,造成语言暴力、"哄客"、恶搞文化等现象。

网络民粹主义赋予民粹主义新的特点:第一,反对精英主义。对政府官员、富人、知识分子等极端轻蔑,忽视或否定政治精英在社会历史发展中的重要作用;第二,没有统一和完整的意识形态理论和结构,而是作为一种面对"现代化侵害"的反应式、情绪化表达,一定程度上具有极端化和绝对化的对抗性情绪;第三,对现实的判断更多的来自于其生活常识和直观认识,习惯于简单化、泛道德化的判断和定性。

相较于传统的民粹主义,网络民粹主义思潮也衍生出自身的新特点:第一,网络民粹主义思潮无体系、无纲领;第二,网络民粹主义比传统的民粹主义表现出更大的影响力;第三,网络民粹主义思潮由于互联网优势,具有更大的不确定性和潜在危险性。

二、网络民粹主义产生的原因

(一) 产生的社会思想基础

1. 传统思想文化

民本主义在中国传统社会是治国的基本思想,儒家思想在经济上提倡平均主义,在政治上提倡民本主义,墨家思想提倡劳动观念及平民意识等。虽然民本主义和平

均主义不是民粹主义,但可成为民粹主义文化土壤。普通民众长时间处在权威精英压制下,需要宣泄情绪的出口。此外,近代中国背负着民族屈辱和抗争,被欺压、被侵略的历史形成了"四万万同胞齐下泪,天涯何处是神州"的怨恨和激愤之情。

2. 转型社会

改革开放后的市场经济改革必然造就利益主体的多元化和社会的差异化,社会资源自发地向优势群体集中,精英阶层对整个社会系统的支配能力不断强化,普通民众的博弈能力薄弱,缺乏实现和维持社会公平正义的途径,民众需要一个新的平台来争取自身利益,网络提供了这种机会和平台。

(二)网络民粹主义思潮产生的要素特征

1. 媒介要素:网络

第一,网络的交互性和非中心性。网络世界中的不同成员可以根据自己的喜好在不同的虚拟区域间自由流动。网民根据自己的兴趣、性别、年龄、阶层、职业等,形成形形色色的小众社群。网络抹平了网民在现实生活中的地位差异,专家与草根,精英与底层,在网络中都是平等的。网民可以摆脱现实社会的话语垄断,自由地发出自己的声音。如人民网的"强国论坛"、新华网的"发展论坛"、乌有之乡、天涯社区等,是各种思想碰撞的集散地。

第二,网络的资源共享性和片面性。随着互联网的不断普及和发展,网络交流方式越来越多样化,包括BBS、论坛、博客、即时通信、微博等,通过不同的渠道达到资源的有效共享,微博更是为信息的迅速传播提供了有效途径。而人们获取、交换信息往往依据自身兴趣、偏好等价值取向,这也使得个人所获取的信息具有一定的片面性,而导致在此基础上言语和行动的偏激性。

第三,网络的群体极化特征。在网络中,存在严重的群体无意识情况,情绪化的话语更具有感染力,能更快地在网络上散布开来,极端情绪在人群中迅速传染蔓延到一定的量时,人非常容易暴戾、非理性,容易在无意识状态下作恶犯罪,是一股疯狂可怕的力量。

2. 网民要素

第一,网民的年轻化与低学历化。网民学历结构呈低端化变动趋势,初中和小学以下学历网民增速超过整体网民。低学历的网民呈现非理性和盲从的行为倾向,网络充斥着各种语言暴力和恶搞行为,情绪化、极端化的言论在网络上更能受到关注和支持。另一方面,上网时间较长的"铁杆网民"部分为社会"金字塔"的底层,仇官仇富心理根深蒂固,甚至无条件地否定和抨击任何来自主流意识形态的评述和解释。

第二,网民的心理诉求。许多草根网民都是潜在民粹思想的支持者。网络提供了一个有效的平台,在没有监控的匿名环境下,网民可以寻求自我的发泄,不会受到阻碍,也不担心受到惩罚和约束。网络弱化了网民的个人心理负担,各种带有刺激性的主题受到关注。在网络上,民粹主义者利用网络来发言,越偏激的言论越受到重视、越有市场,从而呈现民粹思想极端化的观点。

第三,网民的道德意识。中国拥有悠久的"道德民兵"传统。媒体偏好于这些"网络暴民"事件,是出于受众对事件的极大兴趣和对传统道德审判的极高热情。网民秉持一种道德优先主义,习惯通过一些简单而朴素的道德判断来给事物定性,强烈捍卫一些传统的道德伦理。

3. 内容要素:议题

随着互联网普及,人们将对现实社会众多潜规则和主流意识形态压制的不满,诉诸网络聊以自慰,呈现自我张扬的意识。网民对从非官方渠道获取的信息总是抱有更高兴趣甚至信任态度,而权威学者或政府官员对于公共或民生问题的看法往往立即招来骂声一片。网民将关注焦点放在民生利益、价值观、道德底线、弱势群体等问题上,对现有的知识体系和社会道德底线进行挑战。政府部门、知名人士、富人的负面信息得到网民的大肆宣扬和渲染,在网络上很容易产生一边倒的现象。如天涯论坛上曾经出现的一场号称"看客多达22.3万多人次,近4000人参与其中"的关于富人应不应该歧视穷人的"世纪大辩论",一些帖子毫不掩饰其对"底层"的鄙夷,引起了广大网民的强烈激愤,引发关于阶层歧视的大规模批评和争论。

三、网络民粹主义对意识形态的影响

(一)正面意义

第一,网络民粹思潮是现实民粹主义思潮的延伸,对社会有监督和警示作用。民粹主义强调平民大众在社会历史进程中的作用,它把平民群众的愿望、需要、情绪等作为考虑问题的出发点和归宿,并肯定平民大众的首创精神,避免了一般民众和底层在一个日趋精英化倾向的社会里沦落为"沉默的大多数"。网络民粹主义尖锐地指出了众多精英在政治上立场模糊、学术上食洋不化、道德上堕落和经济上腐败等致命弱点,对精英阶层起到了监督和警示作用。

第二,网络民粹思潮是底层民众对现实社会利益结构失衡的一种"自卫式"反击,表达了底层民众在现代化过程中的不同于"主旋律"的"另类感受"。追求社会公平和公正,挽救社会的道德缺失,促使我们对现代化进程中产生的贫富差距问题、社会保障问题、制度缺失问题等进行重新审视和反思。

第三,网络民粹思潮为公共领域的创新提供了条件。传统媒体由于政治权力和商业资本的双重控制,本质上是被社会精英操控的。普通民众的利益即使有机会在这些媒体上表达,也只能以一种精英代言的方式出现。网络民粹思潮往往是普通民众生存状态的真实表达,在互联网获得了真正的公共话语权,普通民众可以真正地参与到公共领域中来。

(二) 负面影响

第一，民粹主义把民主理想化和绝对化，可能流变为权威主义、专制主义。民粹思潮把民主理想化和绝对化，把民主主义推向极端，最终结果不但可能背离了民主政治初衷，而且可能走到民主主义对立面，发展为专制主义的独裁政治，成为一种反民主主义。民粹主义认为真理和智慧掌握在民间特别是下层民众手里，极端反对精英，强调全体群众的普遍参与，把"全体人民"当做所有行为的唯一合法性源泉，很有可能流变为权威主义。普通大众在特定的情况下通常会形成某种非理性的、情绪性的共识，盲目顺从这种非理性的大众意识，不仅可能有损其长远利益，而且可能会被某些别有用心的政客利用和操纵。

第二，网络民粹主义思潮消解主流价值观，颠覆传统权威。在传统媒体上，专家权威掌握着话语权。但在网络上，官方正式的言语、冠冕堂皇的言论，并不受到多数网民的欢迎和认可，很高的社会身份与其说是优势，不如说是劣势。更有甚者，面对权威，一些网民还可能采取非正常但却能引起注意的途径予以挑战。诸如网络恶搞，就是近年来一些网民使用的极端途径之一。基于平时对社会不公问题的激愤，一旦有煽动性语言或煽动性行为，网民往往会不加思考参与其中，并推动事件朝不利于社会稳定的方向发展，不利于社会的稳定与和谐。

第三，网络民粹主义思潮的蔓延对网络理性产生冲击。网络民粹思潮的极端发展有可能使网络成为极端化、情绪化话语发泄的平台，消解网络的理性思维和政治正当性。极端民粹主义反精英、反政府、反权威，会导致政府与民众的裂痕加深，从而使反向政治认知日益严重，加剧不同群体间的对抗，激化相互间的不信任和仇视。

第四，网络民粹主义思潮降低政府的公信力，给网络治理带来阻碍，也给司法独立带来消极影响。当前我国互联网立法远滞后于互联网技术的发展，网络信息的把关远没传统媒体的那样严格，但网络的影响力却十分显著，网络民粹主义思潮的蔓延使得网络的监管和治理更加艰难。同时，基于道德审判的"网络民意"常常给司法机关的定罪量刑带来干扰，网络民意的"合法性"与法律本身的"正义性"产生了紧张关系。

四、网络民粹主义的应对策略

网络民粹主义思潮总是现实生活的反映或观照。总体上，对网络民粹主义的作用要一分为二，既要正视其包含的正当要求，又要防止网络民粹主义对现实社会造成破坏，引导其理性化、规范化。

第一，化解民粹主义基础，根治民粹主义土壤。草根众多的网络空间出现民粹主义思潮正是社会处于问题状态的信号,它表明社会在政治权利和经济利益分配方面不公已接近危机水平,如果不能及时加以调整,危机有可能变成灾难。因而国家须在保持经济稳步发展基础上,大力加强社会保障工作,积极缩小贫富差距,建立一个公开、公正、公平、和谐的新秩序、新社会。

第二,畅通底层社会的民意表达渠道,拓宽政治参与的制度化途径。网络民粹思潮反映了现实社会中弱势群体维权艰难、诉求表达不畅的事实。网络的诉求表达与现实中的诉求表达存在着彼消此长的关系,当现实中的公共参与和诉求表达不畅时,必然涌到网络空间。因而,必须在现实中找到平民诉求表达不畅的原因,积极建立公民畅通的诉求表达渠道。

第三,善用网络话语权,对正面的网络民粹主义思潮加以引导。掌控网络媒体的话语权是当今不可缺少的执政本领。正面的网络民粹主义思潮有利于民意的充分表达,有利于民众与政府的良好沟通。政府通过互联网引导舆论导向,可以适时消除民众对政府的潜在不信任。

第四,完善网络立法,提倡网民道德自律。克制网络民粹主义,关键在于网民的理性自制和道德自觉。要加强对网民媒介素养的培养,提升其自律意识。要明确网络中权利和义务的关系,在行使言论自由权利的同时,要为自己的言论负责,尊重他人的权利。同时,针对极端网络民粹思潮的潜在破坏性,必须加强法制建设,通过法律法规约束网民的言论和行为,促使网络理性、和谐发展。

第九章
网络舆情与谣言传播

第一节　网络谣言的扩散动力及消解

一、谣言与网络谣言的内涵

Grant Michelson 和 Suchitra Mouly 从是否证实或证明角度,指出谣言是一种其真实性未经传播者本人证实或者相关证据证明的谈话。卡普费雷则引入"官方的判断",强调谣言还应包括已被官方辟谣的信息,即在社会中出现并流传的未经官方公开证实或已经被官方所辟谣的信息。[1]卡普费雷的意思是指那些即使具备一定的真实性但被官方所否定的信息也属于谣言。Nicholas Harney 认为谣言一般是通过人际关系口头传达,然后再根据个人经验标准、知识及对消息来源人信誉的考虑来进行主观判断。目前,国内学者也对谣言做了一些零星的研究。张雷在界定网络政治谣言时谈到,谣言是指没有事实根据的消息。[2]巢乃鹏等则认为谣言是指在特定环境下,以公开或非公开渠道传播的对公众感兴趣的事物、事件或问题的未经证实的阐述或诠释。[3]

从既有研究来看,学者指出了谣言的未证实性、非官方性、无根据性等特质。具体而言,谣言首先是一种信息,这种信息是未经证实的,不过,未经证实的信息并非完全是虚假或捏造的信息,即谣言也有可能是真实的。谣言之所以未经证实,既可能与信息本身的不可证性有关,也可能与个人或组织的能力有关,也有可能是人们不想去证实。为了包含上述要义,结合卡普费雷和巢乃鹏等人的观点,可以认定谣言是在特定环境下出现并流传的未经官方证实或已经被官方辟谣的信息。而网络谣言则可理解为通过网络传播的未经官方证实或已经被官方辟谣的信息。

二、网络谣言的基本特点

(一) 频发性

互联网改变了信息生产方式,传统意义上的"受众"也成为信息或新闻的生产者和传播者,人们只要愿意可随时在网络上表达自己的意见和看法,并经过讨论、分化和聚合后形成庞大的自由意见市场。尼葛洛庞蒂曾形象地将网民称为"没有执照的电视台"。由于网络信息生产方式的变化,网民可以随时随地将一些自我感兴趣的信息发布到网络上,而这些信息大多是未经证实的,有些甚至是网民有意编造的。网络信息的自由、自发的生产环境导致各种网络谣言频繁发生。以网络地震谣言为例,仅2010年上半年国内网络地震谣言就达9起左右,涉及山西、北京、天津、江苏、陕西、湖北、广东、河南、内蒙古等9个省(市、区)。

(二) 扩散性

互联网实现了所有人面向所有人的传播,聚合了同步、异步传播的特征,具有跨地域性的传播结构。在网民的主动作为下,网络上的信息能够在极短的时间内以极低的成本扩散到各个角落、领域和群体,实现信息的"广而告之"。地震信息与人们的生命、财产、生活等息息相关,人们对地震的恐惧能够使地震信息在网络信息海洋中"脱颖而出",瞬间获得非常稀缺的注意力资源,成为各种网民和各类媒介争相报道、转载和讨论的对象,网络地震信息传播所具有的这些特征会极大地加速网络地震谣言的扩散。

(三) "功能"性

网络谣言的"功能"性表现在三个层面。一是发挥"探测器"的"功能"。舆论是社会的"皮肤",是当时社会气候的晴雨表。网络谣言的发生和传播能够透露有价值的社会信息,比如社会公众的关注点以及焦虑点,因此,网络谣言信息有助于政府掌握公众心理和社会动态,从而进行前瞻性的决策或施政等。二是充当"减压阀"的"功能"。个体获知某个不好的信息后,需要通过沟通、传播等行为来消解恐惧感和孤独感,而网络谣言所具有的广泛传播的特点有助于个体消解紧张、恐慌情绪,也即让个体感受到某个不好的征兆由社会性的群体共同承担或应对。同时,谣言的传播所导致的群体性行为也可为个体行为提供路标。三是发挥"聚合器"的"功能",谣言通常是公众广泛关注的信息,如果某个媒介率先或跟踪报道,则可以获得公众对某个媒介的关注,即在瞬间获得公众的"眼球",这可让媒介获得非常稀缺的注意力资源,提升媒介的知名度。

(四) 破坏性

网络谣言的破坏性既有精神层面的也有物质层面的。精神层面的破坏性是指网络谣言的扩散使整个社会蔓延紧张和恐慌的心理，导致了整个社会的文化、话语紊乱，有些谣言还会在公众心理形成深刻的"回荡效应"；物质层面的破坏性是指网络谣言会诱致一系列社会性行为，这些社会性行为会干扰和破坏正常的社会生产、生活秩序。如山西部分城市公民在听到网络谣传×年2月20号将有地震发生后，连夜走出家门，露宿街头和公园，从而影响了正常的休息、工作或生活。另外，谣言所诱致的行为也可能造成交通、物流、通信的中断或混乱，从而带来无形的无法估算的间接损失。

三、网络谣言扩散的动力

为研究方便，可从网络谣言本身、大众传播媒介和网民群体的视角来剖析网络谣言扩散的动力。

(一) 基于网络谣言自身的视角

谣言本质上是未经证实的信息，信息不充分是其滋生的土壤。信息不充分表现在很多层面，这里主要是指官方信息发布的滞后、缺位等，网络谣言大多在这种环境下产生与流传，一旦官方有时间和机会来"诊断"各种谣言，则谣言就没有了生存和传播的土壤。网络谣言的价值性首先体现在满足公众处于信息不对称状态下所产生的对于信息的饥渴需求，即谣言提供的信息有利于公众缓解信息缺乏引起的紧张不安心理。一旦公众需要通过谣言信息来消解不安、恐惧等心理，则给予了谣言传播的空间和条件，在经过断言、重复和传染等手段后，谣言会以"滚雪球"的方式不断扩散和完善，其追随者也成几何级数增长。如网民在接收到网络地震谣言后，通过在朋友和亲友圈子里扩散这一稀缺信息，也能得到亲友们更多的认同和赞赏，以凸显自我在关键时刻的价值所在。不过，网络谣言的价值性不是永存的，网络谣言自其诞生起便开始衰竭，而官方信息的介入会加速这一过程。因此网络谣言的散播者及其追随者须同官方的信息和理性的网民赛跑，以使网络谣言在时间、空间内迅速扩散和壮大。

(二) 基于大众传播媒介的视角

网络社会海量信息的聚集凸显注意力的稀缺性。受制于各种因素如时间、精力等，人们倾向于关注那些具有价值或者意料之外的信息，"我的日报"的兴起便是典型代表。大众传播媒介在追逐公众注意力资源的过程中，往往不自觉地成为谣言扩散的催化剂。当谣言还只是一个传说，还只是局限于某个地区或某群人的时候，由于大众传播媒介的介入，谣言即能突然爆发：大众传播媒介用文字为谣言签署出生证书。[1]大众传播媒介在谣言扩散中的作用主要体现在以下两方面：一是扩大谣言的受众范围，以不同方式向各个方向扩散；二是成为谣言有利的佐证，提高谣言的可信度。网络时代人们以较低的成本获取大量的信息，但是信息核实的成本却很高，大众传播媒介便常常成为人们判断和支撑立场的依据。事实上一些大众传播媒介为争夺注意力市场求新、求异而未能很好地履行把关人的职责，成为谣言的中转站。

（三）基于网民群体的视角

建构话语权的渴望。话语权是发表意见和看法，表达利益诉求的重要工具。后工业网络时代的到来改变着以地理单元为基础的有形权力秩序（即作为资源的权力秩序），权力的许多方面以信息形式存在，信息本位正在取代有形资源成为衡量权力的基本尺度。[4]互联网的迅猛发展极大降低了信息获取的成本，网民既是信息的接收者也成为信息的生产者。受众身份的突破唤醒了网民话语权意识的觉醒，争相通过信息生产取得主动地位，引起社会关注，实现利益诉求。当然，要通过生产信息获得话语权，这种信息必须能够满足人们的欲望，并且通过官方渠道无法获得。网络地震谣言便具备这些条件，它既在官方信息不充分的情况下繁衍，也满足了公众的需求。网络地震谣言提出假设，迫使当局开口说话，对当局作为唯一权威性消息来源的地位提出异议，其提供的信息与官方信息是并行甚至相左的。政府信息权威在网络地震谣言传播过程中的削弱也有利于网络谣言受众的扩大，为网民话语权的构建创造条件。

出于安全的需要。地震以其巨大破坏性给人深刻的印象。2010 全球地震的频繁发生给人一种地震无处不在的错觉。汶川地震和玉树地震在我国的发生及救援过程中的全民动员也使得公众拥有身临其境的感觉。因此，网民在接收到网络地震谣言中的地震信息后，不管其真实与否（信息核实的成本也减弱核实的动机），现实中的亲朋好友往往成为其首要的传播对象，以使他们能够在第一时间脱险，保护好生命财产的安全。此外，网络时代个体人际关系的广度及所能结成的关系数量得到高度拓展，Blog、BBS、SNS、QQ 等都成为人们结交朋友和发展关系的平台，当网民个体接收到网络上关于地震的信息时，这些网络世界的"熟人"尤其是地震谣言指向地的"熟人"的安全也成为受关注对象，网民个体便会通过各种方式将这一信息传递到其手中，而这一过程也促进了网络地震谣言的扩散。

群体认同的需要。网络社会群体极化和沉默螺旋理论仍发生作用。在网络社会中分布着以不同方式表现的各种网络群体，网民个体要在网络社会中获取足够的资源和支持，也积极归属于某类群体。而要在既定群体中得到满足，获得群体成员的认可是前提条件，只有这样才有可能进一步发展为群体的舆论领袖。群体极化的作用使群体不断增强对一开始就具有偏向性的观点的支持力度，当大多数群体成员都持有类似的观点时，少数反对派或者为不被群体所抛弃而保持沉默，或者退出该群体。

网络地震谣言在网络群体内部热烈讨论时，出于边缘化的忧虑和群体认同的需要，网民个体往往会积极参与其中。正是通过谣言，群体向我们通报我们应该采取何种态度，假如我们继续坚持融入该群体的话。所有发生的讨论均表达了我们参与其中的群体舆论。参与谣言也是参与群体行动。[1]每次讨论的过程都使得谣言的某些细节得到强化和丰富，各种假设和添油加醋的行为使谣言不断完善，增加了谣言的可信度，以说服更多的追随者，讨论过程本身也是谣言扩散的过程。

群体想象力的狂欢。群体形象化的想象力不但强大而活跃，并且非常敏感。一个人、一件事或一次事故在他们头脑中唤起的形象，全都栩栩如生。群体往往被形象所吸引或打动，形象也成为他们的行为动机。[5]网络地震谣言的扩散在一定程度上也是群体想象力推动的结果。如2010年4月28日荆门出现"阴阳天"现象，部分网友便将其想象为地震的前兆并发帖声称地震降临荆州。西安天空的"五指云"也被网友们解读为地震云。散布南京将地震的丁某更是将电影《2012》中的恐怖场面、青海玉树地震和南京反常的天气联系起来。当然地震发生前自然界都有很多现象以预兆的形式出现，它们可以成为预测地震的参照系。所谓参照系也即人们考虑接受信息时对信息真实性进行估量所采用的参考范围。想象力的介入大大拓展了预测地震的参照系，促使人们以非理性的态度去解读甚至误读部分现象。毫无关联的事物因联想而构建起来，成为谣言的素材和证明，使得谣言以滚雪球的方式迅速发展起来，获得足够的信赖和关注并加以扩散。

四、网络谣言扩散动力的消解

网络谣言扩散动力的消解是个系统的工程，需要各方面的协调合作，在此从谣言本身、网民群体和大众传播媒介三方面作简要探讨。

（一）瓦解网络谣言的价值性功能

网络谣言的价值性及其价值的易逝性是网民群体传播和扩散谣言的动力。网民群体只有在认同网络地震谣言承载的信息后才有可能采取相关行动，或者争相转载有关地震的帖子，通过各种方式同利益相关者分享该信息，或者迅速逃离信息中所提到的地震发生地。因此，必须采取措施改变网络谣言所具有的功能，迅速瓦解其作为信息的价值。谣言的传播范围和速度取决于事件的重要性和模糊性，事件的重要性的直接表现就是与人们生活生产息息相关，甚至和部分公众有直接的联系，而事件本身的不确定性可当做事件模糊性的重要评价标准。

网络地震谣言的价值在一定程度上体现在其对未来时间内未知地震的预测性，所以，可从以下方面改变网络谣言充满价值的形象。①具体指出网络谣言明显的荒谬之处，有针对性地予以回击。断言、重复和传染是谣言惯常采用的手段，要获得部分民众的认同和追随,谣言制造者会采取各种方式将其丰富和完善,乃至不惜将谣言具体化,而谣言越具体化,就越容易暴露其弱点,这也往往是谣言较为脆弱的一环。②在公众可接受的范围内(即不能让公众明显感觉到他们的固有观念和价值观受到挑战和威胁),向公众解释他们相信谣言并坚持谣言真实性的深层次原因,从源头上铲除谣言滋生的土壤。

(二) 培养网民的理性精神和社会知识

互联网的发展改变了传统的传播格局,公众既是信息的接收者也是信息的制造者。不仅如此,网络的匿名性和开放性使得人们能够更加自由、方便和快捷地发布信息和表达观点,网络社会把关人作用的弱化也促使各种质量参差不齐的信息得以呈现出来。在这种环境下网民更应该珍惜网络社会开放自由的环境,以理性的态度发布和转载信息,充分考虑信息的真实性及其所带来的社会影响,尤其当信息真实性由于种种原因(时间和成本等)无法核实的时候更应该严格约束自我。最先编造"陕西地震"谣言的是当地两名为增加QQ空间点击率的高中生,这在一定程度上说明了网民理性精神的极度匮乏。

具体到地震谣言,网民理性精神首先体现在对于各种自然现象的正确解读,部分网民将"阴阳天"、"五指云"等同于"地震云"值得深思。此外,网络社会仍然发生效用的群体极化、群体压力等也严重影响网民的理性思考和决策。因此,网民理性精神的培养具有相当的挑战性。以应对地震谣言为例,应着力从以下方面培养网民理性精神。①加强有关地震知识的宣传普及。公众将正常的自然现象误读为地震的前兆,从本质上来说是缺乏地震常识的表现。而地震常识的缺乏往往无形之中拓展了谣言生存的空间,延缓了其消亡的时间。②加强公民社会责任意识。企业社会责任成为政府、媒体和公众乃至企业关注的焦点,与之形成鲜明对比的是公民社会责任意识没有受到足够的关注,而公众是社会系统的基本组成要素,公众的社会责任意识高低直接决定了社会发展的质量和速度。当每个公民都承担起社会和谐发展的责任时,网络谣言也就丧失了立足之地。

(三) 避免大众媒介成为注意力的附庸

前互联网时代大众传播媒介垄断信息的发布,公众仅仅作为信息的接收者吸收信息,无法对信息的生产制造发生作用,公众的信息偏好也没有受到足够的重视,新闻从业人员和地方政府成为影响新闻真实性和客观性的主要因素。互联网时代的到来,增强了公众在信息发布中的话语权,能够随时随地表达自己的观点和见解,它们或者成为新闻的重要信息来源,或者成为新闻本身。网络环境下信息超载使得公众逐渐将注意力聚焦到他们认为有意义的新闻事件和信息上来。而公众的注意力资源是大众传播媒介获得认同和持续发展的根本动力。

为此,公众的偏好成为大众传播媒介研究的重点,渐有以公众偏好为中心的趋势,而丧失了自身的独立性。大众传播媒介为争夺更多的受众而一味求新求异,刊载和报道意料之外的信息,而对信息的真实性却没有进行足够的审查与核实。另外,为刺激公众的视觉,新闻报道的标签化也日益泛滥,值得注意的是根据内容提炼的标签虽然能唤起公众的共鸣,但也往往促使公众更加非理性化,加深社会的矛盾,这些都有利于谣言的生长与扩散。因此,需维护大众传播媒介的独立性,避免大众传播媒介成为注意力的附庸。一方面大众传播媒介要有自律意识,严格要求自己及其工作人员,在保证信息真实性的基础上求新求异;另一方面政府作为外部力量要加强对大众传播媒介的监管。

参 考 文 献

[1] 让-若埃尔·卡普费雷.谣言——世界最古老的传媒[M].郑若麟,译.上海:上海人民出版社,2008:15,68,57.

[2] 张雷.网络政治谣言及其社会控制[J].政治学研究,2007(2):52-60.

[3] 巢乃鹏,黄娴.网络传播中的"谣言"现象研究[J].情报理论与实践,2004(6):587-590.

[4] 蔡文之.网络:21世纪的权力与挑战[M].上海:上海人民出版社,2007:7.

[5] 古斯塔夫·勒庞.乌合之众——大众心理研究[M].冯克利,译.桂林:广西师范大学出版社,2007:81.

第二节　网络谣言的传导过程与防控机制

网络在发挥媒介功能的同时,由于其信息来源的复杂性和信息传播的多元性,导致网络上容易出现各种虚假、片面、单一的信息。在网络各种话语、言论等信息中,有一种类型是网络谣言。近年来,网络谣言不断增多,影响力不断增强,不仅给网络公信力和网络信息环境造成了负面影响,也对现实社会生活造成了危害。

一、网络谣言的发展态势

近年来网络谣言大体有以下几种类型。一是特定现象诱发的谣言,典型的是各种地震谣言。在汶川地震后,由于对地震灾难的记忆和地震征兆的认知,一些自然或人为现象引发的地震猜测不断发生。仅2010年上半年各地就发生网络地震谣言20余起,有些地震谣言导致上万人甚至几十万人"等地震"的行为。二是突发事件诱发的谣言。从诸多突发事件看,如果信息缺乏或真相不明,就会引发大量谣言。例如:群体性事件中的谣言,在瓮安、石首等事件中,谣言的孕育、扩散导致了群体行为的发生;特定公共卫生危机或医疗事故中的谣言,在"非典"事件、南京徐宝宝事件中等都出现了各种不实的传闻;如交通肇事事故中的谣言,包括杭州"七十码"事件、江苏宝马撞人事件、哈尔滨宝马撞人事件中都出现了关于撞人者身份的不实猜测;环境或污染事件引发的谣言,在河南杞县钴60等事件中都出现了灾难放大的谣言;官员、犯人等非正常死亡引发的谣言,如官员自杀、他杀或奇异死亡以及近年来出现的监狱犯人离奇死亡现象也都诱发了各种不实的传闻或猜测。

二、网络谣言的传导过程

网络谣言传导过程可从谣言传导路径、主体和载体等角度分析。(见图9-1)从网络谣言传导路径看,可划分为谣言形成与传播两阶段,谣言传播可分谣言变异、扩散和转化等。谣言变异指谣言在传播主体"参与制作"下出现不同版本,即谣言内容、指向等变化;谣言扩散指在多元主体多样行为的推动下,谣言通过血缘、学缘、业缘、趣缘、地缘等"圈层结构"而呈现"波纹式"或"放射式"扩散和蔓延;谣言转化指传播者相信谣言所指事件或危险即将发生,于是采取应对行动,而采取行动过程中会惊动他人,这时"偶遇的陌生人"也会通过询问等行为知晓谣言,并通过模仿等行为扩大谣言的范围和影响。

从网络谣言传导主体看,传导主体主要是各类网民,而在网络谣言向现实延伸或转化过程中,非网民群体或个体也会参与到谣言传导中。从行为方式看,一般是网民在贴吧、论坛、QQ空间等自媒体平台发布或编造消息,随后长期关注或"偶然闯入"贴吧、论坛的网民会查看、接纳并传播消息,有些网民还通过转帖、回帖、编帖、顶帖等行为不断放大谣言烈度、信度等,促使更多网民相信并传播。而一旦有大量网民相信谣言,网民会在自我生活圈内传播谣言,通过及时性和互动性较强的交互媒介如手机、电话、即时通信工具等传播谣言,并鼓动受传者采取应急行动。

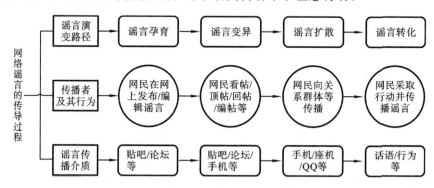

图 9-1　网络谣言的传导过程

从网络谣言传导载体看,以网民可直接参与甚至主导的自媒体和交互媒体为主,诸如报纸、刊物、门户网站、广播电视等在谣言传播中没有发挥明显作用。不过,这些媒介可将谣言事件作为新闻"广而告之",并发挥"辟谣"或"解谣"功能。在谣言形成和初步传播阶段,自媒体在扩散、动员等方面发挥巨大作用,当谣言所指称事件将在极短时间内发生时,网民会通过手机、座机等媒介快速向关系群体传递谣言。

从近年来发生多起地震谣言事件看,一般都遵循这一传导过程。如在山西"等地震"事件中,虽然事前政府行为及相关事件发生等迹象表明山西可能发生地震,但大多数人并未注意,引起注意的是网民在"百度贴吧"发布的谣言帖,称2010年3月20至21日凌晨山西的晋中、吕梁等地会发生地震,此后地震谣言及传播者编造的新版本不断增加和传播,在短短几小时内,地震谣言即传播到太原、晋中、长治、晋城、吕梁、阳泉等多个地方,各地民众集体上演"等地震"行为。在这次事件中,手机短信和电话告知是谣言传播最主要、最迅速的渠道,通过短信和电话,短短几个小时内山西大多数地方民众都知晓了"山西即将发生地震"的消息。需要注意的是,上述传导过程是一般化抽象,有些地方的地震谣言,由于政府介入及时有效及地震谣言本身缺陷,并未产生很大影响,有些地震谣言只经历了发育和小范围传播,并未造成大范围扩散或向现实转化。

另外,除上述网络谣言直接传导外,网络谣言还会通过网民感知、学习和模仿等形成跨地区、跨时段、跨领域的更多网络谣言事件。即网民在关注和参与某个网络谣言事件后,对该谣言事件制造者及谣言事件巨大影响形成深刻认知,这些网民也试图制造类似事件以获得表现或"编导闹剧"的愉悦。在山西"等地震"事件后,相继发生新乡、南京、老河口等地震谣言基本属于类型化复制,在老河口地震谣言事件中也出现了大量民众在广场、街头"等地震"的情况。

三、网络谣言的传导原因

网络谣言作为虚假信息,之所以会在各行为主体作用下大规模传播,其背后有一系列深层原因。

一是网络时代的信息不对称。信息不对称是社会中普遍存在的问题,任何人由于精力、经历等而不可能掌握全部信息,个人行为或决策通常是在有限信息下作出。随着信息时代到来,信息获取越来越便捷,信息不对称会有所弱化。不过,从另一方面看,信息时代也在深度加剧信息不对称问题。因为网络特有的自由言论空间使得任何信息可在短时期内大规模传播,而验证信息的真实性却需大量时间和精力。[1]在网络时代,人不断接受、储存很多芜杂信息,却无法处理这些信息,并因超负荷信息填塞而导致"信息膨胀焦虑症"和"信息紊乱综合征"。[2]虽然网民或公众有更多机会、渠道获取信息,但在信息爆炸、超载[3]或淹没下,网民没有时间也无法确认哪条信息是真实的。在诸多信息面前,网民容易表现出无所适从、焦躁不安的特点,在这些症状作用下,网民对网上信息无法做到"无动于衷",而"宁可信其有,不可信其无"。

具体到地震谣言事件中,网民或公众无法确证是否会发生地震,而在网上或现实中却看到、听到或感受到无数关于即将发生地震的消息,而近年来在国内外发生的地震事件又给网民或公众强烈刺激,即现在是地震活跃期,地震随时可能会发生,而当网民或公众试图通过查看政府行为、公告或发布的消息来确证是否有地震时,却发现地震局网站打不开,打到政府部门的电话无人接等。在多重刺激性信息复合作用下,网民愿意相信地震会发生并据此采取措施。

二是不少网民的不安全感。随着风险社会来临,风险衍生性、普遍性、关联性、多样性等日益明显,现代社会日益脆弱,各种危机随时可能发生,且风险越来越难以预测,而网民或公众也逐渐认识到风险社会的到来。当社会中出现关于某个风险或事件可能发生的谣言时,公众无法做到"置身事外"。而当出现谣言时,有人还会回溯各种可能的征兆因素,即寻找各种可印证谣言的因素,在自我确信不疑情况下,还会有意识进行谣言传播。实际上,随着社会越来越复杂化、关联化和一体化,寻找事件征兆性因素非常容易。因此,现代社会中人们越来越容易制造具有相当可信度的谣言,而公众也会对谣言深信不疑。

正如报道所称,在山西"等地震"事件中,谣言并非"空穴来风",而是依具体事件"捕风捉影"而来,并有长达 40 余天的"发酵"、流变时间。在"等地震"事件发生前,山西省地震局对全省地震应急预案实施情况进行专项检查,很多部门根据预案进行了应急演练,同时山西运城发生了4.8级地震,这一系列关联性因素引起了网民或公众的联想,因此,当谣言"发酵"后,网民的反应是山西将发生地震。

三是盲目跟风的社会从众心理。从众是人的重要社会属性,从众既是免除社会惩罚或伤害的有效方式,也是获得群体认同或归属感的可行机制。现代社会中,人们并没有因为知识增加、信息丰富及个性张扬而有效减少或避免从众行为。实际上,在日益复杂的现代社会,公众越来越无安全感、信任感,因此,公众需通过构建群体认同感来替代安全感或信任感缺失。而在通过从众行为构建认同感过程中,集体无意识会滋生并不断蔓延。在群体心理作用下,个人才智被削弱了,从而他们的个性也被削弱了,异质性被同质性所吞没,无意识的品质占了上风。[4]由于集体无意识作用,在涉及诸多人的社会危机事件中,公众会因为危机情境而弱化自我判断、思考、分析等,公众不仅会模仿、跟从他人作出类似行为,也会促使或推动别人作出类似行为,这为"从众行为"提供了发育的空间或机会。

在诸多地震事件中,尤其是山西"等地震"事件中,网民或公众从众心理与行为表现得最为明显,一些人懵懵懂懂、不知不觉就跟随他人走上街头、广场"等地震"。在地震即将发生的恐惧或判断中,人们不再分析"即将发生地震"的消息是否是谣言,也不再依据自我智力对消息进行判断。于是,在极短时间内上演了"几十万"甚至"几百万"人上街"等地震"的"闹剧"。

四、网络谣言的防控环节

从抽象的角度来讲,网络谣言的孕育、传播、扩散以及现实化是一个不断发展的阶段过程。因此,网络谣言的防控不仅是面上封堵,也需要纵向持续性地追踪和回应。

一是谣言诱致因素的防控。从现实情况看,大多数谣言都不是凭空产生的,有一系列诱致性事件或现象,即谣言源。谣言源的分析类似于风险源的分析,即通过对现有的各种网络谣言事件的分析,来把握哪些事件、现象、问题容易成为谣言源。从目前的谣言诱致因素看,呈现出以下特点。一是难以解释并且关联特定灾难的自然或社会现象容易诱发各种谣言。包括网民感知的地震前兆性要素,如某地出现的动物异常行动等会诱发网民忧虑并导致谣言产生;某种不可知或难以治疗的疾病及其可能广泛传播。二是信息不完全透明或信息非常有限的突发事件会引发谣言。一般而言,恶性的负面事件尤其是各种类型的非正常死亡事件容易诱发谣言。上述各种突发事件虽然类型十分不同,但很多事件都有一个同质性要素,就是由于某个人的非正常死亡而引发大量舆论及相关行动。为了避免自然现象或社会事件成为谣言源,一方面,需要通过各种前兆性的预防措施,如防范某个现象或事件的发生来避免谣言出现;另一方面,则需要针对事件和现象展开预警。由于社会以及自然的不确定性或不可预知性,某些现象或事件必然会发生,即使采取防控措施也不可避免。一旦事件发生,就需要及时地披露事件的信息、解释现象的原因,避免由于信息不透明而诱发谣言。

二是谣言传播通道的防控。即截断或窄化网络谣言的传播通道,这需要对网络谣言传播的各种现实路径以及可能的路径进行分析。从现实情况看,谣言的传播通道是多种多样的。目前的谣言传播通道包括:一是论坛、博客、播客、贴吧等网络自媒体,这些媒体上的帖文往往是某一谣言的来源或根据,而广大网民的点击、阅读则造成了谣言的感知与传播;二是QQ、MSN、聊天室、群组等网络即时通信工具,这些通信软件能够在极短的时间内将信息发布到各个圈组、群组以及个人,是谣言快速传播的重要工具;三是手机、电话等信息传播工具,在地震谣言中,手机、电话等在谣言相互告知中发挥的作用尤其突出,一些网民出于关心、告知等的考虑而及时地通过手机、电话等将谣言消息传递给亲朋好友;四是口传媒介与行为媒介等,一些网民通过口头告知、自我的躲避行为等告知周边人某个谣言消息,从而导致谣言的无限扩散。

为了避免各种大众传媒工具成为谣言传播的温床或"洼地",就需要各个管理群体建立网络谣言的全面的监控体系。包括宣传、新闻系统,公安的网监系统,网站的管理系统,手机、电话运营商的监测系统以及社会民意监测系统等。只有从各个层面建立起有效的监测系统,以及针对监测结果的应急响应行动机制,才能有效感知或获知某个谣言信息并避免或封堵谣言的传播。

三是谣言社会效应的防控。在谣言广泛传播后,谣言被广大民众感知,有些民众会因此采取各种谣言应对行为,即使不采取行动,也会在心理上形成各种影响或危机。在这样的情况下,为了避免网络谣言对民众生活、心理、经济以及社会行为的影响,政府就需要采取各种防控性的措施。

一方面,需要启动辟谣机制。政府要通过翔实的材料、证据以及得体的话语,运用各种媒介,如网络、手机、广播、电视等方式及时将谣言的真实面目以及事件的具体样态呈现给公众,需要考虑谣言一旦占据公众社会心理,就会产生沉淀或先入为主的效应,因此要通过多种方式来消除公众对谣言的认同、疑惑的心理或态度。如果政府不采取辟谣措施,民众就会更加认同谣言的事项而采取更多的行动。另一方面,政府要通过具体措施评估和修复谣言造成的影响或社会紊乱,如导致交通的拥堵、食品的疯狂采购、人员的大规模转移等,政府需要通过疏堵交通、保障生活用品的供应等措施来避免生产、生活陷入混乱状态。再者,政府需要通过心理咨询指导、心理健康培训、识别谣言的知识培训等,来防止谣言对民众心理或精神造成危害,并培养民众的应对能力。

另外,政府也需要及时果断地对谣言的形成原因、造谣者等进行深入调查,及时将谣言形成的原因告知公众,使公众认识到谣言的诱致原因。政府也需要果断地处分或处罚造谣者,以避免更多的人模仿造谣者,制造更多的谣言事件。同时,政府在总结经验、教训的过程中也需要对社会中的谣言风险因子或诱致因素进行细致的考察、排解,形成对谣言源、谣言因素的全面认知或判断,并对这些因素进行重点监控,以避免或预防谣言事件的再次发生。

参考文献

[1] 吴风.网络传播学——一种形而上的透视[M].北京:中国广播电视出版社,2004:269.

[2] 王岳川.波德里亚:消费社会传媒的哲学反思[M]//王岳川.媒介哲学.开封:河南大学出版社,2004:30.

[3] 凯斯·桑斯坦.网络共和国——网络社会中的民主问题[M].黄维明,译.上海:上海人民出版社,2003:39.

[4] 古斯塔夫·勒庞.乌合之众——大众心理研究[M].冯克利,译.北京:中央编译出版社,2004:15.

第三节 网络谣言传播与政府应对研究
——以"抢盐事件"为例

在网络时代,网络作为一种信息传播媒介已发挥越来越大的作用,网上各种类型信息能以极快速度传播,网络在加快新闻信息传播速度及拓展传播范围的同时,也为谣言的传播提供了通道和机会。随着微博等新兴媒介的出现,网络谣言的传播也出现了一些新的变化,成为引发社会振荡、危害社会公共安全的因素。

本节以"抢盐事件"为例,从谣言源、谣言传播路径、谣言受众三个角度,探讨网络谣言的成因,并在此基础上提出网络谣言事件的政府应对策略。

一、"谣"盐的传播过程

2011年3月15日上午,在杭州一电脑公司工作的陈某,用网名"鱼翁"在网上散布有关近期日本地震引发核污染影响我国海域的谣言:"据有价值信息,日本核电站爆炸对山东海域有影响,并不断污染此海域,请转告周边的家人朋友储备些盐、干海带,一年内不要吃海产品。"3月15日上午10点到下午3点之间,很多市民的手机上都收到了这样一条短信:"BBC报道,日本政府已经确认严重核泄漏,所有亚洲国家应该立即采取必要措施……首批污染物质下午4点就会到达菲律宾。"这让不少市民感到不安。尽管当天夜晚,BBC出来澄清,他们并未发布"日本核泄漏将影响亚洲邻国"的消息,但是"BBC谣言"的这一轮散播,对食盐谣言的传播产生了至关重要的影响。3月15日下午开始,宁波等部分地区开始出现抢购碘盐苗头。有民众称"买不到盐,我们就上网,给朋友打电话"。就这样,最初的谣言导致出现抢购行为,抢购行为导致食盐短缺,致使人们更加相信谣言而去抢购,并通过口头、手机、网络等通知自己的亲朋好友去抢盐。3月16日下午3时左右,浙江的杭州、绍兴、宁波等城市开始出现"抢盐"潮,成为此次我国抢盐风潮的始发地。不少居民纷纷奔走各大超市抢购盐,直接导致各大超市食盐脱销。当日晚上8点左右,山东、广东等地也出现了抢盐现象。3月17日,抢盐事件从东部沿海开始向内陆和中西部地区蔓延,席卷了包括北京等国内许多城市。

3月16日晚,浙江省副省长郑继伟在腾讯微博上回应网友,称食盐库存充足,能够保证食盐供应。3月17日,中国盐业总公司要求各地盐业公司立即启动应急工作机制,确保食盐供给。同时向社会通报,目前全国食盐储备量足以满足3个月以上的市场供应。国家发展和改革委员会发出紧急通知,表示坚决打击造谣惑众、恶意囤积、哄抬价格、扰乱市场等不法行为。3月18日,商务部负责人表示目前全国食盐储备非常充足,食盐供应是完全有保障的。当前个别地区出现的抢购现象,主要是由于社会传言和谣言引起的。

据商务部监测,截至 3 月 19 日 17 时,除个别省份的少数城市的小杂货店或小超市,由于运输配送等方面的原因存在短时缺货现象外,其他地区都已恢复正常供应。谣言事件在短短三天内席卷全国,又在政府的有力回应下迅速消解。

有关抢盐事件的网络谣言传播路线如图 9-2 所示。抢盐事件发生的大背景是日本核泄漏事故,事故发生后媒体对日本核泄漏事故进行广泛报道,由于缺乏核辐射知识,民众中存在一定的恐慌情绪;宁波部分地区个别不法商贩恶意收购食盐导致少数地区的部分超市出现食盐脱销现象;再加上个别人别有用心,企图制作抢盐事件并从中赢利,谣言应运而生。其中对抢盐事件的发生产生重要影响的谣言主要有两个:一是,3 月 15 日通过手机短信形式广泛传播的"BBC 报道,日本政府已经确认严重核泄漏,所有亚洲国家应该立即采取必要措施……首批污染物质下午 4 点就会到达菲律宾"的谣言;二是,3 月 16 日,通过网络广泛传播的"海水受污染""食用碘可以防辐射"谣言。此外,还有一起其他小范围传播的谣言。这些谣言通过微博、BBS、博客、SNS、QQ 等即时通信工具在网上快速传播;同时,传统的口头、电话、短信传播方式仍发挥着重要的作用。由于微博等新媒介的出现,每个使用微博的民众都成为一个信息源,其发布的信息又以裂变式的方式向其他关注者传播开来。谣言受众不是被动地接收谣言,在谣言向受众传播的过程中,他们根据自己的判断对谣言进行加工、接受并传播或者批判。

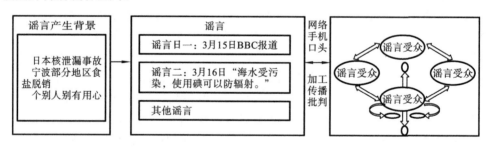

图 9-2 谣"盐"传播路线图

二、网络谣言的成因

(一) 谣言源多种多样

造谣者越来越多,可作为谣言的素材越来越多。新媒介环境下,网民可便利地通过电脑、手机等终端介入网络。所有能接触到网络的个体从某种意义上已不再是简单的看客或浏览者,他们已经成为了网络中的主体,成为社会传播体系中把握主动权的个体,公众语境开始体现强势。[1]越来越多的网民通过网络发布信息,而且发布信息的欲望越来愈强烈,这使得网络谣言有了更多发育机会和传播可能。抢盐事件中,极少部分网民为了个人不当利益成为造谣者,部分网民由于不明客观事实,也成为了造谣者。此外,在网络信息日渐多元、丰富的情况下,网络信息甄别、确证成本越来越高,普通网民缺乏甄别信息的知识、技术和方法,由此,网络中任何信息都可加工成某种具有可信度和诱导性的网络谣言。追溯抢盐事件的谣言可以看到,谣言的内容是与日本核泄露引起的核辐射有关。远在大洋彼岸的日本核泄漏事故作为抢盐事件中谣言的制造依据,在很短的时间内,在全国许多城市掀起了抢盐的狂潮。

网络谣言形态多样化,辟谣难度大。捏造信息来源,利用权威信息来源为谣言正身;利用准确细节等表达技巧增加谣言可信度;使用言辞亲切的温馨提示使民众"宁可信其有";利用名人影响力,制造与名人有关的谣言;制造不存在的正面新闻,迎合网民的心理需求等。谣言形态多样化,由于民众甄别谣言的能力、时间有限,在官方权威信息缺失的情况下,网民很容易相信谣言。抢盐事件中,"BBC报道,日本政府已经确认严重核泄漏,所有亚洲国家应该立即采取必要措施……首批污染物质下午4点就会到达菲律宾"的谣言通过手机短信、微博等途径传播开来。这条谣言借助权威信息来源,对细节的描述看似准确,使得接收到信息的绝大多数民众相信它,并向亲朋好友转达。谣言形态的多样化,给人们甄别谣言带来了困难,延长了谣言的生命周期。[2]

(二)网络谣言裂变式、爆炸式传播

从网络谣言的传播路径看,谣言传播通道越来越多,传播速度越来越快。随着微博等新媒介的出现,信息的传播速度呈裂变式、爆炸式发展。

谣言传播通道越来越多。在网络出现之前,社会中信息传播通道主要是报纸、杂志、广播、电视等大众媒介,以及口传和行为等媒介。网络媒介尤其是网络自媒介发展使得草根网民有了越来越多信息生产和传播通道。网民可通过论坛、博客、微博、QQ空间等公共或个人媒介发布谣言信息。同时,网络媒介在不断增加,其交互性、融合性、连通性也日渐增强,网民不仅可同时在多个媒介上发布谣言信息,还可利用网络"泛在"特点将谣言扩大到整个网络甚至社会空间。而在网民或民众得知某个网络谣言后,出于关心、告知等考虑会通过电话、短信、即时通信、邮件等快捷信息传播工具将谣言"广而告之",从而加速了谣言传播和普及几率。

谣言传播速度越来越快。网络媒介及日益发达的信息通信工具为谣言快速传播提供了可能。不同于传统大众媒介的较长时滞,网络媒介可实现"零时滞"。网络媒介减少了把关和控制通道,尤其网络自媒体可实现信息生产和传播同步化,信息提供和阅读同步化。随着微博等关联型网络媒介发展以及信息定制、信息告知功能提升,某个网民一旦发布信息,与其有关联的网民可获得所发布信息,并阅读及转发、告知。

而当某个网民获知某个信息并将信息传播给亲戚、朋友和认识的人时,网民可寻找各种及时性和交互性传播通道,如电话、短信、即时通信。在网络媒介作用下,网络谣言传播速度不再以年月日计算,而是以时分秒计算。网络谣言可在几个小时甚至几分钟内传遍网络空间,也可在几个小时之内从网络空间波及现实空间,并在短期内引发网民或民众集体行动。从日本地震后发生抢盐事件看,抢盐谣言即在一天之内传到全国许多地区。

微博等新媒介的出现使得谣言的传播呈裂变式发展。微博这种新的信息传播形态,既不同于传统媒介的线性传播,也不同于网络媒介的网状传播,它是一种裂变传播,有两种主要的传播路径。一个是"粉丝路径"。A 发布信息后,A 的粉丝甲乙丙丁……(直到无限),都可以实时接收信息。另一个是"转发路径"。如果甲觉得 A 的某条微博不错,他可以"一键"转发,这条信立即同步到甲的微博里,同时,甲的粉丝1、2、3、4……(直到无限),都可以实时接收信息,然后以此类推,实现极速传播。这种传播形态的传播速度之迅捷、传播密度之高、传播方式之便利,远非以往的媒介所能比拟。[3]在抢盐事件中,一条谣言信息,经过微博这一媒介进行传播后,在极短的时间内大范围传播并来。可以说,微博等新媒介是网络谣言传播的加速器。

(三)谣言受众欠缺科学素养和独立判断

信息不对称的作用。在信息不对称机制作用下,面对海量信息冲击,网民对信息感知逐渐麻木,网民信息区分意识和能力逐渐弱化。同时,在海量信息面前,网民没有时间和成本去筛选和甄别信息,无法通过诸多相关信息对照、比较等证实或证伪某些信息。另外,由于沉默螺旋和群体极化作用,网络在某一时段内发布和充斥的是某个不断"确证"的谣言信息,此时网民在无数"确证"信息面前会逐渐接受谣言信息,成为谣言受众和传播者。抢盐事件发生早期,政府没能及时应对,权威信息缺失。同时,网络上谣言传闻铺天盖地,现实生活中的食盐断货,导致部分民众相信谣言,使得谣言危害范围越来越大。

网民缺乏核辐射相关知识。克罗斯认为,谣言=(事件的)重要性×(事件的)模糊性/公众的批判能力。[4]可见,谣言与公众批判能力成反比。在抢盐风波发生前后,民间盛传补碘可防止核辐射以及海水将受到核污染,今后生产的海盐不安全,不能食用。绝大多数民众只知道核辐射对人体有巨大的危害,但是缺乏专业知识,不能认识到食盐里碘的含量是很低的,而且碘酸钾不同于碘片里的碘化钾,市民就算吃很多盐,也起不到多大的防辐射作用的事实。此外,海水受核辐射被污染的可能性很小,且我国食盐大部分是矿盐,海盐的量不超过 20%。民众科学知识匮乏,不能够对谣言进行识别和批判,从而信以为真甚至成为谣言的传播者。

维护自身安全和利益的需要。核辐射因其对人体的巨大危害性使人恐惧。媒介铺天盖地的关于核泄漏的危险形势以及核危害的报道,也使得网民产生危机感。此外,食盐是人们日常生活中的必需品,价格不高,购买大量食盐的成本也不高。因此,大部分网民在接收到谣言时,会选择"宁可信其有,不可信其无",采取抢盐行动。为了保证亲朋好友的安全和利益不受损害,他们还会通过网络或者电话、口口相传等方式向亲朋好友传播谣言。"今天你抢到盐了吗?"一度成为朋友间的问候语。谣言从网络向网络世界和现实世界的"熟人"圈子传播开来,这一过程促进了网络谣言的扩散。

网民存在盲目从众心理。从众指个人受到外界人群行为的影响,而在自己的知觉、判断、认识上表现出符合公众舆论或多数人认识的行为方式。缺乏分析、不顾是非曲直地一概服从多数,随大流走,是消极的盲目从众心理。部分民众看到他人抢购食盐,不加判断就跟风哄抢;也有部分民众不相信谣言,但是迫于他人的抢购行为,担心买不到食盐,从而也卷进抢盐队伍。网民的从众心理使得谣言影响在现实生活中得到快速扩散,成为抢盐事件发生的重要心理因素。

部分网民存在谣言可信的意识或认知。一方面,一些成为谣言的事项事后被证明为确实存在的事项,不少网络谣言都被确证了部分的真实性,尤其是被政府、专家等宣称为是谣言的信息或事件,其部分真实性强化了网民对谣言的信任和认同。另一方面,网民在与政府、专家的交往中逐渐形成了反向认知定势,即认为凡是政府辟谣的事项或者凡是专家辟谣的事项,都是具有真实性的事项[5]。因此,形成了一个悖论,当谣言广泛传播时,政府和专家出于维护社会稳定的考虑不得不辟谣,而政府或专家辟谣有时反而加深了网民或民众对谣言的信任和认可。在抢盐事件发展初期,有专家辟谣称食盐对防治核辐射几乎没有作用,但是不能取得网民的信任。政府发布的保证食盐供应的声明也不能很快消除民众对谣言的信任。

三、政府应对网络谣言事件的对策与建议

第一,形成健全的网络谣言疏导体系,从信息疏导、心理疏导、行动疏导三个方面对网络谣言进行有效疏导。

首先要加强信息疏导。网络谣言盛行的重要原因就在于政府与公众之间信息的不对称导致的公众对信息的饥渴。因此,政府要善于利用、引导媒介,及时披露相关信息,使公众更多地了解事实的真相,让谣言无处遁形。其次要注重心理疏导,向网民及民众普及相关知识以提高分析谣言的能力,并通过政府积极作为改变网民的反向认知。

谣言与公众批判能力成反比。因此,提高网民对网络信息批判能力,对于遏制网络谣言传播有着至关重要的意义。当前,要针对网络谣言事件的多发、频发领域,通过科普教育等方式向网民和民众普及相关知识,并且力求以常态化、多元性方式进行,甚至可将相关知识教育或普及引入各个层级教育中。

对于政府而言,一方面,要注意并重视一些网民和民众存在的不信任政府和官员的倾向,通过与网民和民众的更多的交流和沟通来消除不信任的倾向;另一方面,政府和官员要力求减少各种不当的行为,如承诺不兑现、虚假宣传、夸大说教等问题,政府和官员也要学会正视并解决问题,而不是刻意回避甚至有意掩盖存在问题。政府在应对各种谣言或突发事件时,要消除"躲避"、"封堵"、"掩盖"等话语和行为。以负责任、敢担当的形象,面对网民和民众。

行动疏导是控制网络谣言的有力保障。网络谣言快速传播在于其所传播的信息与网友和民众个人利益息息相关。如果谣言内容涉及网友和民众的生命、财产安全、日常生活的正常进行,他们往往会采取保守态度,"宁可信其有"。因此,必须建立相关部门联动机制,采取快速有效的措施保证相关人员的现实生活不受到影响或者将影响减到最小,并通过将政府的应对行动及效果及时地向网友或民众汇报,从而将网络谣言打回"原形"。

第二,拓展辟谣的通道,增加辟谣的方法并构建网络谣言事件应急预案体系。

目前,政府在应对网络谣言事件的能力和方法等方面有所欠缺。当网上出现某个事件谣言时,政府往往试图依赖自己掌握的传统媒介或政府网站等来辟谣,而这些信息载体通常是许多网民不关注或较少关注的领域,这一方面会因为辟谣信息落后于谣言信息而无法发挥作用,另一方面则造成许多网民无法知晓政府辟谣信息。因此,政府要改变仅仅依靠传统媒介和政府网站的思维,要通过开设政府博客、QQ空间、微博及建立与新闻网站、商业网站、公共论坛的交流机制,当出现网络谣言事件时,政府可通过多种网络载体将辟谣信息及时地全方位地、大力度地发布出去,并根据谣言发展情况不断发布新的辟谣信息,建立政府信息与网络谣言信息赛跑的机制。

在辟谣方法上,政府要改变仅仅发布呆板、晦涩的公文方式,而要建立多样化的辟谣机制,如领导人的表态、破除谣言证据材料的发布、召开新闻发布会、嘉宾网络访谈、网络评论员引导、网络警察删除谣言帖等多种方式,建立网络谣言事件应对的工具箱和方法库。此外,要构建网络谣言应对的预案体系,根据网络谣言事件源流和受众范围以及网络谣言的具体内容、指向、危害等,启动相应等级和相应阶段的应对预案。

第三,全面监测和管控各种谣言发布或传播的载体与通道。

政府要建立专门化网络舆情监测系统,对各网络载体或通道上的舆情信息进行全面、实时监测。完善的网络舆情监测系统除了可监测各种新闻信息外,也可监测各种网络谣言。一旦网络媒介或通道上出现某个网络谣言信息或事件,监测系统可实时汇报并跟踪。同时,政府也要充分发挥各网络运营商和通信商的把关作用,指导或扶持其建立网络谣言传播跟踪系统,以准确掌握谣言的发育时间、具体内容、传播速度、范围、传播载体,并定期或不定期将网络谣言传播情况的监测报告报送给政府部门。从目前网络舆情监测技术发展态势看,技术层面的局限或问题已逐渐化解。当前,主要是由于政府意识偏差或落后及财政资金限制,或由于网络或通信运营商出于点击率、使用率考虑而不愿监测网络谣言传播状况。因此,政府要转变意识并对网络谣言事件监测提供政策支持,与网络或通信运营商建立沟通或合作机制,甚至要求网络或通信运营商提供网络谣言传播情况的报告。

第四,加大对造谣者的惩罚力度,并建立基于谣言社会危害程度的定罚或量刑机制。

虽然谣言制造者动机各不相同,但近年来发生的网络谣言事件通常都造成了恶劣的社会后果,如集体"等地震"、恐慌出逃、精神恐慌、抢购等。但目前对网络谣言制造者惩处力度有限,有一部分网络谣言由于没有找到确切制造者而不了了之,而查找到的制造者多被处以警告、罚款、拘留等较轻处罚,无法取得"威慑"作用。为减少各种类型网络谣言制造者,需加大对谣言制造者的处罚力度。一方面,要修改或完善相关法律,对制造谣言和网络谣言行为进行规定,并规定处罚方式,对于危害较大的网络谣言事件制造者,可考虑以刑事犯罪方式定罪;另一方面,则是建立基于网络谣言社会危害的量刑机制,即根据谣言社会危害或后果确定造谣者罪行,而不是对所有网络谣言事件制造者确定统一的处罚标准。

参 考 文 献

[1] 杨青山,李志军.政府针对突发性事件的舆情应对策略[J].中国行政管理,2010(4):78-79.

[2] 2011年3月17日《北京晚报》:新浪微博紧急启动辟谣机制应对网络谣言[DB/OL]. http://www.chinaz.com/News/IT/031GA9612011_2.html.

[3] 2009年12月30日"南方传媒研究":新浪微博:一场正在发生的信息传播变革[DB/OL]. http://media.nfdaily.cn/cmyj/21/03/content/2009-12/30/content_7691653_3.htm.

[4] 胡钰.大众传播效果[M].北京:新华出版社,2000:35-40.

[5] 陈姣娥,王国华.网民政策态度形成机制研究——从"网议宁波"说起[J].中国软科学,2010(5):62-64.

第十章

网络舆情与高校管理

第一节 高校网络舆情管控的理论与实务[①]

网络舆情是由于各种事件的刺激而产生的通过互联网传播的人们对于该事件的所有认知、态度、情感和行为倾向的集合。以网民为信息传播者的网络言论,其主要传播途径大致有四类[1]:电子邮件及新闻组、网络聊天、电子公告板、博客(微博)和维基等。高校学生是网络利用率极高的一个群体,也是网络舆情的主要生成力量和影响对象,高校网络舆情突发事件是通过网络舆情的演化而在现实中触发的非常规突发事件。

网络舆情是群体性突发事件发展演变的一个重要因素。[2]近年来,高校网络舆情突发事件频繁发生,这些事件的发生和发展都与网络舆情有着密切的关系。为了及时防范网络不良舆情快速扩散和演化,有必要建立起快速反应机制、流程和干预方式以实现有效管控,使健康的网络舆情成为维护高校稳定、推动社会文明发展的动力。

一、高校网络舆情的表现特点

高校网络舆情的形成原因主要有三类[3]:一是突发偶发事件的激化;二是国际国内热点问题的触发;三是与师生利益休戚相关的事情。网络媒介的实时、高效和交互性使得网络舆情的爆发成为可能,高校网络舆情除具有网络舆情的一般特点外,由于高校网络及其舆情主体的特殊性,还具有一些新的特点。

(1) 突发性。高校网络舆情形成迅速,具有突发性。近几年来,高校网络舆情一般是由校内热点事件或国内外重大事件和突发事件引发,这些事件的发生几乎都会在高校网络上引起强烈反响和激烈辩论。同时由于其诱发因素在时机上具有偶然性,加之高校学生居住集中,往往会因某一件事处理不妥而突然爆发。

---

① 本文参考了华中科技大学党委宣传部的工作材料,王芯同志对本文亦有贡献。

（2）情绪化。高校网络舆情参与群体特殊，容易情绪化。高校学生一方面思维活跃，接受新事物快，敢于表达、勇于质疑，富有激情和活力；另一方面，他们的世界观、人生观和价值观正在形成，社会活动范围日益扩大，但缺乏政治经验和社会经验，思想尚欠成熟，情绪波动大，易被外界消极因素煽动，因而高校网络舆情往往表现出情绪化特征。

（3）影响广。高校网络舆情关注程度较高、影响范围广。作为信息集散地和交流互动场所，高校网络是广大学生在第一时间内发布消息和获取信息的地方。这些舆情信息不仅是大学生在网上关注和讨论的主要话题，更是他们在现实场合中谈论的共同话题，高校学生对高校网络信息保持着很高的关注度，并将从网络获取的信息告诉身边的同学和朋友，引来更多人的关注，网上网下形成了互动。

（4）易控制。高校网络舆情影响持久力低，相对易控制。尽管高校网络舆情会给高校稳定与社会和谐带来一定程度的消极影响，但这种影响程度相对有限。一是因为高校网络舆情往往诉求单一，缺乏持久的影响力；二是高校网络舆情一般较为感性，对某一问题的探讨不够深入，且话题转换频繁，很容易被其他话题所取代；三是高校网络普遍实行实名制，一旦发生突发性事件苗头，有关部门能够快速地对其实施干预。

二、高校网络舆情的管控现状

（1）应急准备不足，响应速度较慢。对待高校网络舆情的管理与控制，关键是要快速反应，迅速启动各自职责内的工作程序，以最快速度控制事态的发展。目前绝大部分高校现有的网络舆情管控体系采用传统的自上而下垂直管理方式，信息传递渠道单一。这种管理方式在处理非紧急事件时能发挥一定作用，但是在网络舆情爆发时难以实行快速有效的反应，在处理高校网络舆情突发事件时显得反应迟钝、行动缓慢。

（2）处置方式被动，硬性指令过多。在过去对一些高校热点问题的处理中，通常采取回避、封堵或"冷处理"的办法，试图淡化处理高校网络舆情，避免其扩散后增添工作麻烦，扮演的是"控制者"角色，而不是"引导者"角色。但由于高校网络舆情的表现特点，采取保守、被动的处理方式的效果常常会与预期效果背道而驰。

（3）重视程度不够，软硬件投入较少。网络舆情监控分析系统包括为整个业务提供支撑的网络舆情信息监控分析平台，用于网络舆情信息收集、处理和预警的数据库群以及专业应用软件系统等。由于购置成本较高，技术难度较大，国内仅少部分高校采取了有害信息过滤系统、网络监控系统等舆情安全技术措施，而大多数高校的舆情信息仅仅依靠网络管理员或者信息安全人员人工监测，这种方式难以适应快速多变的网络舆情监测的需要。

三、高校网络舆情快速反应机制的构建

高校网络舆情快速反应机制的构建,关键是构建三大工作体系、两级报送体系和一支高素质团队。

1. 三大工作体系

①学生、院系部门、学校三级舆情收集工作体系。辅导员和班主任应与班级干部、学生党员等保持通畅的信息交流渠道,通过他们第一时间了解发生在身边的事件,并迅速上报给院系,院系了解事件后立即向党委宣传部或学校层面汇报。②高校网络核心工作团队合作工作体系。各高校中都存在着学生网络工作团队,为提高效率,有必要将这些资源通过整合建立起一个高效的网络核心工作团队合作工作体系,由一个职能部门(比如党委宣传部)统一领导,共同保障高校网络舆情的健康运行。③高校网络舆情联动工作体系。该网络由校长办公室、学工部门、后勤部门、保卫部门等职能部门组成,由网络舆情协调领导小组统一领导,组长可由校领导担任。

2. 两级报送体系

两级报送体系是指通过学校、教育部两级报送路径分别上报舆情,分别对学校和教育部负责,同时,如果突发事件有可能向校外发展时,学校应及时与当地党委政府及有关部门进行沟通,协同应对突发事件。由三级舆情收集工作体系采集到的信息,经党委宣传部及其所属网络核心工作团队整理与归纳,将网络舆情信息按照事件涉及范围和急缓分Ⅰ级、Ⅱ级、Ⅲ级,整理成为专报报送上级。通过学校报送系统或渠道将整理的学校舆情专报报送校领导、各职能部门;完成教育部思政司的舆情报送任务,形成高校网络舆情专报通过VPN专用传输系统及时报送教育部。同时要完善日报、周报、月报、年报为中心内容的报送机制。

3. 一支高素质舆情工作队伍

高素质舆情工作队伍的建设是整个网络舆情工作开展的基础和关键。目前各高校都逐步建立了网络舆情工作队伍,各有特色。例如,西安交通大学网络舆情团队依托该校信息网络中心的技术监控与分析技术;湖南大学网络舆情工作由麓枫网络俱乐部负责;东北大学通过有效整合工作力量,建立了和谐阳光网评团队等。

建立高素质的舆情工作队伍,一是要有完善的组织架构、组织机制和组织制度,二是可以在专职指导老师的带领下吸引一批思想素质高、知识能力强的志愿学生以兼职的方式参与工作;三是要加强各高校相关工作团队的交流合作,共同学习提高。

四、高校网络舆情快速反应流程的构建

网络舆情在与现实产生互动的过程中,会以不同的方式经历一个形成、高涨、波

动和最终淡化的发展过程，[4]网络舆情极容易向网络舆论转化。[5]高校网络舆情快速反应机制用以确保敏感信息出现或突发事件发生后，能第一时间做出反应，控制事态发展，尽可能降低事件带来的不良影响。快速反应流程由"迅速上报、紧急应对、迅速联动与及时反馈"四个部分有机构成，四个步骤可能会在很短的时间内相继启动，甚至同步启动。

1. 迅速上报

信息是进行快速反应的关键，科学地收集和分析网络舆情，对掌握网上舆论主动权十分重要。[6]一旦敏感信息出现或突发性事件发生后，通过学生、院系部门、学校三级舆情收集网络，快速全面地收集网络舆情相关信息。由网络舆情团队快速地整理分析，初步确定事件级别，通过两级报送机制，上报教育部思政司网络处和网络舆情协调领导小组，必要时与当地党委政府进行沟通。网络舆情协调领导小组常驻人员迅速确定预警级别，并根据事件级别和具体情况，决定是否需要启动应急预案。

2. 紧急应对

在信息上报后，宣传部门及其所辖的工作团队，特别是高校 BBS 站务组和网络舆情团队应随时关注网络上的反应。网络舆情领导小组的指导意见到达之前，应该果断地开展以网络言论为主的紧急应对工作，引导舆论，缓和矛盾，掌握网络传播的主动权。应积极控制源头，避免其进一步扩散传播；发布信息，及时表明官方态度；深度解读，引导可能形成的舆论走向。

3. 迅速联动

由高校网络舆情协调领导小组负责，明确各部门职责，迅速组织各有关部门各司其职，通力合作。突发事件发生后，相关领导应迅速到达现场控制局面，组织保卫和学工部门等维持现场秩序，必要时联系当地警方，控制相关社会人员，防止事态扩大。辅导员和班主任应深入学生宿舍，了解学生想法，澄清事实，稳定学生情绪。现场处置必须根据事态变化，在不同阶段，针对不同对象，采取不同的手段。不能采取以暴制暴的手段，要以做学生工作为主，靠经验和观察力对事态的发展变化作出准确的判断。

4. 及时反馈

高校网络舆情的反馈主要包括以下三个方面：①对高校网络中出现或缓或紧的舆情信息予以回复，对师生通过网络提出的问题和建议及时反馈，增强高校网络舆情管理的实效性；②对高校网络的舆情信息实施快速反应和柔性化处置的后评价，评价其是否取得预期效果，有哪些经验和不足等；③快速反应和柔性化处置的实施离不开团队，评价团队在舆情管控过程中是否组织到位。

五、高校网络舆情的干预方式

对高校网络舆情实施干预的方法按时间段和活动场所来划分主要有三种,分别是事前干预、网上干预和网下干预。

1. 事前干预

即防止议题、言论或倡议进入网络,这种控制和干预是事前性的预防性干预机制。网络舆情所表达的观点和立场倾向,其根源和指向仍然是现实生活中存在的现象和问题。[7]研究表明,群体性突发事件产生的直接原因80%以上来自基层,80%以上是应该能够在基层解决的。[8]在某些动员行为进入网络之前,其影响或范围还比较有限,因而较容易予以控制和规制。为了使预防性机制发挥效应,现实中需要学工组织、学生社团、班级学生干部、学业导师等机构或人员构造现实网络化的监控和预防体系,让学生的诉求、情感、不满等能够通过以上机构得到释放。

2. 网上干预

即在网络中形成干预机制。网络干预的方式包括以下几种。一是删除敏感信息。网络主管部门可以就一些可能形成突发事件的言论、倡议或信息直接删除,防止其传播或扩散。不过这种方式虽然一时有效,但在长期却无效,也无法真正化解诱致突发事件的因素。网络通常而言只是学生发泄不满、发出诉求或进行动员的渠道或途径,如果封闭这一途径,大学生则可能会寻求其他渠道或途径进行发泄和表达,导致矛盾深化。二是主动引导、辩论或回应。在网络言论聚集过程中,网络主管部门可以安排专员介入讨论、争论或动员活动中,针对性地进行辩论、反思或回应,以理性化、温和型的声音和言论化解激烈型的、非理性的言论或倡议。三是密切跟踪信息或倡议的转载、传播、扩散,努力把握和控制各个网络媒体的受众范围、层次、规模等,以了解和把握可能引发的突发事件的规模、程度等信息,为有效控制和治理突发事件提供决策依据和信息。四是当可能诱致突发事件的因素仍然在网络中发育、发展时,主管部门或分管领导应及时采取措施进行回应、说服、劝解或化解工作,避免网络上的动员形成现实事件。

3. 网下干预

即当网络舆情中所蕴含的行为倾向已经转化成现实中的群体性的行动时所应采取的干预机制。一方面,要尽快将网络上捕获的突发事件的时间、地点、路线、方式等信息提供给相关部门或领导,为处理现实中的突发事件提供信息基础。另一方面,通过网络监控预测突发事件的规模、程度等信息,为下一步治理突发事件的行动或策略提供决策依据。此外,还必须认真做好善后工作,把握处理善后工作的原则。高校的主要功能在于"育人",高校学生是高校教育和培养的对象,要充分认识思想政治教育功能与网络舆情的关系,一方面,思想政治教育功能的发挥有利于网络舆情的形成、发展和传播;另一方面,网络舆情中蕴含着思想政治教育新功能,即导向、凝聚、内化、覆盖渗透、预测预防等功能。[9]因此应从关爱的角度出发对善后事宜予以处理,其目的不在于惩罚,而是通过某种方式达到警示的目的。

参考文献

[1] 刘毅. 网络舆情与政府治理范式的转变[J]. 前沿,2006(10):140-143.

[2] 彭知辉. 论群体性事件与网络舆情[J]. 上海公安高等专科学校学报,2008(01):46-50.

[3] 汤力峰,赵昕丽. 网络舆情与高校思想政治工作的应对[J]. 黑龙江高教研究,2007(04):64-65.

[4] 姜胜洪. 网络舆情热点的形成与发展、现状及舆论引导[J]. 理论月刊,2008(04):34-36.

[5] 王来华. 论网络舆情与舆论的转换及其影响[J]. 天津社会科学,2008(04):66-69.

[6] 纪红,马小洁. 论网络舆情的搜集、分析和引导[J]. 华中科技大学学报(社会科学版),2007(06):104-107.

[7] 张勇锋. 对《旅游新报》事件的网络舆情解析[J]. 今传媒,2008(09):44-46.

[8] 中国行政管理学会. 中国转型期群体性突发事件对策研究[M]. 北京:学苑出版社,2003:28.

[9] 廖扬平. 网络舆情视域中的思想政治教育功能[J]. 政工研究动态,2007(21):23-24.

第二节　大学生在高校论坛上的网络舆情

一、引言

网络舆情是由于各种事件的刺激而产生的通过互联网传播的人们对于该事件的所有认知、态度、情感和行为倾向的集合。[1]以网民为信息传播者的网络言论,其主要传播途径包括电子邮件及新闻组、网络聊天、电子公告板、博客(微博)和维基等。高校学生是网络利用率极高的一个群体,也是网络舆情的主要生成力量和影响对象,他们在校园论坛上经常讨论些什么? 这是一个必须回答的问题。

二、研究方法

(一) 样本与抽样

武汉白云黄鹤 BBS 站全称"中国教育科研计算机网华中地区网络中心 BBS 武汉白云黄鹤站"。始建于 1996 年 3 月 12 日,1996 年 12 月 20 日定站名为白云黄鹤并沿用至今,多年来,主要活跃群体为华中科技大学的在校师生。全站现有注册 ID 近 44000 个,分类讨论版面 210 个。本研究的数据基于武汉白云黄鹤 BBS 站华中大学子版(Hust Student)获得。华中大学子版是白云黄鹤 BBS 站最大的讨论版,平均在线人数超过 100 人,该版讨论的内容包罗万象,完全可以反映出高校学子的网络行为。

采集的帖子为 2008 年 11 月 17 日至 2008 年 11 月 30 日在华中大学子版所发布的所有回帖数超过 10 个的帖子,共抽取帖子 133 个。只采集回帖数超过 10 个的主题帖的原因主要基于以下几方面考虑:一是由于日发帖量较大,如若依靠人工统计的方法则工作量较大;二是根据学界对舆论的普遍定义,舆论是多数人的共同意见,即需要持有某种认知、态度、情感和行为倾向的人数达到一定的量,否则不能认为是一种舆论。因而,回帖量少的帖子一方面可能是没有引起人们的共鸣,另一方面,对整个舆论的影响程度也不大。白云黄鹤 BBS 站也设定,如果该帖的回帖数超过 10,则回帖数用红色标注。

(二) 编码方法

帖子类别。帖子类别是指对网友在论坛上发布的帖子按照议题所反映的事件的性质不同进行划分。1＝政治与治安安全类;2＝自然灾害与公共卫生类;3＝学校事务管理类;4＝大学生心理问题类;5＝学习生活类。对帖子的归类主要以行为主体为依据,如反映食堂伙食不好的事件归为学校事务管理类而不归为校园生活类。

帖子来源。帖子来源是指网友在论坛上发布的帖子按照原创和转载进行区分。1＝本版原创;2＝站内转载;3＝门户类站转载;4＝论坛类站转载。对于站外转载一项,理论上仍可以细分,如新闻网站转载、其他论坛转载等,但由于网友在发布帖子时未予清晰表述,因而只能笼统归为站外转载。

发帖 ID。发帖 ID 是指网友在论坛上发布或回复帖子时所使用的 ID。

回帖数量。属于定比变量,直接按照数量编码。

发帖日期。发帖日期是指网友在论坛上发布或回复帖子时的日期。

(三) 数据处理

本研究的数据编码由华中科技大学公共管理学院 2 名博士生和 1 名硕士生完成。所得的数据全部录入数据库,并采用 SPSS for windows 13.0 进行数据分析。

三、研究发现

1. 帖子的日期分布

在 133 个帖子中,共计回帖量 3002,平均每帖回复量为 22.57。133 个帖子的日期分布如表 10-1 所示。

表 10-1　133 个帖子的日期分布

日　期	星　期	频　率	百 分 比
17	一	17	12.8
18	二	11	8.3
19	三	18	13.5
20	四	10	7.5
21	五	9	6.8
22	六	10	7.5
23	日	7	5.3
24	一	5	3.8
25	二	2	1.5
26	三	9	6.8

续表

日 期	星 期	频 率	百 分 比
27	四	11	8.3
28	五	6	4.5
29	六	6	4.5
30	日	12	9.0
总计	—	133	100%

由表 10-1 可以看出,回帖量超过 10 的帖子的分布并不随着周末或非周末的变化而变化,即在周末和非周末之间,帖子分布量并不显著,呈乱序分布。这可能是因为每天大学生所关注的话题的分布是均匀的,也有可能是因为对于经常上论坛的大学生来说,在论坛"灌水"已经成为他们日常行为的一部分,周末和非周末对于这部分大学生来说影响不大。

2. ID 发帖数量分布

在 133 个帖子中,发帖 ID 共计 115 个,即存在某一 ID 至少有两个以上的帖子与之对应。这些 ID 按照发帖数排列如表 10-2 所示。

表 10-2　ID 发帖数排序

发帖 ID	发帖数	占总帖数百分比
SukiXP	4	3.0
svwing	4	3.0
markjee	3	2.3
shixianf	3	2.3
Yunxiawa	3	2.3
hexer	2	1.5
hustliun	2	1.5
Krkic	2	1.5
leaveday	2	1.5
redbaby	2	1.5
summerli	2	1.5

从表 10-2 可以看出,存在一些活跃的 ID,与其他 ID 相比,这些 ID 的发帖数要多,但这个多出的数量并不显著,可能是受限于样本的数量。这一结果表明,在 Hust Student 这一公共领域,这些 ID 无疑是论坛的活跃者,它们一定程度上能够引导版面话题的趋势。同时,由于这些 ID 出现的频率较高,它们很可能扮演着意见领袖的

角色。

3. 帖子来源

将帖子来源与帖子类别进行交叉列表分析,结果如表 10-3 所示。

表 10-3　帖子来源与帖子类别交叉列表分析

帖子类别	帖子来源				总数
	本版原创	本站转载	门户类站转载	论坛类站转载	
政治与治安安全类	10	1	10	3	24
自然灾害与公共卫生类	3	0	0	0	3
学校事务管理类	40	1	1	1	43
大学生心理问题类	3	0	0	0	3
学习生活类	48	5	4	3	60
总　　数	104	7	15	7	133

从交叉列表我们可以发现,"本版原创"的主题主要以"学习生活类"为主,而"门户类站转载"的主题主要以"政治与治安安全类"为主。从卡方检验的结果来看,由于卡方的概率 P 值小于显著性水平 0.05,因而应拒绝零假设,即应认为不同的帖子来源所反映的主题是不一样的。

在 4 个来源中,占比例最高的是"本版原创",达到 78.2%,其次是"门户类站转载",占 11.2%,而"本站转载"和"论坛类站转载"各占 5.3%。这说明,原创内容在本版占大部分讨论内容,话题来自本站的比例达到 83.5%,而来自站外的只有不到 20%。

在讨论主题中,占比例最高的是学习生活类主题,占 45.1%,其次是学校事务管理类主题,占 32.3%,这两类主题共占了 77.4%。其他三类主题中,政治与治安安全类主题占 18%,自然灾害与公共卫生类和大学生心理问题类各占 2.3%。这表明,对于大学生而言,与自身利益密切相关的学习生活以及学校事务管理的话题是他们最经常讨论的。政治与治安安全类的话题所占比例并不高,但并不能证明大学生对此类话题不感兴趣,这可能是由于一方面高校 BBS 控制严格,类似的帖子可能没有等网友回帖就已被删除,另一方面,也可能是大学生更愿意在社会论坛中讨论此类话题。

4. 回帖数量前 14 的帖子

在排名前 14 的帖子中,"学校事务管理类"占有 10 席,"学习生活类"占有 4 席,这在一定程度上验证了大学生在高校论坛所关注的主要是与自身利益密切相关的话

题。（见表10-4）

表 10-4　排名前 14 的帖子情况

帖子标题	帖子类别	回帖数量
非法拿走学生财物就是盗窃	学校事务管理类	136
从限电到没收热得快	学校事务管理类	129
热得快？会不会哪天，大家都能实际点看问题	学校事务管理类	118
欧盟干涉中国处决台湾间谍失败恼羞成怒	政治与治安安全类	91
图书馆馆长，您老醒醒吧	学校事务管理类	77
HUST 很有名	学校事务管理类	67
为什么不让我进去听讲座？？？	学校事务管理类	64
周黑鸭好像越来越火了，为什么呢	学习生活类	58
由表哥病重想到的！（光谷医院建设）	学校事务管理类	58
我为什么选择 Google 的产品	学习生活类	57
宿舍一哥们有关 Baidu 和 Google 的话	学习生活类	57
不能登 QQ 是不是因为以前用过彩虹的原因呀？	学习生活类	57
没收热得快，应该	学校事务管理类	49
火灾和热得快，我来找骂的	学校事务管理类	49

四、讨论与结论

通过上述研究，我们可以获得如下结论。

1. 在高校论坛上，大学生对帖子的关注程度与是否周末关系不大

高校论坛管理部门必须每天实时关注论坛动态。网络舆情常直接引发群体性事件，或间接推动群体性事件的恶性发展，[2]因此，必须随时对网络舆情保持高度重视。

2. 在高校论坛上，存在着一批活跃ID，它们的发帖量多于其他ID

意见领袖在高校论坛同样存在，因而对高校论坛的管控，也可以尝试发挥意见领袖的作用。当前，大学生将网络作为动员群体成员的有效方式，网络动员功能在近年来发生的一些爱国型群体性事件中表现得比较明显，如"抵制家乐福事件"、"湾日游行事件"等都有效地利用了网络的动员、聚集和组织功能。为了使网络动员功能得以发挥，意见领袖往往有意识地将一些关注的问题贴到网络上，力图形成舆论热点和其他学生的共鸣，在此基础上展开有效动员。因此，对于负面意见领袖要及时发现，并

予以教育转化,对于积极意见领袖,要善于培养和提高。

3. 在高校论坛上,学习生活类话题和学校事务管理类话题是学生们经常讨论的话题

对于前者,它提醒教育管理者,网络论坛是个全天24小时不下课的课堂,也是实施教育的重要场所;对于后者,它提醒学校有关部门努力提高管理服务水平,为教学科研创造一个良好的氛围。与课堂教学相比,高校网络是一个"24小时不下线"的资源与信息交流平台,网络舆情中蕴含着思想政治教育新功能,即导向、凝聚、内化、覆盖渗透、预测预防等功能。[3] 只要在网络讨论中适当加以引导,上网率和网络依赖度极高的学生群体无疑是这个网络最大的受益者,网络论坛将成为健康而富有思想的网络交流平台和高校育人平台。

参考文献

[1] 曾润喜. 网络舆情信息资源共享研究[J]. 情报杂志,2009(8):187-191.

[2] 彭知辉. 论群体性事件与网络舆情[J]. 上海公安高等专科学校学报,2008(1):46-50.

[3] 廖扬平. 网络舆情视域中的思想政治教育功能[J]. 政工研究动态,2007(21):23-24.

第三节　关于近年高等教育热点事件的网络舆情

十年树木,百年树人。教育的根本价值在于给国家提供信仰崇高、道德高尚、诚实守法、技艺精湛、博学多才、多专多能的人才,为国家和社会创造科学知识和物质财富,推动经济增长和民族兴旺,促进世界和平和人类发展。近年来,中国的大学和教育问题一直是人们关注和议论的话题。"大学生舍身救人"唤起了社会对 90 后大学生群体的重新认识,而学术不端、校园腐败和招生作弊等负面新闻却招致社会对高等教育的批评和指责。

一、2009 年高等教育领域的热点事件

1. 90 后集体用生命诠释大学生的责任[1]

2009 年 10 月 24 日下午,湖北荆州市宝塔江段有两名小男孩不慎滑入水中,长江大学 10 多名大学生展开了一场生死大救援——或奋不顾身地入水施救,或手挽手结成"人链"接应。两名少年成功获救,3 名施救的大学生却献出了年轻的生命。教育部决定授予徐彬程等 15 名同学"全国见义勇为舍己救人大学生英雄集体"荣誉称号,追授陈及时、何东旭、方招同学"全国舍己救人优秀大学生"荣誉称号。此事件引发社会关于"价值"的广泛讨论,也再度引发人们对 90 后的重新认识。

2. 刘道玉《高等教育十意见书》引发热议

2009 年 2 月 26 日,著名教育家、武汉大学原校长刘道玉在《南方周末》发表《彻底整顿高等教育十意见书》。刘道玉认为,中国大学的问题可用一个字来概括,就是"乱",并提出了整顿教育的十大方案:废除自学考试制度;取消不合格的在职研究生学位;砍掉一半大学的博士授予资格;大学必须与所谓"独立学院"脱离关系;让成人教育回归职业教育;停止大学办分校;整顿大学的科技开发园和研究院;实行教授定编制;砍掉三分之二的大学出版社和学报,让剽窃抄袭见光死;整顿大少爷作风,严查大学财务支出。2 月 27 日,南方报网发布了这篇文章,此后很多网站、论坛及 BBS 都转载这篇文章,引起很大反响,相关网页达 13200 个。网友绝大多数都赞同刘道玉的观点,认为大学存在太多问题,需要改革,网络上由此掀起了一股呼吁教育改革的浪潮。

3. 学术不端屡禁不止

2009 年学术造假和打击学术造假的新闻持续占据着新闻热点的地位,关注度较高的学术不端事件如下。

院士课题组多篇论文涉嫌造假被国际期刊撤销。涉及人员包括中国工程院院

士,浙江大学药学院院长、著名中药药理学家李连达,浙江大学药学院药理实验室主任吴理茂和课题组主要成员。2009年3月15日,浙江大学校长杨卫在教育部举行的加强高等学校学风建设座谈会上通报了"贺海波论文造假事件"的处理情况:原药学院副教授贺海波被开除出教师队伍;贺海波所在的中药药理研究室主任吴理茂被解聘;现任院长、中国工程院院士李连达任期届满,不再续聘。

"六教授联名投诉工程院院士刘兴土抄袭剽窃"。6位教授联名投诉2007年年底当选工程院院士的刘兴土涉嫌"抄袭剽窃等学术道德问题"。2009年3月3日,刘兴土院士到东北师范大学向75岁的李建东教授鞠躬致歉。李称"将不再追究此事"。

李庆生"过度引用"。云南中医学院院长李庆生院士被指涉嫌抄袭论文。最后,云南中医学院组成的独立调查委员会宣布,"李庆生属于过度引用"。

"院士举报弟子剽窃"事件。2009年5月7日,中国工程院院士陆道培等9位血液病和造血干细胞移植专家联合举行新闻发布会,郑重宣布:北京大学人民医院教授黄某在申请2008年中华医学科技奖一等奖的材料中存在严重的学术不端行为。

中科院神经所研究员被查出学术不端。中科院上海生科院神经所研究员发表在《神经科学杂志》(The Journal of Neuroscience)等3本杂志上的论文涉嫌学术不端行为。神经所得到消息后,所长蒲慕明迅速决定调查,并将问题提交上海生命科学研究院院长陈晓亚。生科院生化细胞所林其准教授主持调查委员会展开调查。经多方查证,4月30日公布查处结果,研究所在年内撤销该研究员的职位、关闭该实验室。

西安交通大学两名被指学术造假教授离职。2007年底,西安交通大学陈永江等6位教授向学校实名举报,该校长江学者、国家工程中心副主任李连生,西安交通大学原副校长、国家工程中心主任束鹏程在申报"教育部科技进步一等奖"和"国家科技进步二等奖"(该奖已颁发)时,夸大自己的研究成果,把他人早已解决的问题说成是自己的发明;其科研成果"涡旋式空调压缩机"转化后造成企业亏损3631.5万元。此外,6位教授还发现李连生的专著《涡旋压缩机》一书大量剽窃日本学者的公式、图表等内容。2009年,西安交通大学调整该校流体机械及压缩机国家工程中心负责人职务,两名被指"造假"的教授束鹏程、李连生"不再担任"该中心负责人。

"史上最牛硕士论文"。东北财经大学2007年的一篇题为《山东省FEEEP协调度研究》硕士学位论文与南京财经大学2006年的一篇硕士学位论文《江苏省FEEEP协调度研究》整体框架完全一样,除把江苏两字替换成山东,把江苏的统计数据换成山东的外,从摘要到目录,到文献综述,再到正文分析几乎完全一样。

华中师范大学硕士论文抄袭事件。华中师范大学一篇署名为胡春林的硕士论文与广西大学黄某某的一篇硕士论文高度雷同。经过仔细比较后发现,胡版论文与黄版论文除最后"致谢"不一样,从头至尾几乎全是复制加粘贴,连参考文献排列顺序也一样。经过华中师范大学调查后,胡春林承认硕士论文属抄袭。华中师范大学6月2日决定:撤销胡春林硕士学位,并收回硕士学位证书。他的工作单位湖北工业大学给予其行政记过处分。

中国科协 2009 年公布的《第二次全国科技工作者状况调查报告》显示,超过 55.5% 的科技工作者表示确切知道自己周围的研究者有过至少一种学术不端行为。近半数科技工作者认为,当前学术不端行为普遍。调查发现,分别有 43.4%、45.2% 和 42.0% 的科技工作者认为,当前"抄袭剽窃"、"弄虚作假"和"一稿多发"现象相当或比较严重,高达 51.2% 的人认为"侵占他人成果"现象相当或比较普遍。[2]

4. 罗彩霞事件

2008 年 7 月 9 日,罗彩霞申请办理高级中学教师资格,却被告知她已在贵州申请了教师资格证。随后,她向天津市西青区学府派出所报案,称自己身份证信息被盗用。2009 年 3 月 1 日,罗彩霞到建设银行鑫茂支行开通网上银行业务。办手续需要身份证,可工作人员却告诉她信息不对,不能办理。银行电脑显示,与罗彩霞名字、身份证号码完全相同的身份证上却是另外一个女孩头像,而且发证机关是贵阳市公安局白云分局。罗彩霞因被人冒名顶替上大学,及身份证被盗用造成 2009 年本该毕业的她无法毕业,此事经媒体报道后,引起各方高度关注,成为新闻热议的话题。

2009 年 10 月 26 日此案作出一审宣判,王佳俊的父亲王峥嵘因伪造国家机关证件罪被判处有期徒刑两年,数罪并罚执行有期徒刑 4 年。11 月 13 日,湖南邵阳北塔区人民法院证实,"罗彩霞事件"的被告王峥嵘未通过该院提起上诉,该院也没有接到邵阳市中级人民法院的调卷通知。对于王峥嵘被判刑的消息,罗彩霞表示,感谢国家公诉机关,无论王峥嵘被判多少年,都是对自己行为的肯定。冒名顶替事件对罗彩霞的生活影响深远。

5. 重庆"加分门"事件

继重庆石柱县副县长汤平之女民族身份造假之后,重庆市高考文科第一名何川洋更改民族身份的事实再度引发广泛批评。据了解,何川洋是巫山县官阳镇人,其父系巫山县招办主任何业大,其母为巫山县委组织部副部长、编办主任卢林琼。2009 年 6 月 28 日,媒体报道重庆文科状元涉嫌少数民族身份造假事件的最新进展,包括重庆的文科状元何川洋在内的 31 名考生的少数民族身份已得到纠正。另外这 30 余名高考考生也因此取消了 20 分的高考加分。对于违规的高考考生和幕后操纵人员的处罚,工作人员表示,重庆市组织联合调查组集中调查了相当长一段时间,现在整个调查工作已全部结束,至于如何处罚违规考生和参与少数民族身份造假的相关人员,他们正在协商一个完整的措施,事件还在协调当中。

重庆 31 名"假民族考生"遭披露后,重庆市联合调查组对考生名单一直讳莫如深。重庆市招办一位负责人表示,市招办将不公布这 31 名考生的名单。他说:"不对外公布是我们联合调查组研究决定的。"目前,牵涉何川洋民族身份造假的巫山县 3 名官员已被免职或停职。而许多参与造假的官员仍未被追究。据悉,31 名造假考生中,一半以上来自巫山县,而巫山县如今只处理了一名考生的父母及有关官员。对有关部门拒绝披露其他学生名单,造成的信息不透明以及背后的权势纠葛,网友提出了猜测,"加分门"事件一时成为热门话题。

6. 武大解聘病危教授

2009年11月16日,大旗网一篇题为《武汉大学对待功勋教授果真寡情薄义》的帖子称,武汉大学建筑设计学院院长张在元博士两年前患上罕见神经元传导障碍(俗称肌无力),已经病危,武汉大学2009年竟派人员到他病床前,当着不能言语、靠呼吸机维生的张在元宣布终止其与武汉大学的聘用合同,停止提供医疗费和住房。帖子在网上发布后,网络声讨"解聘重病教授"是"无情无义"、"不尊重知识和大师"的"缺德"之举;家属认为"提前终止合同"存在"违法"之嫌;武汉大学则回应"合同到期,自然终止"、"已经给予人道关怀"。武汉大学病榻前解聘功勋教授张在元的帖子引起了大家一片质疑,对武大此种"卸磨杀驴"之举谴责声此起彼伏,舆论几乎呈一边倒态势。随着事件的发展,人们开始理性思考此事件背后显现的问题:人文精神的丧失,新闻媒体的语言暴力,社会保障体系的缺失,事业单位改革的弊端等。

7. 钱学森之问

"为什么我们的学校总是培养不出杰出人才?"这就是著名的"钱学森之问"。"钱学森之问"是关于中国教育事业发展的一道艰深命题,需教育界乃至社会各界共同破解。真正让"钱学森之问"成为舆论的焦点,源于2009年11月11日的一封公开信。安徽高校的11位教授联合《新安晚报》给新任教育部部长袁贵仁及全国教育界发出一封公开信:让我们直面"钱学森之问"!发出公开信的沈正赋等11位教授在接受记者采访时说:"几天前,我们满怀悲痛送别了钱学森老人。连日来,人们在缅怀和追思中,不时会被钱老提出的一个问题所震撼——'为什么我们的学校总是培养不出杰出人才?'这个被称为'钱学森之问'的问题,已引起上至国务院总理下至普通学生的深思。它是沉重的也是不容回避的。"

8. 最大博士群体是官员

10月26日,"2009年高等教育国际论坛"在杭州开幕。中国人民大学校长纪宝成在会上提出:"中国最大的博士群体并不在高校,而是在官场。"这一言论引起了网民热烈讨论。有网友分析认为官员"扎堆"读博士、博士争着进官场现象的背后,是利益在"作怪",并指出这种现象须引起社会深刻反思,推进高校改革和官员选拔任用制度改革。网络关于"博士"与"官员"的舆论如火如荼地展开。网友纷纷认为获得博士学位的人应从事与所学专业相一致的科研工作,运用自己的所学所长潜心探索科学未知,钻研科学技术,而不是凭借自己的学历优势跻身官场,去做那些本专科生都能做好的事情。这不仅是一种教育资源的严重浪费,而且也使得高等院校和科研单位官本位现象日趋严重。更有网友不客气地指出,高校沦为行政力量的"后花园",用最高学位证来换取官员手中的社会资源。

9. 新任院士大多是现任官员

2009年12月18日,《长江商报》发出新闻指出,有统计数据披露中国科学院新增35名院士中,8成是高校或研究机构现任官员;中国工程院新增48名院士中,超过85%是现任官员;工程院60岁以下新当选的院士,均有校长、院长、副院长、董事长等职务。此新闻和现象引起了很多网友的关注。有人认为这是"官本位"的另一种体现,如中国人民大学教授顾海兵认为,仕而优则学、学而优则仕的现象是一种必然,无非是受中国人骨子里"官本位"文化的影响。也有人认为,过于在乎院士的身份大无必要。中国工程院原院长徐匡迪曾说:没有规定说官员就不能当选院士。院士增选的标准是统一的,只重表现,不论身份。而肖畅则认为,学者做官员或官员做学者本身无问题,是种身份的互换或兼容,但如果是镶嵌于学术体制中,致使学术与行政失去边界就值得深思。

二、网民关注教育事件的着力点

1. 相关信息的不公开和不透明

从"罗彩霞事件"到"加分门事件",人们都在探究真相到底是什么。为什么网民盯着政府的阴暗面,因为有一天自己就可能成为事件主角,关注他人的深层意义其实是防止类似事件在自己身上发生。我们随时可能像罗彩霞一样受到侵害,我们随时可能因为一个假的民族身份而与大学失之交臂。中国学术界很多研究资源和经费,公众都不知去向。对于学术不端事件的处理,有关方面往往采取一种不回应的暧昧态度,不仅直接导致学术反腐落实不力,也动摇了公众对学术诚信的信心。

网络信息的共享性和快速传播性,为人们提供了探求事实真相的舞台。网民相信只有挖出真相,才能避免自身碰到同样的遭遇。网民由网上言论到作出具体的行动,已经对事件和舆情产生实实在在的影响。

2. 教育制度设计的缺陷

教育制度本身存在的问题似乎是一切教育问题的根本原因。由于缺乏关于行政责任或刑事责任的明确规定,打击学术造假最严厉的手段也仅止于解聘或开除公职。监督机制的缺失,才使得王峥嵘(王佳俊之父)、何业大(何川洋之父)之流得以以权谋私。激励制度的不完善,才使学术界产生浮躁的学风,引起"钱学森之问"。

3. 陈旧的中国教育模式

中国教育从基础教育到高等教育本质上均属于传授-接受模式,属于应试教育。重共性而轻个性、重主宰而轻主体、重服从而轻民主、重结果而轻过程、重灌输而轻探索、重逻辑(思维)而轻形象(思维)的中国教育模式严重阻碍了创造性人才的培养。杨振宁先生认为:"美国、中国的教育各有所长——用中国的训练方法,可以使80%的人成才,但不利于培养冒尖的创造性人才。"学术不端的屡禁不止,"钱学森之问"产生的共鸣以及最大博士群是官员的舆论都是民众对中国教育模式的抨击。

4. 公权力的错位与滥用

如同大部分网络事件一样，人们总会探究公权力在网络事件中产生的影响。从罗彩霞被冒名顶替的过程看，已能查到的犯罪嫌疑就有伪造、变造、买卖国家机关公文、证件、印章罪和伪造、变造居民身份证，还有促成此事的滥用职权、徇私舞弊等，甚至将偷来的身份还给罗彩霞，将贫穷本分的罗家安抚好，以"错"字了结此次事件，"权力通吃"现象表现得淋漓尽致。在各种权力狂欢中，制造出了更多的社会不公和底层沦陷。

5. 道德和人文精神的缺失

正如网友对武汉大学解聘病危教授事件的看法：对于武汉大学在病危教授张在元病榻前宣布解聘书，在任何人看来都过于残忍，它可能符合约定的合同，符合严谨的法律，却不符合民众心中的道德标准。武大行为与荆州捞尸事件一样，虽然合理合法但缺德。如果没有对"人"的真正的尊重和敬意，那么我们都不过是这个社会中的一种"工具化的存在"。人们在享受更丰富的物质生活的同时，精神层面却更加荒芜和迷茫。道德的沦丧、人文精神的缺失也是人们对教育事件评论的重点。

6. 教育行政化与大学行政化的趋势

学者谢林指出，在行政化的路上有些大学跑得甚至比教育部还要快。部分体制内的校长、教授等都愿意行政化，并且享受行政化的好处。大笔的项目资金、大把的课题、大堆的走穴讲课费，还加上学校里一顶又一顶的官帽子，奖励，荣誉，光环。从事教育的人，眼睁睁看着行政化将自己从事的行业毁掉，不仅不心痛而且还很高兴。[2]中国科技大学原校长、现南方科技大学校长朱清时指出，大学教授们没有话语权，只能迎合权力或主动做官。近十多年大学行政化越来越严重，学术精神萎缩得很快。现在有时一个副处长、处长的职位都有好多教授去竞争。在行政化的教育体制下，大学里追求卓越的风气变成了追求官位，崇尚学术变成了崇尚权力，权力变成学校运转的中心了。

7. 教师和学生的学习精神和学术意识弱化

朱清时指出，包括培养创新能力、素质教育，想了很多办法，喊了那么多年，没有效果。而国外一些著名大学从来不提这些口号，但培养出来的学生却很有创新能力，这是因为有更深层次的机制和体制在起作用。现在老师和学生的创新能力在明显萎缩。现在学术界制造出来的大量产品由于缺乏内涵，没有读者，不仅浪费了大量人力物力，还污染了环境。教授、研究生和本科生对学术交流的兴趣淡漠。有时学术活动虽然多，多数讲排场，请大腕做大报告。不是大腕有真知灼见，而是他们身份地位高，大家不在意交流新思想而是崇拜权力和地位。

教育是个人和民族通向未来的钥匙，教育问题一直是人们关注的焦点，是社会舆论特别是网络舆情的中心话题之一。教育关系到广大学生的切身利益和未来发展，学生是我国网民中最大的一个群体(大、中学生网民人数达 1.4 亿,占网民总数的 30%以上),也是最活跃的网民群体。近年来,有关教育公平、应试教育弊端、教育领域的腐败,特别是关于高等教育的公平公正、教育模式与教育质量、高校行政化、学术腐败、高校人文精神、大学生就业等问题,成为网络舆情的热点。

要认真研究和正确对待不断涌现的高校和高等教育舆情。有关高校和高等教育的热点事件和热点舆情层出不穷,矛盾和问题不断被揭露和热议,这既给高校带来压力和困扰,需要高度重视和认真对待。同时,不断涌现的网络舆情,对高校和高等教育也是很好的监督和鞭策,有利于推动我国高校和高等教育改革发展。

参 考 文 献

[1] 贺祖斌.2009 中国高等教育十大热点事件盘点[J].广西师范学院学报(哲学社会科学版).2010(4):94-102.

[2] 中国科协:第二次科技工作者状况调查报告发布.新华网. http://news.xinhuanet.com/newmedia/2009-07/11/content_11689396.htm.

后　　记

互联网的发展和普及潮流已经势不可当,融入了我们生活的各个角落。网络舆情作为一种体现网民认知、情感、态度和行为倾向的信息,得到了来自官方和民间的极大关注。为了研究网络舆情,2008年年底,华中科技大学成立了校级研究中心——华中科技大学舆情信息研究中心,挂靠华中科技大学公共管理学院,由中共湖北省委宣传部和华中科技大学共同建设。

华中科技大学舆情信息研究中心以舆情信息基础理论、网络舆情与社会安全、高校网络舆情、社会思潮等为研究方向,致力于建设一个高水平的、具有重要影响的舆情研究、咨询和培训基地平台,实现舆情信息工作的专业化、实践化和舆情信息研究的理论化、深度化,为社会主义现代化和建设和谐社会服务。大家现在所看到的这本书,就是中心成立两年多以来对当前网络舆情热点问题的思考和回应。

本书是集体智慧的结晶。王国华教授负责纲目的确定和全书的定稿工作,曾润喜博士负责第一、二、四、五、七、十章的统稿工作;方付建博士负责第三、六、八、九章的统稿工作。下列人员参与了本书的编写工作:第一章:王来华、王国华、曾润喜、崔薇;第二章:王国华、曾润喜、方付建、王雅蕾、陈强、戴雨露;第三章:王国华、罗娟;第四章:王国华、方付建、罗姮、邓海峰;第五章:祝华新、曾润喜、方付建、王雅蕾;第六章:王国华、陈姣娥;第七章:郭小安、肖林、汪娟;第八章:王国华、肖林、张丹、张剑;第九章:王国华、方付建、陈强、肖林;第十章:王国华、曾润喜、陈强、毕帅辉、肖林。任一奇、罗泉、汪娟、梁洁、彭钇楠等参与了资料整理工作。

网络舆情复杂多变,可研究的议题非常广泛,且涉及信息技术、政治学、社会学、管理学、传播学等多个学科,加之国内关于网络舆情的研究刚刚兴起,尚缺乏成熟的研究框架和理论体系,各家学说可谓百花齐放、百家争鸣。因此,我们在本书中也只是对网络舆情进行了一些探索和尝试,并不期望能够给出一个确切的答案。我们更愿意看到的是,这本书能够抛砖引玉,引发大家的思考,唤起更多的学者关注和研究网络舆情。

本书的出版还得到湖北省委宣传部,华中科技大学党委宣传部的关心和支持。湖北省社科基金给予了本书后期资助项目的支持。

本书在编写过程中,参考了大量的文献资料,大部分文献在引用时已经一一标注,但仍会遗漏许多文献。在此,谨向这些研究者致歉和致敬!

  本书中的体例安排和所著内容,乃一家之言,不成熟和错误之处在所难免。竭诚欢迎同行和广大读者提出批评意见,我们研究中心的网站是 http://spa.hust.edu.cn/porc/,欢迎大家访问并畅所欲言。

作　者

2011.6